Der Mann mit dem doppelten Herzen

Muriel Hine

Writat

Diese Ausgabe erschien im Jahr 2024

ISBN: 9789359948928

Herausgegeben von
Writat
E-Mail: info@writat.com

Inhalt

TEIL I

„Blume des Besens
Nimm die Liebe weg und unsere Erde ist ein Grab!"
— *R. Browning* .

KAPITEL I

Es war fast Mittag, aber die Lampen am Cavendish Square leuchteten mit verschwommenem Licht durch die unnatürliche Dunkelheit.

Der Nebel, der vom Regent's Park herabströmte, hing fest in der Harley Street wie ein Bündel schmutziger Wolle, aber auf dem offenen Platz vor dem Harcourt House fand er Raum, sich auszudehnen und nahm geisterhafte Gestalt an; Dunkle Formen mit schwebenden Locken, die sich an den verkümmerten Bäumen festklammerten und sich zitternd gegen die hohen Londoner Gebäude drückten, die undeutlich im geschwärzten Himmel verschwanden.

Von dort flatterten zerlumpte Wimpel eifrig nach Süden, um im Luftzug des Verkehrs in der lärmenden Oxford Street gefangen zu werden, wo sich heisere und verwirrende Schreie mit dem Rattern der Räder vermischten , in all dem Tumult des Menschen im Krieg mit den Elementen.

Die Luft war rau und rußig, das Atmen fiel ihm schwer, und McTaggart, ohnehin gereizt wegen der nervösen Anspannung wegen seines bevorstehenden Interviews, mit trockener Kehle und schmerzenden Augen, als er auf die weite Kreuzung spähte, zuckte heftig zusammen wie die Hupe eines unsichtbaren Motors klang in der Nähe unangenehm.

„Verwirrung des Mannes!" sagte er entschuldigend vor sich selbst und trat schnell auf den schmalen Pfad zurück, als ein formloses Monster mit Flammenaugen vorbeischwang, seiner Beute zum Opfer gefallen.

„Ein schönes Tempo für einen Tag wie diesen!" Und da traf ihn etwas scharf von hinten und schleuderte seinen Hut nach vorne auf seinen Nasenrücken.

"Was zum...!" Er unterdrückte seinen Zorn mit einem plötzlichen beschämten Lachen, als er feststellte, dass sein unsichtbarer Gegner aus dem quadratischen Geländer bestand.

Irgendwo in der Wigmore Street schlug eine Uhr dröhnend die volle Stunde. Viertel vor zwölf. McTaggart zählte die Schläge und seufzte erleichtert, nicht ohne Belustigung: die heimliche Glückwünsche eines unpünktischen Mannes, der durch einen Unfall von seinem Irrtum erlöst wurde.

Er drückte seinen Hut fester auf den Kopf, wagte sich noch einmal durch den schwarzen Raum vor ihm, prallte auf der gegenüberliegenden Seite gegen den Bordstein und steuerte, eine Hand an der Wand, um die Ecke und hinauf in die Harley Street.

Unter der ersten Lampe hielt er inne und suchte nach der Nummer über der nächsten Tür, wo vier Messingplatten den Passanten mit dieser modernen Form der Folter bedrohten, der nur wenige leben, um zu entkommen – dem inquisitorischen Verfahren, das als Zahnheilkunde bekannt ist.

Nach einer schnellen Berechnung kam er zu dem Schluss, dass das Haus, das er suchte, am anderen Ende der Straße liegen musste – Londons „Seufzerbrücke" –, wo atemlose Hoffnung und Verzweiflung im Sog der leidenden Menschheit unaufhörlich aufeinander treffen.

Der Nebel veränderte seine Farbe von schmutzigem Gelb zu Opal, und das feuchte Pflaster wurde sichtbar, als McTaggart mit schnellen Schritten voranschritt, die eine Elastizität besaßen, die sie nicht dem Hochgefühl verdankte.

Er ging mit einer Leichtigkeit und Leichtigkeit, die für einen Engländer typisch ist, der, so athletisch er auch sein mag, die Erde dennoch mit einer gewissen bewussten Miene betritt, sie zu besitzen: ein großer, gut gebauter Mann, schlank und sehr aufrecht, aber ohne diese ausgeglichene Steifheit , das Markenzeichen von „Drill".

Ein aufmerksamer Beobachter würde sofort eine Beimischung von Blut vermuten, die in seiner geschmeidigen Anmut seine fremde Note verriet; in der olivfarbenen Haut, den hellen Füßen und dem glänzenden schwarzen Haar, das dicht und dicht an seinen wohlgeformten Kopf gekämmt war.

Nicht französisch. Denn der Franzose bewegt sich auf einem Drahtgerüst, ängstlich zur Aktion, tödlich im Angriff. Aber die Rasse, die Napoleon hervorgebracht hat, ist subtil und widerstandsfähig und basiert auf gehärtetem Stahl, der sich biegt, aber selten bricht.

Als er nun den letzten Häuserblock und das Haus erreicht hatte, nach dem er gesucht hatte, blieb McTaggart einen Moment unschlüssig auf der Stufe stehen.

Mit einem schnellen Atemzug schien er Mut zu fassen, und sein Mund war zu einer harten Linie zusammengepresst, als seine Hand auf die Glocke drückte.

Dann richtete er seinen Blick auf den Klopfer oben, und durch die leichte Bewegung veränderte sich sein ganzes Gesicht.

Denn statt schwarz unter ihren dunklen Brauen waren die Augen des Mannes blau, ein intensives, feuriges Blau; mit den klaren Tiefen und dem temperamentvollen Touch, den man nirgendwo sonst sieht außer im starken Typ der robusten Bergrasse. Sie waren nicht das Blau Irlands mit seiner halbverhüllten, traurigen Heiterkeit; noch das ruhige Blau Englands, dieses milde Vergissmeinnicht. Sie waren absolut unverkennbar; Sie brachten einen Hauch heidekrautbedeckter Einsamkeit und die tiefen und stillen Lochs mit sich.

Hier war ein Schotte – ein Bergbewohner aus dem Norden; Es ist nicht nötig, dass sein Name die Tatsache laut hervorruft.

Und doch...

Die Tür wurde geöffnet, und sofort strömte der gefangene Nebel, der einen neuen Ausweg fand, in die enge Halle.

Ein großes, knochiges Stubenmädchen starrte ihn an, während McTaggart mechanisch den Namen des großen Mannes wiederholte.

„Sie haben einen Termin, Sir?" Ihr Verhalten schien anzudeuten, dass ihre Würde leiden würde, wenn dies nicht der Fall wäre.

Zufrieden mit seiner Antwort, führte sie ihn in einen Raum, in dem ein Gasfeuer schwach und entschuldigend brannte, als wäre sie sich der heimtückischen Holzscheite schmerzlich bewusst. Ein halbes Dutzend Menschen, in Mäntel und Pelze gehüllt, waren an einem langen Esstisch verstreut und lasen lustlos die Zeitungen, um der Versuchung zu entgehen, einander anzustarren. Der Ort roch nach Keksen, nach Nebel und nach Gas, wie ein ungelüftetes Buffet in einem Bahnhof.

McTaggart, bedrückt von einem Gefühl drohenden Untergangs, nahm einen „Punch" und zog sich ans Fenster zurück, angeblich um sich zu amüsieren, in Wirklichkeit aber, um zum hundertsten Mal seinen dürftigen Vorrat an „Symptomen" zu proben. Die Uhr tickte weiter, und es herrschte eine düstere Stille, die von Zeit zu Zeit durch das Schnüffeln eines kleinen Jungen unterbrochen wurde, der, begleitet von einem Elternteil und einer starken Erkältung im Kopf, seine Seele an einem Band der „Grafik" weidete.

Etwas Vertrautes in der Karikatur unter seinen Augen lenkte McTaggart aus seinen eigenen tristen Gedanken.

„Ich darf nicht vergessen, es ihm zu sagen…", sagte er sich, als ihm klar wurde, dass das Papier, das er in der Hand hielt, fünf Monate alt war! Er fühlte sich sofort völlig unzumutbar genervt. Ein plötzlicher Wunsch, aufzustehen und zu gehen, überkam ihn. In seinem nervösen Zustand schien die Ausrede völlig ausreichend. Ein „Punch", fünf Monate alt! ... es war eine verdeckte Beleidigung.

Ein Arzt, der die Leichtgläubigkeit seines Patienten ausnutzen könnte – indem er seine drei Guineen einsteckt, vergessen Sie das nicht! – und ihm Literatur anbietet, die aber geeignet ist, das Feuer anzuzünden ...

Ein „Schlag“, fünf Monate alt! ... er sammelte seine Handschuhe ein.

Doch ein lautloser Schritt durchquerte den Raum, eine Stimme flüsterte seinen Namen.

„Mr. McTaggart? Hier entlang, bitte.“

Er folgte dem knochigen Stubenmädchen , vorbei an den aggressiven Blicken der immer noch wartenden Menge, hinaus in den Flur und einen glasüberdachten Gang hinunter.

„Jetzt bin ich dran…“, sagte er leise… „Oh! ... *verdammt* !“ Er machte seine widerspenstigste Miene.

Das Dienstmädchen klopfte an eine Tür.

„Kommen Sie herein“, sagte eine scharfe Stimme.

McTaggart trat ein und blieb einen Moment lang stehen, blinzelte unentschlossen auf der Schwelle.

Denn die Szene war unerwartet. Trotz des dichten Nebels, der mit seinem heimtückischen Hauch durch die Fenster drang, war in den frischen weißen Wänden, den mit Rosen bedeckten Chintzstoffen und der Anwesenheit von Blumen ein Hauch von Frühling zu spüren.

Der Ort schien voller ihnen zu sein. Ein früher Blütenzweig, das exquisite zarte Rosa der blühenden Mandel, stand vor einem Spiegel, der eine Nische verdeckte; und die Luft war erfüllt vom Duft der Narzissen, mit dezent gelben Gesichtern, wie neugierige Chinesen, die über den Rand einer blauen Nankin- Schüssel spähten.

In der Mitte des Raumes beugte sich ein Mann in einem Samtmantel über eine Masse frischer Veilchen und goss aus einem Kupferkrug, den er in den Händen hielt, vorsichtig Wasser in das umgebende Moos.

McTaggart starrte ihn an; auf das hagere, farblose Gesicht unter seinem unordentlichen Strähnen aus grobem , grauem Haar; an der hageren Figur, den langen, ruhigen Händen und der lockeren, unkonventionellen Kleidung, die er trug. In diesem schäbigen braunen Mantel und dem weichen, verblichenen Hemd hätte er ein Künstler aus Rossettis Tagen sein können. Aber der große Spezialist – dessen Name überall dort Bedeutung hatte, wo Wissenschaft und Medizin zusammenkamen. Hatte er einen Fehler gemacht? Es schien unglaublich.

Der Arzt berührte zum Abschied ein überhängendes Blatt und drehte sich um, um seinen Patienten mit einem Lächeln zu begrüßen.

„Ich kann es nicht ertragen, Blumen aufgrund mangelnder Pflege sterben zu sehen, und dieses neblige Wetter macht ihnen sehr zu schaffen.

Entschuldigen Sie mich einen Moment." Er ging in die Nische, wusch sich gründlich die Hände und redete dabei die ganze Zeit.

„Vor ein paar Jahren", er drehte den Wasserhahn zu, „ging ich zu einem öffentlichen Abendessen von Landwirten. Zu meiner Überraschung saß ich neben Oscar Wilde – man bringt ihn irgendwie nicht mit einer solchen Funktion in Verbindung! Zu meiner Linken war ein Bauer vom guten altmodischen Typ, schweigsam, aggressiv, in sein Essen vertieft. Ich bemerkte zufällig, dass die Blumen alle verwelkt waren; die Hitze im Raum war zu viel für sie gewesen.

„‚Nicht verwelkt' – korrigierte mich Wilde – ‚sondern nur *müde* …'

„Der Bauer drehte den Kopf und warf ihm einen kurzen Blick zu.

„‚Dummer Arsch!' sagte er explosiv und widmete sich wieder seinem Abendessen. Es war sein einziger Beitrag zur Unterhaltung des Abends. Ich habe es nie vergessen, auch nicht den Ausdruck auf Wildes Gesicht."

McTaggart lachte. Er fühlte sich seltsam wohl.

Der Arzt warf einen Blick auf seine Nägel und kam zurück ins Zimmer.

Er schob einen Sessel zu seinem Patienten und lehnte sich mit den Händen in den Hosentaschen an den Kaminsims:

„Jetzt erzähl mir alles", schlug er leise vor.

Eine leichte Röte kroch unter die Olivenhaut. McTaggart schämte sich plötzlich ungemein.

„Ich glaube nicht wirklich … da ist irgendetwas … falsch …" Er lachte entschuldigend und heiser … „Aber Tatsache ist, dass ein Freund von mir – er ist Medizinstudent – mich überfahren hat neulich, und, nun ja – sagte er – da war etwas Seltsames – das er nicht verstehen konnte – irgendetwas mit dem Schlag meines Herzens. Ich war ohnmächtig geworden, wissen Sie – schrecklich unbequem – auch bei einer Abendessenparty … . Ich kam mir ziemlich minderwertig vor …" Er brach verwirrt ab, als der ältere Mann ihn zum ersten Mal bewusst ansah. Haselnussbraune Augen mit merkwürdigen gelben Flecken, hell und hart unter seinem Zwicker.

„Du bist ohnmächtig geworden? Wie lange warst du bewusstlos?" Er fügte noch ein paar Fragen hinzu, nickte mit seinem struppigen Kopf, durchquerte den Raum und setzte sich an seinen Schreibtisch. Er öffnete ein schwer gebundenes Buch, in dem auf jeder Seite eine abscheuliche und suggestive anatomische Skizze der göttlichen menschlichen Gestalt abgedruckt war.

„Ich hätte gerne Ihren vollständigen Namen." Er nahm die Karte, die McTaggart ihm vom Zimmermädchen geschickt hatte .

„PM McTaggart – wofür steht das?"

„Es ist eher ein Bissen." Der Besitzer lächelte. „Peter Maramonte ."

Der Spezialist blickte scharfsinnig auf.

„ Italienisch? – das dachte ich mir."

„Mütterlich. Mein Vater war Schotte, ein Aberdonier ."

„Deine Eltern leben?"

„Nein, beide tot." Er stand da, groß und düster , und sah zu, wie der andere mit dünner, krummer Hand den ungewöhnlichen Namen schrieb.

„Irgendeine erbliche Neigung zu Herzbeschwerden?"

„Nicht, dass ich es wüsste. Mein Vater ist eines Tages beim Angeln ertrunken. Das Boot kenterte, erfasst von einem Sturm. Er war, glaube ich, ein kräftiger, gesunder Mann."

"Und deine Mutter?"

„Sie wirkte nach seinem Tod nie mehr wie zuvor. Und dann stellte das Klima sie auf die Probe. Sie war im Süden aufgewachsen. Das Ende war eine Lungenentzündung. Ich war damals erst zwölf, aber ich glaube nicht, dass einer von beiden das getan hat." litt am Herzen.

„Ich verstehe. Und wenn du jetzt deine Sachen ausziehst – bitte bis zur Taille ausziehen – und dich auf das Sofa legst."

Es kam McTaggart so vor, als ob zu diesem Zeitpunkt der Teufel selbst in seine Kleidung eindrang. Die Knöpfe vervielfachten sich und wurden ausweichend, sein Kragenknopf steckte fest, seine Weste klebte an seinem Kopf.

Er schaffte es schließlich, atemlos und zerzaust davonzukommen.

„Das ist Kapital." Der große Mann richtete sein Stethoskop zurecht und beugte sich ausgestreckt über den weißen jungen Körper. Sicherlich spürte McTaggart, wie geschickte Hände schnell vorbeigingen; klopfte hier, drückte dort über sein nacktes Fleisch.

„Ein tiefer Atemzug – also. Danke, das reicht. Jetzt sanft rein und raus ... ganz natürlich. Ah ...!" Er hielt inne, lauschte einen Moment und grunzte. "Ich wundere mich?"

Eine Welle der Wut erfasste den am Boden liegenden Mann.

„Er hat etwas gefunden, verdammt noch mal!" sagte er zu sich selbst und ärgerte sich über das eifrige Licht auf diesem schmalen, gedankenverlorenen Gesicht.

"Neugierig!" Der Spezialist richtete sich auf und griff nach einem kürzeren Holzinstrument.

Es folgte eine weitere Stille voller Katastrophen. Der Druck der Holzscheibe auf McTaggarts Brust schien unerträglich zu werden – ein Ding von unendlichem Gewicht.

Das struppige graue Haar des Arztes verströmte einen schwachen Duft, bei dem Brillantine wirkungslos eine untergeordnete Rolle gespielt hatte, und der auf mysteriöse Weise den Ärger des anderen noch verstärkte. Die Spannung war unerträglich.

„Haben Sie etwas Falsches gefunden?" Seine unnatürlich fröhliche Stimme ließ den Arzt die Stirn runzeln.

„Bewegen Sie sich bitte nicht. Schweigen Sie jetzt." Die Bandscheibe glitt über seine Brust und landete mit ihrer Last von Unbehagen über seinen Rippen, dieses Mal auf der rechten Seite.

„ Wunderbar ... außergewöhnlich! Man hat es natürlich gelesen, ist aber nie darauf gestoßen ... meine erste Erfahrung." Der große Mann stand aufrecht da, völlig ratlos, und in seinen Augen strahlte große Begeisterung.

Plötzlich ahnte er die Angst des Patienten. „Kein Grund zur Sorge", fügte er beruhigend hinzu. „Du kannst dich jetzt anziehen. Dein Herz ist vollkommen gesund." Er ging zu seinem Schreibtisch, immer noch in Gedanken versunken.

McTaggart verspürte eine enorme Erleichterung, die seine Neugier überwältigte. Die Tortur war vorbei und das Leben lächelte ihn immer noch an. Er stürzte sich in seine Kleidung und tastete nach seinem Kragenknopf, der sich trotz der Tücke dieser eigensinnigen Dinger versteckt hatte.

Plötzlich sah er in einem Glas sein eigenes Spiegelbild – sein Haar war zerzaust , sein Kragen krumm – und er verspürte trotz dieser kleinen Mängel das wahnsinnige Verlangen, sich selbst die Hand zu schütteln, als hätte er durch persönliche Anstrengung seine Tage verlängert!

Der Arzt stand immer noch regungslos da und blickte ins Leere. In der Stille des Raumes hörte man ein leises Plätschern, als die Mandelblüte auf den polierten Boden fiel.

McTaggart rückte seine Krawatte zurecht, wandte ihm den Rücken zu und fing heimlich an, in seiner Tasche nach dem Honorar zu greifen.

Endlich fand er es und trat einen Schritt auf die versunkene Gestalt am Schreibtisch zu.

„Ich würde gerne wissen", schlug er vor, „was Ihrer Meinung nach wirklich die Ursache ist …"

"Natürlich!" Das hagere Gesicht hob sich erschrocken. „Sie müssen mir verzeihen. Tatsache ist" – er lächelte – „ich interessiere mich zu sehr für Ihren Fall, um mich an Ihre natürliche Angst zu erinnern. Ich denke, dass Ihre gegenwärtigen Probleme durch einen Verdauungsfehler verursacht werden. Das Herzklopfen kommt von diesem und dem anderen." Symptome auch. Ein wenig Vorsicht bei Ihrer Ernährung – ich schreibe Ihnen ein Rezept – eine Wismutmischung, die Sie nach den Mahlzeiten einnehmen können. Aber wenn Sie weitere Sorgen haben, kommen Sie noch einmal zu mir. Als Freund – verstehen Sie? ... Oh nein! – das ist purer Egoismus. Ich möchte dich nicht aus den Augen verlieren. Du siehst – um es kurz zu machen – du bist ein Freak! Du hast – in Ermangelung eines besseren Namens – Was ich ein Doppelherz nenne. Ein Herz ist auf der rechten Seite und das andere an der richtigen Stelle. Das ist das Erstaunlichste, was mir je begegnet ist. Du bist vollkommen gesund – das klingt wie eine Glocke. Das sollte mich nicht wundern meine Seele, wenn du nicht zwei Leben hättest!"

McTaggart starrte ihn an und versuchte, es zu begreifen.

„Es klingt ziemlich verrückt. Aber du sagst, es spielt keine Rolle?"

„Es scheint Ihren Kreislauf nicht im Geringsten zu beeinträchtigen. Ich bin mir sicher, dass das, worüber Sie sich beschweren, auf eine Verdauungsstörung zurückzuführen ist – vielleicht die Nachwirkungen einer Grippe."

Ein Funkeln schlich sich in die blauen Augen, die ihn beobachteten. „Ich nehme an, das eine Herz ist italienisch und das andere rein schottisch?" Erleichtert wagte er den Witz gegen sich selbst.

"Das ist es!" Sein neuer Freund lachte … „eine Doppelpersönlichkeit. Dr. Jekyll und Mr. Hyde, mit einer körperlichen Ausrede." Für einen Moment ließ er seiner lebhaften Fantasie die Zügel locker, die ihn mit dem Strom seiner Gedanken weitertreiben ließ.

„Du bist nicht verheiratet, sagst du? Na ja – du solltest besser vorsichtig sein. Es könnte zur Bigamie führen! Wenn ja, verweise dich an mich."

Ein neugieriger Ausdruck erschien auf dem Gesicht des jungen Mannes, als er das Lachen des anderen mit einer Spur Verwirrung wiederholte.

„Eine schöne Frau und eine dunkle? Porridge und … Chianti!"

Er bezahlte sein Honorar und ging hinaus in den Londoner Nebel.

KAPITEL II

McTaggart ging die Harley Street entlang, seine blauen Augen voller Licht, immer noch das Bewusstsein eines neuen Lebens umarmend.

Hoch über ihm schwebte eine orangefarbene Sonne am nebligen Himmel und stellte den wehmütigen Glanz der blassen Lampen unten in den Schatten, die wie verstreute Nachtschwärmer aussahen , die von der Morgendämmerung überrascht wurden. Eine Kutsche rollte die Straße hinunter und wurde von einem vorbeifahrenden Taxi abgeholt, und als er sich freuend vorwärts ging, erklang plötzlich in der nebligen Stille ein reges Leben: der Klang junger Stimmen, von Lachen und leichten Schritten.

Unter einem düsteren Portikus stürmte eine Schar Mädchen hervor, die sich in Zweier- und Dreiergruppen versammelten und sich im Nebel auflösten, plappernd und die Arme untereinander schwingend, Büchersäcke schwingend, nach Norden und Süden zerstreuend, mit einem süßen Hauch von Jugend.

Und bei diesem Anblick blieb McTaggart plötzlich stehen, da ihm bewusst war, dass er die Antwort auf sein Gebet erhalten hatte; dieser stetig wachsende Wunsch nach der Anwesenheit eines Freundes, der an der neugeborenen Ausgelassenheit seiner Stimmung teilhaben kann.

Er überquerte schnell die Straße und reihte sich in die Menge ein. Er erhielt zurückhaltende Blicke geübter Gleichgültigkeit und hier und da ein Stirnrunzeln von älteren Duennas, deren saurer Unmut zu seiner Belustigung beitrug. Aber kühl und unerschütterlich machte er sich an den Spießrutenlauf, bis er auf den Stufen des College selbst eine einsame Gestalt sah, die damit beschäftigt war, den Riemen festzuziehen, der Übungen und Bücher zusammenhielt.

Seine Hand hatte sich bereits auf halbem Weg zu seinem Hut befunden, als das Mädchen ihre grauen Augen mit den dunklen Fransen hob und ihm einen kalten Blick des Nichterkennens zuwarf . Einen Moment lang starrte McTaggart ihn offensichtlich verblüfft an. Dann ging er mit einer ungeduldigen Geste geradeaus vorbei, überquerte erneut die Straße und bog in eine Seitenstraße ein. Hier verlangsamte er seinen Schritt und wurde, lächelnd vor sich hin, bald durch das Geräusch eiliger Schritte belohnt; doch im Bewusstsein früherer Warnungen blickte er nicht zurück, bis eine atemlose Stimme in seinem Ohr ertönte.

"Peter!"

Er ging mit schelmischen Absichten weiter,

„Peter – ich bin es !" Er spürte eine Berührung an seinem Arm.

„Hallo!" Er drehte sich um. „Na ja, es ist Jill! – was für eine Überraschung!"

Das grauäugige Mädchen blickte mit vorwurfsvollem Stirnrunzeln zu ihm auf, auf sein hübsches, lachendes Gesicht und seine reuelose Miene.

„Ich *wünschte,* du würdest dich erinnern!" Sie stand da, schlank und aufrecht; wie es ihm vorkam, erfüllt von dem Wunder des Lebens. Denn nicht alle schäbigen Kleidungsstücke, die sie trug, von der kleinen Eichhörnchenmütze, die mit der Krawatte um den Hals schon bessere Tage gesehen hatte, bis zum kurzen Tweedrock, der geflickte Stiefel enthüllte, konnten den frühlingshaften Glanz ihrer goldenen Jugend trüben.

„Sie sind ein prüdes kleines Schulfräulein", sagte McTaggart neckend.

"Ich bin *nicht* ." Sie zog sich zurück, den Kopf sehr hoch erhoben, und der dichte Zopf aus dunklem Haar schwankte bei der Bewegung.

„Du verstehst das nicht, du *bist wirklich* dumm! Ich habe es dir schon oft gesagt, nicht in der Harley Street."

Er kicherte fröhlich, um sich über den Kampf aufzuregen. „Jetzt steh nicht da und streite, sondern gib mir deine Bücher. Ich gehe mit dir nach Hause, wenn du ein braves Mädchen bist."

Ohne Widerstand nahm er ihr den Riemen ab, in dem das Federmäppchen über den Schulfibeln fest eingeklemmt war. Denn ihre Gedanken waren weit weg, ihre dunklen Brauen zusammengezogen, während sie unbeirrt weitermachte, um sich selbst zu verteidigen .

„Ich hasse es, wütend auf dich zu sein – aber das ist kein Fairplay! Du würdest es selbst nicht mögen, wenn du ich wärest, Peter. Letztes Jahr, als ich bei den Junioren war, war das egal, aber jetzt bin ich First Senior." „...Stolz lag in den Worten... „es ist etwas ganz anderes. Wir denken, dass es in *meinem* Set ganz schlecht läuft, wissen Sie."

Instinktiv war sie beim Reden in seinen Schritt geraten. Als sie am Portland Place ankamen, warf McTaggart einen Seitenblick auf das hübsche, gerötete Gesicht mit dem dunklen Haarkranz unter der kleinen Pelzmütze, die sie dicht über die Ohren gezogen hatte.

„In Ordnung, Jill. Ich werde es nicht wieder tun. Ich gebe zu, ich war in Versuchung, weil ich dringend einen Kumpel brauchte. Ich hatte gerade eine schlimme halbe Stunde hinter mir und sehnte mich schwach nach einem wenig Mitgefühl.

Sie blickte schnell mit liebevoller Besorgnis auf; denn er kannte den königlichen Weg zu ihrer sofortigen Vergebung.

„Rechnungen?" Er lachte laut über den lakonischen Vorschlag. Dann überkam den Mann ein Anflug von Mitleid. Trotz ihrer Jugend sprach sie aus Erfahrung.

"Dieses Mal nicht." Am Rande des Selbstvertrauens hielt er sich zurück, bewegt von einer plötzlichen Zurückhaltung.

„Glaubst du, deine Mutter würde mir etwas zum Mittagessen geben? Oder, noch besser, kommst du zum Mittagessen mit mir?"

Er hielt inne, während er sprach. „Es gibt jetzt Pagani's, es ist nicht weit von hier – in der Great Portland Street."

Sie schüttelte den Kopf. „Das würde ich gerne tun" – ihre Stimme klang bedauernd – „aber ich muss zurück. Ich habe es Roddy versprochen. Er ist für sein Examen zu Hause und wir gehen in den Zoo. Wenn du das tust, solltest du besser mit uns zu Mittag essen." Potluck macht mir nichts aus. Aber wir dürfen nicht zu spät kommen, wir haben einen neuen Koch.

"Ein anderer?" McTaggart lachte. Es schien ein bekannter Witz zu sein.

„Der vierte seit dem Sommer", antwortete das Mädchen trocken. „Aber Stephen hat diese gefunden, also *sollte sie* perfekt sein!"

Sie bogen den Broad Walk hinauf, wo der Nebel immer noch weiß und schattig über dem durchnässten Gras hing. Hier und da bewegte sich eine Krankenschwester mit fester Absicht, Kinder trotteten neben ihr, auf dem Heimweg zum Mittagessen; und auf einer feuchten Bank, ohne das Wetter zu bemerken, verweilte ein Liebespaar, sprachlos Hand in Hand.

„Und wie geht es dem großen Stephen? Ich habe ihn seit Jahren nicht gesehen."

„Oh, er ist genau derselbe." Die Stimme des Mädchens war müde. Sie starrte geradeaus, während sie gemeinsam weiterschwangen, und es folgte eine kurze Stille, die beide verstanden. Denn sie trafen sich hier auf der Grundlage eines gemeinsamen Misstrauens, und der gemeinsame Hass ist eine stärkere Verbindung als selbst die Liebe. Am Drehkreuz blieb McTaggart stehen und beobachtete ihr nachdenkliches Gesicht.

„Nehmen wir den Inner Circle, das ist viel schöner."

"In Ordnung." Die Worte waren heiser, und als sie hindurchging, verbargen die dunklen Wimpern ihre niedergeschlagenen Augen vor ihm. Aber nicht bevor McTaggart gesehen hatte, was sie zu verbergen versuchte – die Tränen, die dort in ihren klaren grauen Tiefen standen.

„Warum, Jill! – warum, meine Liebe, was ist denn los?"

"Nichts." Sie biss sich auf die Lippe, wütend auf sich selbst.

Der Nebel verschluckte sie erneut in der engen, von Hecken umschlossenen Straße, und McTaggart schob eine Hand unter den Arm seines Begleiters.

„Erzählen Sie mir alles", sagte er überzeugend, „eine Sorge wächst nur, wenn man sie auffüllt."

Sie warf ihm unter ihren nassen Wimpern einen raschen Blick zu, angelockt von dem Mitgefühl, das in seiner Stimme klang.

„Es ist Stephen. Das ist alles."

„Das dachte ich mir", sein Gesicht war dunkel; „Was hat er jetzt gemacht? Was für ein Mistkerl der Kerl ist!"

„Es liegt nicht so sehr daran, was er tut", sie riss sich zusammen und fuhr sich mit einer trotzigen Geste mit der Hand über die Augen. „Es ist die Tatsache, dass er den ganzen Tag dort war ... das ist schwer zu erklären. Aber ich kann es nicht ertragen, ihn auf Vaters Stuhl sitzen zu sehen, als wäre es sein Recht, als wäre er der Herr." .."

Sie brach empört ab, ihre Tränen waren vor Wut getrocknet, ihre glatten Wangen waren gerötet, und ihre Hand umklammerte unbewusst seinen Arm.

„Das macht Roddy wütend! Natürlich ist er nur ein Junge, aber er ist so ein alter Schatz" – ihre Liebe zu ihrem Bruder war offensichtlich. „Wenn Stephen ihn nur in Ruhe lassen würde, anstatt ihn zu ärgern! Er behandelt ihn wie ein Kind, mit einem ‚Lauf weg und spiel!' Und das hält kein Junge aus, auch nicht zu Hause! Und natürlich gibt es Streit, und die Mutter steht auf *seiner* Seite."

„Was – Stephens?" McTaggart starrte überrascht.

„Eher! Er kann nichts falsch machen – ‚armer lieber Stephen'! Und es nützt nichts, sich einzumischen, es macht alles nur noch schlimmer. Denn wenn ich es tue, sagt Mutter, dann liegt das daran, dass ... ich eifersüchtig bin."

Der kleine Bruch in ihrer Stimme zeigte, wie tief der Schaft gerast war.

„Armes altes Mädchen" – McTaggart drückte ihren Arm. „Es ist ziemlich hart für dich – ich würde den Kerl am liebsten treten! Er ist ein ganz normaler Parasit; er kann sich nicht selbst ernähren, und er treibt sich ständig herum und beschmiert seine Freunde."

Aber Jill verfolgte ihren eigenen Gedankengang.

„Und ich bin nicht eifersüchtig, Peter – nicht auf diese gemeine Art. Aber seit Vater gestorben ist , muss ich an Roddy denken. Es ist nicht so, dass Mutter ihn nicht wirklich mag, aber sie versteht oder sieht es nicht Sie ist immer so beschäftigt mit all dieser Wahlrechtsarbeit, und Stephen feuert sie an. Sie hat keine Zeit für zu Hause. Wir scheinen sie jetzt keine Sekunde für uns zu haben, ohne dass Stephen im Hintergrund wie eine Art Haushaltsspion ist!“

„Welche Entschuldigung gibt er dafür, den Ort heimzusuchen? Er ist zufälligerweise kein Verwandter von dir?“

„Gott sei Dank, nein!“ Sie lachte zitternd. „Na ja, wir kennen ihn erst, seit Vater gestorben ist. Er war Sekretär einer Zweigstelle der Women's Suffrage League. Mrs. Braid, wissen Sie, nahm Mutter mit zu einem Treffen, und dann begeisterte sie sich selbst für die Bewegung. Das hat mich gefreut die Zeit, weil es sie aufzurütteln schien. Sie brach nach Vaters Tod einfach zusammen, und alles schien schöner zu sein, als sie da liegen zu sehen, sich um nichts zu kümmern, völlig am Boden zerstört.

„Ich hätte damals nie gedacht, dass sie Suffragette werden würde. Auch militant! – das ist so anders als Mutter. Sie war immer so sanft und hasste die Öffentlichkeit – der bloße Gedanke an eine Menschenmenge würde sie zu Hause halten. Aber als sie es aufnahm , ging sie Ich bin ziemlich wütend darüber. Da kam Stephen ins Spiel – er war Sekretär, wissen Sie. Mutter ist in keinem Geschäft gut – sie war in allem immer auf Vater angewiesen. Und natürlich vermisste sie ihn furchtbar, und Roddy ist noch ein Junge. Also kam Stephen immer und erklärte ihr alles.“

Sie bogen in den offenen Park ein, wo der nasse Asphaltweg wie ein gespannter Draht das leere Gras durchschnitt. „Wo wohnt Stephen?“ McTaggarts Stimme war hart. Dieser Kinderfreund lag ihm sehr am Herzen.

„Gleich um die Ecke, aber wie die Armen, weißt du, ist er ‚immer bei uns‘ – es ist praktisch sein Zuhause. Mutter hat ihn in einem neuen Zuhause bei Primrose Hill gefunden. Sie fand die Luft in West Kensington zu deprimierend! – dass Stephen blass aussah , neigte dazu, anämisch zu sein .

McTaggart lächelte über ihre reumütige Grimasse.

„Also pflegt er jetzt seine schwindenden Kräfte unter den Augen deiner Mutter ?“

„Sie gibt ihm Rum und Milch und warme Wintersocken ! – die ich übrigens einmal stopfen sollte. Das ist mir gelungen! Es macht mir nichts aus, Roddys zu reparieren, aber Stephens? – Nein danke!“

Ihr klares junges Lachen erklang, als sie McTaggarts Blick auf sich zog.

„Er ist in jeder Hinsicht ein etwas verwöhnter junger Mann. Glaubst du…“ Er hielt einen Moment inne und wagte dann die Frage… „Glaubst du, dass deine Mutter wirklich … ein bisschen … lieb ist?“ ihn?"

"NEIN." Ihr Tonfall war eindeutig: „Nicht … so.“ Eine schwache Farbe stieg in ihr kindliches Gesicht, aber sie fuhr loyal fort und ärgerte sich über die Unterstellung. „Mutter flirtet nie, wissen Sie. Sie hasst so etwas. Sie ist auch furchtbar niedergeschlagen gegenüber anderen Menschen. Diese Mrs. Molineux, erinnern Sie sich an den Klatsch? Mutter schneidet sie jetzt, wann immer sie sich treffen.“

McTaggart sah amüsiert aus.

„Komisch, nicht wahr? Denn ich nehme an, die Leute... reden! Es ist nicht jeder, der Stephen verstehen würde.“

"Nicht!" Die Hand des Mädchens glitt von seinem Arm. Dann auf seine Schnelle:

das meine ich nicht ! – Natürlich kenne ich deine Mutter – sie ist eine der Besten – ich habe nichts gemeint – sei nicht verärgert, Jill. Es ist nur so, dass Außenstehende vielleicht ziemlich dämlich sind“ – sie Ihr Gesicht entspannte sich und sie drehte sich impulsiv um, Dankbarkeit leuchtete in ihren grauen Augen.

„Das ist genau das, was am meisten weh tut – dass sie falsch eingeschätzt wird. Wenn man weiß … es ist *Mutter*! –, dass sie es *nicht konnte*. “ bücken ...“ Das heiße Blut schoss ihr ins Gesicht. „Zu denken, dass Menschen böse, gemeine Dinge sagen können – dass sie ihnen die Chance gibt! Es macht mich wild. Und Mutter sieht es die ganze Zeit überhaupt nicht. Sie denkt, weil es *ihre Sache ist* (vehement verdrängte sie die Grammatik), „dass jeder wissen muss, dass alles gut wird.“ Und sie geht an alle möglichen Orte, hält Vorträge, nimmt Stephen mit und bleibt tagelang weg. „Erst gestern“ – ihre Worte gingen weiter – „kam Tante Elizabeth zum Tee und das erste, was sie sagte, war: ‚Ich habe gehört, Sie waren in Folkestone und wohnten im Grand? – *und* Mr. Somerville?‘ Und Mutter antwortete ruhig: „Ja – ich habe Stephen mitgenommen.“ Er ist eine große Hilfe, wissen Sie. Ich könnte nicht ohne ihn auskommen.‘ Und Tante Elizabeth lachte so böse und sagte: „Wirklich, Mary, ich glaube, *ich* muss mir einen Stephen besorgen!“

„Aber Mutter hat es nicht gesehen.“ Sie seufzte ungeduldig.

„Sie ist ein Gesetz für sich“, schlug McTaggart vor. „Ich bin dafür, dass wir Stephen ertränken. Eine dunkle Nacht – im Regent's Park Canal. Und hier ist es; lasst uns den Ort wählen.“

Er hielt inne, während er auf der kleinen Eisenbrücke sprach, die den schmalen Bach überspannt, wo die Lastkähne ein- und auslaufen; langsam entlang der stillen Wasserlinie treibend, ein stummer Protest gegen die fieberhafte Eile der Zeit.

„Das Schlimmste daran ist", sagte Jill und ignorierte seinen Vorschlag, den Feind in eine bessere Welt zu entführen, „dass Stephen sie zu all dieser militanten Arbeit anspornt. Und Mutter ist nicht stark; sie ist dafür nicht geeignet. Na ja, Letztes Jahr war sie nach dem Unglück, als die Fenster in der Regent Street eingeschlagen wurden, wochenlang krank. Und ihr Name stand in den Zeitungen. Roddy war so zerlumpt. Alle Jungen in der Schule haben ihn verarscht. Und er ist so stolz auf Mutter!— Es brach ihm fast das Herz, daran zu denken, dass sie zu einer gewöhnlichen Polizeistation gebracht wurde. Warum! ..."

Sie blieb stehen und beugte sich über die Brücke: „Da ist er, auf dem Fußweg, mit seiner Angelrute."

Sie legte die Hände vor den Mund und rief mit ihrer klaren Stimme: „Roddy ! "

„Hallo!" kam ein Antwortruf. „Bist du da oben, Jill?"

In den Büschen, die den Wasserweg säumten, ertönte ein Gekrabel, und mit dem Geräusch brechender Zweige oben am Ufer schoss ein Bein und ein Arm hervor, dann das Gesicht eines lachenden Jungen, das von einem großen schwarzen Fleck sauber in zwei Hälften geteilt wurde.

„Hallo, Peter!" Das Paar schüttelte sich die Hand.

„Hatten Sie Sport gemacht?" sagte McTaggart ernst.

„Kein Glück", antwortete der begeisterte Fischer. „Ich frage mich, wie spät es ist? – es *fühlt sich an* wie Mittagessen."

„Du solltest besser nach Hause gehen und dich waschen" – seine Schwester lächelte ihn an – „Du siehst aus, als hättest du den Morgen damit verbracht, Schornsteine zu fegen."

„Ich denke, ich schlüpfe bei dir", zwinkerte der Schuljunge, „heute gibt es einen neuen Koch und ich werde aus der Gegend gewarnt. Stephen ist in der Nähe." Er schob eine Hand unter ihren Arm und die drei gingen weiter über die Brücke.

„Schau her, altes Mädchen, du kommst in den Zoo? Pünktlich halb zwei. Ich habe eine Tüte Nüsse gekauft."

„Eher", sagte seine Schwester. Sie wandte sich an McTaggart. „Du kommst auch?"

"Ich werde." Peter entschied.

„Gute Sache", sagte Roddy, „er kann das Brot tragen." Er schnupperte in der Luft, als sie den Hang hinaufstiegen. „Der Nebel hat einen tollen Geruch!" und während die anderen lachten, erklärte er seine einzigartige Vorliebe. „Es riecht nach Urlaub, nach guter Altstadt. Sie wissen, was ich meine – eine Art ganz eigener Geruch. Ich kann Ihnen sagen, dass ich mich in der Schule manchmal danach sehne. Sprechen Sie über ‚klare Luft' und ‚Yorkshire-Moore'." Schenke mir London jeden gesegneten Tag.

Sie ließen den Park hinter sich und kamen am Primrose Hill entlang auf eine nach Norden ausgerichtete Terrasse. Auf der dritten Veranda holte Jill einen Schlüssel hervor, steckte ihn ins Schloss und öffnete lautlos die Tür.

„Los, Roddy, die Luft ist ganz klar..."

Der Junge schlüpfte vorbei und die schmale Treppe hinauf.

Dann wandte sie sich plötzlich zögernd an Peter. „Wenn es dir nichts ausmacht, hier zu warten , werde ich Mutter suchen."

McTaggart stand in der düsteren Halle und beobachtete das Mädchen, wie sie mit ihren langen, jungenhaften Schritten den Flur entlangging, eine Tür dahinter öffnete und sie hinter sich schloss, und ein Stimmengewirr drang zu ihm herüber.

Er fing gerade an, seinen plötzlichen Impuls zu bereuen, als die Tür wieder geöffnet wurde und ein Mann erschien. Groß und sehr blond, mit einstudierter Sorgfalt gekleidet, in einen Mantel gekleidet, der sich bis zu seiner schmalen Taille erstreckte, fiel das Licht von oben auf sein Gesicht, schwach gutaussehend, mit lockerer Unterlippe und sentimentalen Augen von blassgrüner Farbe, dicht beschattet durch lange, helle Wimpern.

„ Hallo , McTaggart." Er grüßte gedehnt mit dünner, leichter Stimme, die irgendwie zu seinen Haaren passte. Er streckte eine schlaffe Hand mit sorgfältig gepflegten Nägeln aus. McTaggart schüttelte es wie ein Terrier mit einer Ratte.

„Sie finden Frau Uniacke hier", fuhr er fort. McTaggart, der ihm schweigend folgte, verspürte plötzlich ein Kribbeln in seinen Zehen.

In dem kleinen Arbeitszimmer, das auf einen Gartenstreifen blickte, der an Katzen erinnerte, saß eine Dame vor einem übersäten Schreibtisch, auf dem sich Broschüren stapelten, die sie leitete.

Sie stand auf, als er eintrat, und kam mit ausgestreckter Hand schnell auf sie zu, an ihrer großen Tochter vorbei.

Schlank und zerbrechlich, mit großen dunklen Augen, etwas Vogelartiges in der eifrigen Haltung des Kopfes – erinnerte McTaggart instinktiv an einen Hänfling – den letzten Typus der „Militanten Suffragette", den man sich vorstellen kann.

„Ich freue mich so, dich zu sehen", ihre Stimme war süß und leise. „Du bist ein ziemlicher Fremder, Peter! – Und erst gestern sagte Stephen, er dachte, du hättest die Stadt verlassen."

„Ich *war* weg", antwortete McTaggart – „unten in Devonshire – und als ich Jill in der Nähe von Regent's Park traf, war ich versucht, rüberzugehen und nach dir zu suchen. Besonders", fügte er mit seinem sonnigen Lächeln hinzu, „als ich meine hörte." Freund Roddy wäre zu Hause.

„Sehr wohl", unterbrach Stephen, sich Jills raschen, angewiderten Blick bewusst, „das Fenster ist, wie Sie sehen, ein stiller Zeuge davon." Er zeigte mit seinem schlanken Finger auf die zerbrochene Scheibe. Dann fuhr er ruhig fort: „Du bleibst natürlich bis zum Mittagessen." Aber Peter ignorierte ihn und blickte auf seine Gastgeberin.

„ Natürlich wird er das tun", wiederholte Frau Uniacke die Worte, „und da ist der Gong." Sie schob ihre Papiere zusammen und warf einen bedauernden Blick auf das unvollendete Werk, während Roddy, dessen Gesicht von den eiligen Waschungen glänzte, lautlos hereinschlüpfte und sich der kleinen Gruppe anschloss.

„Das ist sehr nett von Ihnen", antwortete McTaggart, „und ich würde einfach gerne mit Ihnen und den Kindern zu Mittag essen."

Als sie durch die Halle gingen, hörte Jill, wie ihre Freundin höflich zu Somerville sagte:

„Nimmst du auch zu Mittag?"

KAPITEL III

Cydonia saß auf der Fensterbank, ihr Gesicht voller Träume, ihre weißen Hände über ihren Handarbeiten gefaltet. Die glatten und schlanken Finger mit den leicht rosafarbenen Nägeln, der kleine Kopf, der so stolz auf dem langen, runden Hals saß, ihre Selbstbeherrschung, ihre ruhige Würde ließen auf eine alte Abstammung schließen, die in Wahrheit nicht ihre war.

Für Cydonia war es ein Wunder. In einer verrückten Frühlingsstimmung hatte Dame Nature einen Scherz auf Kosten der Kaste entwickelt. Aus der Vereinigung einer verwelkten, alten Gouvernante mit einem reichen Käsehändler in der Blüte seines Lebens hatte sie einer erstaunten Welt dieses exquisite junge Geschöpf mit allen äußeren Anzeichen patrizischer Abstammung geboren.

Exquisit war sie: exquisit und träge. Von den schlanken, gewölbten Füßen unter ihrem Satinkleid bis zu den blassgoldenen Haaren, die über ihrer Stirn gescheitelt und zu einem großen Knoten hinter ihren kleinen Ohren gerafft waren, wirkte sie makellos im Licht des Fensters, wie ein Bild von Meisterhand in zarter Silberspitze.

Als sie nun nachdenklich dasaß, die Augen mit vollen Lidern starr auf eine Schale mit frühen Lilien gerichtet, wunderte man sich, welche unaussprechlichen, tiefen, jungfräulichen Gedanken sie so in sich versunken hielten, mit leicht geöffneten Lippen, bewegungslos bis auf das Heben und Senken des Tiefs mädchenhafte Brust.

Und einmal seufzte sie leicht und in ihre sanften braunen Augen unter den langen goldenen Wimpern stahl sich ein Licht warmer Zufriedenheit.

Ihre Mutter blickte von dem Buch auf, das auf ihrem Knie lag, als das leise Geräusch die Stille im Zimmer durchbrach. eine große, hagere Frau mit einem energischen Gesicht unter der geflochtenen Krone aus eisengrauem Haar.

„Wovon träumst du, Cydonia?"

Das Mädchen im Fenster drehte langsam den Kopf.

„Ich dachte, meine Liebe, wenn der Bischof zum Mittagessen kommt, schickt uns Frau Nix eine Ananascreme. Sie denkt immer daran, dass es sein Lieblingsgericht ist ."

Sie lachte ein wenig, musikalisch und leise.

„Ich mag Ananascreme." Die geschwungenen Lippen schlossen sich.

Ein leichtes Stirnrunzeln zeichnete sich zwischen Mrs. Cadells Augen hinter dem Zwicker ab, der ihre hochgewölbte Nase berührte.

„Sie scheinen mit Ihrer Arbeit nicht so schnell voranzukommen."

Gehorsam fädelte Cydonia ihre Nadel wieder ein und begann, winzige Stiche in den schmalen Spitzenstreifen zu nähen.

Mrs. Cadell beobachtete sie immer noch mit unruhigen dunklen Augen.

„Machst du das gerne?"

Cydonia hob den Kopf.

„Oh ja, Madre." Ihre Stimme war leicht überrascht: „Ich kopiere das byzantinische Stück, das wir in Verona gefunden haben. Erinnerst du dich nicht, Liebes? – an den Tag, an dem es so stark geregnet hat."

Ihre Mutter lächelte. „Möchten Sie noch einmal dorthin zurückkehren ? – nach Italien, meine ich? Ich glaube wirklich, dass wir über Ostern in Venedig bleiben müssen – Sie hätten gerne diesen wunderschönen Gottesdienst im Markusdom – und dann" – ihre Gedanken gingen weiter – „ wir könnten durch die Dolomiten fahren und vielleicht eine Woche in Wien einplanen. Was halten Sie selbst von dem Plan?"

„Das hört sich sehr schön an." In Cydonias ruhiger Stimme klang keinerlei Begeisterung, und wieder runzelte Mrs. Cadell leicht die Stirn. Sie hatte den Eindruck, dass ihre Tochter genauso gelassen zugestimmt hätte, wenn sie Margate gesagt hätte.

„Nun, es ist noch ein weiter Weg." Sie war gerade dabei, ihr Buch einzusammeln, als die Tür aufgerissen wurde und ein kleiner, dicker Mann mit rotem Gesicht und ungeduldig in den Raum hüpfte, als würde er von einer unsichtbaren Kraft hinter sich getrieben.

„Ich habe gerade reingeschaut, Helen, um zu sagen, dass ich jetzt gehe. Pünktlich um acht bin ich zurück zum Abendessen und bringe Cleaver Jones mit. Warum, Cydonia!" – er blieb neben seiner Tochter stehen und hob die Hände in scherzhafter Bewunderung. „Wie schlau wir sind! – Ist das für den Bischof?" Mit unbeholfener Zuneigung packte er sie am Kinn.

„Gib deinem Vater einen Kuss ... da ist mein braves Mädchen!" Pflichtbewusst drückte sie ihre Lippen auf seine raue Wange. Dann fügte er, geschäftig umher, mit seiner rauen, lauten Stimme seiner Frau eine letzte Anweisung hinzu.

„Du wirst Cleaver Jones nicht vergessen, Helen? Und sag Harris, er soll etwas von dem alten Portwein aufbringen. Ich möchte mich mit ihm über diese Gruppe einigen." Während er sprach, legte er seine Hand auf eine wunderschöne Bronze, die auf einer Säule in der Nähe der offenen Tür stand. „Ich werde nie wieder so ein Schnäppchen machen" – ein Unterton des Bedauerns klang in der Rede mit. „Ach – übrigens – kannst du morgen zu Christie's kommen? Da ist ein Bild, von dem Amos denkt ..." Er hielt sich abrupt zurück, als unten im Haus eine Glocke läutete.

„Das ist der Bischof – ich bin weg!" und die Tür schlug hinter ihm zu. Sie hörten seine schweren Schritte unten klappern.

Mrs. Cadell atmete erleichtert auf, Cydonia fügte unerschütterlich noch einen weiteren Stich hinzu. Die vulkanischen Methoden ihres Vaters störten ihre Nerven selten, obwohl sie die ältere Frau zittern ließen.

Mrs. Cadell stand auf und glättete ihr Haar im Spiegel neben ihr. Sie war sehr groß und kantig in ihrem drapierten schwarzen Kleid und hatte jene undefinierbare Autorität, die denen anhaftet, deren Lebensaufgabe es ist, die Jugend zu unterrichten.

Längst war die Plackerei von damals vorbei: die beengten Schulstunden, die trostlosen Abende allein. Aber die lehrreiche Atmosphäre umgab sie noch immer, der äußere Stempel hart erkämpfter Kultur.

Nun ja – es hatte ihr viel gebracht! Dieses Leben im Luxus, ein Ventil für ihren unersättlichen Ehrgeiz; und, noch größeres Wunder, eine schöne junge Tochter, Fleisch von ihrem eigenen Fleisch – aber kein Kind ihres Geistes.

Das war der Fehler in ihrer Erfolgskrone. Denn wenn jemals eine Frau das Gehirn verehrte, die Menschheit am Maßstab des Intellekts maß, die Unwissenden verachtete und vor Dummheit zurückschreckte, dann war diese Frau Helen Cadell.

Es war die einzige Verbindung, die sie mit ihrem Mann verband, das Wissen, dass er trotz all seiner Fehler ein kluger Mann war. Er hatte auch die treibende Kraft hinter seinem klugen Verstand, die heutzutage das Geheimnis des Erfolgs darstellt. Hartnäckig, unermüdlich, lächelnd über Zurückweisungen, hatte er seine Aufgabe stetig erfüllt; Er baute durch persönliche Anstrengung ein Vermögen auf, wobei er trotz seiner Vulgarität etwas ziemlich Schönes hatte: einen Glauben an seinen Stern, der Macht bedeutete.

Vielleicht war sein erster Moment der Schwäche und des Zweifels der, der den Höhepunkt seiner Leistung bezeugte; Als Geld regelmäßiges und nachhaltiges Geld hervorbrachte und sich ihm ein neues Leben öffnete, in dem Freizeit lauerte.

Denn in dem langen Kampf hatte Ebenezer Cadell kaum einen Gedanken an das Ende des Kampfes verschwendet. Er hatte keine Zeit zum Spekulieren, keine Neigung zu träumen, was ihm das Geld bringen würde, wenn es ihm einmal gehörte.

Und zu seiner Überraschung stellte er fest, dass ein reicher Mann in größerem Maße mit den Bedenken der Armen verbunden war; das Risiko, um sein Vermögen betrogen zu werden; um außerdem Pfunde zu verlieren, wo er einst Pence riskierte.

Ehrgeiz stirbt noch schwerer als Eitelkeit, und Prahlerei trat an die Stelle seiner Sparsamkeit. Er sehnte sich nach den äußeren Zeichen von Opulenz, nach einem Haus voller Schätze, die andere bedeutende Männer erkennen, begehren und offen diskutieren konnten.

Doch hier versagte ihm zunächst sein kaufmännischer Instinkt. Er konnte sich nicht mehr ganz auf sich selbst verlassen. Ihm fehlten das ererbte Wissen, die langsame Erfahrung und die alltägliche Atmosphäre eines kultivierten Zuhauses.

Berater waren käuflich, aber waren sie vertrauenswürdig? Es machte ihn wahnsinnig, diese verschlossene Tür zum Hinweis eines reichen Mannes. Plötzlich reagierte er empfindlich auf ein höhnisches Grinsen. Vor allem fürchtete er sich vor dem Lächeln des Kenners.

Er erkannte, dass er einen Partner brauchte, und begann zum ersten Mal an eine Frau zu denken. Das Schicksal warf Helen Greaves an diesem Wendepunkt in seinen Weg. Er fand sie in einem kleinen Hotel an der Ostküste mit ihrer jüngsten Schülerin, deren Gesundheit Pflege erforderte, und war sofort interessiert, als er hörte, wie sie mit ihrem Schützling über die Vorzüge eines bestimmten Bildes sprach.

Ihre Tische nebeneinander im verlassenen Speisesaal gaben ihm die Gelegenheit, die er suchte. Es entstand eine Bekanntschaft und schnell entwickelte sich eine Freundschaft zwischen dem neugierigen, ungleichen Paar.

Obwohl sie schon in ihrer ersten Jugend verdorrt und streng war, besaß Helen Greaves dennoch einen gewissen Charme: den Eindruck der Klasse, in der sie gelebt und der sie gedient hatte, das Wissen über die kultivierte Welt, das Ebenezer fehlte.

Darüber hinaus hatte sie viele Jahre lang die Töchter eines bestimmten Adligen unterrichtet; in einem bekannten Haus voller Kunstschätze, das der jetzige Besitzer geerbt und erweitert hat; und mit ihrem schnellen Verstand und ihrer Liebe zum Schönen war sie keine schlechte Kennerin geworden.

Sie war viel mit ihren Schülern gereist und hatte gelernt, zu kritisieren und zu diskriminieren. Hier war eine Frau ganz nach Ebenezers Herz, die in dem Hobby verwurzelt war, das er unbedingt zu seinem eigenen machen wollte.

Der Zweck seines Besuchs in der kleinen Stadt am Meer war die Teilnahme an einem benachbarten Verkauf, bei dem der Tod des Besitzers einen gewissen, viel diskutierten alten Meister auf den Markt gebracht hatte.

Beeindruckt von Helen Greaves' offensichtlichem Wissen, bat er sie, ihn zu begleiten, und auf ihren Rat hin hatte er die Bronzegruppe gekauft, die jetzt in seinem Londoner Haus stand und von den Händlern beim Verkauf irgendwie übersehen wurde.

Ohne ihre Ermutigung wäre er daran vorbeigegangen, getäuscht durch den absurd niedrigen Preis, und selbst als er den Kauf tätigte, fragte er sich, ob sie nicht schuld war.

Bei seiner Rückkehr zeigte er es jedoch einem Händler und stellte zu seiner Überraschung fest, dass Helens Scharfsinn ihm einen unbestrittenen Schatz gesichert hatte. Zum ersten Mal spürte er die besondere, tiefe Freude des Schnäppchenjägers in seiner Stunde des Triumphs.

Dann und da fasste er seine Entscheidung. Das war der Partner, den sein neues Leben mit sich brachte. Und die Erkenntnis, was er alles zu bieten hatte, zusammen mit der Tatsache ihrer gegenwärtigen untergeordneten Stellung, brachte ihn wieder auf sein altes Podest zurück, mit einem zurückgekehrten Bewusstsein der Meisterschaft. Denn der Mann musste herrschen. Es war keine vorübergehende Schwäche. Abdankung bedeutete eine Lähmung seiner Kräfte.

Kaltblütig und ohne Gefühl hatte er einen Brief an Helen Greaves verfasst. Keine Partnerschaftsurkunde wurde jemals klarer zum Ausdruck gebracht als dieser formelle Heiratsantrag! Sechs Monate später waren sie Mann und Frau und begannen ihre Flitterwochen, die auch ein gründliches Studium in den ausländischen Galerien beinhalteten.

Es spricht für den Charakter der Ex-Gouverneurin, dass diese Geschäftsallianz in einer Kirche besiegelt wurde. Denn Ebenezer war ein überzeugter Nonkonformist und lebte und starb treu seinem Glauben.

In den klugen Händen seiner Frau meisterte er langsam aber sicher die Feinheiten seines neuen Kults. Er trat als leidenschaftlicher Sammler in den Vordergrund, und als Krönung seines Erfolgs erschien Cydonia.

Mit der Geburt ihres Kindes fand Helens Ehrgeiz einen neuen Ausdruck. Sie wurde geselliger und versuchte, die Türen aufzubrechen, bei denen Geld zwar eine Hilfe war, aber kein Eintrittsrecht erkaufen konnte.

Hier fand sie einen neuen Faktor in ihrer Kirche. Immer religiös veranlagt, wandte sie sich der Wohltätigkeitsorganisation zu – deren Umhang heutzutage viele „Kletterer" schützt – spendete Geld auf großen Basaren und speiste die Geistlichen, die in Scharen zu ihrem Haus strömten. Ebenezer grummelte, beugte sich aber ihrem Willen. Nach und nach tauchte ihr Name als Schirmherrin der Vergnügungsprogramme auf, die „den Armen helfen" sollten. Sie wurde in Ausschüssen gesucht, um Spenden gebeten und von der Oberschicht bevormundet, die sie ausnutzte, sie anlächelte und sie unter sich treiben ließ.

Aber Helen Cadell war gekommen, um zu bleiben. Langsam und leise festigte sie ihre Position, unauffällig, aber immer im Vordergrund, und blickte auf den Tag, an dem ihre Tochter wie selbstverständlich diesen heiligen Boden betreten würde.

Der einzige Fehler in der langen Kampagne war die schlafende Seele von Cydonia.

Denn als die Jahre über sie hinweggingen und ihre Mutter mit ängstlichen Augen zusah, schien es ihr, dass ihren Nachkommen die latente Kraft fehlte, die sie in beiden Elternteilen zur Selbstverwirklichung angespornt hatte.

Sie hatte keine Energie, keine Begeisterung. Schön, passiv, süß gut, niemand könnte sie wirklich als klug bezeichnen. Unter ihrer lilienweißen, zarten Anmut war sie nur ein gesundes junges Tier, zufrieden mit dem Leben, ohne Ehrgeiz, mit Essen, Gehen und tiefem Schlaf.

Und als die Mutter dies mit ihrem unruhigen Geist beobachtete, begann sie, ihre Hoffnung auf das Element zu richten, das sie selbst verachtet hatte, den Reiz der erwachenden Liebe. Manchmal schmerzte es ihren Stolz, das Gefühl zu haben, dass es ihrer Tochter an Intelligenz mangeln könnte! Bildung war für sie alles gewesen – die treibende Kraft ihres anstrengenden Lebens.

Und nun muss Minerva mit weisen, kalten Augen für den Gott der Liebe beiseite gelegt werden. Mit immer dem Risiko des Opfers: dass sein Altar ihr ihr Kind entreißen könnte.

Etwas davon ging ihr durch den Kopf, als Helen vor dem Glas stand und mechanisch ihr Haar in den glatten grauen Bändern über ihrer Stirn strich.

Sie konnte das Spiegelbild des Raumes sehen; die langen weißen Wände, an denen die Bilder hingen, jedes mit seinem eigenen reflektierenden Licht, jedes ein Meisterwerk eines großen Mannes. Hier und da streichelte die Wintersonne eine Statue oder eine geschnitzte Säule und vergoldete die

Rückenlehnen der großen Hochstühle, auf denen der längst verstorbene Prälat und Prinz gesessen hatte. Denn der Raum war ein wahres Schatzhaus, das auf Schritt und Tritt Geschichte atmete, erfüllt von Schönheit der Farben und Formen, gemildert durch den Hauch des Alters.

Und der Gedanke durchzuckte sie mit scharfem Schmerz, dass alles, was sie hier erreicht hatte, das Wissen und die Voraussicht vieler Jahre, die tägliche Sorge seit der Stunde der Geburt, als sie unter Qualen ihr Kind zur Welt gebracht hatte: alles konnte beiseite gefegt und zunichte gemacht werden erste Liebesworte eines Mannes.

„Cydonia" – ihre Stimme war scharf, was die Anspannung ihrer Stimmung widerspiegelte, und das Mädchen blickte leicht überrascht auf.

„Leg deine Arbeit weg, meine Liebe", lächelte sie mühsam, als ihre Tochter der Bitte nachkam. „Ich kann hören, wie der Bischof nach oben kommt."

Doch während sie sprach, öffnete sich die Tür.

„Mr. McTaggart", verkündete der Mann.

KAPITEL IV

Nichts konnte Cydonias Ruhe stören. Das Lächeln, das sie unbewusst für den Bischof vorbereitet hatte, wärmte McTaggart, als er den Raum betrat. Hat ihn ein wenig benommen, um ehrlich zu sein, sie sah dort so hübsch aus.

Auf dem Gesicht ihrer Mutter las er Überraschung und beeilte sich, seine Mission zu erklären.

„Ich bin der Überbringer einer Nachricht von Lady Leason . Ich muss mich für die Stunde entschuldigen, aber sie hat mich gebeten, sofort zu kommen. Sie macht sich schreckliche Sorgen um die Tableaux. Es scheint, dass Marie Dilke nach Cannes reist. ‚Auf Anordnung des Arztes' – so sagt sie. Wie auch immer", er lächelte schelmisch, „man kann die Ausrede bei diesem Wetter verstehen! Jetzt ist also das dritte Bild verdorben. Wir wollen noch ein Dornröschen. Und ich dachte – wir dachten", er blickte Cydonia an – „das." Vielleicht würde uns deine Tochter helfen.‘"

„Aber sie spielt schon im ersten Teil." Mrs. Cadell war insgeheim erfreut und wollte nicht, dass diese Tatsache ans Licht kam.

„Ich weiß. Aber es wird noch viel Zeit sein." McTaggart wischte die Ausrede beiseite. „Das zweite Tableau besteht aus drei Teilen; es wird mindestens eine Viertelstunde dauern. Und es ist wirklich eine so schöne Szene – die Bühne wird eine Masse von Blumen sein. Sagen Sie unbedingt ‚Ja‘." Seine blauen Augen flehten, als er blickte von der Mutter zurück zum Mädchen.

„Möchtest du es, Cydonia?" Mrs. Cadell befragte ihre Tochter, aber bevor diese Zeit finden konnte, zu antworten, öffnete der Butler die Tür und kündigte den lang erwarteten Gast an.

Der Bischof von Oxton eilte herein: ein schmächtiger, gebeugter Mann in der Blüte seines Lebens mit einem gewölbten Kopf, der für die kleinen und zarten Gesichtszüge darunter zu groß schien. Seine kurzsichtigen, hervorstehenden Augen zeigten einen Ausdruck chronischer Verwirrung, und um seine dünnen Lippen schwebte ein Lächeln, süß und abwertend, als ob er ständig über die hohe Stellung, die ihm auferlegt wurde, staunen würde.

„Ich fürchte, ich komme etwas zu spät", sagte er und schüttelte Mrs. Cadell die Hand – „Tatsache ist, dass ich wegen einer geschäftlichen Angelegenheit in der Stadt aufgehalten wurde ." Er strahlte Cydonia liebevoll an und warf einen geistesabwesenden Blick auf McTaggart.

Die Gastgeberin stellte die Männer vor.

"Ah ja." Der Bischof blinzelte. „Ich glaube, wir haben uns schon einmal getroffen – bei meiner Cousine, Lady Leason ."

„Das ist merkwürdig." McTaggart lachte: „Ich bin gerade von ihr gekommen, voller Tatendrang, um einen Bettelauftrag zu erledigen."

„Dann bin ich sicher", antwortete der Bischof höflich, „dass Ihre Mission nicht umsonst sein wird! Dies ist das Haus der Nächstenliebe."

Um dies zu betonen, verkündete der Butler, dass das Mittagessen des Prälaten serviert sei.

McTaggart begann sich zu verabschieden, aber seine Gastgeberin wollte nichts davon hören.

„Sie *müssen* bei uns bleiben und zu Mittag essen – wir müssen über die Tableaux entscheiden."

„Ich habe einem Mann im Club halb versprochen ..." Er bot die abgedroschene Ausrede an, aber Mrs. Cadell ging zur Tür.

„Ein halbes Versprechen", sagte sie leichthin, „kann sicherlich gebrochen werden."

Als sie zur Treppe gingen , übergab sie die Angelegenheit dem Bischof.

„Sie dürfen nicht nach meiner Meinung fragen", fügte er den kleinen Witz hinzu. „Ich halte nichts von halben Sachen! Aber wenn man es zu einer Gewissensfrage macht, würde ich sagen, dass es vom Gastgeber abhängt."

„In diesem Fall" – McTaggart lächelte – „kann ich mich als freigesprochen betrachten. Es war das, was die Amerikaner ‚Dutch Treat' nennen – jeder musste seine eigenen Ausgaben bezahlen."

Sie setzten sich an den runden Tisch, der seltsamerweise mit Messingintarsien, glatt und unschuldig von Stoff, ausgestattet war, wo Austern in alten Wedgwood-Tellern auf Matten aus italienischer Spitze lagen. Die Früchte, hochgestapelt auf einem Mittelteller – Trauben mit Pfirsichen und Birnen darunter – und das goldgesprenkelte venezianische Glas verliehen ihm ein völlig fremdes Aussehen. Und das wurde durch den Raum betont; der verblasste Wandteppich bildete einen sanften Hintergrund für die hochlehnigen Stühle und die bemalte Truhe – einst eine Staatskasse für Hochzeiten – und die schweren Vorhänge aus Brokat, in denen der angelaufene Goldfaden das Licht einfing.

Ein perfekter Rahmen, dachte McTaggart, für das blonde Mädchen in ihrem Satinkleid, während er beobachtete, wie sich der kleine Patrizierkopf aufmerksam zum Bischof beugte .

Er fragte sich, ob sie selbst dieses neblige, metallische Blau und das einzelne Ornament gewählt hatte, das an einer feinen Goldkette um ihren Hals hing. Er betrachtete letzteren mit neugierigen Augen und schätzte das Design; Saatperlen, aufgereiht um ein Kreuz aus blassen und schimmernden Smaragden, mit barbarischer Nachlässigkeit in das raue handgearbeitete Metall eingelassen und von Perlenschlaufen beschwert, zitterten sie bei jedem Atemzug, den sie tat.

Währenddessen erläuterte die Gastgeberin den Grund für den Besuch des jungen Mannes. Der Bischof freute sich über seine Austern und strahlte seine Zustimmung zu dem Plan aus.

„Aber wer, darf ich fragen, soll der Prinz sein?" Seine Stimme war schlau und ein Funkeln glänzte in den hervorstehenden kurzsichtigen Augen, als McTaggart etwas hastig zugab, dass die Rolle ihm gehörte.

„In Wams und Hose und spitzen Schuhen. Und eine schreckliche Mütze, die nicht auf dem Kopf bleibt. Du hast keine Ahnung" – er wandte sich an Cydonia – „welche seelischen Qualen es verursacht! Angenommen – im entscheidenden Moment" – er sah zu Ihr stilles Gesicht, während er sprach – „es neigte sich nach vorne zu meiner Nase? Was für ein Todesstoß für Romance! Und sie erlauben mir nicht, ein Gummiband zu tragen, das ordentlich unter meinem Kinn befestigt ist. Und Hutnadeln sind nutzlos." . Können Sie Abhilfe vorschlagen?"

„Ich sollte es in meiner Hand halten", sagte sie.

„Wunderbar!" – McTaggart lachte – „und es ist mir überhaupt nicht in den Sinn gekommen."

Er war erleichtert – und zugleich angeregt – über ihre lächelnde, unbekümmerte Miene.

„Unter diesen Umständen könnte es auch ritterlicher wirken."

Er fügte die Rede in leiserem Ton hinzu, mit dem plötzlichen schelmischen Wunsch, in ihr eine leichte Empörung hervorzurufen. Und als wäre er sich seiner Gedanken bewusst, wandten sich die braunen Augen ab. Eine schwache, flüchtige Farbe schlich sich unter die helle Haut ihrer Haut.

Der Blick des Bischofs richtete sich auf seine Gastgeberin. Zwischen den beiden älteren Leuten blitzte eine stille Frage und Antwort auf.

„Das ist es, was ich tun werde", sagte McTaggart, „knie nieder und drücke es an mein Herz. Ich hätte es viel lieber dort, als es auf meinem glücklosen Kopf balancieren zu lassen. Unglücklicherweise", seine Stimme war leicht – „du wirst mein ganzes vermissen." exquisites Schauspiel – es sei denn, Sie gucken unter Ihre Wimpern. Sagen Sie mir, dass Sie das tun werden? Natürlich *sollten* Sie schlafen."

„Sie reden, als wäre alles geklärt", warf Mrs. Cadell lächelnd ein, „aber ich habe noch nicht entschieden, ob Cydonia die Rolle übernehmen wird."

„Oh! So grausam kannst du doch nicht sein!" McTaggart zeigte seine Enttäuschung. „Denken Sie an die arme Lady Leason . Sie haben keine Ahnung, wie besorgt sie ist. Und wenn Ihre Tochter sich weigert, uns zu helfen, werden wir mit Mrs. Bertie Eying bedroht Dornröschen!"

Er schauderte plötzlich und drehte sich zu dem amüsierten Bischof um.

„Eines dieser neuen, seiligen Mädchen – nur Schultern und Füße, wissen Sie. Kein Rückgrat und glattes Haar, das über die Ohren gezogen ist. Wie ein französischer Modeschmuck, bei dem alles Französische weggelassen wurde."

„Ich stelle fest, dass es hier keine halben Sachen gibt", kicherte der Bischof leicht. „Ich hatte keine Ahnung von den belästigenden Details einer Wohltätigkeitsaktion. Es geht doch um ein Krankenhaus, nicht wahr?"

Mrs. Cadell gab den Namen an.

„Wir hoffen, einen Teil der Schulden begleichen zu können. Seit der Verabschiedung des Versicherungsgesetzes sind die Beiträge zurückgegangen. Man spricht so ernsthaft von der Schließung einer Station."

"In der Tat?" Nervös wich der Bischof der Führung in die Politik aus.

„Wenn ich von finanziellen Verlusten spreche", fuhr er etwas hastig fort, „erinnert mich das an meine morgendliche Arbeit. Ich fürchte, die Art und Weise der Stadt übersteigt mein Verständnis."

Er seufzte, als er sich das Curry nahm.

Um die Pause zu füllen, bemerkte Mrs. Cadell, dass McTaggart an der Börse sei.

"Wirklich?" Der Bischof blickte schnell auf. „Dann kann er mich vielleicht bei der Frage, die mich beschäftigt, entlasten."

In den blauen Augen des jüngeren Mannes lag ein scharfsinniger Ausdruck der Aufmerksamkeit. Innerlich fasste er die Möglichkeit eines Klienten zusammen.

„Freut mich – wenn ich überhaupt helfen kann."

Cydonia warf ihm einen verstohlenen Blick zu. Hier war eine andere Seite des Bildes, die sie bereits auswendig kannte.

Sie betrachtete das ernste, olivfarbene Gesicht mit dem kräftigen Kinn und den fest geschlossenen Lippen – ein Anflug von Eigensinn, der seiner leicht fremden Anmut einen stark britischen Ausdruck verlieh, jede Weiblichkeit verbannte und auf eine verborgene Macht hindeutete.

Es kam ihr so vor, als würde er in eine Welt entführt, die weit von ihr entfernt war, und zum ersten Mal in ihrem Leben fühlte sie sich unbehaglich, fast ängstlich ...

„Vor ein paar Jahren", der Bischof blinzelte, „sechs, um ganz genau zu sein, wurde ich dazu gebracht, etwas Geld in ein neues Unternehmen zu investieren. Ich bin mir über den Prozess nicht ganz sicher, aber er – die Erfindung – behauptete, eine zu produzieren Flüssigbrennstoff aus Kohleschlacke zu absurd niedrigen Kosten. Die Aktien waren schnell gestiegen, bis sie acht Pfund pro Stück kosteten – Ein-Pfund- Aktien, verstehen Sie? Ich gab acht." Er hielt reuevoll inne.

"Und nun?" fragte McTaggart sanft.

„Ich glaube", der Bischof seufzte, „sie verkaufen für ... etwa zwölf Schilling! Das Schlimmste ist –" seine Stimme wurde lauter. „Sie haben nie eine Dividende gezahlt."

„Wie haben Sie davon erfahren?" McTaggart verspürte ein halb amüsiertes Mitleid.

Warleigh gegessen . Sein Haus liegt, wissen Sie, in der Nähe von Oxton . Und der Hauptdirektor – der Initiator der Angelegenheit – blieb über das Wochenende bei ihm, um ein Aktienpaket zu platzieren für weitere Arbeitskosten sorgen. Warleigh war begeistert und was den Mann selbst anbelangt, schien er äußerst zuverlässig zu sein, mit Herz und Seele in den Plan vertieft. Deutscher Herkunft, eingebürgert – Herman Schliff – – Kennen Sie den Namen?"

„Ich habe noch nie davon gehört – oder von der Firma." McTaggart schüttelte den Kopf.

"Nicht wirklich?" Der Bischof runzelte die Stirn.

„Einer der beredtesten Männer, die mir je begegnet sind. Ich erinnere mich, dass ich damals –" er lächelte entschuldigend – „dachte, was für ein Prediger der Kirche verloren ging! Und damit einher ging eine Begeisterung, ein Gespür für sein Fach und ..." ein Vertrauen in die Aussichten, das seine Zuhörer mitgerissen hat. Um Ihnen ein Beispiel dafür zu geben: Warleighs armer alter Butler investierte seine Ersparnisse – den kaum verdienten Notgroschen aus vierzig Dienstjahren – sofort in die Angelegenheit. Er reichte Jeder Cent davon ging an Schliff , bevor er ging.

"Schade!" Mrs. Cadells Mitgefühl war deutlich geweckt – „Ich nehme an, er wird es nie zurückbekommen?"

„Ich fürchte nicht. Und er ist einer von vielen." Der Bischof runzelte nachdenklich die Stirn. „Als ich erst heute Morgen eine Aktionärsliste durchgesehen habe, war ich überrascht, viele Namen von recht kleinen Leuten mit geringem Einkommen zu finden, die ich persönlich kannte. Ich meine auch gute Leute. Militärangehörige und kleine Gutsbesitzer, die tief im Land leben."

"Genau." McTaggarts Gesicht war grimmig – „die üblichen Opfer, fürchte ich." Aber es scheint sich etwas länger hingezogen zu haben, als diese verlassenen Hoffnungen es normalerweise tun. Welchen Grund geben sie für den Kursverfall? und das Fehlen einer Dividende? Was sagen die Berichte?"

„Oh – sie sind voller Ausreden." Die dünne, zarte Hand des Bischofs bewegte sich in einer Geste der Ungeduld. „Zum Beispiel – neue Maschinen – einige Probleme im Prozess – eine technische Meinungsverschiedenheit zwischen den Experten, die sie beschäftigen. Mit immer derselben goldenen Zukunft, die vor unseren müden Augen baumelte, in Schliffs magnetischen und pompösen Reden, unterstützt von seinen zahmen Direktoren. Und das darin versunkene *Geld – Tausende verschwendet! Es gibt nichts Praktisches vorzuweisen – was die enormen Ausgaben rechtfertigen würde.* "

„Ich nehme an", riskierte McTaggart, „ ist Schliff mittlerweile ein ziemlich wohlhabender Mann?"

„Das kann ich nicht sagen. Um ihm gerecht zu werden, würde ich zögern, den Mann in irgendeiner Weise als skrupellos einzustufen. Er hat einen festen Glauben an sich selbst und an alles, was er unternimmt. Das ist temperamentvoll und höchst irreführend; aber ich denke, dementsprechend Seiner Meinung nach ist er ehrlich. Das glaube ich wirklich! Das ist der verwirrende Teil für mich. Aber er ist hypnotisiert von seiner eigenen Ausführlichkeit –" der Bischof hielt inne, zufrieden mit dem Satz – „er sieht sich selbst als einen zweiten Napoleon – leider! ohne seine." Genie fürs Management."

McTaggart erlaubte sich den Luxus eines lange unterdrückten Lächelns.

„Dieser Typ ist vielleicht nicht ungewöhnlich. Wenn Sie möchten, werde ich ein paar Nachforschungen anstellen – natürlich ganz im Stillen – und herausfinden, welchen Ruf er in der Stadt hat. Ich komme zu dem Schluss, dass dies nicht sein erstes Unterfangen ist? Herman Schliff ... und das Unternehmen?" Er machte eine Notiz auf seiner Manschette. „Oh, es ist wirklich kein Problem – ich interessiere mich für die Angelegenheit."

„Ich wünschte, ich wäre es nicht!" Das Opfer lächelte. „Aber ich habe nach dem Herbst weiter gekauft."

Mrs. Cadells unruhiger Blick traf den von McTaggart. Sie lächelten beide. Dann gab sie dem Butler ein Zeichen , das Glas des Bischofs aufzufüllen .

„Ja, ich bestehe darauf", wie der Prälat protestierte, „es wird dir nicht schaden, es ist ganz leicht. Und hier kommt deine Lieblingssüßigkeit – extra für dich bestellt."

Das abgenutzte Gesicht klärte sich, und er lächelte, berührt von dem freundlichen Gedanken des anderen.

„Ich werde in diesem Haus immer verwöhnt", sagte er, „und ich fürchte, das schockierende Ergebnis ist, dass ich das ausnutze und zu oft hierher komme, um meine Sorgen loszuwerden. Was kann Dornröschen denken?" von all diesem tristen Geschäftsgespräch?

Er blickte wehmütig auf Cydonias hübsches Gesicht, daneben den männlichen Kontrast ihrer dunkelhaarigen, gutaussehenden Freundin. Nur zu gut erkannte er die schwere Last der Jahre und die immer enger werdende Straße, die vor ihm lag und die er mit einsamen Füßen passieren musste. Den Tod fürchtete er nicht. Denn der Glaube, den er schon lange gepredigt hatte, war tatsächlich sein eigener. Doch der Mensch in ihm schrumpfte angesichts des Machtverfalls.

Cydonias sanfte braune Augen begegneten seinen mit kindlicher Zuneigung. Seine Frage durchkreuzte ihre Träume.

"ICH?" Sie zögerte und lächelte. „Oh! Ich höre gerne von Dingen."

Als McTaggart sie beobachtete, fiel ihm ein schwer fassbares Grübchen in der Nähe des frischen, jungen Mundes ein.

Als er den durch dieses Wunder ausgelösten Gedankengang verfolgte, hörte er noch einmal die Stimme des Arztes mit einem Beigeschmack von Schalk in seinen Ohren.

„Sind Sie nicht verheiratet, Mr. McTaggart? Nun – Sie sollten besser aufpassen … eine schöne Frau und eine dunkle …" Er war sich sofort sicher, dass sein „schottisches Herz" in dem von Cydonia lag Hände.

Er beobachtete sie jetzt und entfernte mit träger Anmut die samtige Haut eines Pfirsichs. Die schwache Farbe der Frucht war nicht schöner als ihre kleinen rosa Nägel.

Doch schnell kam mir eine Vision von Fantine in den Sinn – schelmisch, provokativ, voller Leben; mit dunkel umrandeten Augen und vollen roten Lippen und honigfarbenen Fingern , die in schnellen Gesten zu jeder Wendung ihrer fröhlichen, abgehackten Rede aufblitzten.

Er schob das Bild halb verärgert beiseite; war sich der Atmosphäre bewusst, die im Haus der Cadells herrschte , leicht kirchlich und überaus kultiviert. Das Eindringen von Fantine wirkte fast profan, der Kontrast zwischen diesem geschützten Zuhause und der vergoldeten, überbeleuchteten Wohnung zu grob. Er konnte die langen Räume mit weit geöffneten Türen und die ständig wechselnde, strahlende Menge sehen, die sich gegenseitig um den grünen Tisch mit den aufgestapelten Einsätzen und flatternden Karten drängte. Er konnte noch einmal die Anspannung spüren, die in der Luft lag, die Erregung der Gewinngier, die greifenden Hände und gierigen Augen ...

"Einen Penny für deine Gedanken?" Er zuckte schuldbewusst zusammen. Cydonia beobachtete ihn mit kindlicher Neugier.

„Unmöglich – der Preis ist zu hoch!"

Er antwortete ihr leichthin, aber sein Gesicht war ernst.

„Ich glaube, du bist wieder zu dieser Samtmütze zurückgekehrt? Du sahst so ernst aus. Das muss es sein!"

„Es ist wahrscheinlicher, dass ich mit dieser grausamen Spannung belästigt wurde." Er beugte sich etwas näher und senkte seine Stimme.

„Du *wirst* uns helfen? Sag es mir, willst du das nicht ? – Du hast keine Ahnung, wie sehr ich darauf bedacht bin, dass du die Rolle übernimmst."

Dann, als er sie zögern sah, fügte er boshaft hinzu: „Mrs. Bying würde sich darauf stürzen."

„Aber ich bin *nicht* Mrs. Bying ."

Cydonias Kopf hob sich voller Stolz.

„Gott sei Dank, nein." Er lachte über ihre Stimme. „Ich hatte nichts gegen Marie Dilke – sie ist so eine gute Sorte", fuhr er nachdenklich fort und vergaß seinen Zuhörer – „aber was den Kuss von Mrs. Bying angeht ..."

In dem Moment, als die Nachricht herauskam, spürte er mit Entsetzen die Torheit seines Fehlers. „Tu so, als würde ich es tun, meine ich", korrigierte er hastig. „ Natürlich ist es bei der Schauspielerei immer eine Vortäuschung – und in diesem Fall – ich nur ... du weißt schon –"

Er brach ab, ihm fehlten die Worte. Er wagte es nicht einmal, sie anzusehen. Die unheilvolle Pause verlängerte sich. Er verspürte ein wahnsinniges Verlangen zu lachen.

„Mit jedem anderen Mädchen" – dachte er – „aber diesem Mädchen ... oh! *Lass* es sein!" Er griff nach einem Pfirsich. Bösartig grub er seine Gabel hinein und suchte in seinem leeren Gehirn nach einer vernünftigen Bemerkung. Aber....

„Ich glaube, es wird schneien –" war alles, was ihm nach reiflicher Überlegung einfiel. Er sagte es mit der Miene eines Wetterexperten. „Es ist so furchtbar kalt..." Und dann erschreckte ihn ein leises Lachen und warf ihm einen Seitenblick zu.

Cydonias Gesicht war rosa und das Grübchen auf ihrer glatten Wange verriet, dass sie mit Heiterkeit kämpfte.

"Schnee?" sagte der Bischof . „In der Tat glaube ich nicht. Zu dieser Jahreszeit kann man hoffen, dass der Winter vorbei ist. Nicht, dass wir in Oxton viel Schnee haben ."

Er wandte sich erneut an Mrs. Cadell.

„Ein wundervolles Jahr für Chrysanthemen."

Sie begannen, über die Temple-Show zu diskutieren.

„Sagen wir, dass mir vergeben ist?" McTaggarts Stimme war bescheiden.

Aber Cydonia hatte sich erholt. Sie saß kerzengerade da und blickte diskret auf ihren Teller.

„Wenn du nicht bald mit mir sprichst" – dies in tragischem Tonfall – „schneide ich mir mit einem silbernen Messer die Kehle durch. Das wird eine lange Angelegenheit – und auch schmerzhaft ..." Er unterdrückte seinen aufkommenden Unmut und versuchte es Untersuche ihren Gedanken.

Tatsache war jedoch, dass Cydonia etwas ratlos war. Zum ersten Mal spürte sie das Bewusstsein der Macht – tatsächlich süß für das Schulmädchen in ihrem ersten Lebensjahr. Sie wollte würdevoll sein und sie wollte lachen. Und hinter all dem lag eine merkwürdige Freude – ein Anflug von Aufregung und Staunen, der schmerzte ... Sie schloss es in Schweigen, misstrauisch gegenüber Worten.

„Ich möchte, dass du es verstehst", McTaggart beobachtete sie. Die kleine Szene hatte plötzlich eine Bedeutung erlangt. „ Wie auch immer ich lache – oder scherze, weißt du, ich könnte nie ohne Respekt an dich *denken* . Und wenn du diese Rolle übernimmst , würde ich es hassen, wenn du das Gefühl hättest ... dass du bei mir nicht ganz sicher bist. Du verstehst du, was ich meine." Er holte tief Luft und tauchte wieder ein. „Vielleicht flirte ich mit Mrs. Bying – sie ist ein Freiwild, wissen Sie –, aber Sie – Sie sind anders ..."

Er stammelte bei dem Wort.

Denn Cydonia hatte aufgeschaut, und in ihren schüchternen Augen las er eine kindliche Dankbarkeit und damit, süß und tief, den Beginn des Verständnisses einer Frau für Männer.

Etwas in der versunkenen Haltung des Paares fing den unruhigen Blick der Mutter auf.

„Nun, Cydonia", sie erhob sich, während sie sprach, denn der Bischof hatte einen kurzen Blick auf die Uhr geworfen – „Haben Sie sich bezüglich der Tableaus entschieden, Liebes?"

„Ich denke schon, Madre. Ich finde, es klingt ... nett."

„Du gesegnetes Kind", sagte McTaggart in seinem Herzen.

KAPITEL V

McTaggart lag mit halb geschlossenen Augen im Bett und beobachtete, wie sich das graue Licht unter der Jalousie ausbreitete. Sein Kopf schmerzte und er fühlte sich ungewöhnlich müde und schwer, von unsichtbaren Ketten an sein Kissen gefesselt.

Aus dem dahinter liegenden Wohnzimmer ertönte das Klappern von Tellern, das Knarren der Bretter im Kielwasser der Schritte seiner Haushälterin, und durch das offene Fenster ertönte ein gedämpftes, gleichmäßiges Summen – das Tageslied der Londoner Straßen. Eine Tür schlug laut zu, und es folgte gesegnete Stille. Er zog die Bettwäsche enger unter sein Kinn. Doch nun war der Schlaf verflogen und die Gedanken schossen schnell wie gegen seinen Willen in sein Gehirn; eine verwirrende Abfolge von Ereignissen und Vermutungen, die Bilder vor seinen geschlossenen Augen hervorwarfen.

Er streckte die Hand aus, suchte nach seiner Uhr und stellte fest, dass es fast zehn Uhr war. Eine große Unzufriedenheit überkam ihn. „Noch ein Tag, den es zu erleben gilt?" es flüsterte ihm ins Ohr. Er verspürte einen üblen Ekel vor dieser Angelegenheit des Lebens.

Seine Augen wanderten unter ihren schweren Lidern durch das Zimmer und markierten ohne Jubel auf seinem Frisiertisch den kleinen Haufen aus Silber und Gold und zerknitterten Banknoten, den er über Nacht zwischen seine Pinsel geworfen hatte.

In seiner anspruchsvollen Stimmung bereitete der Anblick keine Freude, sondern nur eine Erinnerung an die langen, heißen Stunden, die unvermeidlich mit häufigen Getränken einhergingen. Denn der Instinkt des Spielers war nicht sein. Er spielte nachlässig, mehr aus Zeitvertreib als aus fieberhafter Anziehungskraft auf das Spiel.

Und Fortune, dieser launische Jade, hatte an seiner Seite gestanden und seine Gleichgültigkeit durch eine lange Glückssträhne herausgefordert.

Während er dort lag, fragte er sich, wie Fantine das Leben ertragen konnte, Nacht für Nacht die gleiche schmutzige Szene zu beobachten, mit dieser leicht distanzierten und spöttischen Miene, die mit der Begrüßung, die er in ihren Augen las, im Widerspruch stand.

Er fragte sich traurig, ob sich das Spiel lohnen würde? Er fragte sich, was das Ende von allem sein würde? Es war keine Frauensache , die Anstrengung war zu groß. Denn er kannte die Risiken, die der Affäre zugrunde lagen.

Er wusste, dass sie in Angst vor der Polizei lebte. Was für eine schreckliche Atmosphäre! Er zitterte in seinem Bett. Er wünschte jetzt, er hätte nicht gewonnen. Der Geldhaufen dort schien den Kampf ihrer Tage zu verlängern.

Wie hübsch sie war! Er bewegte sich unruhig und beschwor ihr Bild vor dem dunklen Vorhang herauf. Mit etwas jenseits der Schönheit, dem unaussprechlichen Charme der subtilen Pariserin, die sich ihrer Macht bewusst ist.

Etwas Hyperfeminines unterschied sie von den Frauen dieser anderen Welt, in der er sich bewegte. Zart rundlich, mit winzigen Händen und Füßen, witzig, provokant und gefährlich süß, stellte sie mit ihren sportlichen Instinkten und ihrer schroffen, jungenhaften Sprache einen merkwürdigen Kontrast zum modernen englischen Mädchen dar.

Weich? Das war das Adjektiv – duftend und warm, geschaffen für einen starken Mann, den man lieben und beschützen muss. Heutzutage gab es so wenige Frauen, die diesem Reiz folgten und Männern auf Augenhöhe begegneten, halb beschämt für Sex.

Und McTaggarts ganze Eitelkeit und sein jugendlicher männlicher Stolz wurden durch ihren stillen Aufruf zu seinem fahrenden Rittertum geweckt.

Wie gerne würde er sie ihrem jetzigen fieberhaften Leben entreißen! Er stützte sich zwischen den Laken auf den plötzlichen Gedanken, der ihn bewegte.

Und dann entstand mit verblüffender Geschwindigkeit eine weitere Vision. Er sah das Gesicht von Cydonia mit ihrem kindlichen Lächeln. Das sei der richtige Rahmen für ein junges Mädchen, entschied er, dieses kultivierte, schreinartige Zuhause, abgeschottet von der Außenwelt.

Denn der Mensch klammert sich noch immer liebevoll an feudale Erinnerungen. Seine Vernunft mag ihn dazu zwingen, den großen Schritt der Frau in den Vordergrund der intellektuellen Macht zu billigen, aber sein Instinkt flüstert immer noch, dass die Frau, die er liebt, vor dem Bösen und vor allzu neugierigen Blicken geschützt werden sollte.

Eines Tages mag dies verschwinden und im Zuge des wachsenden Rufs nach Freiheit beiseitegewischt werden, aber mit ihm wird ein verborgener Schutz für das Geschlecht, eine göttliche menschliche Note – diese Zärtlichkeit gegenüber den Schwachen, eine reinigende Leidenschaft – einhergehen.

Nun ja – es war alles ein Rätsel! McTaggart gähnte und streckte sich. Fast so verwirrend wie sein eigener seltsamer Fall. Er dachte erneut an sein Doppelherz, Cydonia und Fantine im Hinterkopf.

„Es könnte zu Bigamie führen." Er erinnerte sich an die Worte des Arztes – nicht ohne eine gewisse jugendliche Selbstgefälligkeit! Er trödelte mit dem Gedanken an ein mögliches Eheleben, angezogen von der Neuheit, aber misstrauisch gegenüber der Krawatte.

Und hier wurde Romance heftig von der Außenwelt unterbrochen, und er vernahm ein lautes und langes Klopfen an der gegenüberliegenden Tür seines Wohnzimmers.

McTaggart verfluchte den Unsichtbaren. Er kämpfte sich aus dem Bett, warf sich einen Morgenmantel über, blinzelte ins Licht, ging durch die Falttüren zu seinem Frühstück und rief verärgert und heiser: „Kommen Sie herein."

„Hallo, Peter!" antwortete eine fröhliche Stimme: „Ich hoffe, ich habe dich nicht aus deinem Schönheitsschlaf geweckt?"

In der offenen Tür stand ein untersetzter Mann, der durch seinen Tweedmantel noch massiger wirkte, mit fröhlichen dunklen Augen unter struppigen Brauen, die aus seinem blassen, quadratischen Gesicht glänzten.

„Ich bin gerade am Schießen", erklärte er hastig – „und mir ist der Whisky ausgegangen" – er hielt eine Flasche hoch – „keine Zeit, ihn einzufüllen, also dachte ich, als ich an deiner Tür vorbeikam, würde ich versuchen, dir etwas abzuluchsen, Alter Mann."

McTaggart nahm die Karaffe von der Anrichte und sein Gesicht verzog sich zu einem Lächeln.

„Bedienen Sie sich selbst – verwirren Sie sich! Ich war im Halbschlaf, nach einer etwas späten Nacht."

"Entschuldigung." Der Besucher grinste, während er sprach. „Besser für dich, Junge , wache mit der Morgendämmerung auf. Wie geht es der fleißigen kleinen Biene – oder besser gesagt, wie *hat* sie den Göttern ihr Erbe des Schlafes geopfert?"

„In einem albernen Spiel, das Chemin-de-fer heißt, mit Abendessen und fünftklassigem Sekt."

"Etwas Glück?" Bethune füllte vorsichtig die Flasche. „Wie ist das für eine ruhige Hand?" Er schraubte den Stopfen hinein.

„Mehr als meins! Ja, ich habe gewonnen – etwa vierzig Pfund – soweit ich mich erinnere."

„Zum Teufel, das hast du getan!“ Bethune starrte: „Du würdest mir doch nicht gern einen Fünfer leihen, oder?“

„Meinst du das ernst?“ McTaggart drehte sich zu seinem Zimmer um, aber sein Besucher packte ihn am Arm.

„Sei kein Idiot! Ich habe nur verrottet. Schönes Zeug, das –“ er befingerte den Morgenmantel – „im Luxus steckt – und vierzig Pfund gewinnt!“

Seine braunen Augen ruhten für eine Sekunde liebevoll auf dem müden Gesicht seines Freundes.

„Trotzdem schade“, sagte er plötzlich. „Tun Sie eine allmächtige gute Arbeit. Nein – ich meine es ernst ...“, wie McTaggart lachte, „ein träges Leben ist für einen Kerl wie Sie völlig falsch. Jetzt bin ich hier und arbeite hart an jedem gesegneten Tag der Woche.“ Und was ist das Ergebnis? Wenn ich am Samstag einen Tag zum Schießen oder Golfen frei habe, kann man sich gar nicht vorstellen, wie sehr es mir Spaß macht. Ich bin wie ein Schuljunge auf einem Bohnenfest!“

„Segne dich, mein Kind“, spottete McTaggart. „Ich gönne dir dein tugendhaftes Vergnügen nicht – geh paddeln und Schlammkuchen backen – es hält dich schön jung – *und* fett!“

"Den Mund halten!" Bethune ging zur Tür – „Oh, übrigens, möchtest du das Auto? Wenn ja, rufe die Zentrale 609 an, und einer der Männer wird es vorbeibringen. Irgendwann vor zwei Uhr, aber du musst.“ Nehmen Sie es selbst zurück. Es ist halbtags im Werk, wissen Sie.

„Okay! Ich hoffe, du hast viel Spaß.“

Er sah zu, wie Bethune mit ihren breiten Schultern und dem dicken braunen Fell, das einer riesigen Hummel nicht unähnlich war, die schmale Treppe hinunterkletterte, außer Sichtweite.

Dann schloss er die Tür, schenkte sich eine Tasse lauwarmen Kaffee ein und trank ihn durstig. Er nahm den Deckel von der Schüssel, die neben dem ramponierten Toastständer stand. Mit ausgestreckten Armen, grau und kalt, begegnete eine Makrele seinem angewiderten Blick.

„Sieht tot aus“, sagte McTaggart nachdenklich. Er legte den Deckel ziemlich schnell wieder auf, spielte mit etwas Toast auf seinem Teller und sammelte seinen Stapel Briefe ein.

Drei Rechnungen, eine Börsenmaklerliste und eine Einladung zu einem Tanz. Dann, mit leicht erwachendem Interesse, fand er einen Brief in Jills runder Hand.

"LIEBER PETER,

Viele glückliche Rückkehrer des Tages. Es tut mir furchtbar leid, dass Ihr Geschenk noch nicht fertig ist, aber ich war das ganze Semester über so beschäftigt. Ich werde es Ihnen bei unserem Treffen genauer erklären und hoffe, es Ihnen nächste Woche zusenden zu können.

Ich wünsche Ihnen viel Glück.

Mit freundlichen Grüßen
JILL.

McTaggart legte den Brief hin, ein plötzliches Leuchten im „doppelten Herzen". Er freute sich, dass sich das Kind an das Datum erinnerte.

Sein Geburtstag? Warum – natürlich war es das!

„Und ich gehe mit ihr raus und gebe ihr etwas Leckeres. Bei Gott, da ist das Auto – es ist auch Samstag. Ich schicke ihr ein Telegramm, um zu sagen, dass ich komme – sie wird es finden, wenn sie von der Schule zurückkommt ."

Unter dem Ansporn der erwachten Energie verschwand die alte Depression. Zu seiner Überraschung bemerkte er, dass er mitten im Bad sang.

KAPITEL VI

Jill selbst öffnete die Tür.

„Komm rein und trink einen Kaffee", ihr Blick wanderte von McTaggart zu dem großen grauen Auto. „Sieht das nicht lustig aus! Ich würde am liebsten hineingehen, aber es macht mir auch ziemliche Sorgen – ich sage dir, warum …"

Sie ging voran durch den Flur ins Esszimmer, wo die Reste eines kargen Mittagessens auf einem stark geflickten Tuch um einen sterbenden Farn in einem angelaufenen Messingtopf verstreut lagen, der einzige Schmuck des langen, kahlen Tisches.

Der Raum wirkte verlassen, mit seinen schmuddeligen, schiefen Jalousien, dem Kaminsims, der mit Rundschreiben übersät war, über dem schwachen Gasfeuer. Es hatte die unheimliche Atmosphäre, die man mit Unterkünften verbindet – ein Ort, den man nutzt, nicht liebt und den man meidet, wenn die Mahlzeiten vorbei sind.

„Sag jetzt nicht, dass du nicht kommen kannst." McTaggart runzelte ernst die Stirn – „weil ich dich entführen will, ob es dir gefällt oder nicht. Ich habe das Auto für heute, und wir fahren direkt aufs Land und trinken irgendwo Tee – in einer kleinen Dorfkneipe!"

"Schön!" Jill klatschte in die Hände. Aus einer angeschlagenen Kaffeekanne schenkte sie eine bis zum Rand gefüllte Tasse einer dünnen, trüben Mischung ein. „Da bist du ja! – Zucker? Das Einzige ist, dass ich versprochen habe, die Frau des Bäckers zu besuchen."

McTaggart lachte über ihr ernstes Gesicht.

„Oh, stören Sie die Bäckerfrau! Sicherlich könnten Sie für einen Tag Ihre … sozialen Bemühungen lockern. Denken Sie an das arme Ich."

"Du armer!" Jill spottete: „Ich muss zuerst dorthin, wenn wir das unterbringen können. Sie war so krank – es ist eher eine traurige Geschichte, aber ich werde sie dir erzählen, wenn du möchtest."

„Nichts Ansteckendes, hoffe ich?" McTaggart rührte seinen schlammigen Kaffee; Dann nahm er mannhaft einen großen Schluck.

„Oh mein Gott, nein." Jills Stimme war ruhig. „Sie hat ein Baby bekommen, das ist alles." Es entstand eine kleine Pause.

„Es ist auch tot", fuhr das Mädchen mit klarer, ruhiger Stimme fort. „Das ist das Grausame daran. Das hätte nicht sein müssen."

"NEIN?" McTaggart fühlte sich etwas ratlos. Aber Jill war offensichtlich in die einfache Tragödie vertieft. Sie beugte sich zu ihm, die Ellbogen auf den Tisch gestützt, das Kinn auf die Hände gestützt, den Blick weit weg.

„Sie war *so* ein nettes kleines Ding! – Ich kenne sie schon seit Jahren. Sie kam immer samstags nachmittags mit ihrer Großmutter, die Polsterarbeiten erledigte, und half ihr. Sie selbst war in einer Wäscherei beschäftigt und …" schon damals mit dem Bäcker verlobt.

„Fünf lange Jahre haben sie alles gespart, was sie konnten, und schließlich haben sie geheiratet und ein winziges Haus neben dem Haus unserer Putzfrau bezogen. Es ist nicht der Bäcker selbst, wissen Sie, sondern einer seiner Angestellten , der das Brot backt – er ist der Chef, Mann. Sie *waren* so glücklich, und dann – all dieser Ärger kam!

„Die ‚Bäcker' traten in den Streik – erinnerst du dich daran? – und nach und nach schmolzen alle ihre Ersparnisse dahin. Der Ehemann hatte Angst um sein Leben. Er konnte es seinen Freunden nicht übel nehmen, verstehen Sie? oder sich eine andere Arbeit suchen; und so kehrte seine Frau schließlich in die Wäscherei zurück und bettelte wieder um eine Beschäftigung.

„Zufällig war gerade eine Stelle in der Bügelstube frei – viel zu schwere Arbeit für eine zarte Frau! – , aber dort ist die Bezahlung höher, also hat sie diese mutig übernommen. Sie hat dies vor ihrem Mann geheim gehalten und gab diesem zu verstehen, dass es sich nur um leichte Reparaturen ohne gefährliche Anstrengung handelte. Und auf diese Weise verdiente sie genug, um sie bis zum Ende des Streiks über Wasser zu halten. Dann brach sie zusammen – völlig zusammengebrochen! – und ihr Baby war es geboren, vor ihrer Zeit. Der Bäcker verlor fast den Verstand, als die wahre Geschichte ans Licht kam. An sie zu denken, mit diesen schweren Bügeleisen, den ganzen Tag in der Hitze und im Dampf auf den Beinen! ... Ich nenne sie eine echte Heldin ." Jills graue Augen blitzten, während sie sprach, und wurden dann sanfter, als sie traurig hinzufügte:

„Aber das Baby ist gestorben. Es hatte keine Chance, sagte der Arzt, und es ging ihr so schlecht. Jetzt ist ihr das Herz gebrochen, weil sie es verloren hat, und sie kann es nicht mehr abholen. Ich habe von unserer Putzfrau davon erfahren und es versprochen." Geh und besuche sie heute. Ich muss, Peter. Ihre Stimme war fest. „Es würde Ihnen nichts ausmachen, wenn ich zuerst dort anrufe?"

„ Natürlich nicht –" sagte McTaggart ernst. Er fühlte sich ein wenig verblüfft über dieses erbärmliche, schmutzige Lebenskapitel aus den Lippen seiner kleinen Freundin: auch das Unbehagen eines Mannes bei dem Gedanken an ihr jugendliches Wissen über Dinge, die er ihr lieber eine Weile vorenthalten sollte. Mit plötzlicher Kraft erkannte er die rein praktischen Ansichten der heranwachsenden Generation von Mädchen. Gesund, aber auch etwas verblüffend, ist diese Entschlossenheit, sich den Tatsachen des Lebens entgegenzustellen und dabei alten Traditionen zu trotzen.

Jill saß immer noch da, das Kinn auf die Hände gestützt, vertieft in das Problem, das ihr durch den Kontrast zwischen dem Leben der Armen und dem der Wohlhabenden um ihn herum entstand.

Sie blickte heiter und unbefangen zu McTaggart auf und blickte in die freundlichen blauen Augen, in deren Tiefen ein leichtes Unbehagen lag.

„Ich wünschte, diese Angriffe könnten vermieden werden. Sie scheinen solch ein Elend zu bringen. Ich kann das Leben überhaupt nicht verstehen ! – das hoffnungslose Leid, das damit verbunden ist …“ Ihre Stimme hatte einen Unterton der Rebellion.

„Jeder scheint hart zu kämpfen, nicht für die Gegenwart, sondern für die Zukunft – für etwas, das er nie mehr erleben wird ! – und ruiniert dabei sein eigenes Leben. Angenommen, diese Streikenden setzen sich durch – höhere Löhne und so …“ Sie winkte ihr zu Hand mit einer breiten Geste – „Glauben Sie, dass die kommenden Generationen ihrerseits zufrieden sein werden? Oder werden sie auch für mehr kämpfen? Ich sehe kein Ende davon!“

„Nun, an deiner Stelle würde ich mir keine Sorgen machen“, McTaggart nickte weise. „Ich gehe davon aus, dass es immer das Gleiche war. Es ist das, was wir gerne ‚Fortschritt‘ nennen.“

„Ich denke, Ihr Plan ist der beste, meine Liebe. Zu helfen und zu trösten, wo Sie können, und die größeren Fragen denen zu überlassen, die sich wirklich mit der Angelegenheit befasst haben.“

„Wir gehen zur Frau des Bäckers und – können wir ihr nicht etwas bringen, Jill? Essen – oder Geld? Was meinst du?“

"Kein Geld!" Jill zuckte zusammen. „Sie sind nicht wirklich arm, wissen Sie. Es ist so leicht, den Stolz der Armen zu verletzen – der *arbeitenden* Armen. Vielleicht besorgen wir ihr ein paar Blumen.“

„Dann komm doch mal vorbei. Danke für meinen Kaffee.“ Er stand auf. „Du brauchst einen dicken Mantel, altes Mädchen, der Wind weht im Norden – aber ein guter Wind tut dir gut – vertreibe die Spinnweben.“

Als sie die Halle betraten, fragte er nach Frau Uniacke .

„Es geht ihr nicht sehr gut.“ Jill sah immer noch besorgt aus. „Sie ist zu einer Wahlrechtssitzung nach Reading gefahren.“

„Ich sage – hast du ihr von der Bäckerfrau erzählt?" Er zog die Decke eng um sie herum, während sie sich im Auto niederließ.

"Oh ja." Sie warf ihm einen komischen Blick zu, halb verärgert, halb amüsiert. „Kannst du nicht erraten, was sie gesagt hat?"

Aber Peter drehte den Motor auf. Er sprang zurück in seinen Sitz und das Mädchen redete weiter und hob ihre Stimme über den lauten, pochenden Ton hinaus.

„Sie sagte: ,Sie müssen versuchen, sie sofort für die Sache zu gewinnen. Wenn *wir* die Abstimmung bekommen, wird das alles natürlich in Ordnung gebracht.' Sie denken immer an die Masse, nie an den Einzelnen. Ich nehme an, da ist etwas Wahres dran." Sie hielt zweifelnd inne – „Das frage ich mich?"

„Nun, das tue ich nicht!" sagte McTaggart kurz. „Ich interessiere mich nicht besonders für die aktuelle Politik, aber ich denke, wenn es Frauen erlaubt wird, eine neue Partei zu gründen, wird es noch schlimmere Verwirrung geben! Also misch dich nicht ein, Jill. Du bleibst offen." Denken Sie daran. Ich würde es hassen, Sie in irgendeiner Weise in diese militante Torheit verwickelt zu sehen.

„Nun – ich wünschte, Mutter wäre es nicht. Es bringt sie einfach um. Sie hat nicht den Mut für diese ewigen Szenen."

An einer Ecke, wo eine Blumenfrau mit einem Korb voller gelber Chrysanthemen stand, verlangsamten sie ihr Tempo.

„Werden diese für Sie reichen?" McTaggart kaufte ein Bündel und legte es Jill auf den Schoß; Die schweren goldenen Köpfe auf ihren langen, hellen Stielen bewahren ihren subtilen und orientalischen Charme, als ob unter den gekräuselten Blütenblättern in jedem stillen und exquisiten Blumenherz ein Geheimnis läge.

Sie schlängelten sich durch schlechte Straßen, bis sie zu einer Reihe kleiner Häuser hinter der Circus Road kamen.

„Es ist Nummer 36", wies Jill an; Doch als der Wagen vor der Tür anhielt, wurde sie von innen geöffnet und eine Frau kam heraus, alt und gebeugt, in einen Schal gehüllt.

Jill stieg herunter und sprach mit ihr, und nach ein paar Worten kehrte sie an McTaggarts Seite zurück.

„Sie schläft tief und fest" – ihre Stimme war gedämpft – „also werde ich nicht hineingehen und sie wecken." Mit misstrauischen Augen starrte die Frau den jungen Mann im Auto an, während Jill die Blumen entgegennahm und ihnen hinhielt.

„Geben Sie ihr bitte diese und sagen Sie, dass ich wiederkomme. Ich bin so froh, dass es ihr gut geht. Danke – auf Wiedersehen.“

McTaggart war über den Mangel an Dankbarkeit amüsiert. Denn die Frau nahm das Opfer ohne ein weiteres Wort an. Er vermutete klug, dass der Anblick des Autos – das äußere Zeichen von Luxus – den tief schlummernden Groll der Armen geweckt hatte, ihre latente Angst davor, bevormundet zu werden.

„Charmante alte Dame“, schlug er vor. Aber Jill schien sich dieser Kränkung nicht bewusst zu sein.

„Das ist ihre Tante “, informierte sie ihn mit einem Seufzer und drückte Erleichterung darüber aus, dass sie ihre Pflicht erfüllt hatte. „Sie ist aus Stratford gekommen, um sich um sie zu kümmern. Jetzt können wir eine schöne Fahrt machen.“

Sie drehte ihm ein lächelndes Gesicht zu, die Wangen rosig von der frischen und frischen Luft des Wintertages, und zog das schäbige Fell fester um ihren Hals, als das Auto langsam rückwärts aus der schmalen Straße herausfuhr.

"Wohin gehen wir?"

„Das müssen Sie entscheiden. Aber ich denke, durch Hampstead sind wir jetzt hierher gekommen. Sind Sie sicher , dass Ihnen warm genug ist? Ich habe meinen anderen Mantel angezogen – also verkriechen Sie sich darin, wenn der Wind stärker wird.“

Er wendete das Auto die lange hügelige Straße hinauf, die zum Swiss Cottage führte, und lehnte sich entspannt zurück.

"Wie läuft die Schule?" Er lächelte sie voller Stolz an. Sie sah so hübsch aus mit ihren kindlichen, geröteten Wangen.

„College, meinst du?“ Jill korrigierte ihn. „Nichts Aufregendes seit dem Streit um die antike Geschichte. Ich arbeite jetzt ziemlich hart für die Prüfungen.“

„Ich glaube nicht, dass du mir das erzählt hast. Lass es uns mal hören.“

„Nun, das ist eine ziemlich lange Geschichte –“ Sie lehnte sich zurück und steckte ihre kalten Hände unter den Fellteppich. „ Wenn Ihnen also langweilig wird, sagen Sie es bitte sofort.“

„Feuer weg“, bemerkte McTaggart.

„Erinnerst du dich an die unheilige Aufregung vom letzten Tag des Bootsrennens ? Als ich und die anderen Mädchen aus Cambridge den Bun Shop gegen Oxford austrugen?“

„Nein – nicht ganz. Welcher Brötchenladen?"

McTaggart sah Spaß vor sich, denn Jills graue Augen waren voller Schalk unter ihren dunklen Wimpern. Zum ersten Mal bemerkte er, wie lang und dick sie waren und sich in einer wellenförmigen Linie nach hinten rollten, die einen schwachen Schatten warf, als sie die Lider senkte.

„Oh, der Bun Shop ist ein kleiner Raum im Keller des Colleges, in dem die alte Mutter Griggs alle möglichen Kuchen, Schokoladenstangen und heißen Kaffee verkauft – für „Elevens" oder Mittagessen, wissen Sie. Es ist das Ende einer langen Zeit Der Durchgang ist ganz für sich allein, mit nur einer Theke darüber und einem schwachen, religiösen Licht, das durch ein oberes Fenster in den Bereich fällt. Dort sitzt Mutter Griggs und tauscht – eher wie ein grimmiges altes Idol – und dazwischen murrt sie und strickt Socken . Sie muss inzwischen Hunderte gestrickt haben! Nun, am Tag des Bootsrennens tragen wir alle Farben – ich bin natürlich Cambridge, weil Onkel bei King's war. Und irgendein Oxford-Mädchen hatte eine wundervolle Cousine, die im Boot ruderte. Also Sie hat einfach „protzt", wissen Sie, und geschworen, dass Oxford mit Sicherheit gewinnen würde. Am Ende waren *wir* wütend. Also formierten wir uns im Bun Shop – alle Cambridge-Mädchen – und hielten den Platz gegen Oxford die ganze Zeit über die Mittagsstunde – Wir ließen keinen einzigen Dunkelblauen durchgehen. Das *war es* Spaß! – ein wunderschönes Scrimmage. Bis irgendein Schleicher hochkam und es erzählte und der Direktor herunterkam . Wie es der Zufall wollte, fiel sie auf mich. Also wurde ich in das Black Book aufgenommen.

Sie hielt inne, um Luft zu holen, als sie FitzJohn's Parade überquerten und den steilen Anstieg nach Hampstead begannen.

McTaggart warf ihr einen Blick zu und lachte.

"Was bedeutet das?" er erkundigte sich.

„Das Schlimmste." Ihre Stimme war tragisch. „Das ist die einzige Strafe, die wir bekommen. Sie sehen, es ist nicht wie jede andere Schule. Sie wird nach dem Vorbild einer Universität geführt . Nur Vorlesungen, an denen man teilnehmen soll, und wenn man das nicht tut, ist man auf der Hut – man wird in den Prüfungen gepflügt. Aber für Bei jedem schwerwiegenden, schwerwiegenden Vergehen wird Ihr Name in das Schwarzbuch eingetragen. Und nach einem dritten Eintrag (was selten vorkommt) werden Sie „hinabgeschickt" – das heißt, ausgewiesen."

"Puh...!" McTaggart pfiff. „Darf ich fragen, wie oft Sie es geschafft haben, sich einschreiben zu lassen?"

"Zweimal." Das Gesicht des Mädchens war ernst. „Es ist Pech, nicht wahr? Und neulich wäre ich bei der Alten Geschichte beinahe wieder geschnappt worden!"

Sie hielt einen Moment inne, um den Kragen ihres Mantels bis zu den Ohren hochzuschlagen. Ihre Augen über dem grauen Fell leuchteten wie Sterne in der frostigen Luft.

„Wir haben letztes Semester einen neuen Professor bekommen; ziemlich jung, gerade aus Oxford. Ich glaube nicht..." Sie lächelte schelmisch – „er versteht Mädchen *ziemlich gut* . Es ist nicht wie eine Schule, wissen Sie. Das tun wir." Ich bin ziemlich begeistert von dieser Idee. Wir haben nichts gegen harte Arbeit oder einen Mann, der auf unserer Aufmerksamkeit besteht. Aber der Professor fand es lustig, – na ja, herablassend zu sein, wissen Sie. Er war früher satirisch und berücksichtigte weibliche Gehirne. Als ob wir nicht so scharfsinnig wären – und noch scharfsinniger als ein Rudel Jungen! Er hatte leuchtend rotes Haar und eine brandneue Mütze und ein brandneues Kleid – eher ein ‚Verrückter'!" – brüllte McTaggart – „mit gedehnter Stimme." Eine Art ‚überlegene' Stimme. Nun ja, Judy Seton –" Jill brach ab – „sie ist eine Freundin von mir – ein großartiges Mädchen, immer dem Sport nachgegangen –, sie kam eines Tages kurz vor seinem Vortrag und reichte Umschläge herum. Darin befand sich eine Karte Und daran war eine kleine Locke genäht, die von einer Fußmatte abgeschnitten war – eine von diesen rotbraunen Locken, wissen Sie. Das ist wolliges Zeug, aber genau in der Farbe der Tizian-Pracht des Professors!

„Darunter hatte sie geschrieben: ‚In liebevoller Erinnerung' – und darunter: ‚RIP The Oxford man – ah!'

„Wir waren alle im Klassenzimmer und bereiteten uns auf die Vorlesung vor, und ein Mädchen hatte eine Schachtel mit Stecknadeln. So endete es damit, dass wir die Liebesschlösser über unseren Herzen befestigten!"

„Nun, bald kommt mein Herr in seiner brandneuen Mütze und Robe mit seinem Bündel Banknoten und besteigt die Bühne, sehr höflich und sehr gelangweilt.

„Und das erste, was er tat – man würde es kaum glauben! – war, sich mit der Hand sanft über den Kopf zu streichen.

„‚Er vermisst sie!' Judy flüsterte, und natürlich gingen wir alle los. Wir wagten es nicht, laut zu lachen, aber da waren wir und kicherten hoffnungslos, während der Professor uns böse anstarrte.

„Er begann mit seiner sarkastischsten Stimme:

„„Etwas weniger amüsant, meine Damen. Ich kann verstehen, dass es für Jugendliche schwierig ist, sich ernsthaften Themen zuzuwenden …' Und dann hielt er mit einem kleinen Keuchen inne und wir wussten, dass er die roten Locken gesehen hatte! Genau in diesem Moment …" Die Tür öffnete sich und eine Besucherin kam herein. Sie wissen, dass es sich um eine Art Inquisitoren handelt, sehr oft um „alte Mädchen" – die in jedes Klassenzimmer gehen und sich dort einen Vortrag anhören können. Judy nennt sie „Propriety Pills" und , obwohl einige wirklich nett sind, gibt es hier und da einen Tataren, der dem Direktor Geschichten überbringt .

„Diese hier war eine Mrs. Bevis – wir hatten ihr den Spitznamen ,The Beaver' gegeben. Sie ähnelte wirklich diesem Tier, mit einem stupsnasigen, ängstlichen Gesicht, und sie trug immer einen schwarzen Mantel und watschelte beim Gehen. Na – bist du sicher, dass dir nicht langweilig ist?"

"Sicher." McTaggarts Stimme war herzlich. Dieser Seitenblick auf eine Schule für Mädchen war unterhaltsam und unerwartet.

„Weiter. Was ist dann passiert?"

„Der Professor gab dem Biber einen Stuhl am Feuer mit Blick auf den Raum. Wir hatten die Locken während ihres höflichen Palavers hastig entfernt. Das ist der idiotische Teil. Ich habe meine Locken in ein Buch gesteckt, das zusammen mit anderen auf meinem Schreibtisch lag. Damals war mir nicht aufgefallen, dass es sich um eine „Alte Geschichte" handelte. Zufällig saß ich an diesem Tag direkt unter dem Bahnsteig. Wir waren alle ernst wie Eulen unter den scharfen schwarzen Augen des Bibers. Denn sie ist so ziemlich die Schlimmste im Rudel, wenn es darum geht, Ärger aufzuspüren.

„Der Professor lieh ihr seine Fibel und begann mit der Vorlesung, immer noch ein wenig errötet, während wir damit beschäftigt waren, uns Notizen zu machen. Wie es der Zufall wollte, stolperte ihn mittendrin über ein Date, und bevor ich wieder zu Verstand kommen konnte, fragte er mich danach meine ,Alte Geschichte'."

„Wo war die Locke?" McTaggart schlug vor.

"Genau." Jills Stimme war tragisch. „Er beugte sich von der Plattform herunter und hob es von meinem Schreibtisch auf. Natürlich öffnete es sich auf *der* Seite! Da war das rote Schloss – auch die Karte!"

„Sie können sich vorstellen, wie ich mich fühlte, und ich hörte, wie Judy Seton nach Luft schnappte. Zum Glück hat der Biber es verpasst. Der Professor sagte kein Wort, aber sein Gesicht war wie eine Gewitterwolke. Er suchte nach dem Datum, das er wollte, und klappte das Buch zu Er schnappte zu und legte es auf seinen Schreibtisch. Am Ende der Vorlesung gab er es mit einem knappen Dankeswort zurück und ging mit der „Besucherin" davon, wobei er vierzehn zu dutzend redete."

„Das ist nicht das Ende?" McTaggart erkannte am Gesicht des Mädchens, dass noch mehr folgen würde.

„Nein – natürlich nicht. Den ganzen Vormittag habe ich einfach auf Dornen gesessen und darauf gewartet, dass zwischen den einzelnen Vorlesungen der Rektor vorbeikommen würde . In diesem Zimmer stand die Tür weit offen. Drinnen saß Mr. Jackson – *der* Professor – Sie wissen schon – und schrieb fleißig. Dann hatte ich eine Eingebung. Ich klopfte und sagte: „Darf ich Sie sprechen, Sir?" Und er drehte sich um, sah überrascht aus und sagte mit kühler Stimme:

„„Sicherlich. Was willst du?'

„Das war keine gute Sache, also habe ich direkt gefragt:

„„Werden Sie mich anzeigen, Sir?'

„„Er antwortete einen Moment lang nicht. Er schien angestrengt nachzudenken. Dann, in der gleichen kalten, geistesabwesenden Art –

"'NEIN.' Nur das und nichts weiter."

Jill blieb stehen, ihre Aufmerksamkeit wurde durch den ersten Blick auf die offene Heide gefesselt, als das Auto die letzte Anhöhe erreichte, und der Wind wehte ihnen in den Zähnen entgegen.

„Oh, *ist* es nicht schön hier!" Sie atmete tief und zufrieden ein.

"Genau gegenüber?" fragte McTaggart. Sie nickte mit dem Kopf, ihr Blick war auf die weit entfernte Aussicht auf Bäume gerichtet, kahl, aber in einen violetten Dunst gehüllt.

Über Hendon war eine neblige Sonne von grauen Wolkenbänken verschleiert, aber hoch am Himmel zeigte sich ein breiter Streifen von blassem und zartem Vogeleierblau.

„Nun – was geschah als nächstes?" McTaggart brachte sie mit einem plötzlichen Sturz zurück auf die Erde.

„Oh ... ich war so erleichtert, dass ich einfach losgerannt bin , wissen Sie. Ich habe ihm gesagt, dass er ein ganz normaler Ziegelstein ist! Und dann, als er etwas überrascht wirkte, habe ich ihm das Schwarze Buch erklärt – wie ein dritter Eintrag jetzt enden könnte." dass ich für immer herabgeschickt wurde.'

"'Du lieber Himmel!' Er sagte: „Ich hatte keine Ahnung", und er sah wirklich mitfühlend aus. Also *Ich* sagte, es täte mir furchtbar leid, dass wir alle die Ziege gespielt hätten. Nun, was meinst du, was er *dann* gesagt hat? ganz einfach – ohne „Seite".

„„Es ist zum Teil auch meine eigene Schuld … Ich bin nicht beliebt, ich weiß – ich kann die Atmosphäre nicht verstehen …'

„Du hättest mich mit einer Feder niederschlagen können!"

„Ich wette, dass du es erklärt hast!" McTaggart lächelte vor sich hin.

„Natürlich habe ich das getan." Jill starrte ihn an. „Es tat mir so furchtbar leid. Ich sagte:

„„Sehen Sie, Sir, Sie würden uns gefallen, wenn Sie uns nur mehr wie Männer behandeln würden. Es ist keine Mädchenschule, es ist ein College. Und viele von uns arbeiten hart, um ihren eigenen Lebensunterhalt zu verdienen, wenn wir gehen . Vielleicht halten wir also viel von der … Nützlichkeit unserer Arbeit. Wir möchten das Gefühl haben, dass die Professoren es wissen und uns helfen und … respektieren – genau wie Männer. In den Abschlussvorlesungen haben die meisten von uns Ich bin auch in unserem dritten Studienjahr , wissen Sie, und Sie behandeln uns genau wie die Junioren! Es ist alles falsch, Sir, verstehen Sie nicht?""

„Bravo! …", rief McTaggart. „Wie hat er deine … offene Hilfe aufgenommen?"

„Er sagte: ,Danke – ich verstehe, worum es geht – Sie sind keine Erstsemester mehr. Und vielleicht … Ja – das Benehmen ist falsch.' Dann, ganz plötzlich, lachte er. „Der Mann aus Oxford – ah! eh, Miss Uniacke ?"

„Da kam ich mir ziemlich dumm vor, Peter."

Unbedeutend fügte sie hinzu: „Er hat schöne Augen, wenn er lacht."

„Oh… Jill, Jill!" McTaggarts Blick wanderte vom Lenkrad zur Seite und stellte fest, dass das Gesicht seines kleinen Freundes trotz der Brise gerötet war.

„Jedenfalls haben wir uns die Hände geschüttelt", fuhr Jill hastig fort, „und er sagte: ,Nun, ich hoffe, dass ich bei der nächsten Vorlesung eine aufmerksamere Klasse finden werde.'"

„ Also sagte ich ihm , *dass ich* dafür sorgen würde! Und ich ging nach unten und redete mit den Mädchen. Und am nächsten Freitag waren wir brav. Man konnte eine Stecknadel fallen hören", lachte Jill.

„Ich muss sagen, er sah nervös aus, aber als die Vorlesung zu Ende war und er auf dem Podium stand und bereit war zu gehen, stand Judy auf und gab das Zeichen: ,Drei Hoch für Mr. Jackson'."

„Wir haben es krachen lassen – was für ein Krach! Er wirkte ziemlich verblüfft, aber furchtbar erfreut, sagte ‚Danke, meine Damen‘ und machte dann einfach einen Schlag.“

„Nun, ich bin gesegnet!“ McTaggart brüllte – „aber ich bin froh, dass ich kein Professor für Mädchen bin.“

„Wir hielten ihn nämlich für einen Idioten, weil er die ganze Angelegenheit nicht gemeldet hat. Und schließlich“, Jill lächelte, „kann er nichts für seine roten Haare tun.“

„Noch seine ‚schönen Augen‘?“ Peter fügte hinzu.

Aber Jill weigerte sich, gezogen zu werden.

Kapitel VII

Mrs. Merrod blickte in ihren Spiegel auf der anderen Seite des übersäten Frisiertischs.

Es handelte sich um eine vergoldete Dreifachkonstruktion, bei der jede Seitenwand um einen Drehpunkt schwenkte, so dass die Frau, die dort saß, sich selbst aus allen Blickwinkeln betrachten konnte. Unter dem groben elektrischen Licht, von dem sie den rosa Farbton entfernt hatte, wirkte ihr Gesicht fahl und fast eintönig, wurde aber durch die Intelligenz ihrer Augen vor der Bedeutungslosigkeit bewahrt.

Von dunkler Topasfarbe waren sie unter den fein geschwungenen Brauen, erfüllt von tiefem, schlummerndem Feuer, das den Hauch von Leidenschaft in dem volllippigen und spöttischen Mund betonte.

Nach einem Moment des festen Blicks, während sie ihr Spitzen-Penignoir um sich zog, läutete sie die Glocke, die auf dem Tisch lag: ein zierliches kleines silbernes Spielzeug, auf dem sich ein geflügelter Eros beugte, um eine lächelnde Psyche mit erhobenen Armen zu küssen. Als sich die Lippen der kleinen Kreaturen trafen, wurden die Strommasten verbunden, und weit weg im Zimmer ihrer Magd konnte sie den fernen Widerhall hören.

Die Tür öffnete sich geräuschlos.

„ Mélanie , mein Samtkleid und die Stiefel mit den grauen Wildlederoberteilen.“

„Gut, Madame.“ Das Dienstmädchen ging in das angrenzende Ankleidezimmer, wo ein aufgehängter Vorhang aus rosafarbener Seide ein kunstvoll ausgestattetes Bad enthüllte.

„Der Hermelinschal – nein! Der graue Fuchs.“ Sie betrachtete immer noch ihr blasses Gesicht – „und ich möchte diese neuen Kämme von Lalique – und lange graue Handschuhe und meine violette Haube.“

Während sie sprach, warf sie einen Blick auf die kleine Uhr, die auf halb sechs zeigte, und lehnte sich mit einem erleichterten Seufzer bequem in ihrem Stuhl zurück.

Um sich die Zeit zu vertreiben, während das Dienstmädchen zwischen den Schränken der beiden Zimmer hin- und herging, öffnete Mrs. Merrod ihr Maniküre-Etui und begann, ihre rosa Nägel zu polieren.

Dann, als sich die Tür endlich hinter Mélanies zügigem Schritt schloss, rührte sie sich und begann mit der langwierigen Toilettenarbeit.

In eine Untertasse goss sie eine dicke, cremig aussehende Flüssigkeit aus einer Flasche und verteilte sie mit einer breiten Kamelhaarbürste glatt auf ihrem Gesicht. Sie wartete, bis die Haut es aufgenommen hatte, dann polierte sie die weiß gewordene Oberfläche leicht mit einem Stück Sämischleder, fügte einen leichten Puderstaub hinzu und spähte erneut in das Glas.

Zufrieden mit dem Ergebnis zog sie die nächste Schublade des Frisiertischs aus satiniertem Holz heraus und brachte eine Reihe von Stiften, Lippensalben und kleinen Kosmetiktöpfchen zum Vorschein.

Sie suchte nach einer winzigen Bürste, tauchte sie in ein dunkles Puder und fuhr damit fort, die Wimpern nach oben zu streichen, während sie jedes Augenlid zurückhielt. Als nächstes einen schwarzen Stift für ihre Augenbrauen, die feinste Linie, mit Geschick nachgezeichnet; dann noch eins, dieses Mal blau, um die Länge ihrer Augen zu betonen.

Schließlich wählte sie vorsichtig ein Lippensalbenetui aus vielen aus und hielt es einen Moment lang nachdenklich an das cremeweiße Gesicht.

„Zu rot.“ Fantine seufzte. Ihre Schwäche galt den karminroten Lippen, aber sie fürchtete McTaggarts kritischen Blick, diese scharfen und schelmischen blauen Augen.

Sie wählte einen helleren Farbton aus und ließ ihn langsam über ihren Mund gleiten. Sofort wurde das Gesicht lebendig und verlor den Anschein einer Maske. Unter den dunklen Locken, die tief an den Ohren gebündelt waren, färbte sie sorgfältig jedes Haarläppchen und fügte, mit zurückgelegtem Kopf, einen Hauch in ihre Nasenlöcher hinzu.

Nach diesem einzigartigen Auftritt stand sie zügig auf, legte das hauchdünne Spitzenkleid ab und stellte sich vor den langen Spiegel.

Sie nickte glücklich ihrem Bild zu und war sich ihrer perfekten Figur bewusst. In der schimmernden langen schwarzen Seidenstrumpfhose mit der gerüschten Spitze um ihren Busen sah sie aus wie eine zierliche Travestie eines Harlekin in einer Verwandlung.

Sie schlüpfte schnell in ihr Kleid und war nun in schwarzen Samt gehüllt; sehr streng, aber mit einem Schnitt, der in jeder Zeile Paris flüsterte.

Sie befestigte eine einzelne tiefrote Rose in den Falten über ihrer Taille und schwankte dann langsam hin und her, sehr geschmeidig, die Hände in die Hüften gestemmt, ein leichtes Lächeln auf den geröteten Lippen.

„Bon!“ Sie griff nach ihrem Hut – ein violetter Spritzer auf der Spitzendecke – und setzte ihn fest auf ihren Kopf, mit einem letzten Schliff an dem glänzenden Haar, das jetzt doppelt schwarz vor der Wärme des zerknitterten lila Samts war.

In diesem Moment ertönte der Klopfer. Ganz in der Nähe schien es zu klappern, denn die Tür ihres Schlafzimmers zeigte nur einen schmalen Streifen Flur zum Eingang hin.

Sie hörte die Schritte des Dienstmädchens und dann die bekannte Stimme von McTaggart.

„Entrez donc !" Sie rief fröhlich: „Ich bin fast fertig, Pierrot." Durch die halboffene Tür blickte sie mit leuchtenden Augen zur Seite, die Hände immer noch an den Kopf erhoben, und erhaschte einen flüchtigen Blick auf sein lachendes Gesicht.

Er zögerte auf der Schwelle und genoss das hübsche Bild des hübschen rosafarbenen Zimmers mit seinem glänzenden Spiegel und den silbernen Spielsachen und der perfekten Silhouette von Fantine in ihrem düsteren Samtkleid.

" Épatante ! Kommentar ça va ?" Denn er war stolz auf einen geringen Bestand an französischem Slang, den er größtenteils durch ein sorgfältiges Studium von Willys Werken erworben hatte.

„Du siehst *wirklich* gut aus!" Er milderte die Spannung eines auf Französisch begonnenen Gesprächs.

"Nur einer?" Er beugte sich herab und küsste sanft ihre lächelnden Lippen. Dann trat er zurück, hielt ihre Hände und musterte sie mit einem umfassenden Blick von Kopf bis Fuß, erneut berührt von ihrem weiblichen Charme.

„Jetzt nur noch meine Stiefel – und Handschuhe, Mann Schatz .

Ihre Augen mit ihren halbverhüllten topasfarbenen Lichtern erwiderten seinen Blick hart und antworteten mit dem Druck winziger Hände. „Geh jetzt – da ist ein guter Junge. Mélanie !" sie erhob ihre Stimme: „ vite ! mes bottines." Sie ließ sich mit ausgestreckten Füßen auf einen niedrigen Stuhl sinken.

„Lass es mich machen", bettelte McTaggart, „ich bin mir sicher, dass ich eine großartige Magd abgeben würde."

„Nein, nein – Mélanie ." Das schlaue Gesicht der Femme de Chambre vertrieb ihn wirkungsvoll aus dem Zimmer.

Er schlenderte in den Salon, wo ein gemütliches Feuer brannte . Die breite Portière erstreckte sich über den größeren Raum, hinter dem an den Abenden, an denen sie spielten, der Kartentisch aufgestellt war.

Er wärmte seine Hände vor dem Feuer und warf einen Blick auf den überfüllten Kaminsims, der mit vielen Fotos bedeckt war, die meisten davon Porträts von Männern.

Er lächelte, als er das Gesicht eines jungen Studienfreundes erkannte. Es war mit ausgestreckter Hand unterschrieben – „Dein Archie", und ihm kam der Gedanke, dass ihm keine Schmeichelei eine ähnliche Trophäe abgewinnen könnte.

Was auch immer seine Schwäche für Fantine kosten mochte, tief in seinem Herzen wusste McTaggart, dass der Respekt dieses Gefühl nicht teilte; seine Klugheit würde sein Verlangen ausgleichen. Aber er wusste auch, dass sie einen Charme besaß, der sie nicht nur körperlich, sondern auch geistig von ihrem Typ unterschied und seinen Intellekt ansprach.

Da lag die Gefahr. Denn nach ihr schienen die englischen Frauen, die er bewunderte, schwerfällig; ihnen fehlte ihre Würze; Ihre ruhigere Schönheit wirkte bei enger Bekanntschaft leicht irritierend.

Er war gerade dabei, die Fotos zu überfliegen, sein Geist war teilweise abwesend, als er einen flüchtigen Blick auf ein neugieriges Gesicht erhaschte, das halb vor seinen Augen verborgen war.

Das Porträt, alt und verblasst, war in den Spalt zwischen Spiegel und Wand gerutscht, und er rettete es und hielt es einen Moment lang unter das elektrische Licht.

Ein Mann mit einem kurzen, kantigen Bart, dunklem Haar, das „ en brosse" geschnitten war, mit bösen Augen und einer Adlernase, die unterhalb des Nasenrückens ziemlich schief war. Etwas Östliches, dachte McTaggart, lag in dem trägen, sinnlichen Lächeln, in den schmalen Augen mit den schweren Lidern, die leicht zu den Schläfen geneigt waren.

Ein Franzose? kaum. Ein Grieche? vielleicht. Eine „falsche Sache "! – da war er sich sicher.

Er hatte gerade noch Zeit, das Foto zurückzustellen, als Fantine den Raum betrat.

„Me voilà donc ! – Sie bewundern meine Galerie? – all die Männer, die ich geliebt und verloren habe …"

„Es macht mich froh, dass ich nicht dazugehöre." McTaggart drehte sich mit einem kurzen Lachen um. „Ich möchte mir selbst schmeicheln mit dem Gedanken, dass ich derjenige bin, den du lieben wirst … und *behalten wirst* !"

"Das hängt davon ab." Sie kam näher und der schwache Duft, den sie verströmte, stieg ihm in die Nase, als er von seiner Höhe auf sie herabblickte.

"Auf was?" Trotz seiner Beherrschung ließ das ihm zugewandte schmale Gesicht über dem schimmernden grauen Fell, dessen rote Lippen in einer spöttischen Linie das tote Weiß ihrer Haut schnitten, seinen Puls schneller schlagen.

"An dir selbst." Sie wandte sich mit einem kurzen, gleichgültigen Schulterzucken ab. Sie war sich ihrer Macht vollkommen bewusst und überanstrengte nie eine Situation.

„Mein Freund – ich bin ausgehungert!" Sie zog ihren Handschuh zu. „Warum über das kleine Herz reden, wenn der große Rest leer ist? Ich dachte, du wärst hier, um mich heute Abend in ein neues Restaurant auszuführen?"

„Aber es ist erst sieben Uhr." Er lächelte über den reumütigen Unterton in ihrer Stimme. „Sie können noch nichts essen, oder? Natürlich fangen wir an – wenn Sie möchten, sofort."

"Gut." Sie klatschte in die Hände wie ein Kind. „Ich bin wirklich sehr hungrig, Pierrot. Ich habe lange geschlafen und das Mittagessen verpasst."

McTaggart bemerkte amüsiert, dass die Frage nach seinem eigenen Appetit dem schönen Redner nie in den Sinn kam. Männlichkeit, eine Eigenschaft, die sein Herrschaftsgefühl in seinem Zuhause beeinträchtigt hätte, schien ihm in den Händen dieses pikanten Egoisten kein Märtyrertum zu bedeuten.

„Gieriges Kind! Tatsächlich habe ich meinem Taxi gesagt, es soll warten. Es ist so schön, fast neu. Ich dachte, vielleicht möchtest du vielleicht mitfahren?"

„Merci, nicht." Sie zog ihr Fell vorsichtig um ihre Schultern, der graue Kopf des Fuchses schmiegte sich unter ihr kleines rosafarbenes Ohr.

„Glückstier!" sagte McTaggart mit einer Geste, die seine Bemerkung deutlich machte. „Warum wurde ich nicht als Fuchs geboren?"

„Weil die Engländer geborene Schafe sind!" Ihre topasfarbenen Augen blitzten böse. „Sie verlangen nur einen dummen Anführer – und los geht's, baa … baa … ganz zufrieden – und schleppen sich denselben langweiligen Weg entlang, der mit Geboten gepflastert ist."

Während sie sprach, wurden sie ohnmächtig und betraten den schmalen Aufzug, wo sich eine traurig aussehende Person wie ein Ertrinkender an das Seil klammerte. Mrs. Merrod warf ihm einen Blick zu und erkannte einen neuen Träger.

„Langsam, bitte", befahl sie. „Ich hasse es", erklärte sie McTaggart, „dass meine Füße meinen Rücken hochlaufen. Einmal, als ich in die Stadt ging, um meinen Anwalt aufzusuchen, fuhr der Aufzug mit so schrecklicher

Geschwindigkeit nach unten, Mann Dieu! – Ich habe einen Stiefelknopf in meinen Haaren gefunden.

„Sind Sie sicher, dass es nicht die Spitze einer Hutnadel war?“

McTaggarts Stimme war beharrlich ernst.

„ Mais non! Ein Knopf. Aber ich bin mir nicht *ganz* sicher, ob er von einem Stiefel kam …“

Der traurig dreinblickende Portier entspannte sich mit dem Rücken zu einem plötzlichen Grinsen. Er sah die beiden in ihr Taxi steigen und blieb einen Moment stehen und beobachtete sie.

„Da geht ein bisschen alles in Ordnung!“ – vertraute er der ganzen Welt an. Dann spuckte er feierlich auf McTaggarts Schilling „Glück“ und vergrub sich wieder in den Aufzug.

KAPITEL VIII

Das Restaurant „Au Bon Bourgeois" liegt an einer schmuddeligen Soho-Straße , die neu gestrichene weiße Tür wird von Myrtenbäumen in Kübeln flankiert. Der Eingang erfolgte durch einen schmalen Durchgang, der zu einem niedrigen Raum im hinteren Bereich führte, der vom vorderen Raum durch eine Glasscheibe getrennt war.

Letzterer Platz war für das Café reserviert, wo dicht gedrängte Marmortische auf einem rot gefliesten und sandgestrahlten Boden standen; und es verfügte über einen eigenen separaten Eingang, der sorgfältig vom anderen entfernt lag. Es verlieh dem neu eröffneten Restaurant eine böhmische Atmosphäre. Denn die Gäste im Raum dahinter konnten — ungestört von Rauch oder Geschwätz — die sich ständig verändernde Szene beobachten wie ein Stück französisches Leben, das körperlich aus der schwulen Hauptstadt über den Meeren herausgeschnitten wurde .

Der Besitzer war Oberkellner in einem vornehmen Londoner Hotel gewesen ; Als gewiefter Schweizer – bekannt als „Monsieur Auguste" – hatte er das Geheimnis hinter der modernen Nachfrage nach Gastronomie kennengelernt.

Er erkannte, dass der Engländer für reichhaltiges Essen, das in einem erstklassigen Restaurant schlecht zubereitet wurde, bereitwillig einen exorbitanten Preis zahlen würde; unempfindlich gegen einen eiligen Dienst, gegen Überfüllung und Lärm, vorausgesetzt, der Ort hatte einen festen Ruf für „Schickheit".

Aber er wusste außerdem, dass der Erfolg am anderen Ende der langen Skala wartete: dass es den durchschnittlichen britischen Geist reizte, beim Abendessen einen Handel auszuhandeln: die nationale Klugheit zu rechtfertigen und den Armen zu spielen (ohne Unbehagen) – mit einem Hinweis, auch des milden Böhmens, um seinem Gefühl der Seriosität Salz zu verleihen. Die Tatsache, dass er ihnen statt eines lauwarmen „Sole Normande" gut gekochten Wittling gab; „Pot-au-feu", das hauptsächlich aus Brühe bestand, anstelle einer leimartigen „Consommé", die seine Kunden mannhaft ignorierten. Da sie sich der Sparsamkeit des Essens „Au Bon Bourgeois" bewusst waren, wurde ihre Tugend zweifellos durch die spätere Leichtigkeit ihrer Verdauung belohnt.

Keine laute Band zerreißt die Luft. Der Service war sauber und pünktlich unter dem alles durchdringenden Auge des vielbeschäftigten Besitzers. Und für diejenigen , die kein besonderes Interesse am Café-Leben fanden, das als ständige Inszenierung diente , wurden zwei Räume im ersten Stock bereitgestellt, in denen die an den Wänden aufgestellten Tische durch

Trennwände aus Streichholz abgeschirmt waren und eine... Zufluchtsort für Flirts und Isolation für die „Auserwählten".

McTaggart hatte einen Tisch in der begehrten Ecke des Raumes reserviert, wo kein Kellner seinen Stuhl erschüttern konnte, indem er fieberhaft hinter ihn huschte. Es ermöglichte seinem Gast eine vollständige Sicht durch die Glasscheibe, und als Fantine unter den kühlen, bewundernden Augen des anwesenden „Monsieur Auguste" ihren Platz einnahm, stieß sie einen kurzen Ausruf voller Freude und Überraschung aus.

„Charmant – ziemlich kontinental ..."

Eine wehmütige Note schlich sich in ihr Gesicht. Vertieft in diese Travestie der Boulevards zog sie ihre langen Wildlederhandschuhe aus und strich sich mit einer abwesenden Geste das Haar glatt.

Monsieur Auguste, in makellosem Weiß – Leinenmantel und langer Schürze –, erleichtert durch eine riesige schwarze Krawatte , die mit der berühmten Anstecknadel (dem Geschenk eines Großherzogs) befestigt war, blickte McTaggart mit dem Lächeln eines gelassenen und selbstbewussten Gastgebers an.

„Schau dir diese Männer an, die Domino spielen! Und das langhaarige Wesen mit dem Umhang – Er trinkt Absinth ... oh! wie schön ...!" Fantines Augen leuchteten in goldenem Licht.

„Madame ist erfreut?" Monsieur Auguste reichte McTaggart die Weinkarte, die Seite wurde achtlos dort aufgeschlagen, wo die Liste der Champagner begann. Mit einem langen, spitz zugeschnittenen Nagel unterstrich er eine besondere Marke. „Madame möchte das", sagte er, „nicht *zu* trocken, ein guter Jahrgang."

Aber „Madame" war nicht seiner Meinung. Mit ihrer ganzen künstlerischen Seele genoss sie die Atmosphäre und erkannte die bürgerliche Note: „Rotwein, n'est." ce pas, Pierrot? – etwas, das laut von Frankreich singt."

Und plötzlich verschwamm die Szene vor ihren Augen und stattdessen täuschte sie die Erinnerung. Sie war zurück in einem verrauchten Kabarett am Montmartre. Sie konnte den fröhlichen Chor hören und sehen , wie Bruant mit seiner struppigen Mähne das „Lied von der Traube" brüllte; während an ihrer Seite, den Arm um sie gelegt, der einzige Mann war, den sie wirklich geliebt hatte.

Ah! damals ... Sie hielt den Atem an und wurde sich Augustes Blick wieder bewusst.

Er betrachtete das weiße, pikante Gesicht und fragte sich, ob er einen Fehler gemacht hatte. Aber er fügte seiner höflichen Anerkennung ihres Befehls einen neuen Hauch von Respekt hinzu. Es gibt nicht viele Damen mit solch roten Lippen, kombiniert mit einem tadellos geschnittenen Kostüm, das nachlässig mit Champagner verschmolzen ist. Er verneigte sich vor ihr und schickte dem Paar seinen besten Kellner.

„Ich freue mich, dass dir der kleine Ort gefällt." McTaggart nahm den Stolz eines Entdeckers an. „Ich habe es durch Zufall gefunden und bin seitdem oft hierher gekommen. Das Essen ist nicht schlecht – nun, Sie werden es selbst sehen ! – und es kommt immer kochend heiß. Was sollen wir jetzt essen?" Er nahm die große Karte mit der gedruckten Liste.

„Petite Marmite, – bist du damit einverstanden? und Fisch – du wählst –", er reichte es.

„Skate", sagte sie entschieden – „mit ‚schwarzer Butter'" (sie übersetzte). „Es klingt auf Englisch irgendwie abscheulich – was für einen Unterschied die Sprache auf die Dinge macht. Hören Sie mal – , Raie au beurre noir' – Ist das nicht ein Zauber ? – und … ‚Kalbsschnitzel' … und „Petits Pois" – Ja, ich weiß, sie sind aus der Dose –" sie kam seinem Einwand zuvor – „aber mit reichlich Butter und gut gekocht …" Sie machte eine ausdrucksstarke kleine Geste.

„Welche Kartoffeln?" fragte McTaggart.

„Fi donc !" Sie lächelte nachsichtig – „Eine gekochte Kartoffel für dich, Mann." cher – das Markenzeichen des englischen „Zuhauses". Und vielleicht Kohl, um dich glücklich zu machen!"

„Nein – da ziehe ich die Grenze ! – Was sagt man zu einem Vogel, dem er folgen soll?"

„ Komm veux ! – Mir reicht es – mit etwas Obst und gutem Kaffee … und einem „Petit Verre ". Sag mal, Pierrot, sollen wir eines Tages kommen und dort sitzen?" Sie zeigte fröhlich durch den Bildschirm auf den überfüllten, lauten Raum dahinter.

„Das würde mir gefallen! Absinth zu schlürfen – gekleidet wie eine kleine Hutmacherin! Schauen Sie sich die Frau rechts mit dem schäbigen Ulster und den eleganten Stiefeln an. Das sieht man hier selten – es ist ein Federhut in der neuesten Mode, an den man nicht gedacht hat." das „Dessous". Und das Haar ganz zerzaust und *stumpf* – die Handschuhe alt oder viel zu eng – alles verschwendet am Kleid, mit Farben, die einem die … „Verdauung" auf den Kopf stellen!"

„Selbst die Frauen in höheren Klassen wirken nicht ‚ soignées ‘ – nur klug. Und du nennst dich selbst eine saubere Rasse! … Weil du durch ein kaltes Bad gehst.“

Denn diese plötzliche Fata Morgana der Vergangenheit hatte in ihr das Mal du pays geweckt. Sie peitschte das Geschenk mit einer in Salzerfahrung eingelegten Rute aus.

McTaggart fühlte sich ein wenig verärgert. Er war Engländer genug, um die Theorie zu vertreten, dass nichts außerhalb der kleinen Insel – mit einem gönnerhaft geringeren Maß an Exzellenz für ihre Kolonien – auch nur annähernd den Standard des britischen Wohlstands – plus seiner Moral – erreichen könne.

„Oh, kommen Sie jetzt“ – er hielt einen Moment inne, während der Kellner ihre Suppe ausschenkte. „Ich wette, Sie werden irgendwo einen feineren Typ finden als unsere englischen Mädchen. Schauen Sie sich ihre Haut an – ihre Zähne – ihre Haare – ihr gesundes, wohlerzogenes Aussehen. Oh nein – ich gebe zu, da gibt es Charme und Stil und … Ausländische Frauen haben ein angeborenes Gespür für Kleidung, und sie sind im Allgemeinen witzig und können vierzehn zu dutzend reden! Natürlich kann ich Fantine haben.

„Ah! Merci –“ sie klatschte in die Hände – „Ich bin die Ausnahme, die die Regel beweist? Aber im Ernst, ich denke, du bist voreingenommen ‚ obwohl ein Teil von dem, was du sagst, wahr ist. Sie haben alles, was sie ausmacht Perfekt, diese Rosenblätter getönten, langgliedrigen Mädchen – einfach alles! Das ist es, was mich nervt – spare deinen Verstand, um von den Geschenken der Natur zu profitieren. Es ist so eine verschwenderische Verschwendung von Schönheit … Schau dir das Mädchen am Beistelltisch an –“ Sie senkte ihre Stimme, während sie sprach – „im Ton von Tizians ‚Flora‘.“ Und sie trägt – bon Dieu! – eine orangefarbene Bluse. Weil sie Tangounterricht nimmt! Und dazu eine billige Amethystkette. Jemand hat ihr gesagt – ohne Zweifel! –, dass es Königin Alexandras Lieblingssteine sind. Ihr Hut? Ja – er kostet zwei Guineen. Also machte sie einen Kompromiss mit Schuhen aus einem Sale und dem Rock vom letzten Jahr, der an den Knöcheln ziemlich stark eingerissen war. Was für ein Mischmasch ! – gebunden an diese göttliche Figur – ruiniert durch billige Korsetts – und ja! Da war ich mir sicher – ein Loch in einem Paar durchbrochener Garnstrümpfe!“

„Ich gebe nach! – “ McTaggart lachte – „oder ich weiß, dass Ihnen Ihr Abendessen nicht schmecken wird. Sie sehen, ich bin auch Halbitaliener, also ist es keine wirkliche Illoyalität.“

Sie blickte interessiert auf.

„ Tiens ! Vielleicht erklärt das deinen ... unenglischen Charme? Auf der Seite deiner Mutter, nehme ich an?"

„Ja. Sie war eine Maramonte . Sie leben seit Jahrhunderten in Siena. Ich glaube, sie haben dort einen Palast, der ein gutes Stück älter ist als der Turm! Aber ich habe meine Verwandten nie getroffen. Mein Onkel ist der jetzige Marquis – mit zwei Söhnen und einer zweiten Frau. Als Erbe habe ich also keine Chance – über das hinaus, was mir meine Mutter hinterlassen hat."

Er lachte, glücklich und unbekümmert. „Ich kann mir irgendwie nicht vorstellen, dass ich der herrschaftliche Besitzer feudaler Ländereien bin. Sie wissen, dass Siena mittlerweile in vielen seiner Bräuche ziemlich mittelalterlich ist . ‚Il Palio ‘ – diese seltsamen Rennen finden immer noch zweimal im Jahr statt. In jedem Viertel der Stadt schickt ein Pferd zum Wettkampf, und die Jockeys tragen historische Kleidung und rasen über den Marktplatz. Er ist etwas größer als Hanover Square und liegt am Hang eines Hügels, sodass sie im gefährlichsten Winkel eine Reihe Matratzen auslegen! Tatsache ist, das versichere ich Ihnen" – er lächelte. „Ich beabsichtige, es eines Tages selbst zu sehen . Und nachdem das Rennen gelaufen ist, führt der Jockey das siegreiche Pferd, in prächtigen Dekorationen mit dem Banner des siegreichen Viertels, direkt in die Kathedrale! Dort erhält es einen feierlichen Segen und danach Bei Fackelschein wird auf dem Marktplatz ein Fest abgehalten, und das Pferd, wenn Sie so wollen, sitzt – mit seinem Maisbehälter – am Kopfende des Tisches! Ist das nicht urig? In diesen Zeiten von „Wireless" und Zeppelinen Es hat etwas ziemlich Erfrischendes – den Glamour eines Märchens."

„Entzückend. Nimm mich mit, Pierrot." Sie lächelte ihn spöttisch über den Rand ihres Weinglases hinweg an.

"Wirst du kommen?" McTaggarts Stimme war leise,

Die „intime" Atmosphäre des Ortes, mit der Anziehungskraft von Fantine, ihrem seltsamen und namenlosen Charme, blieben nicht ohne Wirkung auf ihn.

„ Vielleicht ..." Sie zuckte leicht mit den Schultern. „Wenn Sie versprechen würden, diese ziemlich beunruhigende britische Hälfte zurückzulassen, die der ‚englischen Miss' heilig ist."

Sein „Scotch Heart!" Skurril studierte er den Vorschlag. Es schien nur noch ein kleiner Gegenstand neben dem Takt seines anderen Organs zu sein.

Eine plötzliche Launenhaftigkeit befiel ihn. Sollte er sich selbst nie verstehen? Mit jeder Windung seinem Temperament ausgeliefert zu sein?

Denn das fremde Blut in seinen Adern kämpfte ständig mit dem Schotten. Es war tatsächlich eine berauschende Mischung aus typischem

Süden und typischem Norden. Mit der Leidenschaft des ersteren, seiner ruhelosen, feurigen Liebe zur Schönheit, vermischten sich die Vorsicht und die Stärke und etwas vage Religiöses – „Mürrisch" – mit einer leichten Melancholie, das Erbe mit seinen blauen Augen von einem längst verstorbenen Covenanter.

Niemals, sagte er sich, sollte er eine Frau finden, die zu beiden Seiten passte; verlieh ihm Begeisterung und hinterließ ihm Respekt und befriedigte Körper und Seele ...

Fantine erahnte mit ihrem subtilen Instinkt den Wechsel in seiner Stimmung. Sie wischte Persönlichkeiten beiseite und begann, vom Russischen Ballett zu sprechen.

„Es ist merkwürdig, wie es seine Spuren hinterlassen hat. Es scheint, als hätte es gebissen und gekratzt!"

McTaggart lächelte wider Willen über die kluge, brutale Berührung. Das war Fantine von ihrer besten Seite.

„Um jetzt Erfolg zu haben, muss man überraschen! – die Tage von Mendelssohn sind vorbei. Ich nehme an, die Welt altert mit Emotionen, die die Zeit abgestumpft hat."

„Oder die Weltlinge sind zu degeneriert." McTaggart fühlte sich immer noch düster. „Diese Kubisten jetzt ... Was halten Sie von ihren Bildern? Nennen Sie es wirklich Kunst?"

„Ich kann mich irgendwie nicht entscheiden. Mir gefällt die Idee dahinter. Ich glaube, sie tappen im Dunkeln nach einem Zeichen, das uns noch nicht gewährt wurde."

McTaggart versuchte, ihrem Gedanken zu folgen, scheiterte jedoch und fragte nach einem näheren Hinweis.

Fantines Blick war in die Ferne gerichtet, die feinen Brauen in Konzentrationsbemühungen zusammengezogen. Sie schob ihren Teller von sich weg und beugte sich mit auf dem Tisch verschränkten Händen unbewusst zu ihm.

„Haben Sie jemals Swedenborg gelesen? Sein ,Himmel und Hölle!' Nein? Wie schade! Nun, eine seiner Lieblingstheorien betrifft das, was er „Korrespondenzen" nennt. Er glaubt, dass alles Schöne hier das materialisierte Symbol einer höheren, exquisiteren spirituellen Kraft ist, die den Engeln im Paradies bekannt ist. Zum Beispiel hat eine Rose – mit ihrer perfekten Form, ihrer Farbe , ihrem Duft – ein Gegenstück – eine „ *Korrespondenz* " ist sein Wort – mit einem „ *Zustand* " – das ist schwer zu erklären – einem ... Glücksgefühl oben. Nun, es scheint mir, dass Künstler jetzt, in der Musik und in der Malerei – in allen Künsten – es versuchen Sie entfernen sich von *der Form*, um die *Bedeutung* ihrer Arbeit auszudrücken. Es ist eine drahtlose Botschaft an den Geist, die über die tierischen Sinne hinausgeht; etwas, das über den bloßen Glamour des Appells an das Fleisch hinausgeht – es ist ‚Korrespondenz‘.“

McTaggart nickte ernst.

„Es klingt größer, als ich es mir vorgestellt habe.“ Er empfand eine halb beschämte Überraschung über diese Tiefen einer Frau, die er für leicht hielt.

Und wie als Antwort auf seinen Gedanken kehrte der alte spöttische Ausdruck auf die bemalten Lippen zurück, die ihn anlächelten. Aber in ihren halbverschleierten Augen lag Verachtung. Denn Fantine kannte die Sitten und Gebräuche der Männer: den Verlust, den ihre Klasse zahlen musste – um genutzt und geliebt zu werden und als nichts wert beiseite gelegt zu werden, wenn die Sitte veraltet war.

Sie verspürte einen scharfen Stich der Revolte, den leidenschaftlichen Wunsch, ihren Anteil an der Abmachung Schlag für Schlag bis zum Äußersten zu erpressen, um die Schwächen, denen sie diente, auszunutzen.

Und McTaggarts nächste nachlässige Bemerkung besiegelte sein Schicksal, soweit es in den Händen der gewitzten Abenteurerin lag, und wendete die Waage gegen den Mann.

„Ich wusste nicht, dass du so viel liest. Wie um alles in der Welt findest du die Zeit?“

Die harmlos gemeinte Rede schmerzte in ihrem Herzen.

Aber sie warf ihm einen verwegenen Blick zu.

„Mon cher – ich *bin* allein ... manchmal!“

„Das wärst du nicht, wenn es nach mir ginge.“ Er hielt sich zurück, als der Kellner ihnen den duftenden Kaffee in die Tassen goss.

„Über die Arbeit der Kubisten sprechen“ – Fantine kam auf das Thema zurück. „Ich war letztes Jahr in Paris, als sie ihre Ausstellung veranstalteten. Da ist etwas Komisches passiert.“ Sie tauchte das lange Stück Zucker behutsam in ihre Tasse und saugte daran wie ein eigensinniges Kind, das sich der gestohlenen Freude bewusst ist. „Früher haben wir das ‚Ente‘ genannt, Pierrot –“, warf sie lachend ein, „Na, Rächer! Da war ein Bild – ich kann mich nicht mehr genau an den Namen erinnern. Aber ich glaube, es hieß „Eine fallende Frau.“ unten.‘ Es war immer eine kleine Menschenmenge davor – die Künstlerin war der „Dernier Cri“ – und eines Tages stand ich da und amüsierte mich, indem ich ihren Bemerkungen zuhörte. Ein Mann sagte:

„Da – siehst du das nicht ? Es ist ihr Kopf – und." Dieser Hauch von Weiß ist ein Arm – und, na ja, natürlich! Ihr Fuß hebt sich deutlich vom Hintergrund der Wand ab.' Die arme Dame an seiner Seite versuchte vergeblich, die Umrisse zu erkennen. Sie kniff die Augen zusammen und sah aus wie ein Kind, das ein Puzzle spielt. Was mich selbst betrifft –" Fantine lachte – „Ich muss gestehen, dass ich nichts erkennen konnte aber ein Farbfleck und scharfe Linien ohne die geringste menschliche Form. Nun, einige Monate später traf ich zufällig genau diesen Künstler und erzählte ihm von der Begeisterung in Paris und den Bemerkungen, die ich belauscht hatte. Ma foi ! – Ich dachte, er würde es tun haben mich getötet. Er sagte:

„„Madame – Sie sind Narren, Narren, Narren! Es gibt keine Frau – Aber – natürlich! Es ist das Gefühl … die Angst …, die ich gemalt habe. Das *Gefühl*, eine steile Treppe hinunterzufallen.""

McTaggart lachte herzlich.

„Nun – es ist ein bisschen übertrieben! Ich fürchte, ich habe keine künstlerischen Verdienste. Ich mag ein Bild, das ich verstehe."

"Ich weiß." Fantines Stimme war süß, aber darunter lag Bosheit – „ein Bild, das seine eigene Geschichte erzählt – wie diese berühmte schottische Kuh, die im Schnee verloren ging."

Doch die Aufmerksamkeit ihres Gastgebers schweifte ab. Die Tizian-„Flora" war ihm aufgefallen. Mit geröteten Wangen und einem Hauch von Stolz rauchte sie ihre erste Zigarette. Er machte seinen Begleiter darauf aufmerksam.

„Hoffen wir, dass es ihr gefällt. Hallo! Sie ist erstickt – armes Kind! Sie ist wirklich ein hübsches Mädchen – ich weiß nicht, warum du etwas an ihr auszusetzen hast."

„Nicht mit ihrem Gesicht", korrigierte Fantine – „man sieht, dass der Bon Dieu das Vorbild war. Es sind die sündigen Kleider, die sie für sich selbst anfertigt – ohne himmlische Inspiration! Sie erinnert mich an ein englisches Mädchen, das mein Mann in Algier vergötterte."

McTaggart verspürte plötzlich Neugier. Dies war das erste Mal, dass Mrs. Merrod ihm gegenüber den verstorbenen Partner ihrer Ehefreuden und -sorgen erwähnte.

„Ja? Und was hast *du* dazu gesagt?"

„Ich? Warum nichts." Sie lachte leicht. „Ich bin nicht eifersüchtig – pas si bête! Er war immer sehr nett zu mir und ich schaute gern bei seinen kleinen Angelegenheiten zu. Aber in diesem Fall erwies es sich als tragisch …"

Sie lächelte und erkannte die Bedeutung des Wortes.

"Was ist passiert?" fragte McTaggart, seine Augen immer noch auf die ferne „Flora" gerichtet.

„Sie war sehr hübsch – der Wildrosen-Typ – und der arme Gustave war ziemlich gefangen. Sehen Sie, sie trug immer Handschuhe ..." Sie hielt mit einer nachdenklichen, neckenden Miene inne.

„Vielleicht zu eng? Oder schäbig, oder?" Er erinnerte sich an ihre weitreichenden Bemerkungen.

„Oh mein Gott, nein – viel schlimmer als das! Eines Abends zog sie sie aus und er stellte fest ... dass sie tatsächlich an *ihren Nägeln kaute* !"

„Und damit ist Schluss?"

Fantine nickte, als der Kellner McTaggarts Rechnung reichte.

„Aber natürlich! Gustave weinte vor Kummer. Aber ich sagte ihm, es sei seine eigene Schuld. Er hätte sein flüchtiges Herz einer Pariserin zu Füßen legen sollen."

„Die Liebe war damals nur oberflächlich?"

Auf ihr kleines Zeichen gehorchend, reichte er seinem Gast ihre Pelze und beobachtete sie mit amüsierten blauen Augen, während sie ihr Gesicht im Glas puderte.

„Das niemals, Mann „Cher Pierrot" – sie warf ihm einen spöttischen, harten und strahlenden Blick zu und trug einen Hauch von Groll in ihrem Herzen. Dann erhob sie sich mit einer geschmeidigen Bewegung und zog ihre Pelze um sich.

„Er liebte sie", erklärte sie freiwillig, „soweit – jusqu'aux bouts des ongles !"

KAPITEL IX

Ebenezer Cadell gehörte zu den Männern – die von Tag zu Tag seltener wurden –, die nach einem Leben voller anstrengender Arbeit beim Frühstück ein Hammelkotelett verkraften konnten. In diesem nervösen Zeitalter ist die Tatsache an sich schon ein Merkmal des Erfolgs. Eine gute Verdauung bringt einen ehrgeizigen Mann neben Geld weit.

Er nahm sein Kotelett nicht einmal aus Gehorsam gegenüber dem Wunsch seines Arztes, sondern aus gesundem Appetit auf diese besondere Delikatesse. Er mochte es als zweiten Gang, nach Eiern oder Fisch oder Speck, eher ungenügend und groß, erinnerte er sich an mageren Brei aus den Jahren.

Nach dem Frühstück stopfte er seine Pfeife vor dem Feuer, wo seine Stiefel wärmten, und tauchte seine Seele in die liberalen Zeitungen mit der Miene, das Imperium zu regieren.

Natürlich las Mrs. Cadell die *Morning Post*, um mit der sozialen Welt in Kontakt zu bleiben, in der Namen mehr bedeuten als persönliche Anstrengung.

Cydonia erhielt den *Daily Mirror*, den sie im Allgemeinen ungelesen ließ und in der Dienerhalle verschlang. Einmal in der Woche kam *Punch* und ein unhandliches Damenjournal, während in den Tiefen des Raucherzimmers ein bestimmtes Aprikosenpapier geschmuggelt wurde.

An diesem besonderen Wintermorgen hatte der Hausherr in seiner geliebten *Chronik keine Ankündigung über einen Verkauf gefunden*. Etwas gekränkt begab er sich in das Frühstückszimmer dahinter, wo Helen damit beschäftigt war, über Haushaltsangelegenheiten zu grübeln. Er bat um die Leihgabe dieser frischen Laken, weiß und angenehm anzufassen, die einen schwachen Hinweis auf die Klasse zu geben scheinen, die sie repräsentieren.

Er verließ gerade das Zimmer, als seine Frau sich umdrehte und ihn mit einer gebieterischen Geste aufhielt.

„Kannst du mir einen Moment Zeit nehmen, Ebenezer?" Die Bitte war in Wahrheit ein Befehl. „Ich möchte über Cydonia sprechen?"

Cadell warf unwillig einen Blick auf die Uhr.

„Na ja – fünf Minuten – wenn das reicht. Was ist los, meine Liebe? Hoffentlich ist mit dem Kind alles in Ordnung?"

„Oh nein. Ich denke darüber nach, einen Tanz zu geben. Cydonia hat nächsten Monat Geburtstag. Es wäre eine Coming-out-Angelegenheit und ich möchte, dass es – natürlich – gut gemacht wird.“

„Ganz richtig. Mein Lieber!“ – der Mann seufzte. „Es scheint, als wäre sie erst neulich in Schürzen herumgelaufen! Ich kann sie mir nicht als Erwachsene vorstellen.“

Auf seinem Gesicht erschien ein zärtlicher Ausdruck, den nur seine Tochter hervorrufen konnte. Mrs. Cadell sah es und lächelte, als er in seiner pompösen Art hinzufügte:

„Wenn es um Geld geht, mein Lieber, brauchst du nicht zu sparen. Bestelle das Beste. Ich werde die Rechnungen begleichen.“

„Vielen Dank. Es wird ein gutes Geschäft zu arrangieren sein ... Aber da Sie damit einverstanden sind , werde ich es in die Hand nehmen.“

Der alte Mann blieb an der Tür stehen.

"Wen laden Sie ein?" Er fragte: „Du zählst nicht auf mich, wenn es um Männer geht?“

„Oh nein!“ – Sie sprach hastig, mit einer leichten Satire, die er nur allzu gut kannte – „Aber ich zähle auf Sie, wenn es um guten Champagner geht.“

„Hm... ich verstehe. Aber ich dachte immer, dass es bei einem Tanz keine große Rolle spielt – mehr Quantität als Qualität.“

„Ein beliebter Fehler“, sagte Helen, „oder vielmehr höchst *unpopulär*! Es ist so“, erklärte sie, „wir kennen nicht viele Tänzer – zumindest nicht die Art, die ich will! Aber heutzutage ist es ganz einfach.“ Sie bitten die Leute, Partys zu veranstalten. Nur sind sie nicht *Ihre* Gäste, sondern Freunde der Leute, die speisen und sie mitbringen; und sie haben das Gefühl, dass sie sich offen über jeden Fehler in der Unterhaltung beschweren können. Deshalb möchte ich die Arrangements und Der Wein – (er ist wichtiger als das Essen) muss ganz – nun ja, über jeden Verdacht erhaben sein. *Dann* , sehen Sie“, sie lächelte rätselhaft, „werden die Männer wiederkommen – von alleine.“

Ebenezers Gesicht wurde rot.

„Ich würde sie gerne hier murren sehen! Mach's gut! – wir verlangen nichts – das ist *meine* Gastfreundschaft.“

Er sträubte sich sichtlich bei dem Gedanken.

„Das zählt heutzutage nichts mehr.“ Helens Stimme war ziemlich gelassen. „Sie kommen, um sich zu amüsieren – wegen dem, was sie davon haben! Die einzigen Menschen, die kleine Partys veranstalten und sich selbst als Anziehungspunkt betrachten können, sind Künstler oder Mitglieder des Königshauses. Sie können sich Einfachheit *leisten* ."

„ Hm! – Ein hübscher Zustand. Und was ist mit Cydonia? Man könnte meinen, jeder Mann wäre stolz darauf, mit meinem hübschen Mädchen zu tanzen."

„Ah! Du bist ihr Vater." Helen lachte. „Ich sage allerdings nicht, dass ich die heutige Haltung gutheiße. Aber Tatsache bleibt, dass die moderne Jugend der Meinung ist, dass ihre Anwesenheit auf einer Party einen Gefallen verschafft ... und im Gegenzug verlangt sie eine erste-" Klassenunterhaltung."

Sie blickte ihm in die Augen, lächelte erneut und wandte sich abweisend ihrem Schreibtisch zu.

„Wie wäre es mit der Vorstellung des Kindes? Ich hätte das gerne erledigt, weißt du, Helen. Es bedeutet mir nicht viel, vor dem Königshaus zu hüpfen, aber ich schätze, es ist eine Art Markenzeichen."

Er lachte schroff und zufrieden.

„Das kommt später", sagte Frau Cadell. „Ich habe mit Lady Leason darüber gesprochen und sie weiß von einem bestimmten Freund von ihr, der diese kleinen Angelegenheiten arrangiert. Natürlich gegen Entgelt."

„Ich wusste nicht, dass du bezahlen musst?" Ebenezer war interessiert. Insgeheim bewunderte er den stetigen Angriff seiner Frau auf die Gesellschaft.

„Meine Liebe, man bezahlt für alles. Schauen Sie sich die Leute an, die Ehrungen bekommen ! Es wird, würde ich sagen, ungefähr dreistellige Beträge kosten, um einen bekannten Namen zu bekommen, der sie präsentiert – eine Frau mit gutem Ansehen und einem Titel; und dann wird es so sein Seien Sie Lady Leasons Geschenk – und der Auftrag …" Sie zog die Brauen zusammen. „Jedenfalls ist Cydonia es wert."

„Das ist sie – segne ihr hübsches Gesicht! Sie ist das krönende Juwel meiner Sammlung! Und ich möchte, dass sie eine gute Ehe eingeht! Wenn es mich jeden Penny kostet, den ich habe."

Er richtete seine scharfen, nahestehenden Augen scharfsinnig auf Helens Gesicht.

„Was ist dieser junge Mann, der immer da ist? Ich glaube, McTaggart ist sein kostbarer Name. Ein großer Kerl mit blauen Augen und einem verdammt coolen Auftreten, wenn ich ihn treffe!"

„Ihm geht es gut", sagte die Mutter schnell, „und im Moment ist er ziemlich nützlich. Er ist ein toller Freund von Lady Leason und bewegt sich sehr gut."

„Nun – lassen Sie hier keinen Unsinn zu. Er kommt nicht hierher , um *mich* zu sehen !

Die Tür schlug laut hinter ihm zu.

Mrs. Cadell nahm ihren Stift, hielt ihn aber einen Moment lang geistesabwesend in der Hand und blickte auf die Mayfair Street , die zu dieser frühen Stunde leer war.

Hat ihre Tochter McTaggart gemocht? Das war die Frage, die sie sich stellte. War seine Gesellschaft der Grund dafür, dass Cydonia in letzter Zeit scheinbar schneller wurde und ihre schlummernde kindliche Ruhe verlor?

Und wenn...? Bei dem Gedanken runzelte sie die Stirn. Dann seufzte sie. Ebenezer hatte recht. Aber die Mutterliebe in ihr widersprach dem Ehrgeiz ihres Lebens. All das Glück, das sie vermisst hatte! – Sie griff mit nervösen Händen danach und sehnte sich danach, es einer Höhe nach der anderen in den Schoß ihres einzigen Kindes zu stapeln.

Und als ob ihre Gedanken das Mädchen angezogen hätten, betrat Cydonia in diesem Moment den Raum.

„Störe ich dich, Madre, Liebes?"

Strahlend stand sie da, in Mantel und Hut; das schöne Gesicht voller Leben, ein gespannter Blick in den sanften braunen Augen. In ihrer Haltung schien eine leicht unterdrückte Aufregung zu liegen.

Helen streckte ihre Hand aus. Ihre Tochter nahm es gleichgültig, drückte leicht darauf und ließ es fallen.

„Es geht nur um die Frage, ob ich ausgehen darf? – natürlich mit Mason –, um etwas einzukaufen?"

„Möchten Sie nicht lieber auf mich warten? Ich werde gegen zwölf fertig sein."

„Nun … Sie sehen, Madre" – eine leichte Röte stahl sich in die klare Haut, während sie sprach. „Weihnachten rückt immer näher und ich habe noch überhaupt keine Geschenke. Und –" eine plötzliche Ausrede schien ihr einzufallen – „Ich dachte eher … ich würde deines besorgen."

"Oh, sehr gut." Helen lachte: „Ich darf kein ‚Geheimnis' preisgeben."

Cydonia wandte ihre braunen Augen ab, da sie Gewissensbisse spürte.

„Danke, Madre, Liebes." Sie bückte sich und küsste ihre Mutter dankbar, zögerte einen Moment und hauchte ein undeutliches „Auf Wiedersehen".

Doch als sie vor der Haustür stand, begann sich ihre Stimmung zu heben. Sie sah ungewöhnlich lebhaft und wunderschön aus in ihren kostbaren Pelzen.

Das Dienstmädchen schlurfte neben ihr her, eine gedämpfte schwarze Gestalt von unbestimmter Form, eher wie ein unwilliger Retriever, gezogen von einer unsichtbaren Leine.

Sie überquerten den Berkeley Square und bogen nach rechts in die Bond Street ein. Hier beschleunigte sich Cydonias Schritt, während sie sich eifrig umsah. Sie blieb ein- oder zweimal vor einem Laden stehen, blickte geistesabwesend ins Schaufenster und kaufte einen Strauß Parma-Veilchen, den sie an ihrem weißen Fuchs feststeckte.

Dann ging sie, den goldenen Kopf stolz getragen, der wie ein Heiligenschein unter ihrem schwarzen Hut in der Wintersonne glänzte, ganz ruhig weiter und vermied alle bewundernden Blicke.

„Hallo! Das ist ein Glücksfall."

McTaggart verhinderte ihr weiteres Vorankommen.

„Was machst du so früh draußen?" Seine blauen Augen waren schelmisch.

"Wie geht es dir?" sagte sie zurückhaltend. "Ich bin einkaufen." Das Gespräch scheiterte.

"Kann ich auch kommen?" fragte McTaggart. Er drehte sich um, ohne auf die Erlaubnis zu warten.

Das Dienstmädchen trat mit hundeartiger Treue hinter das Paar und fügte mit gesenkter Stimme hinzu:

„Ich begann zu glauben, dass ich dich vermisst haben muss."

"Bin ich spät?" sagte Cydonia. „Ich muss wirklich etwas kaufen. Ich habe Mutter gesagt, es seien Weihnachtsgeschenke... Und ich möchte nicht lügen."

„Wir kaufen die ganze Straße", sagte McTaggart und kümmerte sich um das verletzte Gewissen. „Lass uns rübergehen und uns Asprey's ansehen – ihr Schaufenster platzt nur so vor ‚passenden Geschenken'."

Sie huschten zwischen den Taxis hindurch, ohne Rücksicht auf das nervöse Dienstmädchen.

„Können wir sie nicht verlieren?" er schlug vor. „Ich bin eine königliche Eskorte nicht gewohnt."

Als er sich umsah, bemerkte er eine Galerie in der Nähe, in der eine Ausstellung angekündigt wurde, und sprang auf, um zu entkommen.

„Komm rein und sieh dir die Bilder an." Während er sprach, erhob er seine Stimme.

„Das solltest du wirklich – es geht ihnen gut! – gemacht von diesem Mann …" Er buchstabierte den Namen.

Cydonia kicherte, erholte sich und wandte sich an das widerstrebende Dienstmädchen.

„Mason – wir gehen hier rein. Glaubst du inzwischen, dass du Zeit hättest, zu Marshall zu rennen und diesen Satin für mein Kleid anzufertigen?"

"Ja Frau." Das Gesicht des Mädchens hellte sich auf. Viel lieber kaufte sie alleine ein und trödelte an den langen Ladentheken entlang. „Ich wäre innerhalb einer halben Stunde zurück."

„Ausgezeichnet", sagte McTaggart. Als Cydonia durch die Tür ging , steckte er seine Hand in die Tasche und gab dem Dienstmädchen geräuschlos ein Trinkgeld.

„Lass dir Zeit", sagte er freundlich. Der blasse, gedämpfte Cockney dankte ihm.

„Ja, Sir. Ich verstehe."

„Das wette ich!" dachte der Mann.

Sie gingen durch einen schmalen Gang in den langen, leeren Raum mit seinem schlichten Oberlicht, das für viele blonde Frauen so anstrengend war.

Aber Cydonia bestand den Test triumphierend, ihre Haut war muschelartig über ihren Pelzen.

Ein einzelner Mann mit traurigem Gesicht stand im Besitz der Szene und blickte mit feurigen Augen auf eine gewalttätige blaue Meereslandschaft.

„Ich garantiere, das ist der Künstler." McTaggart flüsterte ihr ins Ohr. „Lass uns nicht in seine Träume einbrechen – Das Sofa sieht bequem aus."

Sie setzten sich Seite an Seite auf den grünen Plüsch, und Cydonia spielte mit den Veilchen an ihrer Brust, sich McTaggarts Augen bewusst.

„Willst du die Bilder nicht sehen?" Sie bemühte sich um Smalltalk. „Ich dachte – du hast gesagt –, dass es ihnen ziemlich gut geht."

„Ich habe noch nie in meinem Leben davon gehört! Außerdem schaue ich mir gerade ein Bild an.“

Cydonia tat vergeblich so, als hätte sie den Sinn seiner Rede nicht verstanden. Sie zeigte mit ihrem schlanken Finger auf das Porträt eines spanischen Mädchens und blickte das Paar mit einem kühnen Lächeln an, eine rote Rose hinter ihrem Ohr.

„Ich mag die Farbe ihrer Haare – dieses glänzende Schwarz, das blau aussieht …“

"Ich auch." McTaggart lächelte, „aber es ist nicht schwarz – es ist … gesponnener Sonnenschein! Und das einzige Blau, das ich sehen kann, ist eine winzige Ader in der Nähe der Schläfe.“

„Ich frage mich“, sagte Cydonia verzweifelt, „wie viel wir mit diesen Tableaus verdient haben?“

„Fünfzehn Pfund, vier und ein Tuppence .“

„ *Wirklich* ? … Nicht mehr als das?“ Sie wandte ihm ein verwirrtes Gesicht zu.

„Ah … das ist besser“, sagte McTaggart. „Um die Wahrheit zu sagen“, gab er zu, „ich habe nicht die leiseste Ahnung von der Summe. Aber Ihr Profil wurde mir langsam langweilig.“ Er sah, wie sie die Stirn runzelte und blieb stehen.

„In Ordnung! Ich werde brav sein. Aber es macht doch so viel Spaß, nicht wahr? Wenn ich an den geduldigen Mason denke, der oben bei Marshall’s mehrere Meter Satin zusammenpasst.“

Cydonia lachte. Der leise Ton hallte durch den leeren Raum, denn der Künstler war leise in einen weiter dahinter liegenden Raum verschwunden.

Ein kurzer Blick, den er ihnen zugeworfen hatte, und sein sensibler Geist hatte den Eindruck erfasst. Das Mädchen mit ihrem Apfelblütengesicht, der fleischgewordene Frühling, vom Sommer umworben.

„Es kommt nicht oft vor, dass ich ohne Mama die Gelegenheit habe, deine Gesellschaft zu besuchen. Gehst du nie zum Tanzen?“ Er beobachtete, wie sich ihre Lippen bewegten, als sie antwortete.

„Noch nicht – aber, Peter, ich habe es vergessen! Ich habe so eine schöne Neuigkeit. Ich werde nächsten Monat eine Geburtstagsfeier veranstalten … Du kommst doch, nicht wahr?“

„ *Eher* … Ich sage, das ist der Hammer! Ein Tanz? Gut“, während sie mit dem Kopf nickte. „Ich wette, deine Leute werden es gut machen.“

Unbewusst äußerte er die Gefühle, die Mrs. Cadell an diesem Morgen geäußert hatte.

„Wie viele Tänze darf ich haben? Ich nehme an, Sie können nicht alle entbehren?"

Die Ansteckung seiner Stimmung war ansteckend.

„Eins und noch ein Extra..." Cydonia lachte.

"Unsinn!" Er suchte nach einem Bleistift und zog aggressiv seine Manschette heraus.

„Mindestens fünf. Und das Abendessen auch. Oh, Cydonia! Du *könntest wirklich* ..."

Aber über das fröhliche Gesicht des Mädchens fiel ein Schatten. Sie drehte ihren Kopf mit erschrockenen Augen und einem kurzen „Still!" als eine Stimme draußen laut und rau durch den langen Gang hallte.

„Es ist Vater!" Sie schnappte nach Luft. „Oh, Peter, was sollen wir tun?"

McTaggart war auf den Beinen.

„Der innere Raum" – er ergriff ihren Arm – „sprich nicht!" Auf Zehenspitzen flohen sie.

„Stehen Sie hier – in dieser Ecke – es ist vor beiden Türen verborgen." Er flüsterte die Worte, seine Lippen strichen über das weiche Haar, das ihr über die Ohren gezogen war.

„Es lohnt sich – auch wenn wir erwischt werden!" Sagte er mit innerer Freude zu sich selbst und war sich der Hand des Mädchens bewusst, die er fest in seiner Hand hielt.

Sie hörten den schweren Schritt und betraten den Raum dahinter; Dann durchbrach der Klang von Männerstimmen ihre angespannte Aufmerksamkeit.

McTaggart kroch zu dem Vorhang, der ihr Versteck halb verdeckte, und kehrte dann nach Cydonia zurück. Sein Lächeln zeigte seine große Erleichterung.

„Er redet mit diesem Künstler. Gehen Sie jetzt leise in den Gang, und dann machen wir uns auf den Weg dorthin."

Aber er hielt einen Moment inne, ganz in ihrer Nähe, seinen Blick auf ihr verängstigtes Gesicht gerichtet.

„Du liebes Ding – mach dir keine Sorgen! Ich hasse es, dich so aussehen zu sehen."

Eine Sekunde lang kämpfte er hart gegen die Versuchung ihres Antwortlächelns an. Dann zog er sich zurück und ging geräuschlos voran in die Halle.

Die List hatte Erfolg, doch draußen erwartete sie ein weiteres Problem. Denn Mason ließ sich „Zeit" und verdiente sich gewissenhaft ihr Trinkgeld.

„Ich kann dich hier nicht alleine lassen." McTaggarts Blick glitt über die Straße. „Was sollen wir machen? Zu Marshall gehen? Oder – ist das nicht Ihr Auto da?" Er zeigte auf ein Landaulette, das am Bordstein stand.

„Ist Willcox sicher, meinen Sie?"

Willcox war der Chauffeur der Cadells . Er verachtete die Familie, der er diente, und erkannte am Gespür seiner Art, dass sie ein Parvenü waren. Aber er machte in Cydonia eine Ausnahme. Ihre süße Stimme und ihr wohlerzogenes Gesicht erweckten in ihm den Glauben an blaues Blut – erreicht durch ein würdiges Vergehen!

Das Mädchen war sich seiner stillen Anbetung bewusst und begrüßte seinen Anblick mit Erleichterung.

„ Er wird nichts sagen – wie großartig! Ich steige einfach ins Auto und warte."

McTaggart stimmte zu. „Sie können erklären, dass Sie gesehen haben, wie Ihr Vater in die Galerie ging. Und als Sie sich müde fühlten, schickte er Mason los, um Ihre Einkäufe zu erledigen, während Sie sich ausruhten."

"Ja das ist es." Sie nickte mit dem Kopf. „Bitte geh jetzt. Er könnte herauskommen. Du weißt, wie sehr er immer in Eile ist."

Atemlos erreichte sie die Kutsche und blickte in das teilnahmslose Gesicht des Chauffeurs.

„Willcox – ich werde drinnen warten. Mr. Cadell wird nicht lange warten."

McTaggart legte den Teppich um sich.

„Morgen", flüsterte er, „bei Lady Leason ." Dann laut: „Auf Wiedersehen, Miss Cadell – ich werde den Tanz Ihrer Mutter nicht vergessen ."

„Auf Wiedersehen, Mr. McTaggart." Sie lächelte über die formelle Ansprache.

Steif und diskret auf der Loge lächelte auch Willcox. Er war sich des gesamten Manövers bewusst und stimmte in seinem Herzen zu. Er sah zu, wie McTaggart mit seinem nachlässigen, wohlerzogenen Gang davonschritt, an der Ecke stehen blieb und verstohlen durch die Menge hindurch nach hinten blickte.

Und dann hörte er seine junge Geliebte mit leiser, schneller Stimme rufen: „Mason!"

Und die Entschuldigung des Dienstmädchens, ziemlich verängstigt.

„Ich hoffe, ich komme nicht zu spät, Miss – ich habe den Satin."

„Ein bisschen", antwortete Cydonia ruhig, „aber Sie brauchen nicht zu warten. Geben Sie mir das Paket. Ich fahre mit Mr. Cadell nach Hause, wenn er das Bild gekauft hat, das wir uns angesehen haben."

KAPITEL X

„Bitte, Fräulein" – das unordentliche Dienstmädchen stand aggressiv in der Tür – „das Huhn ist noch nicht da, und die Köchin meinte, es wäre sinnlos, es vorbeizuschicken, da der Laden geschlossen ist."

Jill sprang vom Boden auf, wo sie vor dem Feuer hockte und ihr nasses Haar trocknete. Sie warf einen Blick auf die Uhr und runzelte die Stirn.

„Na ja, es ist halb sieben! – Natürlich. Sie hätte es mir schon längst sagen sollen."

„Ich bin sicher, Miss", protestierte die andere mit einem schwachen Lächeln, das nicht frei von Bosheit war, „es ist nicht Cooks Schuld – sie gibt ihr Bestes. Aber ich bin mir sicher, dass es in diesem Haus schwierig ist, zufrieden zu stellen . " Was ist mit den Mahlzeiten zu jeder Stunde und ohne zu wissen, ob es zwei oder *drei sind* ... Ich bin mir sicher ..." Sie hielt inne, als sie plötzliche Wut in Jills ausdrucksstarken grauen Augen sah.

„Das reicht." Sie warf ihr Haar zurück, das in einer dunklen Wolke über ihre Schultern fiel und sich weit unterhalb ihrer Taille zu feuchten Spitzen verjüngte. „Ich komme runter und schaue mir Cook selbst an."

Lizzie zog sich mit mürrischem Gesicht vor der gebieterischen jungen Stimme zurück. Dann überlegte sie es sich anders, drehte sich um und versperrte Jill unverschämt den Durchgang.

„Ich möchte sagen, dass ich gehen möchte. Dieser Tag im Monat." Sie warf den Kopf zurück. „Ich scheine nicht zu passen – und es passt auch nicht zu mir! – so ein Treiben ... und ein gesetzloses Gerede. Ich bin es nicht gewohnt, dass eine Geliebte Fenster auf- und abreißt – das ist es nicht. " anständig! – ein' mein junger Mann, 'e sez ..."

„Seien Sie still!" – Jill war bleich vor unterdrückter Wut – „Wenn Sie kündigen wollen, müssen Sie mit Frau Uniacke sprechen ."

„ *Oder* Mr. Somerfield, nehme ich an ..."

Der mit Widerhaken versehene Schaft stach das Mädchen, als sie die Treppe hinunterrannte, und ließ Lizzie zitternd im Besitz des Feldes zurück.

Jill erreichte atemlos und wütend den Keller.

"Kochen!" rief sie an der Küchentür. Eine stämmige und schlampige Frau drehte sich vor dem Schießplatz langsam um.

"Ja Frau?" Sie wischte ihre fettigen Hände an einer zerrissenen Schürze ab und stand erwartungsvoll da.

„Was soll das mit dem Huhn? Lizzie hat mir erzählt, dass es nicht gekommen ist?"

"Nicht verpassen." Sie lehnte massig, regungslos und mit überrotiertem Gesicht am Tisch. Ihre Person atmete einen schwachen Brandy-Geruch aus und die glasigen Augen vervollständigten die Geschichte.

„Was gibt es dann zum Abendessen?"

„Das weiß ich sicher nicht, Miss."

Jill warf ihr einen kurzen Blick zu und ging mit schnellen Schritten in die Speisekammer. Auf die schmuddeligen Regale lagen jedenfalls Reste von Fisch, Butter und Talg, Gläser mit Bratenfett, ein paar verschrumpelte Äpfel und die dürren Reste einer Hammelkeule. Der abgeschlossene Raum roch nach Käse und Mäusen. Jill erkundete es mit hoffnungslosem Ekel. Zu gut kannte sie das häusliche Chaos, das die politischen Aktivitäten ihrer Mutter beeinträchtigte.

Denn Frau Uniacke hatte keine Zeit für „nach Hause". Sie verachtete das enge „behütete Leben" und verbrauchte ihre Kraft in dem täglichen Kampf, um zu beweisen, dass die Frau zum Herrscher geeignet war.

„Dieses Hammelfleisch jetzt ..." Jill kippte den Knochen von der engen Verbindung mit einem rohen Hering auf einen sauberen Teller und kam, immer noch stirnrunzelnd, in die Küche zurück.

„Man könnte es grillen, oder?" sie fragte scharf.

Der Koch drehte es dummerweise um.

„Ich *könnte* ...", überlegte sie mit betrunkener Feierlichkeit. „Aber es reicht dann doch nur für zwei."

„Na ja, wir *sind* zwei!" Jill war ungeduldig.

Der Koch schniefte. „Häufiger drei! ... Ich bin sicher, das reicht aus, um einen in den Wahnsinn zu treiben, ohne zu wissen, was man braucht. Und die Handwerker, die nach ihrem Geld schreien ... Da ist heute der Metzger –" sagte er mir direkt: „Das ist." Das Letzte , was du von *uns* bekommst !' – Ich habe noch nie an einem solchen Ort gelebt ..." Ihre Stimme wurde lauter. Sie stemmte die Hände in die Hüften und blickte ihre junge Herrin an.

„Und ich werde nicht bleiben – mehr noch! Ich war immer eine respektable Frau ... und ' hart arbeitend ... und wurde auch als solche behandelt ... ' (Der schnelle Zorn, den die Geister hervorriefen, ließ die Tränen aufkommen (ihre trüben Augen.) „Ich bin mir sicher, wenn meine Pore hier wäre, würde ich sagen: ‚Martha – du bist klar, mein Mädchen.' „ Er würde sich schämen – das wäre doch ... ein Butler" – er war in guten Diensten. Also können Sie es Ihrer Mutter sagen , Fräulein, ich habe mich entschieden – und ich gehe!"

Mit einem Schluchzen verletzten Stolzes ergriff sie den Knochen mit zitternder Hand.

"Sieh dir das an!" Sie hielt es Jill angewidert vor die Nase.

„Das ist seit Sonntag unser Abendessen – und *Canterb'ry* – das ist es!"

Die arme Jill schluckte schwer und kämpfte darum, ihre Wut im Zaum zu halten. Sie wusste genau, dass Diplomatie die einzige Waffe war, die sie einzusetzen wagte.

„Sehen Sie mal, Köchin. Es tut mir furchtbar leid. Aber ich möchte Mutter nicht belästigen. Ihr geht es nicht – und sie ist zu Tode besorgt ... Sie wissen, was es bedeutet, sich schlecht zu fühlen."

„Das tue ich, Miss Jill!" Die Köchin wischte sich besänftigt die Augen. „Ich bin mir sicher, da mein Ohr immer flattert – und die Küche – und das Essen ... ich hätte nicht schrubben sollen – das ist eine Schande in meinem Alter ... Aber da ..." das oberflächliche Gefühl, das dem Alkohol entsprang, brodelte und übertönte die Wut. „Ich möchte Sie nicht verärgern , Miss. Sie haben kein allzu fröhliches Leben, Sie und Master Roddy – Gott segne mich ! – wie immer als freundliches Wort für Cook ..."

Sie schlurfte weiter, während Jill sich zurückzog, wohl wissend, dass die Krise verschoben wurde.

„Stimmt, Cookie – du kümmerst dich darum? Du machst immer einen Ripping-Grill."

„Und möge der Himmel mir die Lüge verzeihen", fügte sie hinzu, als sie nach oben rannte.

„Ich frage mich, warum es so ein Durcheinander ist? Ständig wechselnde Diener so?"

Aber tief in ihrem Herzen wusste sie, dass der Fehler im Mangel an ordnungsgemäßem Management lag. Die Gerechtigkeit ihres klaren jungen Gehirns sagte ihr, dass man niemals erwarten könne, dass eine gute Dienstmädchenklasse in diesem unorganisierten, „verrückten" Haus wohnt! Die Unbequemlichkeit der Dienstbotenunterkünfte, das schlechte Essen und die schlechte Bezahlung zwangen Frau Uniacke , das Gesindel zu übernehmen, dessen Charaktere offensichtliche Mängel aufwiesen – wie die unhöfliche Kreatur unten oder die faule und unverschämte Lizzie.

Und es wurde dem Mädchen plötzlich klar, dass ihre Mutter ihr Leben gab, um die Abstimmung zu sichern, mit dem Hauptziel, die Lage der Frauen zu verbessern.

Doch hier in ihrem eigenen kleinen Königreich waren die Bediensteten schlecht untergebracht und schlecht ernährt, von denen erwartet wurde, dass sie sechzehn Stunden ohne Klagen für einen dürftigen Lohn arbeiten mussten.

Und da war Roddy – ihr eigener Bruder – mit zerschlissenen Socken und abgenutzten Klamotten in einer billigen Schule, während seine Mutter den mageren Überschuss für externe Ausgaben im Zusammenhang mit dieser allesfressenden Sache ausgab!

Eine Erinnerung an die alten Zeiten, als ihr Vater lebte, stieg in ihrem Kopf auf. Denn Oberst Uniacke hatte das Haus fest im Griff. Wie viele pensionierte Offiziere überwachte er die tägliche Ménage, was zur Folge hatte, dass seine Frau nach seinem Tod seine weise Autorität vermisste.

Und wenn sie ihre Häuser nicht mit dem Können der „altmodischen Frau" regieren konnten – Jills lebhafter Verstand ging weiter –, wie sollten sie dann das Imperium regieren?

Mit einem plötzlichen Anflug kindlicher Einsicht wurde ihr klar, dass in dem neuen, unaufhaltsamen Schrei ihres Geschlechts die Nützlichkeit des Einzelnen leichtfertig durch die gefährliche Macht der Masse beiseite gewischt wurde.

Sie hatte inzwischen, in ihre düsteren Gedanken versunken, den zweiten Stock erreicht, als sie hörte, wie sich die Haustür öffnete, und blieb stehen, um sich über das Geländer zu beugen.

„Das bist du, Liebling?" rief sie nach unten: „Es ist so spät – ich wurde nervös."

Sie unterdrückte den Drang, ihre Schritte zurückzuverfolgen, als sie unten den Schatten von Stephen sah.

Während sie sich langsam die Treppe hinaufmühte, erschien Frau Uniacke mit einem abgenutzten Gesicht, in dem dunkle Ringe den Glanz ihrer Augen verstärkten.

„Oh, Mutter – wie müde siehst du aus! – und durchnässt ..." Jills Hände strichen mit ängstlicher Zärtlichkeit über den Mantel, der die zerbrechliche Gestalt verhüllte.

Die ältere Frau lächelte schwach.

„Ich hatte einen harten Tag, Jill." Sie küsste die frische Wange ihrer Tochter und ging zitternd weiter ins Schlafzimmer.

„Was für ein Luxus!" – ihre dünnen Hände streckten sich in das fröhliche Licht – „Hast du Lizzie gesagt, sie soll es anzünden, Liebes?"

„Ja. Weißt du, ich habe mir den Kopf gewaschen", erklärte Jill, „und ich dachte – es ist *so* kalt heute Nacht – ich könnte ihn hier an deinem Feuer trocknen und dann würde er dein Zimmer für dich wärmen."

"Es ist sehr nett." Während sie sprach, ließ sich ihre Mutter in den Sessel sinken. Jill öffnete mit schnellen Fingern ihren Schleier und nahm den durchnässten Hut ab.

„Jetzt deine Stiefel..." Sie begann sie zu öffnen. „Ich stelle deine Hausschuhe zum Toasten – ist das nicht schön? Schau her, Liebling, nur um mir eine Freude zu machen, gehst du nicht gleich ins Bett?"

„Ich kann nicht." Frau Uniacke seufzte. „Ich habe Stephen zum Abendessen zurückgebracht. Er war so gut … und er ist auch nass. Ich hoffe, er bekommt keine Erkältung."

Ein Schatten fiel auf das strahlende Gesicht des Mädchens.

„Nun – er kann ausnahmsweise einmal mit mir speisen! Ich werde dir dein Abendessen selbst zubereiten, damit es für Lizzie keine zusätzliche Arbeit bedeutet."

Sie warf ihre Haarmähne zurück und versuchte, in einem fröhlichen Ton zu sprechen. Aber Frau Uniackes Mund verhärtete sich.

„Ich habe versprochen, heute Abend ein paar Papiere durchzugehen … Ich kann nicht, Jill – obwohl es sehr verlockend ist …" Sie drückte ihre Hand auf ihre heiße Stirn. „Dieses nasse Wetter bereitet mir Neuralgie. Oh je! Ich wünschte, ich wäre stärker."

„Geh doch ins Bett", flehte Jill. „Schau her – wenn du heute Abend arbeiten *musst* , warum kann Stephen dann nicht hierher kommen? Ich könnte einen Tisch an deine Seite stellen und du hast diese schöne rosa Jacke, die Tante Elizabeth zu Weihnachten geschickt hat."

„Hier? In meinem Schlafzimmer?" Frau Uniacke starrte. „Ich sollte an so etwas nicht *denken ! Wirklich, Jill, du musst verrückt sein!*"

Das Gesicht des Mädchens wurde plötzlich scharlachrot angesichts des Entsetzens in der Stimme ihrer Mutter.

„Nun – er gehört fast zur Familie. Ich verstehe nicht…" Sie biss sich auf die Lippe.

„In Ordnung, Mutter – du weißt es am besten." Sie zögerte einen Moment und ging dann langsam zur Tür. „Es ist schon spät. Ich muss mir die Haare machen."

Doch auf dem Treppenabsatz draußen machte sie ihrer Ungeduld Luft.

„Belästige ihn! – Ich *weiß*, dass sie krank sein wird." Dann rief eine Stimme sie zurück.

„Jill – ich denke – schließlich – ich gehe ins Bett – mein Kopf ist so schlecht. Kümmerst du dich um Stephen? Er mag ein Glas Portwein, denk dran. Und ich frage mich, ob Roddys Hausschuhe …"

„Zu klein", sagte Jill prompt. „Da ertönt der Gong! – keine Sorge – ich werde schon für alles sorgen."

„Kein Fleisch für mich", fügte ihre Mutter hinzu, „nur eine kleine Suppe – mit einem Stück Toast. Ich bin zu müde für etwas Festes."

„Das ist eine versteckte Gnade", sagte Jill, als sie die weitere Treppe hinaufflüchtete. Sie war sehr erleichtert, als sie an den umstrittenen gegrillten Knochen dachte. Sie strich ihre widerspenstigen Locken zurück und band sie hastig mit einem Band zusammen. „Ich freue mich jetzt über das Huhn. Stephen *wird* sein Abendessen genießen!"

Dieser Würdige begrüßte sie mit seinem überheblichen Lächeln. „ Bist du – wo ist deine Mutter?" Er streckte eine schlaffe weiße Hand aus.

„Sie ist todmüde und zu Bett gegangen. Du musst dich heute Nacht mit mir abfinden."

„Ein unerwartetes Vergnügen." Er warf einen gedehnten Blick von der Seite auf das Mädchen, dessen Gesicht vom Feuer in der Fülle seines wehenden dunkelbraunen Haares rosig geworden war. „ Gott sei Dank, du wirst erwachsen!" Er hielt sich sein Glas ins Auge und bewegte sich gemächlich, um den Kopf des langen Tisches zu erobern.

„Bei mir", sagte Jill höflich. „Roddy ist weg. Wirst du hier sitzen?"

Mit kindlicher Würde begann sie, die Suppe auszulöffeln.

Stephen lachte – ein wenig säuerlich.

„Es tut mir leid zu hören, dass deine Mutter krank ist. Was ist los?"

"Überarbeitung."

Ihre Blicke trafen sich und schließlich senkte der Mann wider Willen den Blick.

„Ich nehme an, du weißt, dass du sie umbringst? So kann sie nicht weitermachen! Ich hätte denken sollen" – Jill hielt einen Moment inne – „du hättest es selbst gesehen."

Stephen legte seinen Löffel hin. Seine Verärgerung über ihre Worte verstärkte sich, als er zum ersten Mal die Suppe schmeckte, eine schlammige, dünne braune Mischung.

„Ist das der Koch, den ich für Sie gefunden habe?" Absichtlich ignorierte er ihre Worte und sprach mit gedämpfter Stimme und geübter Gleichgültigkeit.

„Ja. Bist du nicht zufrieden?" Jill lachte laut. „Du *bist wirklich* ein Trost, Stephen! Was sollen wir ohne deine Hilfe tun?" Während sie sprach, stand sie auf. „Roddy hat neulich gesagt" – sie deckte den Suppenteller ihrer Mutter zu und fuhr mit schelmischer Freude fort – „„Was ich an Stephen mag, ist, dass er immer weiß, was was ist! Man muss sich nur seine Socken und Krawatten ansehen ...' Sie passen zu einem T – er ist so ein K-Nut!' Magst du es, ein Spinner zu sein, Stephen?"

Ihre Stimme war die Unschuld selbst.

Sie drehte sich mit dem Tablett in der Hand um und fügte hinzu, als er nichts antwortete:

„Trink deine Suppe, sie wird dir gut tun! Und Mutter wird dich sicher nach Neuigkeiten über deinen Appetit fragen."

Die Tür schlug zu und sie war weg.

Stephen wandte sich stirnrunzelnd an Lizzie, die sich inzwischen von ihren Wutanfällen erholt hatte und den Sport innerlich genoss, denn alle Diener hassten den Mann.

Im Küchenkreis genoss er das Pseudonym „Der Kuckuck" – eine Fantasiereise von Cook, der das Haus mit einem Rotkehlchennest verglich!

„Sherry, bitte", befahl er scharf.

„Es ist keiner da, Sir", schnappte das Dienstmädchen. Ihr Verhalten ließ ihr nichts entgehen, denn Stephen gab selten Trinkgeld.

Jill kam mit einer freundlichen Nachricht herunter.

„Mutter hofft, dass du alles hast, was du willst? Sie fühlt sich etwas ausgeruhter. Ich denke, ich werde sie eine Woche im Bett lassen."

„Ich fürchte, das ist unmöglich." Stephen spottete. „Sie wird morgen bei einem Treffen sprechen, und am Freitag fahren wir nach Leeds – zur großen Demonstration." („Eins zurück", sagte er zu sich selbst, als er sah, wie sich der Mund des Mädchens zusammenzog.)

„Es ist eine seltsame Sache", sagte Jill knapp, „dass der Rest nicht in den Frauenrechten enthalten ist."

„Nicht, bis wir die Abstimmung bekommen." Somerfield beäugte misstrauisch einen dürren, geschwärzten Gegenstand, den Lizzie zu seiner kleinen Gastgeberin trug.

„Silver Grill", erklärte sie, „nach Ihrem Schatz à point zubereitet. Lust auf ein bisschen?" Sie bohrte die Gabel in das verkohlte Fleisch und lächelte.

„Es ist das beste Canterbury", fügte sie mit einer Erinnerung von unten hinzu. „Wissen Sie, wir müssen sparen, sonst gäbe es nichts für die Sache."

Stephens Laune begann zu schwinden.

„Schau her, Jill. Sprich nicht über Dinge, die du noch nicht verstehen kannst, wenn du noch zu jung bist."

Wütend drehte er die ungenießbaren Bruchstücke auf seinem Teller um.

„ Kartoffeln? – Zwiebeln?" Ihre Stimme war süß. „Oh, es tut mir *so* leid, Stephen. Ich habe ganz vergessen, dass du sie nicht essen kannst! Aber weißt du, ich habe dich auch nicht erwartet. Wenn du uns nur eine kleine Warnung gegeben hättest. Wenn du es gesagt hättest Ich zum Beispiel gestern – oder war es Montag, als du mit uns zu Mittag gegessen hast? Nein. Sonntagsessen. Wie dumm ich bin! – Ich kann mich nie an Daten erinnern."

Oben lag Frau Uniacke zurückgelehnt in den Kissen und genoss den seltenen Luxus einer ruhigen Ruhe im Bett.

„Ich hoffe, es geht ihnen gut?" Ihre Gedanken waren bei dem Paar unten. „Ich weiß nicht, wie es kommt, dass Jill Stephen immer zu verärgern scheint."

Sie wusste, dass ihre Kinder seine Anwesenheit und den Anspruch, den er auf ihre Zeit stellte, übel nahmen. Aber die Gewohnheit war zu stark für sie und jeder Tag zementierte die Bindung. Sie hatte sich immer gelehnt. Seit ihrer Kindheit hatte sie nie gelernt, allein zu sein, und seit dem Tod ihres Mannes war Stephen langsam ein Teil ihres Lebens geworden.

Die Freundschaft war eine seltene Errungenschaft, eine rein platonische Angelegenheit. Als ihre Kinder älter, stärker und leistungsfähiger wurden, vermisste sie vielleicht das Gefühl der Zärtlichkeit, das sie umgab, die Berührung der Babyhände. Trotz ihrer absolut weiblichen Natur sehnte sie sich danach, zu trösten und zu führen. Und in diesem Parasiten , der sich in das Herz ihres Zuhauses eingeschlichen hatte, fand sie die beiden Eigenschaften, die sie in ihrem kargen und verwitweten Leben brauchte.

Sie könnte ihn „bemuttern". Er liebte „Aufregung", ohne die Unabhängigkeit ihrer Kinder. Und gleichzeitig konnte sie sich auf seine junge Stärke und seinen männlichen Geist stützen .

Aber ihre Gedanken an ihn waren absolut rein. Es war keine sentimentale Affäre, die in ihrem mittleren Alter auftauchte, als sie sich ein letztes Mal verzweifelt an Romantik klammerte.

Und um die Verbindung zwischen ihnen zu stärken, diente die Sache – der Schrei über das Unrecht der Frau; die Aufregung der neu entdeckten Macht und der geheime Nervenkitzel des Märtyrertums.

Sie hatte ein Alter erreicht, in dem sie leicht zu beeinflussen war, und gebrochen von ihrem großen Kummer – denn ihr Mann war die Liebe ihres Lebens – streckte sie die Arme ihren leidenden Schwestern entgegen.

Wenn sie nur die Last lindern und ihre schwindenden Kräfte in die Waagschale werfen könnte, könnte sie mit dem Gefühl sterben, etwas erreicht zu haben.

Demütig bot sie ihr „Witwenschenken" an.

*   *   *   *   *

Währenddessen hatte Jill im schmuddeligen Esszimmer ihre Liebe zum Spaß unter Beweis gestellt. Ihre natürliche Höflichkeit verbot einen offenen Streit mit dem Gast ihrer Mutter. Sie hatte das Gefühl, weit genug gegangen zu sein...!

Sie nahm eine ernstere Miene an und bat den Mann um Informationen über die Arbeit des langen Tages.

Stephen, ein wenig besänftigt durch ein Glas Portwein des verstorbenen Colonels, rauchte eine ausgezeichnete Zigarette (die er Frau Uniacke empfohlen hatte), begann mit der Beschreibung eines Fabrikbesuchs; eine langwierige Untersuchung der Löhne und der Stunden, die den weiblichen „Händen" zugeteilt wurden; während Jill am Ende des Tisches saß und nachdenklich zuhörte.

Zur Frage des Frauenwahlrechts vertrat sie noch keine eindeutige Meinung. Unentschlossen hielt sie sich, McTaggarts Rat folgend, leicht zurück.

Dennoch regte die Atmosphäre des Hauses zum Nachdenken an. Es machte das Leben zu einer größeren Angelegenheit, sich ein breiteres Feld für ihr Geschlecht vorzustellen.

„Du sagst" – sie stützte ihr Kinn auf ihre Hände, ihre dunkelumrandeten Augen voller Licht. „Dass die feineren, heikleren Arbeiten von den Frauen übernommen werden. Dass sie es besser machen, weniger bezahlt werden ... Nein, das klingt nicht gerade fair!"

„Ah! Sie fangen an zu sehen", sagte Somerfield. „Sie schaffen es auch in kürzerer Zeit. Ihre Finger sind kleiner, ihre Arbeit ist sauberer – tatsächlich ist es wirtschaftlich, sie zu beschäftigen."

„Was schlagen Sie dann vor?" sagte Jill – „damit sie genauso bezahlt werden wie Männer?"

„Zweifellos – oder sogar noch mehr. Es ist ihre Schuld – und wir werden dafür sorgen, dass es *erledigt wird* ."

„Aber – Moment mal. Man kann kein Geld verdienen. Ich meine – es muss irgendwo herkommen. Und wenn die Arbeitgeber nicht mehr geben können, nehme ich an ... nehmen sie es den Männern ab?" Sie fuhr nachdenklich fort und dachte laut. „Sie könnten absteigen und alle gleich bezahlen. Ist das die Idee?"

Somerfield nickte. „Nun – eine davon – aber es gibt auch andere Methoden."

„Bleiben wir beim ersten." Jill war logisch, getreu der breiten College-Ausbildung.

Es bewahrte sie vor der üblichen Falle weiblicher Geister im Streit. Sie konnte die verschiedenen Vor- und Nachteile unabhängig von Persönlichkeiten abwägen.

„Ich nehme an, die meisten Männer sind verheiratet?"

„Etwa zwei Drittel, grob gesagt."

„Und was ist dann mit *ihren Frauen und Kindern? Wenn man die* Löhne der Ehemänner kürzt, wäre das dann nicht ziemlich hart für sie? Es scheint unfair, dass die Fabrikfrauen – von denen die meisten, wie ich annehme, unverheiratet sind – die Löhne übernehmen sollten Brot aus dem Mund ihrer verheirateten Schwestern – und der Kinder."

Somerfield sah genervt aus.

„Oh, ich sage nicht, dass genau das passieren würde. Es gibt andere Möglichkeiten ... Aber was wir wollen, ist, dass Frauen einen angemessenen Lohn und den vollen Wert ihrer Arbeit bekommen. Die Arbeitgeber müssen sich melden. Wenn wir einen machen Starker Stand, sie werden zwangsläufig nachgeben ..."

"Streiks?" Jill hob die Augenbrauen. „Ich dachte, sie hätten den Handel des Landes ruiniert? Und dass Frauen immer mehr gelitten hätten – die Ehefrauen und Mütter in diesen Zeiten. Außerdem ..." verfolgte sie unermüdlich ihren Weg mit der ehrlichen Suche eines Kindes nach Wissen. „Das verstehe ich nicht wirklich ... Aber wenn wir davon ausgehen, dass die Löhne insgesamt steigen, dann müssen die Arbeitgeber – um einen Gewinn zu erzielen – zu höheren Kosten verkaufen. Und wird das den Lebensunterhalt dadurch nicht teurer machen? – in ." Fall von Lebensmitteln und Notwendigkeiten?"

„Am Ende nicht. Du solltest Politische Ökonomie studieren. Ich bezweifle, dass es auf jeden Fall große Auswirkungen auf die Klasse hat, für die wir arbeiten. Es könnte unsere treffen!" Er lächelte traurig mit einem Ausdruck heimlichen Märtyrertums – „Und die Reichen auch, das hoffe ich aufrichtig!"

„Aber wenn Sie weiterhin ‚die Reichen' treffen" – Jill übernahm seinen Ausdruck – „und die große Klasse der Arbeitgeber – müssen sie dann nicht eines Tages Kürzungen vornehmen? Frauen auch?"

„Wahrscheinlicher sind kleinere Dividenden!" Somerfield spottete. „Diese Syndikate und Kapitalisten sind der Fluch Englands" – seine Stimme wurde lauter – „dahin fließt das Geld des Volkes – zurück in die Taschen der Reichen!"

„Aber gibt es nicht viele anständige Leute, aus der Mittelschicht und eher arm, auch Investoren, die auf Dividenden angewiesen sind? Oh, ich kann das alles nicht verstehen! – Mir kommt es so vor, als würde man alles tun, um die Vermögensverteilung zu verändern." man ruiniert jemanden – und immer, *immer* wird es für diejenigen, die arbeiten, schwieriger!"

„Wir reden nicht vom Sozialismus", warf Somerfield hastig ein, „wir diskutieren über die Notwendigkeit der Abstimmung – dass Frauen an der Regierung beteiligt werden. Dafür sorgen, dass ihr eigenes Geschlecht nicht leidet – alles niederschlagen." Arten von Unrecht, die aus feudalen Tagen bestehen geblieben sind, als Frauen nichts weiter als Sklavinnen waren!"

„Es klingt herrlich." Jill war bewegt, aber der Zweifel verfolgte sie immer noch.

„Wenn man sich nur die Frauen aussuchen könnte. Sie sind so viele von uns, wissen Sie – und – wirklich – einige sind schreckliche Idioten!"

„Und was ist mit der gegenwärtigen Regierung? Und auch mit der nächsten, wenn es dazu kommt! Glauben Sie, dass ihr Gehirn über jeden Verdacht erhaben ist?" Er warf ihr einen spöttischen Blick zu.

"NEIN." Jill nickte mit dem Kopf. „Aber wenn man davon ausgeht, dass sie ziemlich dumm sind, wollen Sie dann die allgemeine Verwirrung noch verstärken, indem Sie sie dem anderen Geschlecht zuordnen – einer gleichen Anzahl ignoranter Frauen?"

„Oh! Du bist *hoffnungslos*!" Er stand auf und schenkte sich ein weiteres Glas aus der Portkaraffe auf der Anrichte ein. „Ich dachte, du wolltest wirklich lernen?"

" So ich mache." Jill saß fest da. „Aber ich lasse mich nicht von ... einer Art Hypnose des Sex *umhauen*! Wenn wir es nicht schaffen, geht es uns schlechter als vorher. Wir können sowohl verlieren als auch gewinnen, wenn wir uns ins öffentliche Leben stürzen." Sie warf eine Haarsträhne zurück, die nach vorne gefallen war, und blendete sie.

„Sehen Sie mal, Stephen, wir haben eine Menge ... Ich spreche nicht von Einfluss und dem Recht, Ritterlichkeit zu erwarten – was wir übrigens meiner Meinung nach durch die Taktik der Militanten verlieren! Du Ich muss nur in einer Menschenmenge für das Wahlrecht stehen und mir einige der Bemerkungen anhören. Na ja, vor fünfzig ... hundert Jahren ... hätte ein anständiger Mann Anstoß genommen. Damals wurden Männer überwältigt, weil man viel weniger darüber redete ihre Schwestern oder Frauen! Aber – um zurückzukommen – wir haben *eine gewisse* Anziehungskraft. Zunächst einmal: Männer, wenn sie heiraten, behalten Sie uns! Ich wage zu behaupten, dass ich altmodisch bin. Ja – natürlich! Ich kannte Sie Ich würde lachen! – aber es ist wirklich groß. Es bedeutet ein Zuhause – und Schutz – und eine faire Chance, ... eine Familie zu gründen."

Sie errötete leicht unter seinem Lächeln, fuhr aber tapfer mit ihrer Argumentation fort.

„Es scheint mir, dass wir nach und nach auf die gleiche Weise arbeiten, teilen und teilen müssen, ob schlecht oder gut, zu gleichen Bedingungen. Und was soll aus unserem Privatleben werden – und – nun ja ... der nächsten Generation?"

Stephen sah endlich seine Chance.

„Denkst du selbst an eine Heirat, Jill? Du scheinst *alle* Möglichkeiten in Betracht zu ziehen ..."

Seine grünlichen Augen wirkten frech unter den langen, hellen Wimpern.

"Oh!" Sie sprang auf. „Oh! du *Biest* ...!"

Aber sie sah ihn immer noch an, atemlos, weiß.

„Auf jeden Fall würde ich dann in meinem *eigenen* Haus wohnen!" Sie weinte.

KAPITEL XI

McTaggart zog seinen Stuhl hinter dem Vorhang der Loge hervor und blickte auf das überfüllte Hippodrom.

Kein Platz war frei. Denn heute Abend dirigierte ein berühmter Komponist sein Meisterwerk mit einer ausgewählten Truppe, die zu einem flüchtigen Besuch nach England gekommen war.

Während er zusah, wurden die Lichter im gesamten Saal gesenkt und die wunderschöne Ouvertüre begann, die sich wie ein Geist sonnenbeschienener Küsten über die künstlich warme Atmosphäre schlich. Der Vorhang rollte auf und gab den Blick auf eine schmalere Bühne und die billige, grelle Kulisse frei, die in Italien eine notwendige Ergänzung zur Oper zu sein scheint.

McTaggarts Augen nahmen es mit einem sorglosen Blick auf und wandten sich wieder dem anderen Insassen der Loge zu.

Heute Abend schien Fantine eine neue Persönlichkeit zu bekommen. Über dem blassen Gesicht lag ein leicht tragischer und würdevoller Ausdruck, und selbst ihr Kleid verstärkte diesen Eindruck mit der subtilen Verbindung, die zwischen einer Pariserin und ihrer Kleidung besteht.

Sie trug einen langen Umhang aus Samtbrokat: trübe weinrote Blumen auf austernfarbenem Grund, abgerundet durch eine Bordüre aus Silberfuchs und den schwachen Schimmer von Metallfäden, die durch das Material verliefen.

Darunter erhaschte man einen Blick auf eine Halbtoilette in Schwarz und Weiß: das verschleierte Dekolleté, das dem Ausländer am Herzen liegt und jede Linie des Halses und der Arme andeutet, ohne sie preiszugeben, die die Engländerin eher bereit zu sein scheint, freizulegen. Ihr gewelltes, glänzendes und schwarzes Haar war ohne Schmuck perfekt gekleidet, und in der Menge der Frauen dort, jede mit nickenden Paradiesfedern oder einem juwelenbesetzten Haarband, schlug die trügerische Einfachheit einen erholsamen, unverwechselbaren Ton an und ließ den eindringlichen Charme deutlich hervortreten von ihrem blassen Gesicht.

McTaggarts Augen ruhten auf ihr, mit einem stillen Gefühl der Freude. Während andere Frauen ihrer Klasse die Gelegenheit begrüßt hätten, die „anständigen Reichen" an „Klugheit" zu übertreffen, schien Fantine mit unbewusstem Stolz zurückgewichen zu sein und sich auf eine verborgene Macht zu verlassen, die sie von anderen abheben würde.

Ein leiser Applaus durchbrach die stille Bewunderung des jungen Mannes. Dem dicken Tenor war die wunderbare Leistung des langen Atems gelungen. Die Luft bebte immer noch von der Vibration des Geräusches und schien die duftende Hitze des überfüllten, aufgeregten Hauses zu verstärken.

„Würde es Ihnen etwas ausmachen, die Tür offen zu halten?" McTaggart flüsterte ihr ins Ohr. „Ich kann es schließen, sobald du den Luftzug spürst."

Fantine nickte geistesabwesend zustimmend, den Blick auf die Bühne gerichtet und mit Leib und Seele in die Musik vertieft.

Er stand geräuschlos auf und bewirkte die Besserung, indem er ein paar Sekunden stehen blieb – um draußen die kühlere Luft einzuatmen. Den geschwungenen Korridor entlang eilten einige Spätankömmlinge, ein kleiner, untersetzter Mann mit rotem Gesicht und ein junges Mädchen mit goldenem Haar.

McTaggart begann. Er warf ihnen einen kurzen, prüfenden Blick zu und duckte sich zurück. Zu seinem Ärger blieb das Paar draußen stehen und er hörte die Stimme des Wärters:

"Hier entlang bitte."

Die Tür der nächsten Loge knirschte in den Angeln, und hinter der Trennwand hallten Schritte wider.

McTaggart hörte zu, sein Gesicht war sehr grimmig. Dann hörte er Cydonias Stimme, klar und sanft. „Ja, Papa. Bitte, Papa", und das scharrende Geräusch von Stühlen, die über den Boden geschleift wurden.

Die unerwarteten Kontroversen trübten sein Vergnügen. Er hatte kein Verlangen danach, dass die beiden Frauen sich treffen würden. Vor allem misstraute er Cadells klugen Augen und dem Nutzen, den er aus dem unschuldigen Abenteuer ziehen würde.

Er schloss die Tür wieder leise. Fantine war offensichtlich weit weg, verloren in einer Welt aus Hitze oder Kälte. Sie beugte sich vor und lauschte, die Hände auf dem breiten Samtrand vor ihr fest verschränkt.

„Ich wünschte, sie würde sich zurückhalten!" dachte McTaggart. Er konnte sich in der nächsten Box Cydonias goldenen Kopf im gleichen Winkel und zwischen den schmalen Samtvorhängen vorstellen, die das Paar kaum trennten.

Im trüben Licht suchte und fand er seinen eigenen Stuhl, hob ihn mit angehaltenem Atem hoch und stellte ihn wieder hinter den seines Gastes, der sich bei seiner Bewegung mit einem leichten Stirnrunzeln des Unmuts über ihre zerbrochenen Träume umdrehte.

„Was machst du da, Pierrot?“ Das Flüstern war scharf.

„Ich dachte“, erklärte McTaggart verlogen, „auf diese Weise könnte ich hören, ohne zu viel zu sehen. Diese dicke Sopranistin ist mörderische Romantik!“

„ Quel enfant!“ Fantine lächelte. Denn die betreffende Sängerin mit ihrem weiten Busen, die nun inbrünstig in den Armen des dicken Tenors lag, appellierte plötzlich an ihren schlummernden Sinn für Humor.

„Eher eine … prächtige Figur für ein Mädchen …“ McTaggart setzte seine Bemerkung fort. Jemand unter ihnen stieß ein empörtes „ Sch ! …“ aus, und Fantine hob mahnend den Finger.

McTaggart lehnte sich zurück und spürte erneut die Hitze. „Ich ersticke hier drin – ich wünschte, ich wäre nicht gekommen!“ Seine Gedanken gingen weiter und suchten nach einem Plan, wie er seinen Gast vor dem letzten Ansturm wegbringen konnte.

Er war fest davon überzeugt, dass sich das Paar nicht treffen sollte. Seltsamerweise gab er unterbewusst Cydonia die Schuld – zusammen mit diesem hasserfüllten Elternteil – und entlastete sich in dieser Angelegenheit.

Sein Flirt mit dem Mädchen war aufgrund der schweren Erkrankung von Mrs. Cadell in letzter Zeit etwas ins Stocken geraten. Eine Erkältung, gefolgt von einem ermüdenden Arbeitsverkauf in einer zugigen Halle, hatte zu einer Lungenentzündung geführt. Der Tanz war verschoben worden und Cydonia selbst war ohne ihre Aufsichtsperson nur selten unter den wenigen Freunden erschienen, die sie mit McTaggart teilte.

Es gab nur wenige gestohlene Treffen. Die durch den Zustand ihrer Mutter verursachte Angst hatte das schlummernde Gewissen des Mädchens geweckt, und McTaggarts Liebe zu ihr hatte unter der Prüfung gelitten. Es brauchte Nähe, um das Feuer am Brennen zu halten.

Fantine hatte von der Unzufriedenheit profitiert. Ihr Griff um ihn wurde von Tag zu Tag stärker . Ihre ständig wechselnden Stimmungen, ihre gewagte Rede, ihre offene Abhängigkeit von seiner Aufmerksamkeit hatten neue Glieder in der Kette zwischen ihnen geschmiedet, die durch die subtilen Bindungen der Gewohnheit festgehalten wurden.

Ohne private Interessen oder die dringende Notwendigkeit zu arbeiten, musste McTaggart feststellen, dass ihm die Zeit schwerfiel. Er war der Anziehungskraft Londons auf die wohlhabende Jugend nach seiner Emanzipation von der Schule schon lange überdrüssig. Der Rundgang durch den Musiksaal und den Abendmahlsclub, aus Kartenspielen und Getränken und zweifelnden Damen hatte ihn nur für kurze Zeit zum Opfer gemacht. Sein Verstand hatte ihm die Karriere eines „Verrückten“ gerettet.

Er hatte keine aktive Abneigung gegen die Arbeit; Es war eher so, dass ihm die Arbeit nicht in den Sinn kam. In seinen ersten drei Jahren an der Börse hatte er sich unermüdlich der Aufgabe gestürzt, im Interesse seiner wenigen Kunden die Einzelheiten seines Berufs zu verinnerlichen.

Aber nach und nach waren diese weggefallen.

Sie waren größtenteils Studienfreunde, waren ins Ausland abgewandert, hatten Geld verloren oder geheiratet und zogen wenige Investitionen den vielen Spekulationen vor.

Eine kurze Zeit lang hatte McTaggart versucht, über soziale Mittel Jagd auf andere zu machen. Aber seine Seele schreckte vor dem bloßen Gedanken zurück, ohne den starken Ansporn der Notwendigkeit Werbung zu machen.

Schlechte Zeiten, hohe Steuern und ständige Kriege hatten das Vertrauen der Öffentlichkeit erschüttert. Am Ende des dritten Jahres hatte er mehrere Hundert aus eigener Tasche!

Die Kosten für eine gute Bewirtung – nicht zum Vergnügen, sondern wegen möglichen Gewinns – und uneinbringliche Schulden hatten die Summe seiner hart erkämpften Provisionen mehr als verschlungen.

Sein Vater hatte ihm ein regelmäßiges Einkommen hinterlassen, das für seine Bedürfnisse völlig ausreichte, und von seiner Mutter hatte er schwankende Zinsen aus Immobilien im Ausland geerbt.

Wäre er arm gewesen, hätte er wahrscheinlich Karriere gemacht. Seine Trägheit war zweifellos darauf zurückzuführen, dass es keine Notwendigkeit gab: der Anreiz dieses armen Mannes.

Unglücklicherweise ärgerte ihn seine Vitalität über Untätigkeit. Da er keine Aussichten hatte, nährte sich seine Unruhe von selbst, und er wurde gereizt, ein Opfer plötzlicher Launen.

Er war kein Mann, der alleine lebte. Gesund, impulsiv und voller Leben hatte er in seiner gemischten Zusammensetzung nichts vom Zölibatären zu bieten.

Aber eine gewisse Sorgfalt hielt ihn von den Lastern vieler Männer ab, und sein heißes Blut wurde im Allgemeinen durch die feineren Instinkte seines Gehirns ausgeglichen.

Dennoch litt der Mann. Und seit seinem denkwürdigen Besuch beim Spezialisten war seine Vorstellungskraft durch ein körperliches Selbstbewusstsein in einem kaum gesunden Maße gestört.

Es löste in ihm ein tiefes Misstrauen aus. Es unterschied ihn von anderen Männern. Es schien ihm eine moralische Entschuldigung für seine unentschlossene Denkweise zu liefern.

Er hatte das Geheimnis für sich behalten, aus Angst vor Spott seitens seinesgleichen und mit einem klugen Verständnis für seinen zweifelhaften Wert in weiblichen Kreisen.

Einmal hätte er sich Jill beinahe anvertraut, als ihm klar wurde, dass der Sex mit dem Mädchen immer noch in der Schwebe lag und von ihrer reinen jungen Seele fast ignoriert wurde.

Aber irgendetwas hatte ihn aufgehalten; Vielleicht hatte sie das Gefühl, dass es in ein weiteres Feld führte, das unmöglich mit ihr besprochen werden konnte, dieses Kind, das seinen treuen Respekt beanspruchte.

Und in der Zwischenzeit lockte ihn Fantine mit dem Können ihrer großen Erfahrung.

Die Drop-Szene ereignete sich unter lautem Applaus, und im ganzen Haus gingen Lichter auf.

McTaggart verspürte einen plötzlichen Durst, aber er wagte es nicht, die schützende Loge zu verlassen, ohne zu wissen, ob Mr. Cadell das Entr'acte ausnutzen würde.

Fantine drehte sich um und lächelte ihn an, Tränen nicht weit von den Topasaugen entfernt, eine schwache Farbe im Gesicht, sanft vor Freude an der Musik.

"Mag ich?" Als er die Worte sagte, wusste er, dass die Frage überflüssig war, und fuhr ein wenig schnell fort, erfüllt von seinen eigenen unmittelbaren Sorgen.

„Wir werden im Savoy zu Abend essen – es wird heute Abend sicher voll sein." Während er sprach, zog er seine Uhr heraus und blickte leicht stirnrunzelnd darauf. „Herrgott! Es ist schon ziemlich spät…"

Fantine lächelte resignierend. Sie wusste genau, was er wollte, vermutete, dass ihn die Musik langweilte.

„Möchtest du vor dem Ende gehen? Schließlich " – sie unterdrückte einen Seufzer – „kennt man die tragische Geschichte auswendig. Wir könnten vor dem Finale aussteigen."

Der Mann hellte sichtlich auf.

„Nun, sehen Sie – es ist so – ich habe heute Abend keinen Tisch reserviert. Wir müssen unsere Chance nutzen, also sollten wir besser vor dem Ansturm da sein."

Er mied immer noch die Vorderseite der Kiste, da er die Blicke seines Nachbarn wahrnahm , aber jetzt, da die Gefahr gebannt schien, verspürte er eine schelmische Freude. Er konnte sich Cydonia ganz richtig vorstellen, in ihrem weißen Kleid und der Perlenkette, mit ihrem unvermeidlichen „Ist das nicht schön?" an den etwas gelangweilten Elternteil gerichtet.

Und bei dem Gedanken durchfuhr ihn eine leichte Scham; auch das Wissen um all das junge Mädchen, das in seinem etwas ziellosen Leben vertreten war.

Aber Fantine sprach ihn an.

„Sag mal, Pierrot, würde es dir etwas ausmachen – anstatt ins Savoy zu gehen – ein Picknick-Abendessen in meiner Wohnung zu machen?"

Sein Gesicht senkte sich, und sofort fügte sie schnell hinzu: „Wir würden früher gehen – aber … Tatsache ist, dass ich den Gedanken an diese aggressive Band nicht ertragen kann. Es kommt mir fast profan vor – nach dem Fest der Musik hier." Aber natürlich – wenn Sie hungrig sind?" Ihre Stimme flehte. „Ich glaube, ich habe etwas Foie Gras – und eine kalte Zunge – nicht wahr? Und wir hätten … einen gemütlichen Abend zusammen."

"Tun?" McTaggart lachte leise, erleichtert über die Rettungsklausel: „Ja, ich würde es unendlich vorziehen. Man wird des Savoy so müde."

"Gut." Sie ließ ihre Hand zur Seite gleiten und legte sie einen Moment lang auf sein Knie.

„Eher lustig, nicht wahr, Pierrot? – Darby und Joan zu spielen."

McTaggart nickte, ohne zu sprechen. Er verspürte einen plötzlichen Anflug von Aufregung, der Vorbote eines Abenteuers. „Dafür sind wir kaum alt genug " – Schalk lag in seinen lachenden Augen – „Warum nicht ‚Paul et Virginie?' – ein bisschen modernisiert."

Die Lichter gingen aus. Hinter dem Vorhang läutete eine Glocke wie zur Messe und unterbrach das Geschwätz, ein Ruf aus einer anderen Welt. Dann ertönte, wie ein klarer Ruf zur Liebe, der süße Klang von Santuzzas Stimme.

Fantine holte schnell Luft. Die kommende Szene war bedeutsam. Denn sie wusste, dass diese Nacht die letzte von vielen glücklichen Nächten mit McTaggart bedeutete. Und sie fragte sich … Würde sie den Mann vermissen?

Für eine Sekunde schreckte ihre ganze Seele vor der Aufgabe zurück, die sie sich gestellt hatte: der Krise des langwierigen und sorgfältig vorbereiteten Verrats. Sie sah blitzschnell die Jahre, die auf diesem steinigen Abwärtspfad der Intrigen vor ihr lagen, selbst ein Werkzeug in den Händen eines anderen Mannes, das beiseite geworfen werden sollte, wenn die Zeit es abstumpfen lassen würde ...

Die Stimmung hielt an, bis sie die Wohnung erreichten. McTaggart glaubte, sie sei immer noch im Bann der Musik. Er respektierte ihr Schweigen und genoss seine Zigarette, während sie Seite an Seite im rasenden Taxi saßen.

Sie öffnete die Tür mit ihrem Hausschlüssel, schaltete das Flurlicht ein und führte in den Salon, wo vor einem hellen Feuer ein Tisch mit einem köstlichen Abendessen für eine Person gedeckt war.

„Ich bin heute Abend ganz allein – es wird ein richtiges Picknick." Sie zog ihren Opernumhang aus und warf ihn auf das Sofa. „Meine Köchin schläft aus – sie ist verheiratet – und Mélanie ist für einen Kurzurlaub nach Hause gefahren."

Sie erzählte die Lüge kühl, wohl wissend, dass in der Nähe die gut trainierte Magd auf ihr Stichwort wartete; eine wichtige Zeugin, falls spätere Ereignisse ihr erneutes Erscheinen erforderlich machen sollten.

„Du bist nicht nervös?" McTaggart sah überrascht aus – „Ich meine, die ganze Nacht hier allein zu bleiben."

„Oh, mein Gott, nein." Sie zuckte mit den Schultern. „Im Bedarfsfall könnte ich den Portier anrufen."

Sie betrachtete einen Moment lang ihr Gesicht im Glas und befingerte den Tüll, der ihre Schultern bedeckte. „Ich denke vielleicht... Ja! – Ich werde hier rauskommen und in ein bequemes Teekleid schlüpfen. Es macht dir nichts aus zu warten, oder, Pierrot? Ich werde nicht lange warten." Sie drehte sich zur Tür und kam dann mit einem gezwungenen Lächeln zurück.

„Ich frage mich – könnten Sie diese Haken lösen?" Sie drehte ihm beim Sprechen den Rücken zu. „Alles andere schaffe ich schon ... aber nur das zwischen den Schultern?"

Galant ging McTaggart dieser Aufgabe nach.

Als der Tüll abfiel und ihr Hals frei blieb, überkam den Mann eine plötzliche Versuchung. Er senkte den Kopf und küsste die warme Haut, die honigfarben war und sich weich auf seinen Lippen anfühlte.

Aber sie drehte sich schnell um und stieß einen unzusammenhängenden Schrei aus. „Non, non, Pierrot – je ne veux pas!" Ihr Gesicht sah verängstigt aus. Sie stieß ihn zurück, eine plötzliche Reue erwachte in ihrem Herzen.

McTaggart lachte. Sie las in seinen Augen Belustigung über ihren Widerstand.

Und das Wissen darüber und sein Mangel an Respekt fegten ihre anhaltenden Skrupel beiseite. Ihre Stimmung drehte sich. Ein fieberhafter Jubel trieb sie nun auf den Weg der Rache.

„Frecher Junge!" Sie schüttelte den Kopf und war mit einem lachenden Blick zurück verschwunden.

Sich selbst überlassen schlenderte McTaggart umher und streckte seine langen Beine aus, eingekrampft in der Kiste.

Eine Erinnerung brachte ihn zurück zum Kaminsims, und er suchte und fand das verblasste Foto.

Noch einmal blickte er in das finstere Gesicht mit dem schwarzen Bart und den bösen Augen. Es übte auf ihn eine seltsame Faszination aus, abstoßend und hypnotisierend zugleich. Er sah, dass darunter undeutlich mit violetter Tinte ein Name geschrieben stand, und als er ihn näher ans Licht hielt, entzifferte er leicht erschrocken „Gustave". Darunter war ein getupftes Datum und dann klar und hell „Alger", wo einst ein Rahmen den Rand geschützt hatte.

Mit gerunzelter Stirn und zusammengepresstem Mund stellte er es wieder hinter den Spiegel.

Das war also der Ehemann. Was für ein Rohling! ...

Sein Mitleid regte sich unter seinem Ekel. Er dachte an Fantine, die zierliche und süße Frau, die einem solchen Typus ausgeliefert war. Gott sei Dank war der Mann tot!

Er erinnerte sich an ihre Bemerkung im Restaurant, an dem Abend, als sie im „Bon Bourgeois" gegessen hatten.

„Er war immer sehr nett zu mir…"

„Nett?" – mit diesen Augen! – Er schauderte leicht, als er das Paar in seinem Geist verband.

Arme kleine Frau ... was für ein Leben!

Es ernüchterte ihn, brachte das Beste an die Oberfläche und er drehte sich mit echter Zuneigung auf seinem hübschen Gesicht um, als sie die Tür öffnete.

Aber hier war eine neue unwiderstehliche Fantine. Mit leuchtenden Augen tanzte sie auf ihn zu, die Verkörperung des Unfugs, ihr blasses

Gesicht lachend über einem Peignoir, durchsichtig, intim; Durch die gewagten Vorhänge schimmern die in Seide gehüllten Knöchel.

„Siehst du! Ich fühle mich wie zu Hause ... Und jetzt zum Abendessen." Sie stellte ein silbernes Tablett mit einem Teller und einem Glas hin und arrangierte seine Messer und Gabeln für ihn.

„Monsieur est servi ." Sie nahm eine Serviette und warf sie sich fröhlich über den Arm.

„Monsieur wird den armen Kellner nicht vergessen – der – wie absurd! – den Wein nicht öffnen kann!" Sie hielt ihm eine Flasche Champagner entgegen.

„ Vite , Mann Schatz ! – Ich sterbe vor Durst.

McTaggart fühlte sich plötzlich erleichtert. Er engagierte sich voller Begeisterung für den Sport.

„Was möchte der arme Kellner als Trinkgeld? Pelze vielleicht oder ein Auto?"

„Das erzähle ich dir später", warf sie ihm einen Blick zu, als er den Draht durchtrennte und den Korken herauszog.

Er goss es schäumend in die Gläser.

„Auf ... heute Abend!" Er hat es ausgetrunken.

Als das Abendessen voranschritt, verdrängte die Abenteuerlust alles andere in McTaggarts Gedanken. Ein Mann kann nur einmal jung sein, sagte er sich und füllte sein Glas nach.

Und Fantine schien alle Gedanken an morgen beiseite zu legen, um zufrieden durch diese goldene Stunde zu treiben, die die Götter gewährt hatten, und ignorierte den Webstuhl, an dem sich die Grauen Schicksale drehten.

Als der letzte Tropfen Wein verschwunden war und die Sättigung sie als willige Opfer forderte, zog McTaggart den Tisch zurück und stellte das Sofa in die Nähe des Feuers.

„Jetzt – komm und rede mit mir, mon amie – hier ist ein Hocker für diese kleinen Füße. Du bist heute Abend wirklich ein Traum ! – Ich habe dich noch nie so ... verlockend gesehen!"

Sie lehnte sich gegen die Kissen und sah zu, wie er die Kohlen im Rost umrührte.

„Setzen wir uns ans Feuer", schlug er vor und schaltete den Strom aus.

Hinter seinem Rücken warf sie einen verstohlenen Blick auf die Uhr, ihre Miene verfinsterte sich, dann wurde sie nachdenklich.

„Noch eine Stunde", sagte sie sich mit dem seltsamen Gefühl einer Atempause.

„Zuerst eine Zigarette – bitte, Pierrot."

„Was für ein Unsinn! Du hast genug geraucht." Seine Stimme war meisterhaft und sie schmollte.

„ Méchant ! Gib mir *sofort eins* ."

Etwas widerwillig zündete er es an und beobachtete, wie die Flamme des Streichholzes aufflackerte und ihr pikantes Gesicht im Halbdunkel des Raumes erhellte.

Sie sog den Rauch träge durch die geschürzten, lebhaften Lippen ein.

„Haben Sie auch eins?" Sie reichte die Schachtel – „und erzähl mir … alles über dich."

„Das ist klug…" McTaggart lächelte. „Sie haben mein Lieblingsthema angesprochen. Aber ich denke, heute Abend werden wir über Sie reden. Erzählen Sie mir" – er hielt inne – „von Ihrem Leben in Algier." Seltsam, wie sehr ihn dieses Bild verfolgte!

„Das ist lange her", sie schrumpfte leicht und nahm sich dann der Aufgabe an. „Ich bin als Braut dorthin gegangen, wissen Sie. Mein Mann war Chef einer Art Syndikat. Es ist ein schöner Ort im Winter – es gibt dort eine große französische Kolonie. Und auch viele Engländer – es ist ziemlich fröhlich – mit." Musik – und Karten."

McTaggart lächelte vor sich hin. Bei diesen Worten gelangte er zu einer klugen Vermutung über Gustaves Geschäfte in Algier. Aber Fantine führte das Gespräch geschickt über Umwege zurück zu sich selbst. Als er den Stream startete, erzählte er ihr von seinen frühen Jahren, dem Tod seiner Eltern, seiner College-Karriere und der wachsenden Langeweile seiner Tage.

Und zwischen den Zeilen fand Fantine alles, was sie brauchte; seine offensichtlichen Mittel und seine Sorgfalt – ein wichtiger Faktor in ihrem Spiel.

Die Uhr tickte weiter und das Feuer erlosch. Der kleine Raum schien von der Welt abgeschottet zu sein.

„Das hört sich einsam an …", sagte sie schließlich – „Du armer Junge! – ich verstehe '."

"Tust du?" er beugte sich eifrig näher. „Es interessiert niemanden – das ist alles!" Sein Arm schlang sich um sie. „Fantine ... *Liebes* , es liegt in deinen Händen zu heilen, weißt du."

Er beugte sich vor und ihre Lippen trafen sich ...

Die Uhr schlug mit einem silbernen Schlag und läutete die Mitternachtsstunde ein; und Fantine zog sich erschrocken zurück. Noch nicht – die Warnung hallte in ihren Ohren wider.

Aber McTaggart, angefeuert von dieser engen Umarmung und auch verletzt von ihrer zurückschreckenden Geste, nahm sie grob in die Arme.

„Pierrot!" – sie keuchte – „Warte ... warte! Da ist etwas – ich muss dir sagen – zuerst ...“

Seine starken jungen Arme waren wie ein Schraubstock, seine Augen leuchteten und flehten für ihn.

„Fantine...?“ er atmete.

„Nein! *Nein* !“ Sie drängte ihn mit all ihrer Kraft zurück, war sich seines plötzlichen Kontrollverlusts bewusst, war aber vollkommene Herrin ihrer selbst. Ihre Hände, die gegen seine Brust gedrückt waren, prüften ihn für einen flüchtigen Moment. In seinem Mantel, den der Kampf aufgerissen hatte, entdeckten ihre Augen einen weißen Zettel – die Ecke eines Umschlags, und blitzschnell suchten und fanden ihre Finger den Brief und entwendeten ihn.

Sie hörte, wie er leicht nach Luft schnappte, ungläubig und verärgert zugleich; Seine Arme entspannten sich, der Zauber löste sich, und als sie sich zur Seite drehte, glitt sie atemlos und triumphierend aus seiner Reichweite.

Sie ahnte nicht, was der Trick sie gekostet hatte! Denn wie seinesgleichen legte McTaggart großen Wert auf Korrespondenz. Nichts auf der Welt hätte ihn dazu bewegen können, mit den Briefen eines anderen herumzuspielen.

Und als Fantine nun mit einem spöttischen Lächeln vor ihm stand und in Jills kindlicher, kritzelnder Hand einen Umschlag mit seinem Namen darauf hielt, fügte das dem Groll, der durch verblüfftes Verlangen entstanden war, den letzten verhängnisvollen Funken hinzu.

„Das ist meins, glaube ich.“ Seine heisere Stimme, fast unhöflich in seiner plötzlichen Wut, bewies der Frau, dass sie die richtige Ausrede gefunden hatte, um ihre Kapitulation hinauszuzögern.

„Ach nein, Mann Schatz Pierrot! – Ich denke, ich werde deinen ... Liebesbrief behalten . Ich bin sehr, sehr sauer auf dich ...“ Doch ihr Blick widerlegte den angedeuteten Vorwurf. Sie trat zurück, und der Schein des Feuers fiel auf ihr gerötetes und schelmischen Gesicht, auf den zerknitterten, durchsichtigen Bademantel, der abgefallen war von einer nackten Schulter.

Und plötzlich wurde McTaggart klar, was sie war ... und seine eigene Torheit!

Er sah, dass die Leidenschaft ihn alleine beherrschte, ohne die erlösende Berührung der Liebe.

"Es tut mir Leid." Er stand auf, steif und gerade. „Du hast völlig recht – ich habe den Kopf verloren!" Denn die schlauere Seite seines Wesens brachte ihn wieder ins sichere Gleichgewicht zurück. Er schaltete das elektrische Licht ein und warf einen offenen Blick auf die Uhr.

„Ich fürchte auch, ich halte dich auf dem Laufenden. Ich hätte nicht gedacht, dass es so spät ist."

Seine Stimme war eisig höflich, eine Maske, um seine tiefe Wut zu verbergen. Denn da stand sie mit Jills Brief – ausgerechnet Jills ! –, ihrer noch ungelesenen Notiz, die sie im Club abgeholt hatte, bevor er angefangen hatte.

Er streckte ihm die Hand entgegen.

Schweigend gab sie es auf. Diesmal zitterte die Frau in ihr vor dem Zorn in seinen blauen Augen.

"Danke schön." Er steckte es in die Tasche und lächelte, sein junges Gesicht immer noch hart.

„Jetzt sind wir fertig ... eh! Fantine."

Sie begann ihren Fehler zu erkennen.

"Quitt?" sie schmollte. Mit einer Hand strich sie die zerschlissenen Schnürsenkel um sie herum glatt. „Ich denke ... dass du unfreundlich bist, Pierrot."

Zu seiner Bestürzung begann sie zu weinen.

Denn in der Tat hatten ihre Nerven nachgelassen, und die zunächst vermuteten Tränen wurden real. Sie schluchzte weiter, den Kopf in den Händen.

„Du gehst nicht? – oh – Pierrot! ... geh nicht ... Mon Dieu! ... Mon Dieu! ... ich meinte nicht ... ich habe nur ... necken ... .oh! unfreundlich..." Sie verschluckte sich an dem Wort.

McTaggarts Herz wurde weicher.

„Warum! Fantine ... warum – meine Liebe ...! Ich bin *nicht* böse ... Ehre ! Aber es wird spät, weißt du ... da ... da ... weine nicht. "

Er beruhigte sie wie ein unruhiges Kind.

„Du gehst ins Bett – du bist hundemüde. Das ist es – ich bin ein egoistischer Arsch! ...“ Er versuchte, den Gedanken an das, was sie wirklich beunruhigte, beiseite zu schieben.

Und in seiner freundlichen Stimme las sie das Scheitern ihrer tiefgründigen Pläne, auch im Bewusstsein, dass ihre frühe Rückkehr den Plan der Zeit über den Haufen geworfen hatte. Nun, es war vorbei – nein! verschoben...

Sie hob ihr tränenüberströmtes Gesicht und schwankte seltsamerweise zwischen Erleichterung und unendlicher Entmutigung.

„Gute Nacht, Pierrot – ich bin ... so müde! Ich gehe ins Bett – du hast ganz recht. Aber komm sehr bald zu mir. Versprochen, Pierrot.“

Er lächelte sie an.

„ Eher! – warum! Was meinst du?“

Doch als er vor der Haustür stand, verspürte er plötzlich ein Gefühl der Leere. Er hasste Tränen und schreckte vor Szenen mit dem gesunden Misstrauen perfekter Nerven zurück. Und dann – dieser Brief! Sein Gesicht verfinsterte sich ... Was für ein Ende des Abends! Das Unerwartete mit aller Macht. Er begann die Treppe hinunterzusteigen, als ihn ein Geräusch unten innehalten ließ.

Jemand kam langsam herauf. Die Stufen führten durch den dritten Stock und zum letzten Treppenabsatz.

McTaggart blickte sich schnell um. Er verspürte eine merkwürdige Abneigung, zu dieser Stunde dort anzutreffen, und sein Blick fiel auf den Aufzug, auf Höhe von Fantines Tür. Er erinnerte sich, dass er sie hochgezogen hatte, indem er selbst an den Seilen gearbeitet hatte, und da stand sie im Halbdunkel und bot ihr ein Versteck.

Er trat ein und setzte sich mit angehaltenem Atem in die hintere Ecke, als ein großer, in einen Mantel gehüllter Mann in Sicht kam.

„Er fährt in die gegenüberliegende Wohnung. Ich bin froh, dass der Aufzug da ist.“ McTaggarts Monolog brach ab. Er schnappte vor Staunen leicht nach Luft.

Denn der Mann ging an ihm vorbei, ohne sich seiner Anwesenheit bewusst zu sein, und ging mit leichten, geräuschlosen Schritten, die dem anderen seltsam verstohlen vorkamen, direkt auf Fantines Tür zu.

Dort angekommen hielt er einen Moment inne, dann bückte er sich, hob den Finger an der schmalen Klappe des Briefkastens an und spähte hindurch.

McTaggart war sofort in der Defensive. Er dachte an Mrs. Merrod , die allein war, ohne eine einzige Seele, die sie beschützte, und an die Gelegenheit, die sich daraus bot.

Doch im nächsten Moment holte der Pseudodieb einen Schlüssel aus seiner Tasche, steckte ihn sanft ins Schloss, und das Licht schien durch die geöffnete Tür. Hier begrüßte ihn der erste Scheck. Denn der Schlüssel steckte fest, und als er sich umdrehte, erhaschte McTaggart mit einem plötzlichen und verblüffenden Schock einen flüchtigen Blick auf sein Gesicht.

Der eckige Bart war abrasiert, aber darüber leuchteten die bösen Augen und die leicht gebogene Hakennase des Mannes auf dem verblassten Foto!

„Gustave" – „Alger" – Die beiden Worte kamen mir plötzlich in den Sinn. Hier im Fleisch war Fantines Ehemann – die Toten kehrten zurück! Kein Zweifel!

Mit einem Achselzucken seiner schmalen Schultern hörte der Mann auf, mit dem Schloss zu ringen, und durch die angelehnte Tür konnte McTaggart, sein Gesicht an der Glasscheibe des Aufzugs klebte, sehen, wie er, immer noch auf Zehenspitzen, durch den schmalen Flur ging und sich bückte am gegenüberliegenden Schlüsselloch lauschen.

Was sollte das heißen? Ein plötzlicher Verdacht schoss durch McTaggarts Gehirn. Er begriff vage den Faden der Verschwörung und ein kalter Schauer lief ihm über den Rücken.

Im nächsten Moment wurde die Schlafzimmertür weit aufgerissen, und Fantine stand da, halb angezogen, ihr weißes Gesicht scharf und hager, aber unbeirrt.

Eine schnelle Salve unverständlicher Worte auf Französisch verging. Der plötzliche Luftzug erfasste die Außentür und sie fiel mit einem lauten Knall zu.

Allein, in der Dunkelheit des Aufzugs, kauerte McTaggart, sein Gehirn brannte. Ein einziges Wort aus den Lippen der Frau hatte ihn erreicht und wiederholte sich vage.

" Rate ...!" Er fand keinen Sinn darin. Mit dem Bewusstsein seiner zweideutigen Lage entstand der Wunsch zu fliehen. Seine Hand tastete nach den Kabeln und der Aufzug glitt ins Erdgeschoss.

Er fummelte an der schweren Tür herum und war draußen in der kalten Nachtluft. Wie ein Dieb rannte er die verlassene Straße entlang, hielt ein verspätetes Vierradfahrzeug an und erreichte schließlich seine eigenen Gemächer.

Sobald er sein Wohnzimmer betrat, schien er aus seiner Benommenheit zu erwachen. Er erhaschte einen Blick auf sich selbst im Glas, lachte zwangsweise über sein weißes Gesicht und nahm sich einen starken Drink.

Erpressung. Das hässliche Wort lieferte den fehlenden Link. Erpressung – das war's. Und Fantine? Ihm wurde plötzlich schlecht. Doch als der Brandy seinen kalten, angewiderten Körper zum Leuchten brachte, kehrte eine andere Erinnerung zurück und besiegelte seine Zweifel.

Er ging zu seinem Bücherregal und holte aus einem Stapel zerschlissener französischer Romane ein schäbiges, in Leder gebundenes Buch hervor, das von der Schulzeit zerrissen und zerrissen war.

In nervöser Eile blätterte er um. „P", „Q", „R" – hier war es! Sein Blick wanderte angestrengt über den schmalen Abdruck.

„Rater – (Verb) Feuer verpassen."

TEIL II

„Blume der Quitte
, ich habe Lisa gehen lassen und was hat das Leben seitdem
für einen Sinn?"
R. BROWNING.

KAPITEL XII

„Ich habe letzte Nacht geträumt", sagte Jill, „dass du und Stephen einen Fechtkampf hatten. Das Schlimmste war" – sie seufzte – „ich bin vor dem Ende aufgewacht!"

Sie lehnte sich fester in ihre Ecke zurück, während das Auto sie einen steilen Abhang zwischen hohen, laublosen Hecken entlang fegte und Schwung für den dahinter liegenden Hügel aufnahm. Roddy saß vorne, die Mütze bis zu den Augen heruntergezogen, sein Rücken wie ein Ladestock, alle Muskeln angespannt. Er war zutiefst damit beschäftigt, Bethune beim Fahren zuzusehen und seinem neuen Freund Fragen ins Ohr zu schütten.

McTaggart zog die Decke höher um das Mädchen, als der scharfe Wind sie mit seinem frostigen Hauch traf. „Fühlst du dich nicht kalt, Jill?" Seine blauen Augen ruhten liebevoll auf dem strahlenden Gesicht neben ihm.

„Kein bisschen! Ich liebe es." Sie kehrte zu ihrem Traum zurück. „War es nicht nervig, so aufzuwachen?"

„Welche Seite haben Sie unterstützt?" McTaggart kicherte empört über sie:

„Warum – *du* – natürlich! Ich würde gerne Stephen unterstützen! Ich habe vergessen, es dir zu sagen, Peter. Wir hatten neulich Abend einen echten Streit. Und das Schlimmste daran ist, dass er Mutter etwas erzählt hat. Er ist so ein Hinterlist ! – und jetzt ist sie sauer mit mir."

„Armes altes Mädchen!" McTaggart tastete unter dem schweren Teppich nach ihrer Hand; und das Mädchen ließ es zufrieden und mit kindlichem Selbstvertrauen in seiner warmen Umarmung liegen.

„Träume sind komische Dinge", fuhr sie glücklich fort, sich seines Mitgefühls bewusst, ihren Blick nach vorn auf die lange Baumreihe gerichtet, die die Landstraße säumte und sich dürr vom Himmel abhob und von der Stunde des Sonnenuntergangs erwärmt wurde. „Hast du jemals immer wieder dasselbe geträumt?"

„Das glaube ich nicht", sagte Peter. „Ich kann mich nicht an sie erinnern – nicht genau, wenn ich wach bin."

"Ich tue." Jill drehte sich mit einem fernen Gesichtsausdruck zu ihm um, „und da ist ein Traum, der zurückkehrt und mich zu verfolgen scheint. Eine Ansammmlung weißer Türme, die sich auf einem Hügel vor einem tiefblauen Himmel erheben und im Sonnenschein glitzern. Es ist alles so. " lebendig! – Ich kann es jetzt sehen. Nur das – diese hohen weißen Türme mit einem dunkleren dazwischen. Es scheint eine kleine Kappe zu haben –

wie ein Schornstein – schneeweiß ... Und obwohl ich noch nie dort war, ist es wie eine Erinnerung. Ich weiß, es klingt absurd, aber es fühlt sich an" – sie hielt inne, um etwas zu sagen – „wie nach Hause zu kommen ... Und dann wache ich auf."

„Wie seltsam! Vielleicht ist es Teil eines anderen Lebens. Weißt du" – sein Gesicht war nachdenklich – „Ich glaube, wir haben schon einmal gelebt. Ich kann nicht glauben, dass dies die gesamte Existenz meiner Existenz ist; dass all diese Jahrhunderte zurück, fett nein." Spur von mir. Genauso wenig wie ich mir vorstellen kann, wie es viele Leute tun, werden wir ausgelöscht, wenn wir sterben, wie eine Reihe kleiner Kerzen!"

"Natürlich nicht." Jill sprach mit der Gewissheit der Jugend – „obwohl der Himmel immer so schrecklich langweilig klingt! Ich meine diesen ‚Himmel' der ‚guten' Menschen, die keine Arbeit zu erledigen haben, sondern nur ewige Ruhe. Das sehe ich nicht." Wir nutzen alles, was wir hier lernen, wenn die spirituelle Erfahrung mit dem Körper stirbt. Es ist eine solche Kraftverschwendung und so unähnlich der Natur. Warum – wissen Sie, sogar die Bäume verwandeln sich nach Jahrhunderten in Kohle!" Sie holte tief Luft. „Das ist immer so tröstlich! Wenn ich deprimiert bin und Angst vor dem Tod habe, schaue ich gerne ins Feuer und glaube, dass nichts verloren ist ... alles geht weiter, vorwärts im Plan."

"Das ist richtig." McTaggarts Hand schloss sich fester um ihre. „Bethune – da drüben" – er senkte die Stimme – „habe neulich geredet – wir sind tolle Freunde, weißt du – er ist ein Kerl, mit dem man reden *kann* , furchtbar gesund – und wir haben uns mit Religion beschäftigt und wie sie ist zersplittert in rivalisierende Lager und endlose Verwirrung – und er sagte: „Ich habe kein bestimmtes Glaubensbekenntnis und gehe nicht in die Kirche, aber ... es ist einfach so. Ich hatte immer das Gefühl, dass der Allmächtige so furchtbar gut war." Für mich hat er mein Los an sehr angenehme Orte verteilt und mir Gesundheit und Kraft und eine tolle Zeit geschenkt. Es scheint ein schmutziger Trick zu sein, an seinen Plänen zu zweifeln, wenn er es für richtig hält, mich von dieser alten Erde zu vertreiben.""

„Das gefällt mir. Wie schön!" Jill nickte mit dem Kopf. „Es klingt eher nach Undankbarkeit; und wenn man es sich recht überlegt, ist es eine Frechheit, nach dieser schönen Welt an der Zukunft zu zweifeln. Schauen Sie sich den Himmel dort und diese kleinen rosa Wölkchen an!"

Sie sprach einfach, ohne dass es ihr an Ehrfurcht mangelte, sondern eher mit einer tieferen Ehrfurcht, die keiner äußerlichen Zurschaustellung bedarf.

Stille herrschte zwischen den beiden, als das Auto weiterfuhr: der wahrste Beweis dafür, dass sie vollkommene Sympathie empfinden.

Die fernen Hügel hüllten sich in einen violetten Dunst, und in den hohen Hecken waren die Vögel still. Rechts davon zeigte eine tiefblaue Linie den Fluss, der nach London und zum Meer floss.

Jill brach zuerst den Bann mit einem kleinen Zeichen, um seine Aufmerksamkeit zu erregen.

„Ich bin sicher, ich höre Musik – weit weg. Da!" Sie neigte den Kopf und beugte sich nach vorne. „Es ist eine Band unten im Tal. Wie lustig zu dieser Stunde! – und sofort von überall her!"

„Territorien vielleicht."

McTaggart hörte auch zu.

„Wir sind ungefähr auf halbem Weg, würde ich sagen, zwischen Henley und der Stadt."

Denn Jills Brief mit der Nachricht von Roddys Rückkehr – die Schule war aufgrund einer plötzlichen Epidemie zusammengebrochen – hatte diesen Ausflug in Bethunes Auto an einem seiner seltenen Feriensamstage vorgeschlagen. Sie waren zum Training der Cambridge-Crew für das Bootsrennen gegangen und hatten im Henley, einem fröhlichen Quartett, zu Mittag gegessen.

Jills Brief! – McTaggarts Gedanken schwenkten ab. Er empfand eine neugeborene Dankbarkeit gegenüber seiner Schulfreundin. Wäre dies und Fantines mangelndes Taktgefühl nicht gewesen (er konnte sehen, wie sie jetzt den Brief an ihre Brust hielt), wäre er Hals über Kopf in die Falle getappt.

Der Verrat tat ihm wieder weh.

„Wir kommen näher", sagte Jill. „Ich glaube nicht, dass es eine Band ist."

Das Auto bog um eine Kurve und Lichter blitzten auf, blass im Zwielicht wie Glühwürmchen auf dem Grün.

„Oh, Peter – schau!" Jill klatschte in die Hände. „Es ist ein Dorffest – wie schön! – mit Karussells!"

" So ist es." Peter lächelte, als Roddy sich mit strahlendem Jungengesicht umdrehte und eine eifrige Bitte aussprach.

„Können wir nicht anhalten, Peter? – und *einmal* an der Reihe sein ... Mein Hut! Da ist eine Kokosnussschüchternheit! Oh, zieh *mal* an ..."

McTaggart beugte sich vor und befragte den Fahrer. „Hast du Zeit, alter Mann? Diese Kinder sind furchtbar scharf darauf."

„Eher", lachte Bethune gutmütig. „Wir fahren mit dem Auto zuerst in den Hof des Gasthauses. Hier können wir es nicht stehen lassen – die Straße ist zu eng."

Sie gingen langsam an der Menschenmenge am Ende der Dorfstraße vorbei, wobei das Horn (von Roddy bedient) mit den Klängen der „Steam Band" konkurrierte, und übergaben die Teppiche der Obhut des Stallknechts und gingen zu Fuß zum Dorf Schauplatz des Spaßes.

Es war kaum ein Jahrmarkt, sondern eine dieser Wandershows, die mit einer Handvoll Karawanen durch das Land ziehen.

Dunkle Zigeunergesichter, das heisere Geschrei der Schausteller, die aufflackernden Benzindüsen und die laute metallische Musik vermischten sich zu einer grellen und rohen, aber nach den einsamen Straßen seltsam aufregenden Szene.

„Zuerst die Karussells", erklärte Jill. „Ich wähle das gescheckte Pferd – du nimmst das schwarze!" McTaggart schwärmte herbei, angesteckt von ihrer Stimmung, Roddy vor ihnen, mit einem Freudenbrüllen, als Bethune seinen massigen Körper auf einen hölzernen Esel setzte.

„Los geht's! – Houp-là ! ..." Sie wirbelten herum und herum.

„Zwei zu eins auf die Stute mit dem Rattenschwanz!" McTaggarts Stimme erklang.

Jill, die sich an den Hals des Scheckens klammerte, ihre Knöchel schön zur Schau stellte und ihr dunkles Haar nach hinten wehte, sah aus wie eine Bacchantin.

„Ist das nicht toll?" Ihr Motorschleier schwang los, ihre Pelzmütze glitt zurück, und um ihr glühendes Gesicht wehten die verirrten Locken. Ihre grauen Augen wie Sterne trafen auf McTaggarts offenes Lächeln. Freude war in ihrem Herzen.

Die Maschine lief aus. Keuchend stiegen sie ab.

„Jetzt – die Kokosnüsse!" Roddy ging voran, wo ein schmaler Sackleinenschirm die Menge der Dorfbewohner vor einem allzu heftigen Angriff schützte.

Eine heisere Stimme begrüßte sie:

„Hier entlang – Chef ! Sechs Stöcke pro Penny! Der *ganze* Spaß auf dem Jahrmarkt! Nun denn – junger Herr – machen Sie weiter ... Hallo! – Schicken

Sie den Lidy nicht ! – *Sechs Stöcke ein Penny* !" Sie befanden sich in der Mitte der Schusslinie.

„Verstanden ! " Bethune rief seine Zustimmung. „Bravo, Fräulein Uniacke !" als Roddy mit einem Schrei die Kokosnuss fing, die seine Schwester verdrängt hatte.

Die Menge drängte sich um sie herum, und McTaggart fühlte sich plötzlich von seiner eigenen Partei isoliert.

„Gehen Sie zur Zigeunerin und, mein feiner Herr ...", ertönte eine beschwichtigende Stimme in seinem Ohr.

„Es gibt Glück für dich, Liebling. Ich sehe es in deinem Gesicht – es kommt über die Meere – mit einer goldenen Krone ..."

Peter drehte sich schnell um. Im trüben Dämmerlicht blickte er zurück in ein Paar leuchtende dunkle Augen: das Gesicht einer Zigeunerin mit glänzendem schwarzem Haar und langen Korallenohrringen an beiden Seiten.

Er wollte gerade zurückweichen, als er spürte, wie seine Hand eingeklemmt wurde; Von dunklen Fingern gehalten, geschmeidig und stark, drehte sich die Handfläche nach oben, während die heisere Stimme mit ihrem seltsamen, krächzenden Ton und ihrem Wortgeplapper fortfuhr.

„Sie stehen unter der Wolke, mein feiner Herr; der Wolke einer Lüge ... aber sie klärt ... sie klärt ... Da ist eine ferne Reise und Burgmauern ... und die ganze Zeit Liebe – versteckt – an deiner Seite ..."

Sie neigte ihren Kopf tiefer und zeichnete die Linien mit einem Zeigefinger nach, der an einem breiten Goldring befestigt war. Das Licht der Schlaghosen fiel auf ihren nackten Hals und den hellen Paisley-Schal, der über ihrem vollen Busen gekreuzt war.

„Hüten Sie sich vor einer dunklen Frau! – sie betrügt Sie. Zwischen zwei Feuern wirst du brennen und brennen ... Und dann, wenn das Licht verblasst ... beim Gezeitenwechsel ... gibt es den Glücksmond und den Traum Ihres Lebens...!"

Ihre Stimme verstummte. Mit dem Klirren ihrer silbernen Armreifen richtete sie sich auf und ließ seine Hand fallen. Ihre Lippen murmelten immer noch und ihre weit geöffneten Augen waren wie Tintenlachen, als McTaggart sie anstarrte.

„Und was ist mit der goldenen Krone?" Er griff in seine Tasche. Er bemühte sich, mit leichter Stimme zu sprechen, um den unheimlichen Charme zu brechen.

„Es wird kommen, mein feiner Herr – bevor das Jahr um ist."

"Peter!" Er hörte Jill nach ihm rufen. „Peter! Wo *bist* du?" Die Münze wechselte den Besitzer.

„Ein Segen auf Ihrem Haupt – der Segen der Zigeuner, Herr. Die Augen, die sehen, und die Ohren, die hören … Und durch die dunklen Wolken scheint die Sonne hell – und die Liebe kommt schnell … Liebe an Ihrer Seite …"

"Peter!" Ungeduldig packte Jill seinen Arm – „Wir dachten, wir hätten dich verloren."

Erschrocken drehte er sich um.

„Hallo, Jill!" Er fühlte sich ein wenig benommen. „Ich habe einem Zigeuner zugehört, der mir die Zukunft erzählen ließ."

„ Nein? – was für ein Spaß! Was hat sie dir erzählt?"

Er blickte sich um, aber die Frau war verschwunden.

„Alle möglichen Dinge. Ich soll eine goldene Krone haben – und irgendwo ein Schloss. In Spanien, denke ich!"

„Nun, komm jetzt – sie sind auf die Schaukel gegangen."

Er ließ eine Hand durch den Arm seines kleinen Freundes gleiten. „Lass mich die Kokosnuss tragen. Hast du sie gewonnen, Jill?" Aber das Mädchen weigerte sich und bewachte ihren Schatz.

Sie überquerten das vom Tau feuchte, ausgetretene Gras und gelangten dorthin, wo eine Reihe von Ständen mit giftig aussehenden Süßigkeiten, billigen Bändern und Schnürsenkeln und Lebkuchen-„Schnappschüssen" die üblichen Paare von Dorfliebhabern angelockt hatten.

„Kauf es „Lidy , eine Verkleidung!" Eine schrille Stimme begrüßte sie – „jetzt eine hübsche Brosche – ein Armband? – ein Ring? Kommen Sie jetzt, junger Herr – Sie und in Ihnen Tasche! – da bist du süße Kunst warte … der Preis eines Kusses!

McTaggart lachte zurück und warf Jill einen Seitenblick zu.

„Möchten Sie eine Verkleidung?" Sein Blick wanderte über den Stand.

„Haben Sie einen Ring mit ‚Mizpah '? – Kaufen wir einen für Stephen."

Doch das Mädchen schüttelte verärgert den Kopf.

„Komm jetzt, Liebling", beschwor die Frau, „wähle ein hübsches Andenken – der Herr wird dafür bezahlen ."

McTaggart beugte sich vor, suchte nach einem Geschenk und war plötzlich stur.

„Du musst *etwas* haben!"

„Hallo! Was ist das?" Lächelnd nahm er ein Medaillon von dem Tablett mit kitschigem Schmuck.

Zwei kleine Herzen aus leuchtend rotem Glas, die durch einen echten Liebesknoten miteinander verbunden sind.

Das billige und heimtückische Spielzeug wurde durch die Farbe , die wie ein Rubin aus Taubenblut leuchtete, vor der Vulgärität bewahrt.

Es erinnerte McTaggart an seinen eigenen seltsamen Fall – das Doppelherz – sicherlich ein Symbol!

„So, Jill! Sag niemals, dass ich kein großzügiger Mann bin."

Er warf der Frau einen Schilling zu – und brachte seine Opfergabe mit der gebotenen Feierlichkeit dar.

"Schrecklichen Dank." Jills graue Augen wurden von dem dunklen Wimpernkranz verdeckt, der bis zu ihren Wangen reichte. „Ich behalte es für Court ... oder trage es auf meinem Ärmel. Danke, Peter."

Sie steckte es in ihre Tasche.

„Hallo! McTaggart!" Bethune winkte ihnen aus der Ferne zu. „Zeit, dass wir frei sind!" Er rief die Warnung, als sie auf ihn zueilten, wo er mit Roddy stand, immer noch atemlos von den Schaukeln.

„Es ist furchtbar spät...", fügte er entschuldigend hinzu. „Es tut mir leid, Sie zu überstürzen – aber ich denke, wir sollten besser anfangen."

Sie machten sich auf den Weg zum Gasthaus, Bethune, vorbei an seinem Freund Roddy, der sich am Arm seiner Schwester festhielt.

„Wir müssen langsam fahren, wenn wir in Hounslow ankommen – diese scheußlichen Straßenbahnen verderben uns die Fahrt. Hier sind wir!" Er plapperte weiter: „Jetzt packt euch ein ..."

Aber Jill stoppte ihren Bruder mit einem Fuß auf der Stufe. „Ich glaube, ich möchte lieber vorne mitfahren. Stört es Sie, Mr. Bethune?" Sie lächelte zu ihm hoch.

„Macht es dir etwas aus? Ich sollte nicht denken." Der Mann sah zufrieden aus, aber McTaggarts Gesicht verdüsterte sich bei den Worten.

„Wirst du mich verlassen? Du kleiner Abtrünniger ! – Auch nach dieser schönen Verkleidung."

Aber Jill ließ sich neben dem Fahrer nieder.

„Eher hart zu Roddy!" war alles, was sie sagte.

Der Schüler lachte. Er holte eine Tüte hervor, die voll war mit bunten Süßigkeiten .

„Lutschen?" sagte er und tauchte hinein und zog ein Zuckerstäbchen heraus, das rosa und gelb gestreift war.

„Danke – nein. Nicht erst jetzt." McTaggarts Gesicht war beredt.

„In Ordnung", sagte Roddy mit glücklicher Unbekümmertheit. „Sag es mir einfach, wenn dir danach ist."

Der Wagen rollte zwischen den schmalen Pfosten hindurch und bog, der Menschenmenge ausweichend, nach rechts ab; Dann, als die Straße, ohne Leben, sich geradeaus erstreckte, nahm sie Fahrt auf.

Die laute Musik verklang in der Dunkelheit und Stille und der raschelnden Brise. McTaggart schloss schläfrig die Augen, als die Sterne am Himmel hervorlugten. Sein Kopf sank tiefer, seine Gedanken wurden verwickelt ... Dann erwachte er blitzschnell wieder zum Leben. Als er aufwachte, sah er die leuchtenden Lampen um sich herum, das Summen des Verkehrs, die geschäftigen Straßen Londons und im Gegenlicht Bethunes breiten Rücken und das klare Profil des Mädchens wie eine Silhouette.

Jill plapperte und war sichtlich in Gedanken versunken.

Hin und wieder beugte sich ihr Begleiter vor, um einen vom Wind unterbrochenen Satz aufzufangen, und ein Lachen erklang mit dem herzlichen Klang, der Teil der ehrlichen Natur des Mannes zu sein schien.

McTaggart beobachtete sie in trübem Schweigen, immer noch leicht verärgert über Jills Verlassenheit.

Roddy, übersättigt und mit einer fast leeren Tasche, lag zusammengerollt in der Ecke wie ein glücklicher Siebenschläfer.

Sie bogen langsamer in schwach beleuchtete Straßen ein und die Bäume des Regent's Park kamen in Sicht.

Jill gab Bethune nun Anweisungen. „Es ist die Abzweigung vor Primrose Hill", hörte McTaggart sie sagen.

Dann wurde das Auto langsamer, erklomm den leichten Hügel und sie standen vor der Terrasse düsterer Häuschen.

Steif und angenehm müde traten sie auf den Bürgersteig, wobei Bethunes starker Arm Jill einen Moment lang stützte.

Beeilte sich, adieux und danke, und die beiden machten sich wieder auf den Weg, McTaggart saß jetzt noch warm in der Ecke, wo das Mädchen auf der langen Heimfahrt neben dem Fahrer gesessen hatte.

Plötzlich herrschte Stille zwischen ihnen, jeder war in seinen eigenen Gedankengang vertieft.

Bethune hat es zuerst gebrochen.

„Soll ich dich am Club absetzen? Ich muss das Auto nach Hause bringen – es ist unterwegs.“

"Danke." McTaggart stand auf. „Kannst du nicht zurückkommen und mit mir essen? – Oder wir grillen irgendwo – wenn es dir lieber ist?“

„Tut mir leid, ich kann nicht. Ich habe versprochen, einen Mann zu treffen – es ist eine geschäftliche Angelegenheit. Sonst würde ich es tun.“

„Na ja – irgendwann an einem anderen Abend.“ Er fühlte sich ein wenig erleichtert. „Es ist sehr gut von Ihnen, dass Sie uns diesen Lauf ermöglicht haben. Diese Kinder werden bis zum Beginn des Königreichs darüber reden – es ist eine große Freude für sie.“

Bethune grunzte.

„Oh – was das angeht – ich habe es selbst genossen. Das ist ein netter Junge …“ Es folgte eine kurze Pause – „und Miss Uniacke ist … absolut umwerfend! – auch hübsch.“ Er nickte mit dem Kopf.

"Denke schon?" McTaggarts Stimme war kühl und gleichgültig.

„Natürlich“, fügte er hinzu, „sie ist nur ein Kind.“

KAPITEL XIII

Es war die Nacht von Cydonias Tanz.

Obwohl die Band schon seit Schlag zehn spielte, kamen immer noch Gäste vor der Tür der Cadells ; auf Partys, die von der Gastgeberin, mit der sie zu Abend gegessen hatten, „persönlich geleitet" wurden, mit bereits gefüllten Karten und gut begonnenen Flirts, mit einer Miene gefrorener Gleichgültigkeit gegenüber dem Rest der schwulen Menge; in Gruppen von Zweien und Dreien, die aus dem Spiel eilten; und in verirrten Einheiten, hauptsächlich Männer, die sich bei dem Gedanken an das bevorstehende Abendessen aufheiterten.

Der Morgenraum war für die Aufbewahrung von Mänteln und Hüten hergerichtet worden, und der Saal war im Moment frei von Gästen. Ein junger Mann mit glattem, aus der Stirn gekämmtem rotem Haar und einem unzufriedenen Ausdruck in seinen müden Augen kam aus der Garderobe, knöpfte seine Handschuhe zu und nickte mit einem Anflug erfreuter Überraschung einem Freund zu, der über ihm stand auf der Treppe.

„Hallo, Merivale! – Lust, dich kennenzulernen!"

„ Thesiger – das ist doch seltsam! – Dachten Sie, Sie hätten Tänze verboten?"

„ Das tue ich – ich verabscheue sie . Aber Susan hat mich hierher geschleppt. Warte einen Moment, ja ? – Dieser verdammte Handschuh ..."

Sein Freund nickte und lehnte am Geländer: ein kleiner, dunkler Junge mit einem winzigen Schnurrbart, der unter seiner fein geschnittenen Adlernase wie ein Schmetterling schwebte, der gerade dabei ist, Flügel zu schlagen.

„Wie heißen die Leute hier? Das habe ich ganz vergessen."

„Cadell", antwortete Merivale, als Thesiger zu ihm gesellte.

„Kennen Sie die Gastgeberin vom Sehen? – Ich habe versprochen, Susan zu treffen, habe es aber ganz gut hinbekommen. Zeigen Sie sie doch, oder geben Sie mir eine Beschreibung."

„Große, knochige Frau – Gesicht wie die Sphinx – und große schwarze Perlen, was an das Edelprodukt einer Geflügelfarm erinnert."

„Klingt opulent. Um wie viel Uhr gibt es Abendessen? Ich sage – da ist Kilmarny ! Nun, wer hätte ihn mitbringen können?"

" So ist es." Merivale winkte ab. „Schade, dass er dick wird. Ich vermute Letty Urquhart. Hast du von diesem Kracher gehört?"

"Ja." Thesiger nickte. „Muss dazu kommen – das Tempo, mit dem er gefahren ist . Guter alter Urquhart! Aber sie tut mir leid – eine nette kleine Frau. Was macht sie hier?, „dans cette. " galère '?"

„Nun, ich *denke* ...", er senkte seine Stimme, „sie wird das Cadell-Mädchen in der nächsten Staffel vorstellen. Lady Leason hat es in Ordnung gebracht – sie versucht, Letty zu helfen. Es bleibt nur noch sehr wenig übrig, wissen Sie, für sie und die Kinder ."

„Ich gebe ihr keine Vorwürfe. Schauen Sie sich Kilmarny an , der versucht, Tango zu tanzen! Stehen wir hier und schauen wir zu. Oh – übrigens, ich habe ziemlich komische Geschichte über einen dieser neuen Schritte gehört – ‚Bunny Hug' oder so etwas. Mann Ich beobachtete ein Mädchen, das mit ihrem Partner eine Art Streit hatte, und jemand anders erhob Einwände gegen die Partitur von Mutter Grundy. „Oh", sagte der Mann, „das Mädchen tut mir leid. Es wurde mehr dagegen getanzt als getanzt" – äh ?- Was!'"

Merivale lachte, als sie auf dem Treppenabsatz vor dem Ballsaal standen und die Szene drinnen beobachteten.

„Miss Cadell", sagte er, „ist von Natur aus eine Schönheit. Eher statuarisch, mit hellgoldenem Haar. Jinks kennt sie – Sie erinnern sich an Jinks von Trinity – und nennt sie ‚The Heavy Angel' – ein ziemlich guter Name."

Er beugte sich ein wenig nach vorne.

„Da geht sie *jetzt* ... tanzt mit McTaggart – und nicht zum ersten Mal! Er ist heute Abend im Rennen. Unmengen von Geld, wissen Sie. Poppa hatte Kekse – oder Bier – nein! Käse ..."

Er brach abrupt ab, als ein kleiner, rotgesichtiger Mann abrupt um die Ecke bog und auf sie zuraste.

Er wirkte ganz hemdsärmelig, ein gestärkter Rammbock, schmerzhaft heiß und schwer atmend.

"Entschuldigung!" Er hielt inne, um sich zu entschuldigen, und stieß die Worte mit gezwungener Herzlichkeit hervor.

„Warum tanzt ihr nicht, ihr jungen Männer? – Sucht ihr Partner? Lasst uns eure Karten sehen."

Thesiger starrte ihn mit offenem Abscheu an.

„Nein – ähm – danke.“ Er drehte sich zu seinem Freund um, als der untersetzte Mann nach unten eilte und sich mit einem großen Seidentaschentuch die Stirn abwischte.

„Wer ist dieser Grenzgänger?“

„ Sch ... ich – es ist der Gastgeber.“

„Mein Gott! – das?“ er runzelte ungeduldig die Stirn – „Ich kann Susan nicht sehen – ich habe große Lust, es zu beenden!“

„Warte besser auf das Abendessen“, schlug Merivale vor. „Sehen Sie hier“, fügte er hinzu, „wenn Sie noch nicht gebucht sind , machen wir es gemeinsam.“

„ Gut! – und dann kommst du mit mir – zu einer Partie ‚Chemmy‘, nicht wahr? – ich habe heute Abend Glück gehabt.“

„Na ja... wir werden sehen. Wie geht es Mrs. Merrod ?“ Seine dunklen Augen funkelten, als er Thesigers Gesicht beobachtete.

„Die schöne Fantine? – oh – wird ziemlich stark ... Wie geht es dir, McTaggart –?“ Er brach ab, um ein Paar zu begrüßen, das sich näherte.

Der Mann nickte zurück.

„Hallo, Archie? – kennen Sie Miss Cadell?“

Cydonia wurde vorgestellt, blendend in Weiß, ihre braunen Augen strahlten vor unterdrückter Erregung.

„Kannst du ihm nicht einen Tanz ersparen? Er ist ein alter Kumpel von mir?“ fragte McTaggart das Mädchen mit einer subtilen Besessenheitsmiene.

Cydonia lächelte verschmitzt.

„ *Vielleicht* gebe ich ihm das Extra, das ich dir halb versprochen habe...“

„Ich werde dafür sorgen, dass du es nicht tust!“ sagte ihr Partner aggressiv.

"Eher!" sagte Thesiger beim Einstieg in den Sport. „Was ist es, Miss Cadell? – das erste, hoffe ich?“

Cydonia blickte ungewöhnlich lebhaft vom Gesicht eines Mannes zum anderen und war sich ihrer Macht bewusst.

„Wenn Peter mich loslässt, ist es der zweite Abendmahlstanz.“

"Das ist in Ordnung." McTaggart lachte: „Du isst mit mir – das scheinst du zu vergessen!"

„Gieriger Rohling!" Thesiger hat es mit auffälliger Sorgfalt niedergeschrieben. „Ich komme und suche dich. Im Speisesaal!"

Die Musik verstummte und eine fröhliche Menschenmenge strömte durch die schmale Öffnung, die das Trio trennte.

„Oben, Cydonia." McTaggart senkte die Stimme – „und ich lasse mich nicht betrügen – nicht einmal von Archie. Hier – ich gehe voran –" er strebte vorwärts und ging an den Paaren vor ihnen vorbei. Sie erreichten den zweiten Treppenabsatz und stiegen dann den dritten Treppenabsatz hinauf. Hier waren die Sitze in isolierten Paaren angeordnet.

„Wohin führt das?" Während McTaggart sprach, zeigte er auf einen schmalen Durchgang, der von Palmen blockiert war.

„Die Dienstbotentreppe." Cydonia hielt inne, aber ihre Begleiterin schob die Pflanzen absichtlich beiseite und hielt die Blätter zurück, damit sie vorbeigehen konnte.

„Komm schnell!" Sie warf ihm einen Blick zu und gehorchte dann mit einem plötzlichen Kichern.

„Ich sage – das ist in Ordnung!" Er erkundete weiter und stieg die verwinkelte, schmuddelige Treppe hinauf.

„Lass uns hochgehen und oben sitzen." Ein schwach schimmerndes Licht zeigte ihm den Weg. „Jetzt – hier sind wir – ganz für uns allein!"

Cydonia, ein wenig verängstigt von ihrem eigenen Sinn für Wagemut, machte es sich bequem, ihr Kleid eng anliegend, und ihre kleinen Füße in ihren silbernen Schuhen schimmerten unter dem totenweißen Brokat.

„Es ist ziemlich eng…", schlug sie vor; Dann errötete er, als McTaggart unverfroren den Schritt nach unten machte.

Er schaute in das schöne Gesicht, immer noch leicht gerötet, durchsichtig wie eine Muschel: in braune Augen wie ein klares Waldteich, wo der Sonnenschein durch die Bäume goldene Schimmer warf. Seine Hand schlich herüber und ergriff die des Mädchens unter dem Vorwand , mit ihrem Fächer zu spielen.

„Cydonia…!" Das Wort war Musik in seinen Ohren. „Wie der Name zu dir passt – du schönes Kind!"

Sie zog sich ein wenig gegen die gegenüberliegende Wand zurück.

„Nein – beweg dich nicht – Cydonia – bist du glücklich?" Er ließ seinen rechten Arm zwischen ihre Schultern und die Treppe gleiten. „Da ist ein Kissen für dich – ist das nicht besser?"

Aber Cydonia protestierte und setzte sich kerzengerade hin. „Nein – Peter – nicht. Ich würde wirklich ... lieber ... nicht."

„ Warum? – hier ist niemand. Kannst du mir nicht vertrauen, Süße?"

Denn McTaggart ließ sich von seinem Wunsch treiben. Er wusste auch, dass es Teil seines eigenen festen Plans war; aufgrund des Ortes und der Stunde keine bloße Torheit.

Fantines Verrat hatte im Gegensatz dazu dazu beigetragen, den Wert seiner anderen Liebe hervorzuheben. Ihre Mädchenhaftigkeit, ihre Reinheit, ihr ruhiger Charme hoben sich wie Schnee von diesem dunklen Hintergrund ab.

Diese Nacht sollte es entscheiden. Er würde nicht länger stehen bleiben, hin- und hergeworfen von jedem Impuls, jedem Stimmungswechsel. Er würde im Hafen von Cydonias Liebe ankern, sicher vor den Stürmen des Lebens draußen.

Mit dem Selbstvertrauen eines jungen Mannes dachte er, dass die Ehe die „Beruhigung" von Körper und Geist bedeuten würde. Er vertrat den merkwürdigen Glauben an etablierte Institutionen, der die Triebfeder der britischen Orthodoxie ist.

Ein in einer Kirche intoniertes Duett von Worten sollte sein Temperament von diesem Moment an bis zu seinem Tod bezwingen. Treu, schwor er, würde er ihr durch diese heiligen Gelübde öffentlich verpflichtet sein; und wenn das Wunder vollbracht war, sollte sich sein heißes Blut in den ruhigen Kreislauf eines Heiligen verwandeln.

Liebe soll wirken, der Charme und Leidenschaft sollen es vervollständigen. Er verdrängte seinen Schatten, die Sättigung, weit von sich; und die noch größere Gefahr für diejenigen, die in Eile heirateten, eine Unähnlichkeit in Gewohnheit und Denken.

Als er nun ausgestreckt auf der Treppe lag, dem Duft der goldenen Jugend des Mädchens so nahe war und die Schönheit seiner runden Arme und seines Halses sowie die schüchterne, zarte Rundung ihres kindlichen Mundes in sich aufnahm, spürte er, dass das Leben nicht tiefer reichte Verlangen, sie zu kennen, bis der Tod sich scheidet.

„Peter ... ich glaube nicht, dass wir hier sein sollten." Diese weise Bemerkung kam etwas spät. Denn das schwache Lächeln, mit dem sie ihren Satz abmilderte, enthüllte für eine Sekunde ihre weißen, gleichmäßigen

Zähne, und die geöffneten Lippen und das berühmte Grübchen verstärkten die Anstrengung für McTaggarts Kontrolle.

„Nicht wahr, mein Schatz?" Sein Gesicht war ihrem nahe, seine blauen Augen waren weit geöffnet und flehten für ihn.

„Peter... nein!" Sie versteifte sich in seinen Armen – dann trafen ihre Lippen mit einem kleinen Seufzer auf seine und klammerten sich an ...

„ Nun! – ich werde verdammt sein!" Eine raue, wütende Stimme riss sie auseinander, erschrocken und verwirrt.

Ebenezer Cadell starrte das versunkene Paar mit apoplektischem Gesicht von unten an. Im nächsten Moment erschütterten schwere Füße die Treppe; Der alte Mann war auf ihnen – eine feurige Vergeltung.

Er packte McTaggart grob an der Schulter. „Was zum Teufel...", stotterte er, „ist das die Bedeutung?"

Cydonia kletterte schneller als anmutig nach oben und zog sich mit einem beschämten Schrei zum Treppenabsatz zurück:

" *Vater!* "

McTaggart, ehrlich gesagt verblüfft, saß benommen da und fand keine Antwort.

Denn Cadell war fast außer sich.

Cydonia war für ihn mehr als eine Tochter; Sie war das Ideal seines Arbeitsalltags: der krönende Beweis für den Wert seines Geldes.

In den Tiefen seines elterlichen Herzens war Liebe mit Ehrfurcht verbunden – die Emotion, die er vor einem Meisterwerk empfand.

Dass ein Mann *es wagen sollte* ... unter seinem eigenen Dach ... sie in seinen Armen zu halten – ihren unberührten Mund zu küssen! Das war ein Sakrileg. Er schüttelte McTaggart, und seine soziale Fassade zerbrach.

„Nun, Sir – haben Sie keine Zunge? Wie können Sie es wagen, hierher zu kommen – in mein Haus – und mein Mädchen wie ein ... zu behandeln?"

" *Schweigen!* "

Der junge Mann war auf den Beinen, sein Gesicht war ganz weiß, seine blauen Augen leuchteten.

„Wenn Sie mir Zeit zum Sprechen geben würden –" jedes Wort wurde abgewägt – „würden Sie feststellen, dass es keinen Grund gibt, Ihre Tochter zu beleidigen!"

„Soll ich – du Welpe – du!" denn die Welle hatte sich beschleunigt. „Du verlässt zuerst mein Haus – in dieser Minute – siehst du?"

Mit zitternder Hand zeigte er die Treppe hinunter.

„Du Idiot – *jetzt* ! – ich werde keinen Truck mehr bei dir haben!" Er war noch einmal zurück in seiner Zeit als Lebensmittelhändler.

„Mit Vergnügen" – McTaggart blieb standhaft – „ *wenn* Sie zugehört haben, was ich zu sagen habe. Ich werde Sie morgen um zwölf aufsuchen, Mr. Cadell – um Sie um die Ehre der Hand Ihrer Tochter zu bitten."

Melodramatisch? – mit einem Hauch von Südstaatlichkeit, aber nicht ohne eine gewisse jugendliche Würde.

Allein diese Tatsache und die Erziehung des jungen Mannes dienten lediglich dazu, Cadell an seine eigenen zu erinnern.

„Ich sage es dir " , kochte er, „ich werde keine Worte darüber verlieren. Cydonia heiraten –? eine arme Person wie dich!" Er rang nach Luft, während McTaggart lächelte. „Sie können anrufen, wenn Sie möchten, und seien Sie verdammt!"

Peter verbeugte sich, äußerlich ruhig. Er drehte einmal den Kopf. Cydonia war verschwunden, sicher geschützt im Schlafzimmer des Hausmädchens.

Dann ging er gemächlich die Treppe hinunter, im Bewusstsein, dass der moralische Sieg ihm gehörte.

Aber die Flüge schienen endlos zu sein. Er ging an der Tür des Ballsaals vorbei und schloss sich dem stetigen Strom an, der zum Abendessen herabströmte.

Der Gedanke schmerzte ihn plötzlich, als er seinen Mantel anzog und dem Mann, der ihm seinen Hut reichte, ein Trinkgeld gab.

„Kaum gastfreundlich!"

Aber sein Lächeln verzerrte sich. Als er ohnmächtig wurde, lehnte er die Verlockung herumlungernder Taxis ab und preschte mit langen, wütenden Schritten in einer Bienenreihe über die leeren Bürgersteige zu seinem Club voran.

Die Nacht war noch jung. Die Sterne oben leuchteten durch den Schein, den London am gewölbten Himmel ausstrahlt: orangefarbener Rauch, Weihrauch, der aus den Feuern seines Vergnügens und seines verbrannten Opfers geopfert wurde.

In Piccadilly sprach ihn eine Frau an, deren geschminkte Lippen an Fantine erinnerten.

Er eilte ruhelos weiter, mit dem Gefühl im Herzen, dass in dieser verrückten Welt alles schief war. Liebe getauscht – Liebe entweiht ... Seine Augen, die immer noch von Cydonias Licht erfüllt waren, schreckten vor diesem grässlichen Schauspiel der Lust zurück, das das anständige London offen zulässt.

In der Halle seines Clubs lief ihm ein Page hinterher, einen Stapel Briefe ausgestreckt auf einem Tablett.

Er nahm sie geistesabwesend entgegen und ging in das Raucherzimmer, mit einem Atemzug der Erleichterung, als er feststellte, dass es leer war, bis auf eine einsame Gestalt, halb vergraben in einem Stuhl, die Füße zum Feuer ausgestreckt.

„ Hallo! – Bethune." Der lesende Mann drehte sich um. „Glück gehabt, dich hier zu finden."

Denn beim Anblick der stämmigen Gestalt seines Freundes verspürte er eine wahre Freude und ein plötzliches, unkontrollierbares Verlangen nach Mitgefühl.

Sie rückten ihre Stühle vor dem fröhlichen Feuer zusammen und tauschten Gemeinplätze aus, während der Kellner Getränke brachte.

Dann, als sich die Tür schloss, veränderte sich Bethunes Stimme. „Was ist los, Peter? – Grippe bekommen?"

„Nein – der Sack!" Er lachte, während er sprach, amüsiert über die Scharfsinnigkeit des anderen.

Denn Bethune war ein Mann, an den sich seine Freunde in Schwierigkeiten instinktiv wandten, ohne sich – vielleicht? – daran zu erinnern, dass sie diesen „ruhigen Kerl" bei anderen, noch komischeren Gelegenheiten ein wenig „langsam" gewählt hatten.

„Habe Sie abgelehnt – was? Nicht diese Merrod- Frau?"

„Mein Gott, nein! Ich bin mit ihr fertig. Es ist ein Mädchen ... ein junges Mädchen. Oder besser gesagt ihr Vater! Ich fühle mich ein bisschen überwältigt von all dem."

Er erzählte die Geschichte von Anfang bis Ende, wobei Bethune gelegentlich mit einem Grunzen zuhörte.

„Ein netter Mann für einen Schwiegervater! Mir scheint, du bist gut davongekommen."

„Aber das will ich nicht! Egal, Cadell! Ich werde die Familie nicht heiraten." Bethune lächelte. „Dieses Mal trifft es mich hart – und ich werde es durchstehen – wenn es um einen guten alten Gretna-Green-Bolzen geht!"

„Nehmen Sie lieber mein Auto", amüsierte sich Bethune, „Sie sind doch ein Schotte, nicht wahr? Sobald Sie die Grenze überquert haben, müssen Sie nur noch sagen, dass Sie Mann und Frau sind, und die Sache ist fair und fair, das verstehe ich." "

„Herrgott! Daran habe ich nie gedacht." McTaggart blickte auf. „Sie ist das Hübschste, was du je gesehen hast."

„So etwas wie Jill?"

„Kein Schrott!" Der plötzliche Kontrast bremste seinen Wortfluss auf dem Höhepunkt einer liebenswürdigen Flut von Beschreibungen. Dann folgte einer dieser schnellen, nachträglichen Gedanken, die seinem analytischen Gehirn eigen sind. Der Unterschied war nicht nur zu Cydonias Vorteil; Ihr fehlte die Mentalität des anderen Mädchens.

Wütend schob er die flüchtige Illoyalität beiseite, während Bethune mit seiner ruhigen Stimme fortfuhr.

„Ich verstehe nicht, warum der alte Mann so verärgert war? ... Du siehst ganz anständig aus –" seine ehrlichen Augen funkelten – „und du hast ein stabiles Einkommen, was heutzutage selten ist. Was bedeutet das?" Er will? Ein Titel, nehme ich an. Irgendein junger Arsch mit Schulden, der sie zur ‚Mylady' machen wird ."

"Das ist alles." McTaggart blickte finster.

„Glaubst du, sie wird dir beistehen?"

„Natürlich", sagte der Liebhaber.

„Dann ist das alles ruhig. Ich nehme nicht an, dass Sie sich nach väterlicher Aufmerksamkeit und dem Familienkreis sehnen?"

„Na ja, nicht viel!" McTaggart schauderte. „Er ist absolut unmöglich. Die Mutter ist nicht so schlecht – zu steif, wissen Sie, und sich ihrer ‚Würde' bewusst, aber durchaus vorzeigbar – sie kommt in einer Menschenmenge vorbei."

„Dann geh rein und gewinne, mein Sohn."

Es herrschte Stille zwischen ihnen und schließlich stand McTaggart auf.

„Ich werde etwas zu essen bekommen – ich habe das Abendessen verpasst, wissen Sie."

Bethune grinste. „Das ist ein scheußliches Glas! Er hätte dir vielleicht einen Abschiedsdrink vertragen."

„Ich komme gleich wieder –" aber er zögerte noch. Sein Whisky und seine Limonade hatten seinen Durst gestillt und er stellte fest, dass er kaum Geschmack für Essen hatte.

Mechanisch sammelte er seine Briefe ein; Dann setzte er sich wieder auf seinen Stuhl.

„Ich werde diese zuerst lesen – es ist noch nicht spät."

„Haben Sie Ihren Appetit verloren?" Bethune hat es eingerieben.

Sein Freund ignorierte diesen unedlen Ausrutscher und begann, die Umschläge aufzureißen.

Am Ende des Stapels befand sich ein großer quadratischer Brief, von dem er erkannte, dass er die Schrift seines Anwalts trug.

Bei dem Anblick runzelte er leicht die Stirn, da er nicht in der Stimmung war, Geschäfte zu machen, und setzte sich dann widerwillig hin, um den Inhalt zu studieren. Darin befand sich ein Umschlag mit tiefschwarzem Rand, versiegelt mit einem kunstvollen Wappen.

Bethune starrte ins Feuer, seine Gedanken waren immer noch von dem Abenteuer seines Freundes erfüllt. Er verspürte die tiefe, eher wehmütige Bewunderung, die ein Mann seines Schlags den brillanteren Menschen entgegenbringt.

Ein kurzer Ausruf ließ ihn den Kopf drehen. McTaggart war sichtlich überrascht über seine Nachricht.

„Ich sage – Bethune – guter Gott – es ist unmöglich!"

Er las das Dokument in seiner Hand noch einmal.

„Mein Onkel ist tot! – und meine beiden Cousins! Ein Autounfall außerhalb von Rom. Was für eine schreckliche Sache! – das Auto ist umgekippt …" Er strich atemlos weiter – „der alte Mann wurde getötet … auf der Stelle –" auch der älteste Sohn … der andere blieb … starb am Dienstag …"

Er drehte den Brief um. „Ja, es ist fast eine Woche alt. Oh, ich verstehe! – es ging nach Schottland und dann zu meinen Anwälten, die es hierher schickten. Sie wollen, dass ich sofort nach Siena gehe."

Bethune begann, ihr Beileid auszusprechen.

„Oh! Ich habe sie nie gekannt. Aber natürlich tut es mir leid. Er war der Bruder meiner Mutter. (Berühren Sie einfach diese Glocke.) Sie haben sich gestritten, als sie geheiratet hat ... Ich muss gehen."

Er wandte sich an den Kellner, der auf die Vorladung reagierte.

„Bring mir einen Continental Bradshaw."

„Kommst du wegen irgendetwas herein?" fragte die praktische Bethune.

„Irgendwas?" – der junge Mann lachte mit einem Anflug von Aufregung. „Ich bin der Einzige, der noch übrig ist. Es gibt einen Palast in Siena ... und eine Wohnung in Rom ... und irgendwo eine Villa. Und viel Land, Weinreben und Olivenhaine und ein schönes, fettes Einkommen ... und – Bethune – brüllen Sie nicht! – Ich bin der jetzige Marquis. Sie reden mich tatsächlich an ..." er würgte vor Freude – „als den berühmten Marquis Maramonte !"

"Schön für dich." Bethune beugte sich vor und die beiden schüttelten sich die Hand. „Das freut mich wahnsinnig. Es wird den alten Cadell ein wenig aufhorchen lassen – da haben Sie ein todessicheres Gefühl." Er kicherte vor Freude.

„Herrlich – das habe ich vergessen." Sein Gesicht wurde plötzlich ernüchtert. „Obwohl ich halb im Kopf bin ... ja! – Schau her, Bethune – behalte das für uns – es wird wahrscheinlich nicht durchsickern – und ich würde Cydonia lieber als einfachen Peter McTaggart gewinnen."

Seine Stimme wurde sanfter, als er den Namen des Mädchens hörte. Was für eine Kulisse für sie – dieser Palast in Siena!

„In Ordnung, alter Mann. Ich verstehe das durchaus. Du kannst darauf zählen, dass ich den Mund halte."

Der Kellner kam zurück und sie überlegten, wie sie vorgehen sollten, kämpften mit dem Bradshaw und besprachen die Route.

„Ich komme zurück und helfe Ihnen beim Packen. Sie wollen jetzt ein Auto, Monsieur le Marquis?"

McTaggart kicherte.

„Gute alte Bethune! Immer ein Auge fürs Geschäft, was? Du kannst die Bestellung annehmen – und keine Kosten scheuen. Mit Weiß auskleiden. Das reicht für die Hochzeit."

Dann trübte eine plötzliche Erinnerung seine Heiterkeit, als seine Gedanken zur Tragödie in Rom zurückkehrten.

„Ich bin trotzdem froh, dass ich zu spät zur Beerdigung komme …“

Früh am nächsten Morgen machte er sich auf den Weg nach Siena.

KAPITEL XIV

In Dover erinnerte er sich an Herrn Cadell.

Mit einem Schuldgefühl schickte er das folgende Telegramm:

„Kann heute nicht anrufen. Muss wegen wichtiger Geschäfte ins Ausland gehen. Werde schreiben.“

„ McTAGGART .“

Als er an Bord des Bootes war, begann er einen Brief an Cydonia zu schreiben; Aber die Passage war holprig, und er gab den Versuch auf und kehrte zum Deck zurück, um den Anblick der großen Walzen zu genießen, die gegen die Seiten des Dampfers schlugen und hohe Gischtsäulen bildeten, die im Wintersonnenschein wie Glimmer glitzerten.

Er tröstete sich mit dem Gedanken, dass Mr. Cadell den Posten zweifellos streng im Auge behalten würde und dass sein Schreiben die Frau seines Herzens wahrscheinlich nicht erreichen würde.

Sein Gepäck wurde bis Siena registriert, und als er am Gare du Nord ankam, nahm er ein „Auto“ und wies den Mann an, ihn über die Boulevards zu fahren. Nach der Feuchtigkeit Londons stieg ihm die Luft, leicht und aufregend, in den Kopf. Er atmete tief ein und atmete den scharfen, vertrauten Duft von gerösteten Kaffeebeeren, gewachsten Böden und Wein ein, den ihm die überfüllten Cafés entgegenwehten, als er vorbeikam: dieser typische Geruch von Paris, durchdringend, unvergesslich, der willkommen heißt die Wähler der Stadt des Lichts.

Er speiste bei Noël Peter und war unglaublich erfreut, als der Gérant ihn als einen von einem Quartett erkannte, das vor mehr als einem Jahr das Restaurant während eines Osterurlaubs besucht hatte.

Dann bog er in die Passage des Princes ein und schlenderte fröhlich weiter, froh, sich vor seiner langen Nachtreise die Beine vertreten zu können.

Die Blumenläden waren märchenhaft; die Juweliere brennen. Schlanke, in Pelze gehüllte Gestalten glitten mit der subtilen Aura bewusster Kraft, sicherer und sinnlicher Anziehungskraft, die die Pariserin in jedem Lebensabschnitt auszeichnet, vorbei. Clubmänner schlenderten zu ihren „Aperitifs“, Ehemänner und Ehefrauen, ruhig Arm in Arm, gepflegte „Midinettes“ und barhäuptige „ Bonnes “; Alles zusammen verleiht den überfüllten Bürgersteigen das Gefühl eines Treffpunkts, eines Treffpunkts im Freien voller Vergnügen, gewürzt mit Intrigen, statt eines bloßen Kanals für den Verkehr.

McTaggart erreichte die Madeleine, blickte die Rue Royale entlang und begrüßte mit einem Seufzer des Bedauerns ein vorbeifahrendes Auto. Er wurde über die Steine dieser aggressiven Straße, die am Gare de Lyon endet, erschüttert und erschüttert.

Bethune hatte an diesem Morgen telegrafiert, dass der Zug beleuchtet war, eine kluge Vorsichtsmaßnahme, da der Zug voll war. Als Antwort auf sein gestelztes Französisch führte der Schaffner McTaggart den langen Korridor entlang.

„Ein Telegramm ohne Namen? Aus London, Monsieur?" Er zog es hervor und McTaggart lächelte. In der Eile des Aufbruchs hatte sein vorsichtiger Freund dieses Wesentliche unterlassen.

„ Voici , Monsieur."

Der junge Mann spähte an ihm vorbei in das schmale Coupé. Die Betten waren bereits für die Nacht hergerichtet, und auf der unteren Koje saß regungslos ein sehr dicker Priester, vertieft in sein Brevier. Die Fenster waren geschlossen, die Heizung voll aufgedreht.

McTaggart wich mit einer Geste des Abscheus zurück.

„Das geht nicht." Unbewusst nahm seine Stimme den arroganten Ton an, den der reisende Engländer zugunsten ausländischer Diener anwendet.

„Welchen Namen haben Sie gesagt, Monsieur?" Das kluge französische Gesicht musterte ihn und schätzte den Wert seines Trinkgeldes ab.

Eine plötzliche Idee schoss in McTaggarts Gehirn. Er würde hier und jetzt den Wert seines Titels auf die Probe stellen.

„Ich bin der Marquis Maramonte ", antwortete er und beobachtete fest, wie seine schwarzen Augen auf ihn gerichtet waren.

„Entschuldigung, Monsieur?" Der Mann sah verwirrt aus. Dann erhellte ein Lichtstrahl sein Gesicht.

„Es ist ... der englische Mylord? Der erbt ... Mon Dieu! Was für eine traurige Angelegenheit! ..." Er wurde geschwätzig – „die Zeitungen waren voll davon ... und Monsieur le feu Marquis ist oft vorbeigereist." Dieser Zug. Er liebte Paris sehr. Wenn Monsieur le Marquis nur seinen Namen genannt hätte ..." Er trat feierlich zurück und öffnete die Tür eines leeren Abteils. „Ich werde dafür sorgen, dass Monsieur nicht gestört wird. Er muss nur klingeln. Ich bin die ganze Nacht hier. Und in Modane werde ich den Zoll benachrichtigen. Monsieur hätte gerne eine zusätzliche ‚Kuvertüre'?"

McTaggart lächelte in seinem Ärmel.

„ C'est bien." Er gab dem Mann ein großzügiges Trinkgeld und freute sich über das Ergebnis seiner Taktik.

„Monsieur, ohne Zweifel, reist nach Siena? – eine kalte Reise ... die Pässe sind voller Schnee. Aber Monsieur wird ganz ungestört sein" – ein schelmischen Schimmer erschien in dem dunklen, klugen Gesicht – „man versteht, dass Monsieur nicht reisen konnte." mit der Kirche!"

Das verwirrte Peter. Er hatte noch nicht erfahren, dass sein Onkel Mitglied der Antiklerikalen Partei gewesen war. Wie die meisten Protestanten lebte er in dem Irrtum, dass der Katholizismus umso glühender sei, je näher man sich Rom nähere. Er hatte von den beiden großen Fraktionen in dieser Stadt gehört, den „Schwarzen" und den „Weißen", ohne deren Bedeutung einzuschätzen. Darüber hinaus war ihm die merkwürdige Apathie der unteren Klassen im Land der Heiligen und der tief verwurzelte Hass der Sozialisten und „Patrioten" auf klösterliche Institutionen und weltliche Macht nicht bewusst.

Aber er lächelte den Ausfall an, sich der verborgenen Bedeutung bewusst, und der Mann senkte ermutigt seine Stimme.

„Dieser Liegeplatz, Mylord, war für einen Deutschen reserviert – un banquier Juif – qui vient de Hambourg ..." Er streckte die Hand aus und zog das Ticket aus seinem Schlitz – „wir werden ihn heute Abend auf den Weg zur Erlösung bringen!"

„Mit dem Priester?" – McTaggart lachte, bis er weinte, als sich die Tür unter dem Abschiedsgrinsen seines neuen Freundes schloss. Er versuchte, sich die gleiche Szene in England mit dem typischen Schaffner eines Pullman-Wagens vorzustellen.

Was für eine Nation es war! Leicht und witzig, mit einer seltsamen Tiefe unter dem Schaum. Er dachte an die lähmende Serie von Niederlagen im Deutsch-Französischen Krieg, an seine wahnsinnigen Revolutionen und an die wunderbare Erholungskraft, die Frankreich in seine heutige Ära des Wohlstands zurückgeführt hatte. Dann begann er von Italien zu träumen; um sich Siena und in der Ferne Cydonia neben ihm vorzustellen ... Cydonia in seinen Armen.

Mit ihrem Namen auf seinen Lippen schlief er ein.

Er wachte erfrischt auf, machte in aller Ruhe seine Toilette und machte sich auf die Suche nach einem Frühstück. Im Speisewagen verkündete er seine Nationalität, indem er zu seinem Café au lait Eier verlangte; Dann bereiteten sie sich auf die lange Tagesreise vor, dankbar für die volle Dampfhitze, während sie stetig auf die Alpen zustiegen und mit einem schrillen Pfiff in den Tunnel stürzten.

Immer weiter, mit verlockenden Ausblicken auf den Mont-Cenis-Pass. Der Raureif ohne Spuren von Feenmustern auf der Fensterscheibe. Der Wind brüllte an ihnen vorbei, aber die Sonne schien strahlend weiß auf schneebedeckte Gipfel und Täler. Durch Turin mit seinem breiten blauen Fluss, der sich wie eine Schlange um seine alten Mauern windet, immer weiter, nun Richtung Süden, während der Schnee schnell verschwand und sich die Ebenen um sie herum ausbreiteten.

McTaggart wurde unruhig. Er ging den schmalen Korridor auf und ab und rauchte unzählige Zigaretten, während das Licht langsam vom Himmel verschwand.

Genua! Er atmete erleichtert auf und verbarrikadierte sich erneut in seinem Coupé. Ein Schwarm Passagiere belagerte den Zug und er ließ das Fenster herunter, amüsiert über den Anblick. Jungen verkauften Orangen und Gläser „Sirops", Bologna-Würstchen und grelle Zeitungen.

Dann fuhr der Zug los und der salzige Geruch des Meeres verführte ihn dazu, in der Dunkelheit vergeblich zu suchen. Das Mittelmeer. Mit einem Lächeln erinnerte er sich daran, dass es für eine Rechtschreibprüfung in der Schule gestanden hatte! Einmal glaubte er, eine schwache dunkle Linie zu sehen; dann verschwand es in der Nacht.

Nach dem Abendessen begann er sich schläfrig zu fühlen. Das würde niemals gehen! Er marschierte auf und ab, bewusst, dass er in Pisa und dann in Empoli umsteigen musste . Er gähnte, steif und müde.

Nach einer scheinbar endlosen Zeit verlangsamten sie mit einem grässlichen Bremsgeräusch ihre Geschwindigkeit. „Pisa ... Pi- sa ...!" Er nahm seinen Teppich und stieg die steile Stufe auf die Plattform hinab.

Seine Schleppe blähte sich auf. Plötzlich hatte er das Gefühl, als hätte er sich von seinem einzigen Freund getrennt, als er in der bitteren Kälte mit den Füßen stampfend auf den Florenz-Express wartete.

„Wenn das der Süden ist ...", sagte er zu sich selbst, „gib mir London!" Er schlug seinen Kragen hoch und blickte angestrengt durch den gewölbten Tunnel des langen Bahnhofs in die Dunkelheit.

Große Lampen flackerten wie hungrige Augen und in ihr dröhnte ihre hochgebaute Maschine, boshaft, eisbedeckt, spuckte Dampf ...

McTaggart fand einen Sitzplatz in einem überfüllten Waggon.

Dann noch einmal durch diese endlose Nacht und Empoli , ein gottverlassener Ort, völlig ungeschützt vor der eisigen Böe, mit zwanzig eiskalten Minuten, die man warten muss.

Schließlich belohnte ein schwacher goldener Rauchstreifen seine Geduld . „Siena – Siena", rief eine heisere Stimme. Er ging zur nächsten Tür mit der Aufschrift „Erste Klasse" und kletterte hinein, wo er nur einen einzigen Passagier vorfand.

Ein alter Mann mit weißem Imperial, dem weichen schwarzen Filz, der in Italien so beliebt ist, einem dicken Mantel mit Wolfsfellkragen und einer Anwaltsmappe über den Knien.

Höflich hob er den erwähnten Hut.

„Fa Freddo", sagte er mit musikalischer Stimme.

McTaggart hob mit erfreuter Überraschung seine Mütze, seine Einsamkeit verschwand vor dem Lächeln des Fremden.

"Sprechen Sie Französisch?" Er fragte in dieser Sprache. „Ich fürchte, mein Italienisch ist etwas dürftig."

„Si, si , Monsieur." Erneut hob er seinen Hut.

Wieder umklammerte McTaggart seine Mütze.

„Ich hoffe, es ist nicht bei jedem Wort nötig!" dachte er mit der Abneigung eines Engländers gegen Zeremonien.

„Eine kalte Nacht zum Reisen", schlug der Fremde vor. „Monsieur ist weit gekommen?" Seine scharfen schwarzen Augen leuchteten wie helle Kohle in ihren faltigen Höhlen.

„Aus London", sagte McTaggart mit dem bewussten Stolz eines müden Mannes am Ende seiner Reise. „Ich fliege nach Siena", meldete er sich freiwillig. „Ist es in Italien generell so kalt?"

Der alte Mann lächelte.

„Es ist immer noch Winter, Monsieur. Was hätten Sie?"

Er breitete seine Hände aus. „In Siena sind wir hoch ... altis ... simo ! Aber gesund – man bekommt dort wenig Fieber. Monsieur ist ' en touriste '?" Seine sanfte Neugier wurde durch seine charmante Art von jeder Unverschämtheit befreit.

„Nein – nicht ganz. Ich gehe geschäftlich dorthin."

McTaggart hielt einen Moment inne, dann fasste er seine Entscheidung.

„Ich habe ein Anwesen vom Bruder meiner Mutter geerbt. Er kam zusammen mit seinen Söhnen bei einem Unfall in der Nähe von Rom ums Leben."

Die Wirkung auf sein Publikum war elektrisierend.

„Aber, Monsieur!" ... stotterte er – „è impossibile ! – Monsieur ist nicht der englische Milord? – der neue Marchese Maramonte ?"

Zum dritten Mal kam sein Hut zum Einsatz.

„Ich fürchte schon." Peter lachte schallend. Denn der alte Mann, drahtig und leicht, war auf den Beinen und verbeugte sich ehrerbietig vor ihm.

„Meine bescheidenen Glückwünsche an Monsieur le Marquis. Sein Anwalt, Jacopo Vanni – zu seinen Diensten."

" Nicht wirklich?" McTaggart streckte seine Hand aus und schüttelte die des anderen herzlich; und durch diese einfache Tat, die er selbst nicht kannte, sicherte er sich einen lebenslangen Freund.

„Du bist genau der Mann, den ich treffen wollte."

„Wir waren verzweifelt", fuhr Vanni fort, „als ich gestern abreiste, gab es keine Nachrichten aus England! Ich war geschäftlich für die Marchesa in Florenz, und ich vermute, dass die Nachricht erst später eintraf."

„Ich habe heute Morgen erst früh telegraphiert. Der Brief war fehlgeschlagen und erreichte mich gestern Abend. Wie Sie sehen, habe ich keine Zeit verschwendet, um zu kommen!" McTaggart lächelte das eifrige alte Gesicht an.

„Und jetzt, können Sie mir einige meiner neuen Aufgaben erzählen? Ich bin gespannt auf die Größe meines Erbes und fühle mich wie eine Ente auf dem Trockenen! Wenn ich kein Italienisch spreche, wird es noch schlimmer. Ich wäre wirklich für jeden Rat dankbar ."

„Monsieur le Marquis ehrt mich ." Die strahlenden Augen verschlangen ihn und bestätigten sein hübsches Gesicht. „Jeder Zoll ein Maramonte !" Unbewusst sprach er laut.

"Wirklich?" McTaggart war interessiert. „Mir wurde immer gesagt, dass ich meiner Mutter ähnelte."

„ Sicuro !" Vannis Stimme war bewegt. „Alles bis auf die Augen – des englischen Blaus. Und wenn Monsieur seine Porträtgalerie sieht, wird er sich wie zu Hause fühlen! Monsieur le Marquis ist wie sein berühmter Vorfahre – dieser Giordano Maramonte , der Held von Montaperti , der bei der Gefangennahme angeführt hat das Carroccio von Florenz ... Und da ist ein

Blick auf den Marchese Cesare – der durch seinen Angriff auf die Zitadelle berühmt wurde. Er vertrieb die Spanier aus Siena – das war vor der letzten großen Belagerung ..."

Seine Worte gingen weiter. Er war offensichtlich in der Geschichte des Hauses, dem er diente, in jenen kriegerischen Tagen der Vergangenheit verloren, als große Namen von größeren Taten zeugten.

McTaggart wurde klar, dass er ein Hobby angesprochen hatte. „Erzähl mir alles über meine Familie." Er lehnte sich glücklich zurück und zündete sich eine Zigarette an, während der alte Mann mit blitzschnellen Gesten aus seinem fesselnden Wissensschatz zog.

Von Welfen- und Ghibelin- Intrigen, von Kriegen mit Spanien und Überfällen auf Florentiner; von Päpsten und Kaisern, Patrioten, Tyrannen; vom endlosen Streit zwischen Adligen und Volk; vom „Opfer der nutzlosen Mäuler" und der Pest, die wie eine brennende Flamme lief.

McTaggart war so begeistert, dass die Zeit wie im Flug verging, bis der Zug schließlich in den letzten lauten Tunnel einfuhr.

Vanni begann. Er warf einen Blick auf seine Uhr.

„Ecco Siena!" – und bei diesen Worten durchströmte den Zuhörer ein merkwürdiger Schauer voller Aufregung, gemischt mit erwachtem Stolz.

Obwohl sein Haus eine große Rolle in den Kriegen und der Regierung der Stadt gespielt hatte, warfen ihr rücksichtsloser Heldentum und ihre sorglose Verschwendung ein neues Licht feuriger Romantik auf sein Erbe.

Damit verbunden war ein seltsames Zurückschrecken, die Nervosität des Engländers vor den Bräuchen und Konventionen, die seinem normalen Leben fremd waren.

Der Zug kam heraus, die Lichter funkelten. Die lange Reise war geschafft.

Kapitel XV

Signor Vanni , voller Wichtigkeit und innerlich erfreut über den Zufall, der den Helden der Stunde in seine Hände gebracht hatte, nahm seine Mappe zusammen und stieg flink mit höflichen Worten auf die Plattform hinab:

„Ob Monsieur le Marquis bereit ist zu warten?"

Er machte sich auf den Weg und weinte heftig um den Bahnhofsvorsteher.

McTaggart zog seine Uhr hervor. Es war fast vier Uhr. Er verspürte Hunger, aber seine Müdigkeit war vorüber und wurde durch sein gegenwärtiges Gefühl der Aufregung gemildert. Die Luft, frisch und süß, wehte ihm ins Gesicht wie gefrorener Honig, die Nacht war still; und durch die Dunkelheit konnte er gerade noch die schützenden Mauern erkennen, die sich schwarz und transparent mit einer zinnenartigen Kante gegen das Indigo des Himmels erhoben, wo ein einzelner leuchtender Stern schwebte.

Der Anwalt kam mit einem sich verbeugenden Direktor, zwei sich verbeugenden Dienern und einem sich verbeugenden Portier zurück.

McTaggarts Mütze war wieder beschäftigt, während die kleine Gruppe viel Aufhebens um ihn machte.

Schließlich befand er sich in einem riesigen Landau, dem Anwalt gegenüber, zwei Männern auf der Bockbank und einer dritten Person, die dahinter auf einer schmalen Plattform zwischen den Rädern saß. „Wie der Oberbürgermeister!" sagte er zu sich selbst und unterdrückte ein wildes Verlangen zu lachen.

Sie rumpelten weiter durch verlassene Straßen, dunkel und eng, erklommen einen Hügel, bogen nach links ab, vorbei an einem Hotel , in dem Lichter leuchteten, und wieder weiter.

„Die Signora Marchesa", sagte der Anwalt, „macht ihr Komplimente und freut sich darauf, Monsieur le Marquis am Morgen zu empfangen. Da es so spät ist, würde er gerne schlafen und zieht diese Vereinbarung zweifellos vor. Sie bat Giuseppe darum Überbringen Sie die Botschaft.

„Sehr rücksichtsvoll gegenüber meiner Tante." McTaggart war über die Nachricht erleichtert.

Sie schlängelten sich zwischen hohen Häusern hinab und dann kam es zu einem plötzlichen Halt. Laternen blitzten auf. Als er gespannt hinschaute, sah er vor sich eine riesige Tür, flankiert von schmalen und tiefen Fenstern mit Stachelstangen, die vom Alter verrostet waren. Mit einem hohlen Echo führen sie durch den Bogen und gelangten in einen weitläufigen Innenhof voller Schatten, die die hohen Mauern auf allen Seiten warfen.

In der Mitte ragte ein Brunnen auf: Delfine voller Eiszapfen und ein tiefes, mit Reif bedecktes Becken, das von hockenden Greifen getragen wurde.

Der Wagen umrundete ihn und hielt an. Die Tür wurde geöffnet. McTaggart stieg ab.

Er blickte auf eine silberweiße Marmortreppe mit flachen Stufen, die sich wie eine Fee wie eine Pergamentrolle gegen die Nacht wanden.

Er verschwand wie ein Mann im Traum. Es führte zu einer langen Galerie im ersten Stock, dunkel und hoch, auf einer Seite zur Luft hin offen und mit schlanken, gedrehten Säulen geschmückt. Wo diese die gewölbten Dachbögen stützten, bildeten sich und die geschnitzten Spitzen schnitten in die äußere Dunkelheit wie scharfe Zähne, die das Herz des Himmels knabberten.

Eine Glocke läutete mit einem sanften, tiefen Ton und die Eingangstüren wurden weit aufgerissen. Mit einem plötzlichen Gefühl von Wärme und Licht betrat er den Palast.

Mit Wandteppichen behangene Wände, eine bemalte Decke, unzählige Kerzen, die in Kristalllüstern schimmern ...

Eine Sekunde lang stand McTaggart benommen da. Er spürte, wie sich ein seltsamer Kloß in seinem Hals bildete. Dann berührte Signor Vanni seinen Arm und flüsterte eine Entschuldigung.

„Wenn Monsieur le Marquis mit Beppo sprechen würde? Beppo war zur Zeit seiner Mutter dort."

„Mia madre ..." Die längst vergessenen Worte entstiegen der Fata Morgana der Vergangenheit. Er blickte in ein faltiges Gesicht: ein alter, alter Mann in schäbiger Livree. Im nächsten Moment streckte er seine Hand aus und wurde vom zitternden Griff des Alters gehalten.

„Mutter aller Heiligen! *Ihr* Gesicht!" Tränen standen in den trüben alten Augen. „ Ahi! – sie war selbst eine Heilige. Tausend herzlich willkommen, ‚ein Lei'! Er muss diesem alten Mann vergeben, der das Andenken seiner gesegneten Dame verehrt ... Gott sei gepriesen, dass ich diesen Tag sehe ..."

„Basta ... Basta!" Vanni musterte ihn, während McTaggart die sanfte, für McTaggart unverständliche italienische Sprache weiterfloss und auf den treuen Diener herablächelte. „Der Signor Marchese ist müde und würde schlafen."

Der „maestro di casa" verschwand und ging auf wankenden Füßen voran durch eine lange Reihe von Räumen in einen Korridor, der von Statuen und etruskischen Töpferwaren gesäumt war.

Schließlich gelangten sie zu einer schmalen Treppe, die in die Dicke der Mauer eingelassen war, stiegen diese zu einem anderen Durchgang hinauf und blieben vor einer Doppeltür stehen.

Darin befand sich ein Schlafzimmer mit Marmorboden und tiefliegenden, mit Seide drapierten Fenstern. Ein Ofen brannte und Kerzen leuchteten, aber der Ort fühlte sich trostlos und ziemlich feucht an: prächtig, aber seltsam kahl, die hohen Wände waren vom Alter verfärbt.

Ein anderer Diener erschien mit einem Tablett und einer dampfenden Terrine mit dicker roter Suppe. McTaggart begrüßte es, als er an einem runden Tisch vor dem Herd saß und Sandwiches und Obst in schweren Schüsseln aus vergoldetem Silber servierte.

Das Brot, dachte er, schmeckte sauer, aber als der Mann sein Glas mit einem goldenen, klaren und prickelnden Wein füllte, trank er es aus und seine Augen leuchteten.

"Was ist es?" fragte er Vanni – „kein Champagner?" Der Anwalt lächelte.

„Asti Spumante – Der verstorbene Marquis war für seinen Keller bekannt. Und die getrockneten Feigen und Orangen sowie der Ziegenkäse stammen vom Anwesen."

"Exzellent." McTaggart genehmigt. „Willst du nicht ein Glas mit mir trinken?"

Der alte Mann war sichtlich zufrieden. Er brachte einen ausführlichen Toast aus.

„Und jetzt, denke ich, werde ich mit seiner Erlaubnis in den Ruhestand gehen." Er verneigte sich tief. „Mögen angenehme Träume auf den Schlaf warten." Die Tür schloss sich sanft hinter ihm.

McTaggart holte tief Luft und war froh, endlich allein zu sein. Er trank den Wein aus und begann zu rauchen, seine kalten Füße gegen den Herd gelehnt.

Er konnte sich dem Zauber eines Märchens nicht ganz entziehen; diese seltsame Ankunft in der Nacht in einem mittelalterlichen Land.

Er blickte sich um und betrachtete das Zimmer mit seiner bemalten Decke, dem unbequemen Boden und dem riesigen Bett aus vergoldetem Holz, das mit blauem Brokat umhüllt war.

Er begann schläfrig, sich auszuziehen, aber ein leises Klopfen ertönte an der Tür.

„Kommen Sie herein! – Entrez! – wie heißt das Wort?"

Beppo erschien mit einem schlanken, dunklen Jugendlichen.

„Ecco Mario." Er erklärte. Der Neuankömmling verneigte sich, stand erwartungsvoll da und blickte seinen verwirrten neuen Herrn respektvoll an.

McTaggart suchte nach einer Phrase.

" Ich verstehe nicht ." Er sah triumphierend aus, und sofort lächelte der alte Beppo und verfiel auf die Pantomime.

Er drehte sich um und nahm Mario ein langes Kleidungsstück aus dünnem Batist ab, das an Hals und Handgelenk bestickt war und über eine Brusttasche verfügte, in die unter einer winzigen Krone ein Monogramm eingearbeitet war.

McTaggart kämpfte mit seiner Heiterkeit. Es war offensichtlich, dass sein eigenes Gepäck am geschlossenen Zoll aufgehalten worden war. Dies war eine Reliquie seines Onkels , die für ihn in dieser Nacht bestimmt war.

Mario verneigte sich und verschwand, um mit einem kleinen Krug mit heißem Wasser, Elfenbeinbürsten und anderen Gegenständen für die Toilette seines Herrn zurückzukehren.

Feierlich richtete er den Raum ein, während Beppo den Esstisch abräumte. Dann wünschten ihm beide Männer zu McTaggarts großer Erleichterung „gute Ruhe".

Er schloss die Tür ab, schlüpfte hastig aus seinen restlichen Kleidungsstücken und hüllte sich dann in das lächerlich dünne Nachthemd.

„Über den Geschmack meines Onkels kann ich nicht viel sagen ! – Es ist nur für einen Balletttänzer geeignet!" Er erblickte sich selbst im Glas und kicherte mit leichtem Ekel. Der Batist spannte sich auf seiner breiten Brust, und unter den Falten kamen seine langen, sehnigen Beine zum Vorschein. Er zitterte.

„ Brr! – das *ist* die Grenze!"

Er zog es über die Knie und kletterte vorsichtig auf sein Bett. kuschelte sich zwischen die Kissen, dankbar für die Eiderdaunen.

Die Kerze neben ihm brannte noch, und bevor er sich vorbeugte, um sie auszublasen, warf er einen neugierigen Blick nach oben auf die dunklen Vorhänge über ihm.

Und dann fing er an.

Denn an der Decke lag ein Schatten, riesig, grotesk: der Schatten einer mächtigen Krone! Eine plötzliche Erinnerung überfiel ihn.

Er schaute genauer hin. Die Vorhänge waren zu einem Knoten zusammengezogen und wurden von einem schweren Ring aus vergoldetem Holz gehalten, in den eine Krone geschnitzt war.

Was hatte der Zigeuner gesagt?

„Das Glück kommt über die Meere … und ein Schloss, mein feiner Herr …“

Wieder hörte er die heisere Stimme über seiner ausgestreckten Hand.

Und er starrte mit großen Augen an die Decke.

Denn da hing sie … seine „goldene Krone“!

Kapitel XVI

Als er aufwachte, war es zehn Uhr.

Ein Sonnenstrahl fiel unter der Jalousie auf sein riesiges Bett und er rieb sich die Augen, schläfrig, verwirrt und fragte sich, wo um alles in der Welt er sein könnte? Dann erinnerte er sich, tastete nach seiner Uhr, warf die schwere Kleidung zurück und blieb in dem zerbrechlichen Nachthemd mit den Knien hängen. Der Batist riss, als er zu Boden rutschte.

Die eisige Kälte des Marmors weckte ihn und verhinderte effektiv den weiteren Schlaf. Er trottete zum Licht hinüber, um einen ersten Blick auf die Welt draußen zu erhaschen.

Hier scheiterte er gleich am Start. Denn die tiefen Fenster waren hoch angebracht, die Öffnung weit über seinem Kopf, und stammten aus jenen kriegerischen Zeiten, als die massiven Mauern Schutz vor Raketen boten.

Er zog einen schweren vergoldeten Stuhl darunter, stieg darauf, zog die verblassten Vorhänge beiseite und spähte gespannt hinaus.

Aber sein Zimmer lag zum Hof hin. Er konnte nur den gegenüberliegenden Flügel des Palastes sehen, der sich dunkel vom Himmel abhob, schroff und grau, mit einem Türmchendach, ein Bild mittelalterlicher Stärke .

Eine Wolke Tauben wirbelte auf und ließ ihre unzähligen silbernen Flügel aufblitzen, als ein Diener die Galerie mit ihren verdrehten Säulen aus geschnitztem Marmor entlangging.

Darunter erhaschte er einen Blick auf den Brunnen, und vor dem blendend saphirblauen Himmel erhob sich wie eine Lilie auf einem schlanken Stiel ein einzelner Turm aus verblichenen Ziegelsteinen mit einem spitzen Glockenturm, weiß wie Schnee, und einem eisernen Kreuz über den Mauern.

Unzufrieden kehrte er ins Bett zurück und klingelte, sich seines Appetits bewusst, an seiner Seite, seine Zähne klapperten vor Kälte.

Beppo antwortete auf die Aufforderung, sein altes Gesicht war von einem Lächeln umhüllt, redselig und hielt ein Tablett mit heißer Schokolade und Brötchen in der Hand. Vergeblich versuchte McTaggart, den Kern der Rede des alten Mannes zu erfassen. Ein Wort stach deutlich und immer wieder hervor, mit einem fragenden, besorgten Unterton.

„ Toob " – er dachte darüber nach, als sich der alte Diener schließlich zurückzog und er sich in die Kissen zurücklehnte, froh über das etwas dürftige Frühstück.

Plötzlich hörte er Schritte. Es klopfte an der Tür, und vier Männer kamen herein, taumelnd unter einer schweren Last. Es handelte sich um ein riesiges Bad, von der Art, wie man es mit einem festen Sockel und vielen Armaturen verbindet, völlig ohne Farbe. McTaggart sah mit großen Augen zu. Es wurde vor den Ofen geschoben, den Mario anzündete, und dann wurde unter Beppos Anleitung ein Laken über den riesigen Sarkophag ausgebreitet und hineingesteckt, um eine Auskleidung zu bilden.

Dann machten sich die Männer auf den Weg. Das Bad war mit kaltem Wasser gefüllt und daneben – wie ein zartes Kind! – eine kleine Fußwanne aufgestellt. Aus letzterem stieg eine Dampfwolke auf – ein willkommener Anblick für McTaggart – und auf einem Stuhl vor dem Ofen lag ein Kleidungsstück aus Badetüchern.

Mario näherte sich dem Bett.

„Guten Morgen für ihn. Sein ‚Toob‘ ist fertig.“ Er lächelte mit einem Aufblitzen kräftiger weißer Zähne, die das olivgrüne Gesicht erhellten und in den schlehenähnlichen Augen verweilten.

Seine Wanne! McTaggart hat das Rätsel gelöst. Und was für eine Wanne! Er unterdrückte ein Lachen, als Beppo ernst sein Tablett entgegennahm, mit einem Blick, in dem Triumph lauerte.

Aber Mario stand immer noch erwartungsvoll da. Sein Mantel war ausgezogen, die Ärmel hochgekrempelt, und – Beppo blieb im Hintergrund – begann er eine lange, respektvolle Nachforschung.

McTaggart schüttelte verwirrt den Kopf. Er fing die Worte „ fregamento “ – „Massage“ – auf. Mein Gott! – sie würden ihn baden!

„Non, non!“ – stammelte er – „solo!“ Er zeigte verwirrt auf die Tür, während die beiden Männer sich berieten.

Beppo nahm seine Pantomime wieder auf. Er nahm Marios starke Hand und rieb damit kräftig über seine Brust.

„Ecco! … ‚Reibung‘?“ Seine besorgten Augen beobachteten das erstaunte Gesicht seines Meisters.

„Io“, sagte McTaggart energisch, „immer … sempre.“ Er winkte sie ab. „Grazia – ma … *addio* !“

Auf diesen sehr offensichtlichen Hinweis hin zogen sich die beiden Diener langsam zurück.

McTaggart schoss aus seinem Bett und drehte den Schlüssel in der Tür. Dann explodierte seine unterdrückte Heiterkeit und er lachte, bis er weinte.

„Das war eine knappe Rasur", sagte er und starrte in die riesige Badewanne. „Mein Onkel hatte ein paar komische Angewohnheiten – Musselin-Nachthemden und Massage! Schrecklich, dieses nasse Laken ..." Er tauchte einen Finger hinein und zitterte. „Ich schwöre, da ist Eis drin –" sagte er. "Glücklicher Gedanke!" Er nahm die Fußwanne und goss kochendes Wasser hinein.

Nachdem er das Bad beendet hatte, zog er sich schnell an und klingelte dann für den Mann, nachdem er unter den vielen Toilettenartikeln vergeblich nach Rasiermessern gesucht hatte.

Aber Mario war darauf vorbereitet. Er rasierte McTaggart geschickt , stellte Puder her und stellte Parfüme her – was Peter hastig ablehnte.

Dann erschien Beppo mit einer Nachricht der Marchesa wieder. Sie würde ihren neuen Neffen empfangen, sobald es ihm passte.

Er folgte dem „maestro di casa" in den weiteren Flügel des Palastes und wurde in ein kleines Boudoir geführt, das mit gestreifter Primelseide behangen war. Der Raum war zierlich, voller Blumen und Fotografien, verstreut auf den modernen französischen Möbeln über dem zarten Aubusson-Teppich. Auf einer Staffelei unter einer Palme stand ein großes Porträt in Pastelltönen eines adretten kleinen Herrn mit schmaler Taille und gepolsterten Schultern. Das Gesicht, alt, aber immer noch gutaussehend, wies zerstreute Linien um die scharfen dunklen Augen auf. Er hatte ergrautes Haar, graue Augenbrauen und einen erstaunlich schwarzen Schnurrbart.

„Mein Onkel, das könnte ich mir vorstellen." McTaggart bückte sich gerade, um das Bild genauer zu betrachten, als eine Tür zu seiner Rechten von einem lächelnden Dienstmädchen geöffnet wurde.

„Par ici , Monsieur." Sie trat beiseite, damit er vorbeikam, und eine musikalische Stimme aus dem Raum dahinter begrüßte ihn.

„Entrez donc ! – Bonjour, Mann nie ..."

Er stand auf der Schwelle, groß und eifrig, seine blauen Augen weit aufgerissen, als er in ein hübsches Schlafzimmer blickte, dämmrig und warm und stark duftend.

Vor ihm stand ein hohes, schwarz drapiertes Bett, und vor den Kissen stand, lebhaft und lebendig, in der zobelfarbenen Umgebung eine junge und sehr schöne Frau.

Ihr glänzendes, rabenschwarzes Haar war locker auf ihrem Kopf unter einer Boudoir-Mütze aus Spitze aufgetürmt, und sie trug ein hauchdünnes Negligé, aus dem ihre weißen, gerundeten Arme unter Knoten aus Bändern hervorlugten und auf der Bettdecke aus schwarzem Satin lagen die Wirkung von gemeißeltem Marmor.

Ihr Gesicht, oval und elfenbeinweiß, war leicht amüsiert. Ihre großen braunen Augen, träge und unverschämt, musterten McTaggart von Kopf bis Fuß.

Aber was seine Aufmerksamkeit am meisten fesselte, war ihr Mund, wie eine gebogene scharlachrote Blume, die von einem Hauch des Frühlings auf ihr stilles Gesicht geblasen wurde ... Er blickte sie an.

Dann kam er wieder zu Verstand.

Er ging vorwärts, nahm die Hand, die er träge ausgestreckt hatte, beugte sich vor und führte sie voller glücklicher Eingebung ernst an seine Lippen.

Die dunklen Augen der Marchesa blitzten. Der rote Mund lächelte ihn an.

" Mais vous êtes tr ... es bien!" Sie rollte ihr R mit italienischer Betonung.

„Freut mich, Sie kennenzulernen, meine Tante." Und tatsächlich hat er nur die Wahrheit gesagt. Im Nu fand er eine gültige Entschuldigung für das Dandytum seines verstorbenen Onkels; dieser etwas erbärmliche Trotz des Alters neben seiner jugendlichen zweiten Frau.

„Haben Sie gut geschlafen? – Hatten Sie alles, was Sie brauchten?" Ihr Französisch voller flüssiger Vokale klang musikalisch an seinen Ohren.

„Und die ‚Wanne'? Ah! Ich kenne die englischen Sitten. Ich sage zu Beppo: Sehen Sie mal! – ein kaltes Bad – kalt ... kalt ...! Das ist es, was die Engländer lieben." Sie lachte klar und deutlich.

„Und dann tauchen Sie auf – ein echter Italiener! Ma si !" Sie nickte fröhlich mit dem Kopf. „Ein Maramonte – Mon Dieu, ich bin froh! – ohne Zähne. Verstehen Sie?"

„Nicht ganz", lächelte McTaggart zurück und zeigte beim Sprechen einen weißen Strich.

„Die englischen Zähne – quel horreur ! – die auffallen wie das Wildschwein."

Der junge Mann lachte schallend.

„Oh – wir sind nicht alle so schlimm! Aber Italien ist das Land der Schönheit –" er blickte sie an – „das lerne ich gerade."

Dann wurde ihm plötzlich klar, dass seine Haltung einer frischgebackenen Witwe gegenüber nicht richtig war, und die Fröhlichkeit erstarb aus seinen blauen Augen.

„Ich wünschte“, sagte er, „mein erster Besuch wäre zu einem weniger schmerzhaften Zeitpunkt gewesen. Glauben Sie mir ...“ Er stammelte, suchte nach Worten und versuchte, den richtigen Ausdruck zu finden.

Sie beobachtete ihn mit einem Anflug von Bosheit und ahnte seine Ratlosigkeit.

„Der Tod ist traurig“, sagte sie ruhig. „Aber es muss sein... und er war alt.“

McTaggart begann. Diese kalte Philosophie kam ihm ausgesprochen herzlos vor, und mit schneller Intuition erriet sie seine Gedanken, einen Anflug von Traurigkeit in ihren Augen.

„Findest du es seltsam, dass ich so spreche ? – Mein Neffe, warte ... ich bin erst neunzehn. Die Hochzeit wurde für mich arrangiert; ich habe das Kloster verlassen, um hierher zu kommen. Ah! Ich war jung – bei weitem zu jung!“

Unter dem Elfenbein ihrer Wangen stieg die Farbe an, und in ihren Augen erschien ein schüchterner Ausdruck, wie bei einem verletzten Kind, das sich an vergangene Strafen erinnert.

„Ich komme hierher, zu diesem ... *Grab* “, sie schauderte, als sie das Wort wählte – „so fröhlich, so frisch ... so unschuldig! Er hatte mich einmal unter den Schwestern gesehen – seine Cousine war die Mutter Oberin.“ .

„Und dann – so sehr allein zu sein. Er liebte Paris sehr, wissen Sie“ – (McTaggart erinnerte sich an den Satz zuvor und an den klugen Blick des französischen Wachmanns) – „Er nahm mich nicht einmal mit nach Rom, sondern ließ mich hier zurück alter Beppo. Und eifersüchtig! – ständig eifersüchtig ... auf seine eigenen Söhne – auf meinen Musikmeister! –

„Ah – was für ein Leben!“ Ihre Hände hoben sich. Sie lachte heftig. „Ich danke dem guten Gott von ganzem Herzen. Ich verhehle Ihnen gegenüber nichts . “

Ein tiefes Mitleid erfüllte den Mann mit einer Abscheu vor ausländischen Ehen. Er dachte für eine Sekunde an Cydonia – und stellte sie sich vor, hier und allein, der Gnade des verstorbenen Marquis ausgeliefert. Seine Seele empörte sich.

„Arme kleine Tante – ich verstehe.“ Seine Stimme war ernst, seine Augen sanft.

Mit einem kurzen, dankbaren Lächeln lehnte sie sich gegen die Kissen.

„Mein Neffe – ich mag dich sehr. Du hast ein Herz – das spürt man. Und – wir sehen uns – ich werde für seine Seele beten." Sie bekreuzigte sich mit einem Anflug von Inbrunst . „Ich werde viele Messen singen lassen ... Aber Bedauern? – ach nein! Das ist mir ein Rätsel."

Es herrschte Stille zwischen den beiden. McTaggart wandte seinen Blick ab, und sein Blick fiel auf die düsteren Vorhänge des riesigen, düster aussehenden Bettes.

„Das ist hier Brauch?" er hat gefragt.

"Der Brauch?" Sie runzelte leicht die Stirn. Dann entspannte sich ihr angespannter Blick . Die roten Lippen zitterten. „ Dieu!— qu'il Europäische Sommerzeit drôle !" Sie lachte laut. „ Das? – und das?" Sie berührte mit der Hand die Vorhänge, dann die Bettdecke.

„Du denkst vielleicht, das ist Trauer ? – Im Gegenteil…" Sie schüttelte sich vor Freude.

„Dein Onkel hat diese für *mich anfertigen lassen* ... il avait des idées ... assez bizarr !" Sie streckte einen perfekten Arm auf dem schwarzen Satin aus und bewunderte ihn.

McTaggart verspürte ein plötzliches Entsetzen vor dem alten Mann mit seinen müden Augen. Dann lachte er. Das Gesicht der Marchesa war wie das eines frechen, gesunden Kindes .

„Und jetzt, mein Neffe – au revoir. Um zwölf treffen wir uns wieder zum Mittagessen."

Er beugte sich vor und küsste ihre ausgestreckte Hand. Das gefürchtete Interview war vorbei.

Er fand seinen Weg in die Halle und setzte sich an einen Schreibtisch, entschlossen, seinen Brief noch vor dem Mittagessen an Cydonias Vater zu schicken.

"Lieber Herr."

Er schrieb die Worte auf ein Blatt, das mit einem Zentimeter schwarzem Rand umrandet war. Dann habe ich es zerrissen und von vorne angefangen.

„Angenommen, ich müsste ihn Mr. Cadell nennen!" Als das erledigt war, starrte er ins Leere und suchte nach einem einleitenden Satz; stand vor dem Problem, die Dringlichkeit seiner Auslandsreise zu erklären.

„Wenn ich damit beginne, dass mein Onkel tot ist, wirft das die Frage nach meinem Erbe auf – ich muss etwas über meine Familie erzählen, und das macht den Brief langatmig. Außerdem möchte ich nicht, dass er etwas über den Titel erfährt." Ich würde lieber, wie ich bereits sagte, als Peter McTaggart antreten und gewinnen."

Er dachte einen Moment nach und blätterte dann eine Seite weiter; las es durch und zerknüllte es.

„Zu umgangssprachlich – oh, Moment! Was soll ich denn sagen?"

Wie viele Männer, die leicht reden, konnte er seine Gedanken nicht zu Papier bringen.

Denn Reden bedeutet nur, Worte loszulassen; Schreiben, um sie näher zusammenzubringen.

Schließlich warf er seinen Stift hin .

"Es ist nicht gut!" Er stand auf. „Schließlich hat er mein Telegramm und ich werde innerhalb der Woche zurück sein. Aber ich wünschte, ich könnte Cydonia schreiben ..." Er blieb einen Moment am Herd stehen. „Ich hoffe wirklich, dass sie ihr keine Sorgen machen und dass das Kind es versteht? Ich weiß, dass der Brief sie nie erreichen würde, und ich hätte es lieber fair und ehrlich ... Es würde alles noch schlimmer machen, wenn man jetzt irgendetwas tun würde, die Cadells." könnte hinterhältig anrufen!"

Er streckte die Arme über den Kopf und gähnte, was in einem Seufzen endete. Dann fing er an, sein Königreich zu erkunden und stumpfe Sorgen beiseite zu legen.

Er ging den Korridor entlang, warf einen Blick auf die Statuen und gelangte schließlich zu zwei Türen, über denen ein Wappen eingraviert war.

Hier zögerte er eine Sekunde lang und fragte sich, was sich darin befand, und als er das tat, hörte er einen Schritt hinter sich herschlurfen.

Er drehte sich um und sah eine alte Frau vor sich, deren Kopf in einen Schal gehüllt war und die zwischen ihren verdorrten Händen ein rundes Gefäß aus gebranntem Ton hielt. Es hatte einen hohen Henkel, der an einen Marktkorb erinnerte, und darüber blickte ihn das faltige Gesicht mit scharfen schwarzen Augen an.

„ Buon ' giorno ", sagte McTaggart. Er starrte auf ihre Last. Das alte Wesen lächelte zurück und hielt es einladend hin.

Er sah, dass es mit heißer Asche gefüllt war, der primitiven Kohlenpfanne der Menschen. Er wärmte einen Moment lang seine Hände daran und zeigte dann auf die Tür.

„Si, si . Venga , Signore." Sie schlüpfte an ihm vorbei und drehte die Klinke, und er fand sich in einer Bildergalerie wieder, schwach beleuchtet, mit heruntergelassenen Jalousien. Die Tür schloss sich, er war allein. Neugierig blickte er sich um.

Über seinem Kopf hing eine bemalte Decke, eine vom Alter milde Kampfszene mit der leicht künstlichen Pracht der frühen sienesischen Schule. Aber von den Wänden blickten überall aus ihren mattvergoldeten Rahmen Gesichter auf ihn herab und musterten ihn mit feuchten Augen.

McTaggart spürte, wie ein seltsamer Stolz ihn schnell und klar durchströmte. Das waren seine! Das gleiche Blut bewegte sich in seinen Adern; hier war sein wahres Erbe!

Er ging langsam durch den Raum. Männer in Rüstungen forderten ihn heraus; Kardinäle in scharlachroten Gewändern; schöne Frauen lächelten herab; Kinder machten eine Pause in ihrem Spiel...

Dann kam er zum letzten Bild, lebendig, mit moderner Farbe, im Gegensatz zu den früheren, gemildert durch den Hauch der Zeit.

Ein junges Mädchen in einem weißen Kleid, einem blauen Band um die Taille und einem Leghorn-Hut, der um ihren Arm schwang und mit winzigen rosa Rosen bekränzt war. Eine Hand lag mit spitz zulaufenden Fingern auf dem glatten Kopf eines Windhunds, mit der anderen hielt sie ihre fließenden Röcke fest, unter denen ein schlanker Fuß in weißen Strümpfen und Schnallenschuhen vor einem Hintergrund die Marmorstufen hinunterwies von Zypressen.

Und das Gesicht? Das Lächeln, das seinem eigenen so ähnlich war, das hochgesteckte dunkle Haar, die schlanke Form und die mädchenhafte Anmut ...? Tränen stiegen in die Augen des jungen Mannes.

Hier war seine Mutter in ihrer Jugend. Vor dieser ersten Saison in Rom, als sie dort seinen Vater kennengelernt hatte und mit der Leidenschaft ihrer Rasse den zähen Schotten liebte und heiratete, brach sie den Zorn ihres Hauses und segelte in dieses nördliche Land, um nie wieder nach Hause zurückzukehren.

Es kam ihrem Sohn so vor, als ob sie jetzt triumphierend in ihren leuchtenden Augen lächelte; Sie forderte ihn auf, die Entscheidung zu rechtfertigen, die sie in der Vergangenheit getroffen hatte.

Und plötzlich reagierte die tiefere Seite seines Wesens auf den Schrei. Er sah, dass es jetzt in seiner Hand lag, ihre befleckte Ehre wiederherzustellen .

Er richtete sich mit festem Mund auf und war sich einer neuen Verantwortung bewusst. Die Märchenatmosphäre war verschwunden – das war das Leben … kein bloßes Abenteuer.

Er war der letzte Maramonte . Sein Blick schweifte durch den langen Raum, vorbei an Cesare – dem Patrioten – zu Giordano, dem Helden von Montaperti .

Sein Gesicht unter der olivfarbenen Haut wurde blass und dann rot; seine Augen waren ernst.

Denn er muss die Fackel weiterreichen ... Er hielt den Atem an, als er Cydonia sah.

Und eine neue Ehrfurcht färbte seine Liebe. Nicht nur Schatz und Ehefrau, sondern auch Mutter. Und bei diesem Wort stellte er sich sie mit einem kleinen goldköpfigen Sohn vor, der in ihren liebevollen Armen lag.

Er hatte die leidenschaftliche Zuneigung, die der Italiener – ausgerechnet ein Italiener – für seinen Nachwuchs empfindet, und als er in das schöne Gesicht seiner Mutter blickte, teilte er ihr seine geheime Hoffnung mit.

Dann zuckte er mit einem Stirnrunzeln zusammen. Denn wie ein unwürdiger Geist tauchte in dieser jahrhundertealten Menge die schwere Gestalt von Cadell auf.

Maramonte- Sorte mischen wollte !

Es schien ihm, als ob angesichts seines Verrats eine Stille im Raum herrschte; Die Augen blickten ihn kalt an, hochmütige Gesichter verhöhnten ihn ...

Cydonias Eltern! – Er sah ihn dort mit seiner bürgerlichen Herkunft eingeprägt; hörte wieder diese knirschende Stimme, markierte das grobe, verstopfte Gesicht.

Für einen Moment schreckte er vor dem Unentschieden zurück.

Dann kam die schnelle Reaktion. Was verdankte er diesem alten Bestand? Wie hatten sie seine schöne junge Mutter behandelt?

Er war auch der Sohn seines Vaters – ein Engländer. Sein Kopf ging nach oben. Cydonia sollte seine Frau sein – die Frau des einfachen Peter McTaggart.

Er drehte sich um und marschierte hinaus, mehr denn je in sie verliebt!

Kapitel XVII

Auf den langen Frost war Tauwetter gefolgt, und aus dem Süden kam Primavera auf eifrigen Füßen, immer noch mit Kapuze, aber die blassen Knospen an die Brust gedrückt.

Vögel sangen, als sie vorbeiglitt, Anemonen spähten durch das Gras und in den Olivenbäumen tanzten junge Blätter in der Sonne wie Silbermünzen, die von der fröhlichen Mutter Erde als Lösegeld für den Piraten Winter geworfen wurden.

Licht strömte vom saphirblauen Himmel herab und vergoldete die elfenbeinfarbene Stadt der Türme, während McTaggart durch die kurvenreichen Straßen fuhr, die Marchesa, immer noch in Pelze gehüllt, neben ihm.

Sie waren an den Grenzen seines Anwesens gewesen, bei Weinbergen, die an den Hängen terrassenförmig wie eine riesige Treppe angelegt waren und von Norden durch dunkle Reihen von Zypressen abgeschirmt waren, die vom grausamen Wind verzerrt waren; Vorbei an Orangen- und Zitronenfeldern, die mit Schirmen aus geflochtenem Schilf bedeckt waren, zum Haus des Agenten, wo sie zu Mittag gegessen und später das Olivenöl probiert hatten, weich und süß, aufbewahrt in riesigen Gläsern, die an die der „Vierzig Räuber" erinnerten.

Jetzt kehrten sie nach Hause zurück, schläfrig von dem langen Tag im Freien, glücklich müde und beruhigt durch die Bewegung der Kutsche.

Eine schelmische Brise spielte mit dem Schleier, den die Marchesa aus schwerem Krepp trug, und hin und wieder konnte McTaggart einen Blick auf ihr rundes Kinn und den blumenähnlichen Mund unter den Falten erhaschen, lebendig, lebendig und verlockend.

Er hielt träge Ausschau, lehnte sich gegen die hohen, gepolsterten Kissen zurück, und als sie sich plötzlich seines Blicks bewusst wurde, drehte sie ihren Kopf und brach die Stille.

„Du bist also ganz entschieden, Pietro?" Ihre Stimme war süß trostlos. „Du kommst nicht mit mir nach Fiesole?"

„Das kann ich wirklich nicht. Es tut mir sehr leid. Ich muss wohl nach England zurückkehren" – ein schwaches Lächeln verzog sich um seine Lippen. „Ich habe dort gerade ein wichtiges Geschäft zu erledigen. Ich versichere Ihnen, ich würde bleiben, wenn ich könnte."

Seine Tante lachte, ein wenig scharf.

„Das bedeutet eine Frau, würde ich sagen! – ‚Wichtige Angelegenheit‘
– in deinem Alter. Es gab noch nie einen Maramonte , der glücklich war, es
sei denn, er spielte mit dem Feuer.“

Ihre dunklen Augen warfen einen neugierigen Blick durch ihren
Schleier, aber er schüttelte den Kopf. Er hatte keine Lust auf
Vertraulichkeiten. Darüber hinaus wusste er, dass Cydonias Geburt den
Ansprüchen seiner Tante kaum genügen würde und fürchtete einen
möglichen Katechismus.

„Es ist die Villa deiner Schwester in der Nähe von Florenz, wohin du
gehst, nicht wahr?“

Die Marchesa nickte träge.

„Und wunderschön ...“, sie bewegte sich – „es blickt auf das Arno-Tal
mit einer breiten Loggia genau nach Süden. Sie ist meine älteste Schwester –
ich war das Baby – und ihre Tochter Bianca muss sechzehn sein. Es gibt
keinen Sohn – so einen Trauer! Meinem Schwager bricht es das Herz. Er ist
selbst Florentiner, mit einem alten Palazzo (jetzt geschlossen) und einigen
schönen Bildern in der Nähe der Cascine .

„Du wirst dort glücklich sein?“ fragte Peter.

"Aber ja!" Sie zuckte leicht mit den Schultern. „Eine Zeit lang, bis
meine Trauer vorüber ist. Es ist ein ruhiger Ort, Fiesole, und ich bin meiner
Schwester sehr verbunden. Dann werde ich nach Rom ziehen, um dort zu
leben.“

„Und dein Leben beginnt?“ Er erriet ihren Gedanken.

„Chi lo sa ?“ Aber ihre Augen leuchteten. „Jedenfalls heißt es Abschied
von Siena! In Rom kann man leben, wie man will.“

„Darf ich dich dort besuchen kommen?“

Impulsiv drehte sie sich zu ihm um.

„ Mas je crois bien! – So lange du kannst. Ich werde stolz auf meinen
hübschen Neffen sein. Und dann, Caro „Mio , ich werde eine Frau für dich
finden.“ Sie nickte mit einem Hauch von Weisheit.

„Ein wunderschöner Roman. Lass mich nachdenken ... Da ist
Prinzessin Dorias einziges Mädchen – der Principe war die Cousine meiner
Mutter – und Donna Maria Archiveschi ...? Nun – wir werden wählen, du
und ich.“

Ein plötzlicher Gedanke schoss ihr in den Sinn. Warum nicht Bianca?
– das Kind ihrer Schwester. Was für eine ausgezeichnete Partie würde es für
sie sein – sobald sie das Kloster verlassen würde.

Außerdem würde es der Marchesa passen. Sie hätte ein doppeltes Recht, in den Kreis der Maramonte- Familie aufgenommen zu werden und ihrer Liebe zur Intrige in vollen Zügen zu frönen.

Sie folgte diesem Gedankengang und lächelte McTaggart süß an.

„Du könntest mir jetzt keine Woche ersparen ? – eine kleine Woche, bevor du zurückkommst ...? In Fiesole – überlege es dir noch einmal. Deine arme Tante sofort im Stich zu lassen – man sieht, dass du dich nicht um sie kümmerst! ... Nur sieben Tage, Pietro mio , um mich dort glücklich zurückzulassen?“

Sie zog ihren Schleier zurück und ihre samtenen Augen, die wie dunkelste Stiefmütterchen aussahen, flehten stumm. McTaggart nahm seine ganze Kraft zusammen und beschwor Cydonia herauf.

„ Machen Sie es *bitte* nicht noch schwieriger! Ich würde gerne kommen, das wissen Sie. Es kommt nicht jeden Tag im Leben vor, dass man ... eine so perfekte Tante erbt!“

Er lächelte sie mit echter Zuneigung an.

„Ich komme zurück, wenn du in Rom bist – (und nicht allein!“, sagte er zu sich selbst). „Aber ich muss zuerst nach England zurückkehren und dort mein Geschäft gründen.“

„Du redest, als ob du einen Laden hättest!“ Sie zuckte kleinlich mit den Schultern. „Was will der Marquis Maramonte mit den Provisionen an der ‚Börse‘?“

Er lachte schallend bei der Erinnerung an ihr angewidertes, schönes Gesicht, als er ihr von seinem Beruf erzählt hatte.

„Fi donc !“ Verschmitzt schüttelte sie ihm ihren schlanken Finger entgegen. „Es würde den armen Gino dazu bringen, sich im Grab umzudrehen.“

„Und diene ihm recht!“ war McTaggarts Gedanke. Er konnte dem Toten die herzlose Behandlung seiner Schwester nicht verzeihen. Er hatte die jahrhundertelange Liebe des Italieners zu Gerechtigkeit und Freiheit und war nicht ohne einen Anflug von Rache, die noch verbliebene Spur einer weit entfernten „Vendetta“.

Er saß launisch da, sein Mund war hart; grimmig froh darüber, dass die Waage des Schicksals zugunsten seines Aufstiegs in die Macht gewirkt hatte, die ihr verwehrt blieb.

Die Sonne, die in Richtung der Hügel sank, tauchte die Stadtmauern in Schatten, als sie durch die Porta Romana und an der großen Servitenkirche vorbeifuhren .

Dann umrundeten sie den antiken Markt und gelangten auf den offenen „Campo" – diese seltsame muschelförmige Piazza, auf der das Herz des alten Siena pocht.

„Was ist das für ein Turm?" McTaggart zeigte. „Ich kann es von meinem Schlafzimmerfenster aus sehen."

„Der Torre del Mangia ", antwortete seine Tante, „über dem Palast der Kommune. Sie müssen die Fresken in der Kapelle von Bazzi sehen – reines Quattro Cento. Und da ist die berühmte Fonte Gaia – nach Giacomo della Quercia . Die Originalfragmente befinden sich im Museum. Das ist eine Kopie – aber immer noch in Ordnung. Auf diesem Platz findet „il Palio " statt, die beiden Gelegenheiten im Jahr, an denen Siena zum Leben erwacht –" Sie lächelte verächtlich, während sie sprach.

„ Dio ! – ich werde gerne gehen – es ist eine Stadt der Toten. Und kalt...!" Sie zitterte und zog ihr Fell näher an sich heran, als sie die Stunde des Sonnenuntergangs spürte.

Endlich kamen sie in den Palast. Beppo empfing sie im Flur mit Briefen für seinen jungen Herrn. McTaggart sammelte sie eifrig ein.

„Bringen Sie ‚süßen Wein' ins Boudoir", sagte die Marchesa zum Diener. Sie wandte sich an ihren Neffen. „Dort ist es wärmer. Ich komme zu dir, wenn ich meine Pelze los bin."

Aber McTaggart ging zuerst in sein Zimmer, um herauszufinden, ob die Briefe Neuigkeiten über Cydonia enthielten, und schloss die Tür ab und setzte sich an seinen Herd.

Es waren drei von ihnen, die von seinem Verein geschickt wurden. Eine Zeile von Bethune, eine Schneiderrechnung und ein Umschlag in kaufmännischer Handschrift. Er riss es achtlos auf.

Dann drehte er es schnell um, warf einen Blick auf die Unterschrift und biss die Zähne zusammen; und sein Gesicht errötete vor wachsender Wut, als er den Inhalt noch einmal durchging.

Es war mit „Ebenezer Cadell" signiert und enthielt einen schmalen, nicht befestigten Zettel.

Auch das las er, dann lehnte er sich zurück und fluchte in seinem bitteren Kummer laut.

Niemals in all seinen kühnsten Träumen hatte er sich vorgestellt, dass er einen im Stich gelassenen Mann sehen würde! Doch hier war es – er lächelte säuerlich – Cydonia hatte ihn umgeworfen!

Cydonia – die Frau, die er liebte. Das Mädchen, für das er in seiner Loyalität geschworen hatte, den Stolz seines alten und historischen Namens zu opfern.

Sie habe „einen Fehler gemacht". Er las es noch einmal und hielt das malvenfarbene Papier mit dem in einen fantastischen Kranz eingravierten Monogramm „C" an das Ofenlicht.

Sie war „zu jung" – wie ihre „Eltern sagten" – „um einige Jahre lang an eine Heirat zu denken". Sie hoffte, „Peter würde es verstehen" – und „sich nicht sehr verletzt fühlen!" Sie würde ihn „gerne als Freund behalten".

(„Ich werde verdammt sein, wenn sie es will!" – sagte der wütende Mann.)

Ihre Mutter sei erneut „ziemlich krank" gewesen, verärgert über ihre „Geheimhaltung".

(„Lass es sein!" Inmitten seines Schmerzes lächelte McTaggart. „Sie kann keinen öffentlichen Heiratsantrag erwarten – worauf zielt sie hinaus?")

Cydonia hoffte, dass er nicht schreiben würde. „Vater" hielt es für besser, es nicht zu tun. Es tat ihr „ *SEHR* leid." Zum ersten Mal erschütterte die sorgfältige Schreibweise ein wenig. Eine durchgestrichene Linie verriet, dass sie ihn „fürchterlich vermissen" würde.

Aber sie dachte, ihre Eltern wüssten es „am besten". Sie seien „sehr freundlich" zu ihr gewesen – und „Vater schrieb, um es ihr zu erklären."

Diese Aussage war eindeutig wahr. Denn Cadell hat Salz in die Wunde gerieben!

McTaggart wandte sich noch einmal seinem Brief zu.

Zunächst war klar, dass er McTaggarts unvorhergesehenem Abgang misstraute; Es war nur allzu offensichtlich, dass er diese Auslandsreise für einen Ausweg aus der Torheit eines Abends hielt!

Aber unabhängig davon, ob seine Absichten gegenüber Cydonia ehrenhaft waren oder nicht, hatte McTaggart keinerlei Aussicht auf Erfolg als sein Schwiegersohn.

Cydonia war zu höheren Höhen bestimmt ... (McTaggart dachte an Bethunes Worte: „Irgendein junger Arsch mit einem Titel und Schulden!")

Sie würde ein großes Vermögen erben und ihre Schönheit und ihre kostspielige Ausbildung würden „für jede Position geeignet sein".

„Sie ist *fast würdig*", spottete McTaggart, „*die Marchesa* Maramonte zu werden ."

Denn die Wut war immer noch vorherrschend. Die einsame Sehnsucht sollte folgen.

Der Brief, pompös, ohne Takt, ging in ein klares Verbot über. Cadell schloss die Tür seines Hauses angesichts des unerwünschten Bewerbers. In der Anspielung des älteren Mannes auf die Notiz seiner Tochter klang deutlich Boshaftigkeit mit. „Die Beilage wird die Sache klären."

Das tat es. McTaggart beugte sich vor, schob beide Briefe in den Ofen und sah zu, wie die Flammen hoch aufstiegen und die Liebe in Asche verwandelten.

Lange saß er da, das Kinn auf die Hände gestützt, seine blauen Augen starrten ins Leere. Die Uhr tickte geräuschvoll weiter und markierte den Tod von mehr als der Zeit. Zerbrochene Ideale, verschwundene Träume ... Begeisterung, Loyalität; verschwendet an einem unwürdigen Schrein – seine Gedanken wanderten schließlich zu Fantine.

Frauen waren anscheinend alle gleich. Impulsgeschöpfe ohne Ehre ...

Es klopfte an seiner Schlafzimmertür – eine Nachricht von der Marchesa.

Mit einem neugierigen Lächeln stand er auf. Das französische Dienstmädchen wartete draußen.

McTaggart verwies auf Bethunes Brief und erklärte, dass wichtige Angelegenheiten eine sofortige Antwort erforderten. Er würde in Kürze bei ihrer Geliebten sein – die Zeit, eine hastige Zeile zu schreiben ...

Er hielt inne, als das Mädchen den Blick hob und in der Dunkelheit des Flurs einen Arm um ihre Taille legte und einen Kuss von ihrem frischen Mund stahl, amüsiert über die schnelle Kapitulation der Magd.

Dann ging er an ihr vorbei und ging nach unten. „Nur so kann man sie behandeln!" sagte er zu sich selbst, ohne ein Gefühl der Freude, sondern mit einem perversen, kalten Ekel.

Im Flur setzte er sich hin, holte ein Blatt Papier mit schwarzem Rand und einer eingravierten Krone hervor und schrieb sofort an Cadell.

Er hielt sich an die Entscheidung der Eltern ... Cydonia war tatsächlich jung ... Er wollte jedoch klarstellen, dass seine Abreise nach Italien naturgemäß unvermeidlich gewesen war.

Sein Onkel und seine Cousins waren tot. Er gab ihnen ihre vollen klangvollen Titel. Und als Erbe ihres Vermögens und ihrer Ländereien war seine Anwesenheit unerlässlich gewesen.

Ein schwacher Anflug von Bosheit huschte über seinen Mund, als er den Satz schrieb und sich vorstellte, wie die Augen des Empfängers aus seinem roten Gesicht hervortraten .

Mr. Cadell konnte sicher sein, dass McTaggart nie wieder die Schwelle seines Hauses betreten würde ... Er dankte ihm für die Gastfreundschaft in der Vergangenheit.

Dann unterschrieb er es, las es durch, faltete es ordentlich zusammen und legte es bei.

Vor ihm lagen ein Bündel Siegel und ein langer Stab aus schwarzem Wachs. Er zündete die Kerze an und nahm mit einem leichten Lächeln die größte davon auf, auf der sich das von einer Krone gekrönte Maramonte-Wappen befand.

Er drückte es kräftig auf den flüssigen Wachsspritzer.

„Es ist snobistisch" – seine Lippen kräuselten sich – „aber ich kenne Cadell – es wird ihn dazu bringen, sich zu winden!"

Er klingelte und reichte Beppo den Brief. „Für die Post – presto!" – und ging nach oben. "Darf ich rein kommen?" Er öffnete die Tür zum Boudoir seiner Tante , seine Augen leuchteten vor Schmerz, den sein lächelnder Mund verbarg.

„Ah, Mann Schatz , wie spät bist du!" Es könnte Fantine gewesen sein – sagte er sich. Aber da hat er seine Tante falsch eingeschätzt.

Es gab eigentlich nur zwei Arten von Frauen – fuhr er mit bitterer Argumentation fort – die unschuldigen, dummen und schwachen und die starken, klugen und korrupten.

„Setzen Sie sich und trinken Sie etwas Wein." Von ihrem Sitz in der niedrigen „Bergère" aus streckte sie ihr einladend die Hand entgegen. „ Dio ! Wie kalt bist du!"

Denn seine Finger waren eisig, sein Gehirn heiß.

„Niemals mit dir, ma chère tante – Unmöglich." Er neigte den Kopf, um ihr duftendes, schlankes Handgelenk zu küssen – und überlegte es sich dann anders, als er einen Blick aus den dunklen Augen voller Koketterie erhaschte.

Zum ersten Mal nutzte er die neue Beziehung aus, aber ohne Vergnügen, lediglich ein äußeres Symbol der seltsamen Rücksichtslosigkeit, die er empfand.

„Mein Geschäft ist erledigt. Bist du froh? Ich komme mit dir nach Fiesole."

Sie bot ihm mit der offenen Fröhlichkeit eines Kindes ihre andere Wange an.

„Du vois !" Sie lachte fröhlich. „Aber ich bin tatsächlich entzückt. Und meine Schwester auch – sie wird sich freuen, Sie willkommen zu heißen." Ihr Gesicht wurde ernüchtert, als sie diese Worte hörte. Sie schenkte ihm ein Glas Wein ein und sah zu, wie sein Lächeln verschwand. Er sah jetzt blass und angespannt aus. Geschickt spürte sie, wie sich seine Stimmung änderte.

„Dieses ‚Geschäft'--", sagte sie sich. „Ich hatte Recht – eine Frau! – Ich frage mich, wo? Der Junge ist verwundet – das sieht man – hoffen wir, dass es nur eine vorübergehende Einbildung ist. Umso besser für meinen Plan ... Zu keinem Zeitpunkt ist ein Mann so schwach wie nach einem Liebhaber Streit. Aber jetzt – man muss vorsichtig vorgehen. Ich werde heute Abend nach Fiesole telegrafieren – Bianca muss das Kloster verlassen. Es wäre klug, sie dort zu finden – eine Überraschung für uns beide." Sie warf einen Blick auf die Uhr. Dann fuhr sie mit ihrer sanften, musikalischen Stimme mit ihrer Rede fort.

langweilig finden , hoffe ich? Du verstehst, dass wir trotz meiner Trauer sehr ruhig leben werden. Nur du und ich und meine Schwester dort – und mein Schwager, en Familie ."

„Das wird mir gefallen", sagte er aufrichtig. „Ich habe das Londoner Leben ziemlich satt – ein wenig Ruhe wird mir guttun. Es ist so nett von dir, dass du mich haben möchtest."

Er nippte an dem Glas mit dem süßen Likör, das er in der Hand hielt, mit einem plötzlichen heimlichen Verlangen nach einem guten starken Brandy und einer Limonade, um seine zitternden Nerven zu beruhigen.

Denn die Reaktion kam. Unter seiner Rüstung aus verletztem Stolz durchbohrte ihn ein Gefühl des Verlustes.

In dieser Nacht schloss er seine Augen nicht.

Kapitel XVIII

Währenddessen sah sich ein anderer junger Mann unter grauem Himmel in einem düsteren Raum in der Nähe von Primrose Hill (mit Bestürzung) einer deutlichen Wende in seinen Angelegenheiten gegenüber.

Er saß in einem schäbigen Schlafrock vor einem Tisch, der mit Papieren bedeckt war, die jetzt in düsteren Stapeln unbezahlter Rechnungen sortiert waren, und las einen Gerichtsbescheid.

Stephen Somerfield starrte darauf , sein schwaches, gutaussehendes Gesicht war von hoffnungslosem Ekel gezeichnet.

„Es ist ein totales Durcheinander!" Also fasste er es zusammen. „Was für ein unglücklicher Bettler ich bin! – Ich fand es ziemlich schlimm, aber das" – er warf das Dokument weg – „ist die Grenze!"

Monatelang hatte er aufgrund der Oberflächlichkeit seines Charakters eine gründliche Prüfung seiner Verbindlichkeiten aufgeschoben und es vorgezogen, das Schlimmste zu ignorieren. Selbst jetzt, wo er sich hoffnungslos in Schulden steckte, konnte er keinen besseren Grund dafür nennen als sein eigenes „chronisches Pech"!

Mit diesem Satz erstickte er sein Gewissen. Wo ein anderer Mann die Notwendigkeit sofortigen Handelns erkannt hätte, saß er wie betäubt da, halb ungläubig, seiner Meinung nach ein Märtyrer.

Er verspürte keinen Ansporn, an der Lösung des Rätsels zu arbeiten. Er konnte nur zurückblicken und seine Wut an denjenigen auslassen, die in seiner Karriere betroffen waren und es schließlich nicht geschafft hatten, einem Verschwender zu Hilfe zu kommen.

Er verfluchte seinen Vater, seine Hand geballt, seine grünen Augen voller Bosheit.

Er konnte ihn jetzt, trotz der schweren Last der Jahre immer noch aufrecht, bei diesem letzten schmerzhaften Interview sehen, als er voller Herzschmerz über die Extravaganz seines Sohnes weitere Hilfe rundweg abgelehnt hatte.

Er gewährte Stephen jährlich zweihundert Pfund, zusätzlich zu den achtzig Pfund, die ihm seine Mutter hinterlassen hatte, da er dies für eine faire Vereinbarung hielt, und hatte ihm grob gesagt, er solle „arbeiten!"

Aber Arbeit war das Letzte, was Stephen suchte. Als er kaum zwanzig war, hatte er das Pech gehabt, eine reiche Witwe kennenzulernen, die doppelt so alt war wie er und sich für den Jungen interessiert hatte.

Sie hatte ihm in ihrem angenehmen Haus ein Zuhause gegeben, ihn gestreichelt und gefüttert, ganz so, wie sie einen Lieblingsspaniel behandelt hätte , aber insgeheim amüsierte sie sich über seine Ansprüche.

Mit seinen sentimentalen, grünlichen Augen unter den langen, hellen Wimpern, seinem klaren Teint und dem spitzen Kinn schien er einem hübschen Mädchen nicht unähnlich zu sein.

Er passte sehr gut zu ihrem Zweck, war nicht wichtig genug, um einen Skandal auszulösen, und diese reiche und etwas einsame Frau hatte bereitwillig für seine Gesellschaft bezahlt.

Es passte auch Stephen Somerfield.

Er begleitete sie überall hin, genoss den Luxus ihres Autos, führte ihre Aufträge aus, kaufte Theaterkarten und plante Einrichtungen für ihr kontinuierliches Vergnügen.

Aber sie machte nie den großen Fehler, ihre Handtasche mit dem Mann zu teilen. Es gab keine „Vergünstigungen" zu sammeln, abgesehen von gelegentlichen einsamen „Fünf", die Bridge in ihrem Haus überreicht wurden.

Sie bezahlte seine Ausgaben nur, wenn sie bei ihm war; und als sie nach nur zwei Tagen Krankheit plötzlich starb, ging jeder Penny ihres Geldes an die Leute ihres Mannes zurück.

Bevor diese Katastrophe hereinbrach, war Stephen im Zuge seiner Lehnsdame in die damals neue Bewegung des Frauenwahlrechts verwickelt worden.

In den darauffolgenden mageren Tagen nutzte er es aus und war froh, sein mageres Einkommen dadurch aufzubessern, dass er bezahlter Sekretär einer der bedeutendsten Filialen wurde.

Hierhin schickte ihm das Glück Frau Uniacke , eifrig, hypnotisiert von dem schrillen Schrei über das Unrecht der Frau, aber ohne Ahnung von geschäftlichen Angelegenheiten, froh, sich an ihn um Rat zu wenden. Nach und nach festigte er die Bindung und schlüpfte in ihren Alltag; innerlich verärgert über das „chronische Unglück", das ihn nach einem Gang Ritz-Dinners dazu zwang, ihre schlechte Gastfreundschaft anzunehmen, aber dennoch zu klug, um die Wirtschaft unter der gegenwärtigen schweren Wolke zu übersehen.

Aber nichts konnte seine Liebe zur Show bremsen. Er kassierte Schneiderrechnungen in Hülle und Fülle; Hutmacher und Schuhmacher lernten ihn kennen , der Kredit brach überall ein. Nun war der Tag der Abrechnung angebrochen, die Geduld der Handwerker hatte ein Ende.

Es muss sofort etwas getan werden. Er fluchte launisch über seine Rechnungen.

Er stand von seinem Platz am Tisch auf, ging zum Schrank, holte einen Korkenzieher und öffnete dort eine Flasche Brandy mit diesem typischen Gedanken:

„Ich bin so froh, dass ich jetzt ein Dutzend bestellt habe! Ein Glücksfall, Charlie so zu treffen …" Er bezog sich auf einen Schulfreund mit bescheidenen Mitteln, der kürzlich in das Geschäft eines Weinhändlers eingestiegen war und auf der Straße gegen Stephen angetreten war trennte sich mit einem Befehl von ihm.

Er füllte sein Glas mit Wasser – der Lebensmittelhändler hatte sich rundweg geweigert, ihm weitere Siphons zu liefern – und hielt auf dem Weg zurück zum Tisch einen Moment nachdenklich inne, um sein blasses Gesicht im Glas zu betrachten.

"Ich wundere mich?" Er lächelte das Spiegelbild an und strich sein glattes Haar zurück.

„Man weiß ja nie … Ich habe Lust, es auszuprobieren! – Frauen sind merkwürdige Kleinviecher. Es steht außer Frage, dass sie sich darauf einlassen würde. Jedenfalls kann es nicht schaden."

Er setzte sich, trank durstig, dann griff er mit zusammengezogenen Brauen zum Stift.

„Sehr geehrte Frau Uniacke ", begann er oben auf einem einfachen Blatt Papier. (Kein Datum und keine Adresse; er war nicht ohne eine bestimmte Methode!)

„Würden Sie mein Essen mit Ihnen entschuldigen? Es tut mir so leid und ich bin so enttäuscht, aber Tatsache ist, dass ich heute Abend mit belästigenden eigenen Angelegenheiten konfrontiert bin und eigentlich ganz ungeeignet für Gesellschaft bin."

„Schon seit einiger Zeit sehnte ich mich danach, Ihnen von all meinen schmerzhaften Sorgen zu erzählen. Sie sind so furchtbar freundlich und *verständnisvoll …*"

Er brach ab und leerte sein Glas.

„Das wird ihr gefallen – das tun sie immer!" Dann griff er wieder zum Stift.

„Ich stecke wirklich in einem schrecklichen Loch. Ich glaube, ich habe Ihnen einmal erklärt, dass mein Vater nie ganz fair zu mir war – ein harter Mann, der sein Geld liebt – und dass meine Schwester sein Lieblingskind ist

. Ich habe meine Mutterjahre verloren." Ich habe niemanden, an den ich mich in meinen Schwierigkeiten wenden kann, außer dir selbst – also hoffe ich, dass du mir verzeihst –, aber ich fühle mich heute Nacht so schrecklich elend.

„Tatsache ist, dass ich mit meinen Mitteln nicht weiter in London leben kann. Mit meinem geringen Gehalt ist das unmöglich und die Folge sind drückende Schulden."

„Ich denke ernsthaft darüber nach, alles abzubrechen –" („Das wird ihr nicht gefallen!" – er lächelte, als er schrieb) „und es in einem neuen Land – vielleicht Australien – oder Kanada – noch einmal zu versuchen. Dieses Land wird gespielt." raus – die Konkurrenz zu stark – und, wenn ich keinen klaren Weg sehe, zu erhöhen –"

Er hielt inne – „hundert Pfund ... (Ich wage nicht, am Anfang mehr zu verlangen, und das wäre eine nützliche Beruhigung ...) Ich fürchte, ich muss meine Arbeit aufgeben, und was ist noch schmerzhafter." Dennoch – um mich von meinen wenigen echten Freunden zu verabschieden und im Ausland neu anzufangen.

„Ich habe meinem Vater geschrieben und geschrieben! – aber er ignoriert einfach mein Gebet um Hilfe. Wenn nur meine Mutter am Leben wäre , wie anders wäre das Leben für mich!"

Er lächelte säuerlich über den Satz. Denn Mrs. Somerfields früher Tod war durch Alkohol beschleunigt worden – einer der vielen schweren Schicksalsschläge, die sein hart arbeitender Vater überlebt hatte.

„Ich weiß", begann er erneut zu schreiben, „Sie werden diesen Brief als *reinen Privatbrief behandeln* . Wenn mein Vater stirbt, muss ich eine ordentliche Summe erhalten, und mit meiner Hilfe könnte ich *jetzt* die Rückzahlung des Darlehens garantieren – mit." natürlich das übliche Interesse.

„Ich habe das Gefühl, dass ich nicht die geringste Entschuldigung habe, mich in meiner Not an Dich zu wenden – aber ich kann den Gedanken nicht ertragen, mich von dem einzigen wahren Freund zu trennen, den mir das Leben gebracht hat.

„Du warst *mehr* als ... eine Schwester für mich (ich kann nicht ‚Mutter' sagen – das ist zu absurd), und wenn jemals ein Mann dafür dankbar wäre, dann ist dieser Mann es."

„Du   bist   ...   kaputt, „STEPHEN."

Er las es nachdenklich durch und lächelte ein wenig über das Finale.

„,Broke' wäre besser! – aber im Großen und Ganzen denke ich, dass es ein ziemlich nützlicher Brief ist."

Er befestigte und versiegelte es sorgfältig, dann warf er einen Blick auf die Uhr und klingelte.

„Es sollte Mrs. Uniacke erwischen , bevor Jill vom College zurückkommt."

Eine unordentliche Magd folgte dem Ruf und steckte ihren Kopf zur Tür hinaus, mit schmutzigem Kragen, kunstvollem Haar und einer gewissen hübschen, blutleeren Schönheit.

„Nun – was nun, Mr. Stephen?"

„Komm her, Letty." Er winkte ihr zu. „Möchtest du etwas für mich tun?" Er lächelte und legte eine Hand auf ihren Arm. Das Mädchen errötete bei seiner Berührung.

„Man will immer irgendetwas " , sagte sie .

„Und manchmal kriegst du es – was, Letty? Da – sei nicht böse! Gib uns einen Kuss …"

Aber sie löste sich von ihm, indem sie den Kopf nach hinten warf.

„Ich bin nicht dieser Typ – das habe ich dir gesagt." Ihre Stimme war mürrisch, ihr Gesicht angespannt.

„Sie haben keinen Anlass, so zu reden – ich würde meinen Platz verlieren, wenn die Frau es wüsste – das ist nicht fair …"

Sie schwankte plötzlich unter den sentimentalen Augen.

„Nun – ich werde es tun. Ein Brief, nehme ich an ? An das Haus auf der Terrasse, wo du Abend für Abend hingehst, um deine … ‚Jill' zu treffen!" Mit einem Schnappschuss brachte sie den Namen hervor.

„Diesmal falsch –" Er lächelte immer noch und blickte zu dem launischen Gesicht auf, das unter den Locken aus aufgebaustem, aschfahlem Haar leicht gefärbt war .

„Jill ist keine Freundin von mir, meine Liebe. Sie hasst mich – und das beruht auf Gegenseitigkeit! Dies ist ein Brief an ihre Mutter – eine Angelegenheit für die Sache der Frau."

Das Mädchen hellte sichtlich auf.

„Nun – ich gehe davon aus , dass wir die Stimme bekommen. Es ist an der Zeit, dass wir es tun und bessere Löhne bekommen. Ich habe es satt, immer ‚Skivvy! Skivvy!' genannt zu werden. von jedem Verkäufer in Chalk

Farm. Wir werden *sie* nach und nach zu „Skivvies" machen! Ich habe die Männer satt – sie sind alle gleich! Sie haben den Spaß, während wir schuften – das ist das Leben eines Hundes ein Mädchen!"

"Nicht immer." Stephen antwortete leise. „Nicht, wenn du hübsch bist – was, Letty?"

Er legte ihr den Brief in die Hand, bückte sich schnell und stahl ihr einen Kuss.

Sie sprang mit einem kleinen Schrei zurück. Dann stand sie da, ihre Lippen zitterten, Tränen waren nicht weit von ihren haselnussbraunen Augen entfernt.

„Ich habe dir doch gesagt … das würde ich nicht tun. Nie wieder!"

„Oh! ein Kuss! – was ist ein Kuss?" Er zuckte verächtlich mit den Schultern. „Da – lauf weg – siehst du nicht, dass ich beschäftigt bin?" Er setzte sich wieder an den Tisch.

Für einen Moment zögerte das Kind – für ein Kind war es dem Test der Zeit nach zu sein – Liebe und Groll kämpften in ihr; dann warf sie sich mit zusammengepressten Lippen davon.

„Guter Gott!" Stephen gähnte. „Belästige das Mädchen. Ich habe ihr den Kopf verdreht. Ich würde diese scheußlichen Räume am liebsten verlassen – nur da ist da noch diese verdammte Rechnung. Und Letty ist in gewisser Weise nützlich."

Sein Blick fiel auf das Feuer. Er wusste, dass sie so manchen Klumpen Kohle gestohlen hatte, als sein dürftiges Schiff scheiterte – und hatte Mitleid mit dem unvorsichtigen Mann, den sie zum Helden ihrer Träume gemacht hatte; im Bann seiner grünen Augen und seiner unbekümmerten Vertrautheit.

Während er unterdessen dasaß und eine von Mrs. Uniackes Zigaretten rauchte, mit denen er sein Etui nach seiner letzten Mahlzeit sorgfältig gefüllt hatte, überquerte der Diener durch die feuchte Abendluft den Primrose Hill und erreichte die Terrasse in der Nähe des Parks. überbrachte den Bettelbrief ihres Herrn.

Jill war noch nicht nach Hause zurückgekehrt. Roddy war weit weg in der Schule und im Haus mit seinen schmuddeligen Jalousien und beschlagenen Fenstern herrschte Stille.

Frau Uniacke war oben und flickte den Saum eines schäbigen Rocks, der an einem regnerischen Tag durch einen langen Trampel in einer Prozession beschädigt worden war.

Tatsächlich spiegelte sich der Verschleiß der „Sache" selbst in ihrer Kleidung wider; Aber das schmale Gesicht mit seinem vogelähnlichen Ausdruck von Helligkeit und lebhafter Emotion, seinen hohen Wangenknochen und seiner schnellen Röte war vom inneren Feuer der Hoffnung erfüllt.

Sie kamen ihrem Ziel näher. Sie sagte die Worte leise laut, während sie ihre gebrechlichen Schultern über das Bett beugte und die ausgefransten Kanten zusammenhielt.

„Pioniere, oh Pioniere ..." Sie konnte das Pochen der Marschschritte hören und endlich die schwache Linie der fernen Hügel sehen, auf denen die Freiheit lag. Was zählte es dann, wenn der Weg lang war und der scharfe Fels ihre müden Füße schnitt, wenn am Horizont ein neuer Tag anbrach – eine Ära der Gerechtigkeit für ihr Geschlecht?

Etwas erreicht, etwas getan...

Es klopfte an ihrer Schlafzimmertür und Lizzie kam mit einem Brief zwischen schmutzigem Finger und Daumen herein.

Als sie es entgegennahm, überkam Frau Uniacke eine seltsame Vorahnung einer Katastrophe. Sie wartete darauf, dass der Diener ging, bevor sie das sorgfältige Siegel brach. Und als sie las, schnappte sie nach Luft. Stephen – verlässt er sie? ... die Sache im Stich lassen...? Hier zerplatzten ihre Träume, ein schneller Schlag aus der Dunkelheit.

Sie ließ ihre Näharbeit hinter sich und setzte sich, den Brief aufgeschlagen, auf die Knie.

Ein klarer Gedanke beschäftigte sie jetzt – das muss gestoppt werden – um jeden Preis!

Aber wo sollte sie das Geld finden? Sie ging zum Tisch am Fenster, schloss eine Schublade auf, holte ihr Sparbuch heraus und blätterte fieberhaft darin.

Da war Roddy, der nach Kleidung verlangte , Haushaltsrechnungen in der Schwebe waren, Jills Musikunterricht bezahlen musste ... Dann kam es ihr wie ein Blitz. Ihr Diamantstern ! Ja – das muss weg.

Alles – um Stephen zu behalten!

Sie fühlte sich wie ein Mann, der sich viele Monate lang auf Krücken fortbewegt und sich plötzlich ihrer Krücken beraubt sieht, hilflos, ohne Halt ...

Aber war es fair? – fair gegenüber Jill. Der Stern war das Geschenk ihres Mannes gewesen – sie hatte vorgehabt, ihn ihrem Kind zu hinterlassen.

Der Kampf begann. In Wirklichkeit kam es zu einer Wahl zwischen dem Paar – Stephen, ihrem Freund, und Jill ... dieser „unabhängigen" Tochter.

Das Adjektiv verriet ihre Stimmung.

Denn so stolz sie im Herzen ihrer Mutter auf das aufgeweckte junge Mädchen mit ihrem klugen Gehirn war, die ärgerliche Tatsache war darin verborgen – ihr Nachwuchs war dem Nest entwachsen.

Sie konnte nicht erkennen, dass das Alter hauptsächlich für den Mangel an dem verantwortlich war, was sie „angemessenen Respekt" nannte – diese mittelviktorianische Unterwürfigkeit.

Sie hielt das, was *sie* für richtig hielt, für die natürliche Führung des Mädchens; dass dieser jeden ihrer Gedanken nach dem Vorbild der vergangenen Generation formen sollte.

Doch sie selbst war ausgebrochen. Es kam ihr nicht in den Sinn, die Frage des militanten Wahlrechts mit denselben Maßstäben abzuwägen, die ihre eigene Mutter verwendet hatte ...

Sie dachte, die Ehe habe ihr das Recht auf ein unabhängiges Urteil gegeben – die volle Autorität der Frau.

Sie sah nicht, dass sich das Leben verändert hatte. Dass die Jugend von heute ihren Anspruch auf eine zu ihrer Zeit unbekannte Gedankenfreiheit geltend machte, gestützt durch eine fundiertere Bildung.

Sie hasste insgeheim schon das Wort. Zu ihrer Zeit war es für ein Mädchen ausreichend gewesen, über ein paar oberflächliche Kenntnisse aus altmodischen Grundkenntnissen zu verfügen. Ein wenig Französisch, Geschichte, Grammatik, Handarbeiten und „gute Manieren": genug Musik, um „Stücke" zu produzieren, wenn sie für den Heimgebrauch benötigt werden. Aber kein Training für das Gehirn – wenig Logik oder Denkvermögen – die Künste wurden vernachlässigt, aus Angst, sie könnten einen alarmierenden Hauch von Bohemien mit sich bringen. Und „was Mutter sagt, ist richtig." Dies war ein Axiom, wichtig und anerkannt; alle weiteren Argumente ersticken, das A und O der Frage.

Jills zutiefst moderne Einstellung, die durch ihr Universitätsleben gefördert wurde, ihre alarmierende Tendenz, alte Konventionen zu widerrufen – sogar ihre religiösen Zweifel, wenn man ihr ehrlich ins Auge sah, schockierten ihre Mutter und bedrohten ihre Autorität. Sie trauerte heimlich um ihr Kind.

Stephen war jetzt – ihr Gesichtsausdruck entspannt – immer aufmerksam und lernfreudig ... Mit einer charmanten Höflichkeit beugte er sich ihrem Willen und respektierte jede Meinung von ihr.

Bei ihrer zarten Reinheit in der Absicht kam ihr nie in den Sinn, dass hier Sex im Spiel war und die Natur auf ihre verborgene Weise am Werk war.

Sie wäre vor dem Gedanken zurückgeschreckt, dass es dem Herzen ihrer Frau schmeichelt, wenn ein Mann, der viel jünger ist als sie, sich an sie wenden könnte, um Inspiration zu finden.

Und dann war da noch die Verbindung zwischen ihnen – „die Sache", die von Tag zu Tag stärker wurde, und Jills offene Skepsis , die ihre Mutter bis ins Mark traf. Roddy war natürlich noch ein Junge! Frau Uniacke lächelte schwach. Sie haben von Ihrem Sohn erwartet, dass er sich früher oder später von den „heimischen" Meinungen löst.

In diesem verworrenen Labyrinth wurde ihr nicht ein einziges Mal die Schwäche ihrer Position klar: Sie war eine Verfechterin der Rechte der Frau – und verweigerte dies auch ihrer einzigen Tochter.

Noch einmal las sie Stephens Brief. Dann zog sie mit entschlossener Hand ihr Scheckbuch näher an sich heran. Der Parasit hatte die Oberhand gewonnen. Sie sagte sich, es sei für die Sache. Den schwachen Verdacht der Unehrlichkeit verdrängte sie strikt, als ihr unbewusst klar wurde, dass es eine gefährliche Frage aufwerfen würde, ihr Handeln auf andere Gründe zu stützen.

Aber zum ersten Mal in ihrem Leben schlich sich ein Gefühl in die Freundschaft ein. Der Fehler – wenn es so wäre – war ein Fehler der Liebe; sie konnte es nicht ertragen, sich von Stephen zu trennen.

Dann hob sie den Kopf und lauschte, hörte, wie sich die Haustür öffnete und schloss und Jills Stimme, glücklich, jung:

„ Mutter! – Mutter ... Wo bist du, Mutter?"

Sie steckte das Scheckbuch in die Schublade mit dem offenen Brief und drehte den Schlüssel um, mit geröteten Wangen und erhobenem Kopf. Sie brauchte Jills Rat nicht!

„Hier bin ich –" Sie ging zur Treppe und das Mädchen rannte zwei Stufen auf einmal hinauf.

„Oh, Mutter – ich habe dir so viel zu erzählen – es war so ein schöner Tag!"

Impulsiv streckte sie die Arme aus und umarmte die schmächtige, wartende Gestalt in einer kindlichen Umarmung, während ihr frischer Mund auf die Wange ihrer Mutter drückte.

„ Da! – ich fühle mich so glücklich. Ich habe ‚Ausgezeichnet' für Alte Geschichte bekommen und bin diese Woche die Beste in Algebra. Und Judy Severn gibt eine Party – und sie möchte, dass ich komme und einen Mann mitbringe. Peter ist weg, Aber ich dachte, vielleicht frage ich Herrn Bethune – was denken Sie? Es ist am 9.. Ein echter Tanz." Wie verrückt tanzte sie ihre Mutter herum.

„Hör auf, Jill!" Frau Uniacke lachte – die Fröhlichkeit des Mädchens war ansteckend. Sie ließ sich atemlos auf einen Stuhl fallen, Jill kniete neben ihr.

„Ist das nicht toll?" Sie nahm ihre Mütze ab und warf sie ordentlich auf das Bett, ihr dunkles, zerzaustes Haar umgab wie eine Wolke ihr aufgeregtes, hübsches Gesicht.

„Jill – dein Hut!" Ihre Mutter runzelte die Stirn.

„Na ja, es ist so alt – es kann nicht schaden – und Kaninchenhaut!"

Ihr fröhliches Lachen nahm den Worten den Reiz.

„Aber das erinnert mich – an mein Kleid …? Ich habe nichts zum Anziehen."

„Und was ist mit deinem weißen Musselin?" Ein besorgter Ausdruck schlich sich in Jills Augen, als sie den Ton in Mrs. Uniackes Stimme hörte.

„Oh – Mutter – ich *kann nicht* … nicht zu Judys Party! Und sie ist *so* kurz – bis zu meinen Knien." Sie seufzte. „Ich wünschte, ich würde aufhören zu wachsen. Ich habe es im Stich gelassen, mit einem falschen Saum, erinnerst du dich – als Tante Elizabeth hierher kam?"

„Es wird reichen müssen." Unbewusst blickte ihre Mutter durch den Raum zu der verschlossenen Schublade, in der der Scheck lag, unterschrieben und an Stephen zahlbar.

Jill zog sich leicht zurück. Sie verschränkte die Hände um die Knie und starrte mit düsterem Gesicht auf ihre geflickten Schuhe und eine Flickstelle in ihrem Strumpf hinunter.

„Dann kann ich nicht gehen." Ihre Stimme war hart. „Dieses alte Kleid werde ich nicht tragen. Es sitzt so eng über der Brust, dass ich kaum atmen kann." Sie biss sich auf die Lippen.

Frau Uniacke , die sie beobachtete, schwankte. „Du könntest ein Fichu machen, nicht wahr? Ich könnte dir vielleicht ein Stück Spitze besorgen – und eine Rüsche hinzufügen?“

Jill runzelte die Stirn.

„Klingt wie ein frühes viktorianisches Bild.“ Sie stand auf. „Mit einer Krinoline und schwarzen Fäustlingen – danke, schrecklich. Ich werde Judy sagen, dass die Party vorbei ist.“

Das war die Stimmung, die ihrer Mutter nicht gefiel – umgangssprachlich und unverschämt. Also fasste sie es zusammen und ärgerte sich über das Verhalten ihrer Tochter.

„Es ist ganz und gar deine eigene Schuld, wenn du das tust. Ich bin durchaus bereit, dir zu helfen, Jill. Wir könnten das Kleid zwischen uns leicht ändern. Es ist nicht so, als ob du wirklich ‚out‘ wärst.“

Jill warf ihr einen kurzen Blick zu.

„Für dreißig Schilling könnte ich selbst eines machen – ich weiß, dass ich es könnte. Und es ist nicht viel. Ich hatte dieses Jahr kein neues Kleid …“ Ihre grauen Augen waren wehmütig.

„Das geht nicht.“ Bei diesem erneuten Angriff verzog sich Mrs. Uniackes Mund. „Außer Ihnen muss man an Roddy denken …“

„Ganz zu schweigen von Stephens Ausgaben?“

Die Worte entgingen Jill gegen ihren Willen. Sie ahnte nicht, welche Bedeutung sie hatten, aber Frau Uniacke wurde rot. Für einen Moment hätte sie Jill eine Ohrfeige geben können.

„Das reicht.“ Sie wandte sich ab und nahm mit zitternden Händen ihre Arbeit auf, beugte sich über den zerrissenen Rock und wandte ihrer Tochter den Rücken zu.

Jill schloss die Tür hinter sich. Sie stand einen Moment auf der Treppe, ihre dunklen Brauen zusammengezogen, ihr Mund war eine schmale scharlachrote Linie.

"Oh!" Sie sagte: „Ich möchte … ich möchte –“ sie stampfte mit dem Fuß – „ Stephen *ermorden* !“

TEIL III

„Blume des Pfirsichs:
Tod für uns alle und sein eigenes Leben für jeden."

KAPITEL XIX

McTaggart lag auf dem goldenen Sand von Viareggio und wärmte sich träge wie eine Eidechse in der Sonne.

Vor ihm erstreckte sich die breite, ununterbrochene Kurve der Bucht, eine schillernde Fläche aus Saphirblau, bis auf die Stelle, an der der weiße „Molo" wie ein schlanker Finger aus dem Hafenbecken zeigte, wo die Schiffswerften sowie Masten und Spieren lagen in einer Ansammlung von Speerspitzen, dunkel vor dem Himmel.

Sein Blick folgte der Linie des Piers bis zum Leuchtturm am Ende und wanderte durch den Dunst zum fernen Ufer, wo sich eine Gruppe von Zypressen drängte, düster und grimmig, wie Wachposten, die das Land bewachten. Die dunklen, spitz zulaufenden Bäume im Glanz des Sonnenscheins bargen einen Hauch von Traurigkeit wie die Anwesenheit eines Grabes; passend zu der Szene, in der der Geist aus Feuer und Luft, der Dichter Shelley, den Wellen geopfert wurde.

McTaggart rollte sich herum, die Sonne brannte zu heiß auf seinem Gesicht, und als er die Ellbogen in den Sand grub, das Kinn auf die Hände gestützt, spürte er, wie die warmen Strahlen auf seinen nackten, braunen Schultern über seinem knappen Badekleid spielten.

Jetzt konnte er die andere Spitze der silbernen Sichel des Ufers sehen. Hier herrschten edle Höhen ebenso wie das Gefühl von Weite. Denn die Carrara-Berge erhoben sich weiß und spitz und heilig gegen den Himmel, mit weichen, gebogenen Flügeln wie Engel von Delia Robbia vor einem blauen Taufbecken.

Unter ihnen erstreckten sich Abhänge mit zarten silbernen Spitzen: Olivenbäume, die im blendenden Licht zitterten, und im Vordergrund ein niedriger Kieferngürtel, der sich wie ein Saum um die sandige Rennstrecke erstreckte.

McTaggarts eigener Badeschuppen war einer der letzten von Hunderten, die wie Pilze am Strand aus dem Boden geschossen waren; denn in den Sommermonaten war Viareggio voller fröhlicher und modischer Italiener.

schwelgte ein Kreis fröhlicher Badegäste in bunt gestreiften Kleidern aller Formen und Farben im Wasser, mit schrillem Gelächter, das auf und ab planschte, wie spielende Kinder.

Die Männer mit ihren dunklen Haaren und nassen olivfarbenen Häuten, die Frauen mit Badekappen aus bunt geknoteter Seide, mit nackten

Armen und Hälsen und diesem blitzenden Lächeln, das das Erbe der weißzahnigen Rasse des Südens zu sein scheint, erinnerten an einen Fries aus lachenden Faunen und Nymphen , gesammelt von den staubigen Mauern des fernen Pompeji.

McTaggart selbst wurde bronzefarben verbrannt. Mit seinem sehnigen, gut gebauten Körper und dem klar geschnittenen Gesicht, in dem seine blauen Augen eine seltsame nordische Note versprühten, wirkte er wie ein Musterbeispiel für Gesundheit, lebendig und fesselnd.

Er liebte dieses Leben im Freien, mit den heißen, trockenen Tagen und den klaren Nächten, in denen es nach Kiefern duftete und die von der Brise gekühlt wurden, die über die Berge wehte, aber in letzter Zeit vom Schnee befreit war.

Seit dem denkwürdigen Tag, an dem er in der Villa in Fiesole von seiner Tante Abschied genommen hatte, war mehr als ein Jahr vergangen, voller Misstrauen gegenüber dem Netz der Intrigen, das sich um seine Füße und Bianca, das dunkeläugige, zurückhaltende Klostermädchen, zog.

Denn die Erinnerung an Cydonia war ihm von Nutzen gewesen. Obwohl seine Bitterkeit nach und nach nachgelassen hatte, hinterließ sie in ihm ein Misstrauen gegenüber sich selbst und anderen, mit einem Hauch des unbekümmerten Zynismus der Jugend.

Er hatte den ganzen Winter in seiner Wohnung in Rom verbracht und war in dieser schwulen Stadt herzlich willkommen geheißen, da er sich schnell die Sprache seiner Mutter aneignete und seinen Platz in der sozialen Welt einnahm, die ihm weit geöffnete Türen öffnete.

Mit der Naivität seiner Jahre hielt er an der Theorie fest, dass sein Herz immer noch gebrochen zu Cydonias Füßen liege, was ihn jedoch im Laufe der Tage nicht von verschiedenen Flirts in der fröhlichen römischen Menge abhielt.

Er vermied jedoch eine ernsthafte Liaison.

Der Hauch des schottischen Puritanismus in seinem Wesen schützte ihn vor den Annäherungsversuchen verheirateter Frauen; bestimmte hochgeborene Damen mit einfachen Sitten, die von seinem Auftreten und seinem markanten Gesicht entzückt waren.

Er lernte auch schnell die Gefahren einer solchen Bindung kennen: In Rom wird einem fehlgeleiteten Ehemann häufig vergeben, einem untreuen Liebhaber hingegen nichts Gutes getan. Es schien eine merkwürdige Ehrfurcht vor diesen illegal gefestigten Liebesbeziehungen zu herrschen, während die bloße Ehe leichtfertig als Vereinbarung der Eltern im Interesse des Eigentums und zur Sicherung eines rechtmäßigen Erben zurückgestellt wurde.

Insgesamt war Rom amüsant und lehrreich, insbesondere in seinem bevorzugten Fall. Mit einem schönen alten Titel und einem gewissen Reichtum, jung, gutaussehend und beliebt, stürzte sich der neue Marquis mit kühlem Kopf, wachsamem Herzen und dem Gespür eines leidenschaftlichen Entdeckers in den gesellschaftlichen Trubel.

England, diese Insel im Norden, neblig und grau, bewohnt von „ Cadells ", schien ein Traum aus einer anderen Welt zu sein, als er auf dem sonnigen italienischen Sand lag.

Und doch...

Er bewegte sich, zog die Knie an, verschränkte die Hände darum und schaute in die Ferne. Denn in seiner Selbstgefälligkeit brannte plötzlich eine Welle der Sehnsucht – diese eindringliche Heimatliebe, die einen Mann unvermittelt erfasst und ihm das Gefühl gibt, in ein fremdes Land verbannt zu sein.

Die Berge, in denen der Marmor in kühlen, zerklüfteten Steinbrüchen lag, verschwanden aus seinem Blickfeld, und an ihrer Stelle tauchte ein Bild von London auf: ihre geschäftigen, schmutzigen Straßen mit dem unaufhörlichen Pochen ihres schlagenden Herzens, während der Kampf weiterging, hartnäckig, gnadenlos, der Kampf um Erfolg – um Geld und Macht ...

Und dieses andere London: der überfüllte Park, Hurlingham , Ascot – er holte tief Luft!

Und London bei Nacht mit den Schreien der Zeitungsjungen – der Taxiblock in der langen Theaterreihe wärts, die Lichter dieses Zirkus, wo der Criterion seinen fröhlich erleuchteten Nachbarn , den Pavillon, anstarrt.

Eine plötzliche Nostalgie erfasste McTaggart. Das schrille Lachen der fröhlichen Badegruppe, der wolkenlose Glanz von Meer und Himmel wurden ermüdend. Er stand schnell auf.

„Mario!" Er rief seinen Mann, der im Schatten des Weidenzauns saß und Tipps für die kommenden Rennen studierte.

„Mario – ich werde mich jetzt anziehen." Auf dem olivfarbenen Gesicht blitzte ein Lächeln auf, als der Mann flink aufsprang. Denn Mario vergötterte seinen jungen Herrn, eine willkommene Abwechslung zum älteren Marquis mit seinen Moden und Fantasien und seinem unsicheren Temperament.

„ Sissignore – sofort! Signore." Dennoch verweilte er respektvoll.

„Tausend Ausreden, aber erinnert er sich daran, dass Prinzessin Doria heute mit uns zu Mittag gegessen hat? Der Signore hat nur seinen grauen Anzug im Schuppen. Es wäre besser, sich in der Villa anzuziehen.“

„ Va bene – ich hatte sie vergessen! *Und* der neue Dichter –“ fügte er beiseite hinzu, „ich kann diesen verweichlichten Arsch nicht ertragen, aber sie geht nie zwei Schritte ohne ihn!“

Er schlüpfte in ein langes Badetuch, verdeckte seinen knappen Bademantel und zog die Kapuze über seinen Kopf, während Mario Hausschuhe mit Sohlen aus gedrehtem Hanf hervorholte und sie seinem Herrn an die Füße band.

Nun überquerte er, einem Dominikanermönch nicht unähnlich, in dieser primitiven Tracht den Strand und bog die Landstraße entlang, bis er zu den ersten Kiefern kam, Mario im Hintergrund, der seine Kleidung trug.

Hier nahmen sie einen sandigen Fußweg, auf dem spärliche Flecken groben Grases und wilde Stiefmütterchenbüschel die Grenzen des ausgedehnten Waldes markierten.

Er führte zu einer Lichtung zwischen den Bäumen und zu einer erdbeerrosa gestrichenen Villa mit einer gefliesten Terrasse und Veranda, die von Bourgainvillia umrankt war .

McTaggart blieb auf der Schwelle stehen und klingelte, woraufhin ein Diener schnell antwortete.

„Bring mir einen Wermut – di Torino – und den Zeitplan.“ Er setzte sich in einen Korbstuhl, sein Gesicht nachdenklich – „und – Stefano! “ rief er zurück – „Asti für die Principessa . Mittagessen heute um halb eins – wir sind fünf statt drei – können Sie hinzufügen ein „ Omelett au Überraschung“. Und achten Sie darauf, dass die Wachteln nicht übertrieben werden.

„Sehr gut, Sir. Es sind Briefe eingegangen, seit der Signore gegangen ist.“

Er kam mit einem silbernen Tablett zurück, auf dem die Korrespondenz seines Herrn lag.

McTaggart nahm sie gähnend entgegen und drehte sie gleichgültig um.

Von irgendwoher ertönte durch die schläfrige Hitze das Geräusch von Holzhacken in der Ferne, und die musikalisch erhobene Stimme eines Mannes sang über seine Morgenarbeit. McTaggart trank sein Glas Wermut, wählte dann einen Umschlag aus und öffnete ihn mit einer runden Hand.

Es war lange her, dass er etwas von Jill gehört hatte. Er warf einen Blick auf das Datum. Der Brief hatte in seinen Londoner Zimmern gelegen und wurde nun von der treuen Bethune nach Italien weitergeschickt.

„Lieber Peter", begann es.

„Ich frage mich, wo du jetzt bist? Und ob du *jemals* nach Hause kommst! Es ist Ewigkeiten her, seit du das letzte Mal geschrieben hast, und ich hatte vor, zu antworten – nur war ich *so* besorgt. Du wirst es verstehen, wenn ich dir meine sage." Neuigkeiten – über Mutter. Sie ist ins Gefängnis gegangen.

McTaggart zuckte zusammen. Das bloße Wort schien im Herzen dieses friedlichen, schläfrigen Waldes, der vom trägen Südlichen Meer umspült wurde, unheimlich zu sein .

„Arme alte Jill!" Er las weiter, sein Gesicht wurde immer ernster.

„Ich vermute, Sie haben in den Papieren den letzten Suffragette-Attentat gesehen! – die Bombe in der Downing Street, meine ich. Nun, Mutter war mit dabei, mit Stephen. Und jetzt ist sie nach Holloway gegangen – ist das nicht *schrecklich* ? Ihre Kaution wurde abgelehnt und erklärt, sie wolle in den Hungerstreik treten! – Ich bin darüber fast verrückt geworden.

„Denn sie wird es nie ertragen – sie hat nicht die Kraft. Es wird sie einfach umbringen –" ein verschmiertes Wort ließ den Leser an eine Träne denken, die hastig vom Papier getupft wurde.

Vor McTaggart tauchte eine Vision der grauen Augen mit ihrem offenen Blick auf, die von Wimpern gesäumt waren, dunkel und geschwungen, und das eifrige Gesicht seiner Schulfreundin.

„Mr. Bethune war furchtbar freundlich. Er hat tatsächlich für eine Kaution gesorgt, aber Mutter wollte nichts davon hören, und da ist sie – im Holloway-Gefängnis."

„Roddy ist zu Hause. Er ist zur Schulleitung gegangen und hat um Erlaubnis gebeten, zu mir zurückzukommen. Er ist einfach nur wütend darüber – will es mit Stephen austragen. Unnötig zu erwähnen, dass *er* frei ist! Wetten, dass Stephen auf sich selbst aufpasst. Ich nehme an, er denkt, dass *ein* Märtyrer (ich meine in der Bibel) gut genug ist!"

McTaggart lachte grimmig laut über den typischen Satz, als er an Jill dachte. Er konnte fast sehen, wie sie die Worte aussprach, die zarten Nasenflügel vor Verachtung verzogen.

„Nun – das ist die Sache!" Er beendete den Brief und nahm stirnrunzelnd den Stundenplan zur Hand.

„Vielleicht kann ich dem Kind helfen –" Er blätterte nachdenklich um.

„Ich kann den Express in Genua nehmen und nächsten Freitag direkt durchfahren – denke ich. Ich werde rechtzeitig nach Henley zurückkommen. In London sollte es jetzt lustig sein."

Als dies geklärt war, zog er sich für das Mittagessen an und informierte Mario über seine Abreise, etwas zu dessen Leidwesen, der verschiedene Verbindungen nach Viareggio hatte.

„Der Signore wird bei den Rennen nicht hier sein?"

Die Stimme des Mannes klang so traurig, dass McTaggart zögerte, als ihm einfiel, dass sie für Sonntag geplant waren.

„Na ja – wir bleiben vielleicht übers Wochenende und fahren am Montag – vielleicht ist das besser."

Der Mann segnete ihn hörbar mit der sanften Vertrautheit, die in diesem alten Land zwischen dem Adel und seinen Dienern zu herrschen scheint.

„Du kannst am Sonntag Urlaub machen – solange du mein Packen erledigst – und dich von Lucia verabschieden?" Er lachte über das schuldbewusste Gesicht des Mannes.

„ Ahi! – *Das* für die Frauen!" Mario, der sich wieder erholt hatte, zuckte ausdrucksvoll und verächtlich mit den Schultern: „Aber die Rennen sind eine andere Sache! – und ich habe gehört, dass ‚La Luna' mit Sicherheit gewinnen wird."

McTaggart lächelte, unterbrach das Geschwätz des Mannes und ging hinunter, um seine Gäste zu empfangen, ein wenig gelangweilt vom bevorstehenden Mittagessen.

Seine Befürchtungen waren durchaus berechtigt.

Der Dichter war in düsterer Stimmung, die Principessa sichtlich besorgt.

„Das ist seine neue Tragödie", flüsterte sie, als sie sich an den Tisch setzten – „er ist so sensibel, mein Lieber – die Strafe für Genie."

McTaggart nahm diese subtilen Vertraulichkeiten mit feierlichem Gesicht entgegen, etwas erleichtert durch die Anwesenheit seines anderen , anmutigen und jungen Nachbarn .

Doch die Gräfin Marco Viviani war nicht in ihrer gewohnten Hochstimmung. Sie war eine schlanke Brünette mit einer wundervollen Figur und in der römischen Szene sehr bewundert. Sie konnte keinerlei Widerstand gegen ihren Willen dulden.

Sie erklärte in einer hörbaren Nebenbemerkung ihren Streit – eine neugeborene Affäre – mit ihrem Mann, der McTaggart gegenüberstand und das Paar mit unverschämten Augen beobachtete.

Es schien, als hätte er von ihr eine Änderung der zwischen ihnen vereinbarten Tage verlangt, an denen sie Seite an Seite im Casino erscheinen sollten.

Mittwoche und Samstage waren festgesetzt worden, um dem Grafen die Möglichkeit zu geben, dienstags und freitags für sich zu haben, um dort seine neuesten Theateraufführungen vorzuführen.

Jetzt machte „La Carlotta" Ärger. Sie wollte in die Regel eingreifen. Aber die Gräfin blieb hartnäckig. Sie würde sich vor der Schauspielerin nicht beugen.

„Das wird einen Skandal auslösen", kündigte sie an. „Jeder weiß, das sind *meine* Tage! Am liebsten würde ich den Ort verlassen und nach Bagni di Luca gehen."

Aber die Villa in Viareggio gehörte dem Grafen und er war sich darüber im Klaren, dass die Wirtschaftlichkeit einen Bruch verbot, der eine zweite Niederlassung bedeuten würde. Also schmollte er, immer noch unentschlossen, und hasste seine hübsche, zügellose Frau – die von der Existenz vieler „ Carlottas " gewusst hatte und offensichtlich unvernünftig war!

McTaggart hatte das Gefühl, dass die Atmosphäre mit Elektrizität aufgeladen war. Der Dichter öffnete nie den Mund, die Fürstin war offenkundig beunruhigt. Die einzige Person, die von der Depression in der Luft unbeeindruckt zu sein schien, war Don Cesare, ihr jüngster Sohn, der unerwartet den sechsten Platz belegte. Er war ein hübscher Siebzehnjähriger mit schwarzem Schnurrbart und charmantem Auftreten – bereits das eines Mannes von Welt –, plapperte fröhlich und genoss sein Mittagessen.

„Ich wünschte, du würdest heute Abend mit mir kommen", sagte er eifrig zu seinem Gastgeber, „in die Sümpfe und bring deine Waffe mit – ich gehe raus, um , Beccaccini ' zu jagen ." Ich habe einen speziellen Kahn für die schmalen Wasserwege zum See anfertigen lassen. Es ist eine Schönheit – ich möchte es ausprobieren – ich bin sicher, wir sollten einen tollen Sport machen."

„Alles klar – um wie viel Uhr?" McTaggart mochte seinen jüngsten Gast.

„Ungefähr um fünf. Wenn es heiß ist , können wir uns irgendwo in den Deichen aufhalten."

Er bezog sich auf das merkwürdige, komplizierte Bewässerungssystem in der Ebene zwischen den Hügeln und dem Meer – die berühmte Trockenlegung der Sümpfe.

Denn das Tiefland sieht aus wie ein Schachbrett , durchzogen von schmalen Bächen, die sich zu zwei großen Seen erweitern – ein beliebter Aufenthaltsort für Wildvögel.

„Ich wollte diese langen Gräben schon immer mit einem Boot erkunden. Ich habe es einmal versucht und wäre fast vergiftet worden – mein Kiel blieb ständig im Schlamm stecken."

„Genau – das ist das Problem – der Geruch!" Don Cesare nickte fröhlich. „Deshalb habe ich diesen Kahn mit flachem Boden und sehr schmal bauen lassen. In den tiefen Stellen kann man ein Paddel benutzen und wo es flach ist, eine lange Stange – am Ufer – *nicht* im Wasser!"

Er wandte sich lächelnd an die Gräfin .

„Kommen Sie vorbei und verabschieden Sie sich von uns – und wir nehmen Sie mit auf eine kleine Strecke, um es auszuprobieren. Weiter unten gibt es niedrige Äste, die nicht für Damenhüte geeignet sind."

Die hübsche Frau lächelte zurück und sah ihn mit ihren großen, dunklen Augen an.

„Es tut mir so leid – aber ich kann nicht – es ist mein Abend mit Marco im Casino."

Sie warf die Herausforderung über den Tisch. Der Graf zuckte müde mit den Schultern, während der Dichter mit seinem finsteren Gesicht die Situation zu genießen schien.

Die Fürstin rührte sich und brach das bedeutungsvolle Schweigen, das folgte.

Bellantis Unglück gehört ?"

„Nein –" die Gräfin drehte sich schnell um – „was ist passiert?" Don Cesare beobachtete sie mit einem schelmischen Leuchten in seinen schwarzen Augen, während sie träge weiterging. „Seine Schwester ist meine liebste Freundin und sie hat mir seit Wochen nicht geschrieben! Ich begann mich wirklich zu fragen, ob sie krank war. Was ist los?"

„Er ist ruiniert." Die Prinzessin hob mit einer beredten Geste der Endgültigkeit die Hände. „Er spielte immer, wie Sie wissen, und fing dann an, sich Geld zu leihen – enorme Summen, wie ich hörte –, gestützt auf das Vermögen seiner Tante – Donna Teresa Bellanti ."

„Hast du sie jemals getroffen?" Sie hielt in ihrer Geschichte inne, öffnete ihren Fächer und wedelte ihn träge vor ihrem blassen Gesicht mittleren Alters hin und her.

„Das glaube ich nicht." Die Gräfin lächelte und spürte über den schmalen Tisch hinweg den beharrlichen Blick ihres Mannes und das Schweigen der restlichen Gesellschaft.

„Sie kümmerte sich nicht um die Gesellschaft – sie war immer sehr religiös, wissen Sie – und hat nie geheiratet – also dachten alle, sie würde ihr Geld ihrem Neffen hinterlassen."

"Also!" Die Gräfin war ungeduldig. McTaggart verspürte einen Anflug von Mitleid. Er vermutete, dass die Prinzessin sich damit amüsierte, die Ängste der anderen zu verlängern.

„Sie hat den Schleier angenommen", sagte die ältere Frau. „Sie wissen, dass sie die letzten zwei Jahre in ihrem Lieblingskloster – Unserer Lieben Frau von Loretto – geblieben ist und anscheinend gerade ihr Noviziat beendet hat. Und ihr gesamter Reichtum geht an die Kirche."

Sie faltete ihren Fächer vorsichtig zusammen. „Es ist ein furchtbarer Schlag für Bellanti – ich habe gehört, er ist völlig am Ende seiner Weisheit."

Die hübsche Gräfin biss sich auf die Lippe; Unter dem Tisch waren ihre Hände geballt.

„Ich kann ihn nicht bemitleiden", sagte der Dichter. Er sprach mit Autorität. „,Ein Narr und sein Geld' … kennst du das Sprichwort?" Seine Augen funkelten rachsüchtig.

„Oh – Gabriele!" Die Prinzessin war schockiert. „Und du bist auch so ,simpatico'!"

„Er hat keinen Verstand", erklärte der Dichter – „und er lebt ein niedriges, materielles Leben."

„Es tut mir *schrecklich* leid", runzelte McTaggart die Stirn. „Er ist der beste Jagdhundreiter, den ich kenne. Ich werde nie einen Ausflug vergessen, den ich letzten Winter mit ihm in der Campagna hatte. Und er ist auch ein sehr netter Kerl."

Er blickte zu Don Cesare hinüber, der den Dichter angewidert ansah.

„Wir werden Bellanti vermissen ", sagte die Gräfin . Ihre Stimme war ruhig. „Ich muss seiner Schwester schreiben. Arme Bice! Sie hat ihn immer so gern gehabt. Ich behaupte nicht, dass er intellektuell war" – sie blickte den Dichter nachdenklich an – auf sein hässliches, schwaches kleines Gesicht – „aber so gut aussehend …" ein gründlicher *Mann* .

Die Fürstin folgte ihrem Blick.

Don Cesare lachte laut. „Nun – geben Sie mir jeden Tag ein gutes Aussehen – und einen guten Platz. Ich bin für Bellanti ."

Die Gräfin nickte ihm dankbar.

„Und Emilia auch –" er küsste sie über den Tisch hinweg mit den Fingerspitzen – „und Marco auch." Boshaft wandte er seinen Kopf dem Grafen zu.

„Genau –", dieser würdige Mann beobachtete seine Frau, bewegt von einer subtilen Idee. „Ich dachte, mein Lieber", wandte er sich an Letzteren, „könnten wir den armen Kerl hier fragen?"

„ Pourquoi pas?" Ein Hauch von Unverschämtheit lag in der schnellen Reaktion der Franzosen, und zwischen den beiden dunklen Augen verlief eine stille, bedrohliche Herausforderung.

Denn der Graf wusste, dass seine Frau wusste, dass er … wusste!

Es war ein Bestechungsgeld, um die angespannte Situation gegenüber „La Carlotta" zu regeln.

Und als McTaggart dieses eheliche Nebenspiel sah, verspürte er eine wachsende Verachtung für die Oberflächlichkeit des gesellschaftlichen Lebens, in das er verwickelt war.

Diese Prinzessin mit ihrem kümmerlichen Dichter, der sie mit eiserner Rute regierte, und Cesare, ein einfacher Schuljunge, der auf den neuesten Skandal wartete. Die hübsche Frau an seiner Seite, die ihren Liebhaber gegen ihren Mann spielt, und der Graf, der die Moral seiner Frau bewusst seinen eigenen Intrigen opfert.

England mag langweilig sein, dachte er, aber zumindest hatten die Männer und Frauen dort einen strengeren Ehrenkodex . Der Kontrast ließ ihn erglühen. Man redete vielleicht von der Laxheit des Verhaltens in der Oberschicht, doch letztere hatte den Anstand, ihre gelegentlichen Tugendfehler zu verschleiern.

Und insgesamt sei der nationale Standard stark in Mitleidenschaft gezogen worden, entschied er. Die Liebe wurde immer noch verehrt und die

Ehe war mehr als nur ein gesetzliches Band, um unzählige Intrigen zu verbergen!

Er sah zu, wie seine edlen Gäste ohne Bedauern gingen, und setzte sich dann hin, um Jill voller tief empfundener Anteilnahme eine eilige Zeile zu schreiben. Er fragte sich – nicht ohne ein Lächeln –, ob Gräfin Marco Viviani für Bellanti ins Gefängnis gehen würde – wie Frau Uniacke für die Sache!

Mit einem amüsierten Atem der Erleichterung unterschrieb er die Seite mit „Peter McTaggart". Es gefiel ihm besser als „ Maramonte ", obwohl es so viel Romantik ausstrahlte.

Und als er unter dem rein britischen Namen eine klare Linie zog, traf er unbewusst seine Entscheidung und ließ den Union Jack hochlaufen!

KAPITEL XX

Doch als er sich den nebligen Klippen von Dover näherte, wurde McTaggarts Patriotismus durch das launische Wetter und die hoffnungslose, seekranke Menschenmenge um ihn herum auf die Probe gestellt. Regen und Hagel und fernes Donnerwetter waren sein Teil, eine unruhige See und ein Boot, vollgepackt mit einer schleppenden Gruppe vom Polytechnikum, die nach Hause zurückkehrte.

Er sagte sich, er habe seine Landsleute noch nie schlechter gesehen. Neben ihnen saß Mario, bis auf die Knochen durchgekühlt, aber immer noch fröhlich, von so manchen Segeltörns an die Bewegung gewöhnt, und sah von seinem gut sitzenden Kopf bis zu seinen schlanken Füßen wie ein perfekter Aristokrat aus.

Eine Frau, ihre Nachbarin auf dem Boot, verlor unter lautem Wehklagen ihren Hut und dann ihren Teppich, und auf das Nicken seines Herrn hin holte Mario sie unerschütterlich aus den wilden Possen des Windes zurück.

Die Leidende bedankte sich nicht einmal bei ihm, sondern umklammerte ihre Habseligkeiten mit einem Blick voller Misstrauen und erkannte einen Ausländer – oder mit anderen Worten: einen zweifelhaften Charakter!

Schließlich stießen sie gegen den Pier; Taue wirbelten herum, Laufstege knarrten; Eine wilde Menschenherde drängte sich hinter den Trägern her und stürmte mit hochgezogenen Säcken los.

Der Zug sah absurd klein aus. McTaggart glaubte, die Station sei geschrumpft, und seine erste englische Tasse Tee war kalt und stark, in einer undichten Kanne.

Sogar die Felder schienen, als sie die Downs verließen, auf die Hälfte ihrer Größe geschrumpft zu sein. Der Regen prasselte gegen das Glas. Zwischen den herabrieselnden Bächen begann er, grüne Ausblicke auf Hopfen mit ihren malerischen, spitzen Oasthäusern zu erhaschen, die an die Mützen erinnerten, die Kobolde auf den Seiten eines Märchenbuchs trugen.

Rochester! – unter bleiernem Himmel, rauchig, verschwommen. Der Zug schaukelte weiter, die kürzere Spurweite wirkte seltsam aggressiv in dem niedrigen, schmalen Waggon.

Dann endlich Charing Cross; das endlose Warten auf das Gepäck und die abschließende Ernüchterung – keine Taxis! – wegen „des Streiks".

Nach einer düsteren halben Stunde kam ein „Läufer" mit einem Vierrad zurück und beide stiegen ein, behindert durch ihr Gepäck, keiner von ihnen war in bester Laune.

Mario war offensichtlich entsetzt. „Dies – London?" er schien zu sagen.

„Ja – verdammt!" dachte McTaggart. Er begann sich zu wünschen, er wäre im Ausland geblieben.

Sie krochen weiter, am Trafalgar Square und seinen triefenden Löwen vorbei, an Hampton's vorbei, und bogen dann, bevor der Wagenblock vor dem Carlton stand, nach rechts ab.

Auf halber Höhe des Haymarket-Hügels streckte McTaggart den Kopf heraus und schrie.

„Hallo! Cabby – halte kurz inne." Sein Gesicht hellte sich auf, als er sprach. Er öffnete die Tür und patschte über den schlammigen Bürgersteig in einen Laden mit einem urigen, altmodischen Erkerfenster und bat um eine Schachtel Zigaretten.

"Guten Abend, mein Herr." Der Mann lächelte mit einem Ausdruck erfreuter Anerkennung über die Theke hinweg. „Wir haben Sie in letzter Zeit nicht gesehen, Sir." Hier war sein erstes willkommenes Zuhause.

„Ich bin seit achtzehn Monaten im Ausland. Ich werde jetzt eine Zigarette nehmen." Er zündete es mit einem schwefelfreien englischen Streichholz an und hob die Schachtel auf.

„Sie können es auf die alte Adresse zurückführen." Vor Freude sog er den duftenden Rauch ein. „Gute Nacht – ich nehme diese Streichhölzer." Seine Hand schloss sich liebevoll um sie. Er ging seinen Weg zurück und sprang noch einmal in das stickige, wartende Taxi.

„Nun – das ist eine Sache, die du nicht schlagen kannst – unser Baccy", sagte er zu sich selbst, als sie gegen den Bordstein in den vollen Glanz des Zirkus ruckelten.

Die nassen Straßen spiegelten die tausend Lichter von oben wider … McTaggart spürte, wie ihn plötzlich etwas an der Kehle packte.

London ! Die Magie des Wortes strömte wie eine warme Flut um sein Herz herum in seinen Kopf.

„Gutes altes London!" – er hielt den Atem an.

„Mario!" – er berührte den Mann. „Pass auf, schnell! Es ist Piccadilly."

Ein stämmiger Polizist winkte ihnen zu.

„Na dann – beeil dich! – Vierrad."

Wie ein menschlicher Aal schlüpfte ein zerlumpter Junge zwischen den Bussen vorbei und blieb am Fenster stehen. Seine schrille Stimme erhob sich zu einem Schrei:

„ Star! – 'h *Ev'ning News* – Speshul ! ‚Hier, Sir – hallo alle Gewinner …', warf die Zeitung ins Taxi und fuhr los, McTaggarts Penny in der Hand.

Wie ein silbernes, von Licht durchzogenes Band streckte sich Piccadilly mit schlitternden Bussen voraus, und ganz in der Nähe ertönte das fröhliche Hupen einer Hupe.

Dann, in den überfüllten Raum, bahnte sich mit klappernden Geschirren und klappernden Teilen eine Privatkutsche mit vier Stellplätzen, nass und glänzend, mit Schaum bespritzt, ihren Weg wie eine zierliche Dame, die den geringeren Verkehr verachtete.

Marios dunkles Gesicht hellte sich auf. Er liebte Pferde und kannte ihre Argumente. Dies war ein Bild nach seinem Herzen, das seine Trübsinnigkeit vertrieb.

Denn er konnte mit McTaggarts Augen nicht sehen. Auf den schnellen, impulsiven Schrei seines Meisters hatte er eifrig hinausgeschaut, erfreut über das Wort „Piccadilly" mit seinem vertrauten fremden Klang.

Er sah einen kleinen offenen Raum zwischen einem Quadrat und einem Kreis mit Geschäften und Lichtern und einer schwachen Statue – wie ein verlorenes Kind – in der Mitte .

Er starrte es mit innerer Verachtung an.

„Nicht halb so schön", sagte er sich, „wie der Brunnen in unserem sienesischen Palast! Und was den Rest der ‚Piazza' betrifft … es gibt kein einziges öffentliches Gebäude – nicht einmal eine anständige Kirche." ! Und der Regen … Ist das der englische Sommer? Kein Wunder, dass es ein kaltes Rennen ist!"

Er sah seinen Meister heimlich an und war erstaunt über seine offensichtliche Erregung.

Denn McTaggart atmete tief die neblige Luft ein, die nach Benzin stank.

„Es ist schön, wieder zurück zu sein", dachte er; „Ich frage mich, ob Bethune da sein wird? Ich habe ihm ein Telegramm geschickt, aber er ist so ein Bettler um Arbeit, man weiß nie. Bei Gott, ich muss mich um ein Auto kümmern – nützlich während des aktuellen Streiks …" Er spähte hinaus die Berkeley-Treppe, wo eine Dame in Abendkleidung, ihr leichtes Tuch um den

Körper geschlungen, hauchdünne Röcke eng gekreuzt, zierlich über dem Bürgersteig neben ihrem begleitenden Kavalier geschlungen.

Sie bogen in eine Seitenstraße ein, planschten und trampelten dahin, bis sie schließlich vor dem alten, vertrauten, schmalen Haus stehen blieben.

Die Tür war offen. McTaggart rannte wie ein Junge die steile Treppe hinauf.

„Hallo! Mrs. Frost – wie geht es Ihnen? Ja, ich bin zurück. Ziemlich spät. Ich hoffe, Sie haben meinen Brief in Ordnung bekommen?"

„Ja, Sir. Ihre Zimmer sind fertig." Die Frau mit dem sauren Gesicht lächelte tatsächlich.

„Mein Mann ist unten – aber er kann kein Englisch – würden Sie sich um ihn kümmern und das Taxi bezahlen? *Hallo* ! Da sind Sie, alter Mann."

Er schüttelte Bethune wild die Hand.

„Halt dich fest – was für ein Griff! Verdammt, du hast mir das Handgelenk gebrochen …" Bethunes ehrliches Gesicht strahlte. Er versetzte ihm einen spielerischen Schlag auf die Brust.

„Hart wie ein Stein! – Sie sehen wirklich fit aus. Ich habe mich darauf vorbereitet, einen trägen Ausländer zu empfangen. Kommen Sie herein, Monsieur le Marquis …"

„Oh – halt die Klappe! Du ... lieber alter Narr!"

College- Tagen gewartet worden waren – jeder Kratzer und jede Delle war eine Erinnerung.

Über dem Glas, das immer noch mit Karten und Fotos übersät war, hing ein Ruder, und darunter standen auf beiden Seiten zwei abgenutzte Silberbecher.

Er seufzte tief und zufrieden.

„Hol mir was zu trinken – da ist ein lieber Junge! Hallo – das Fenster ist immer noch eingeschlagen. Was für ein Lumpen das war! Erinnerst du dich an die Nacht?" Denn die oberste Glasscheibe war unter der Jalousie von einer Seite zur anderen gesprungen.

„Lass uns dich ansehen" – er nahm das Glas, das Bethune für ihn einfüllte, und trank. „Das ist gut. Warum! – der ‚Round Man' wächst eine Figur…"

Bethune runzelte die Stirn.

„Halt die Klappe! Ich habe Whiskey getrunken – dachte, du hättest Lust darauf. Viel Glück –" er warf es weg – „Was wirst du mit dem Abendessen machen? Es wird schon ziemlich spät, weißt du."

„Ja – wir hatten eine schlechte Überfahrt – das Boot war eine Stunde zu spät. Hast du selbst gegessen – nein? – das stimmt. Ich dachte, wir gehen zu Simpson's.

Bethune lachte. „Der berühmte Marquis hat genug von seinen einheimischen Makkaroni?"

„Eine Flasche Bier – und etwas walisisches Kaninchen" – fuhr der andere fort und ignorierte den Spott. „Ich habe den Chianti satt."

Bei diesem Wort hielt er mit einem kleinen Schreck inne.

Zum ersten Mal seit vielen Wochen kam ihm die Erinnerung an seinen Besuch in der Harley Street und das Problem seines „doppelten" Herzens zurück.

Was hatte er lachend gesagt? (Wie lange schien dieser Tag her zu sein ... Die Ära von Fantine und Cydonia.)

Ja – es war „Porridge" und „Chianti!"

Er warf einen Blick zum Kaminsims, als Bethune, als sie draußen Schritte hörte, davon trottete, um dem verwirrten Mario Anweisungen zu geben.

"Keine Änderung?" hörte er ihn sagen. „In Ordnung – ich kümmere mich darum."

Ein Gesicht lächelte McTaggart aus einem angelaufenen Silberrahmen an. Cydonia mit einem großen schwarzen Hut, weißen Fellen um den Hals – mit ihrem kindlichen Mund und den großen Augen. Er nahm es herunter und betrachtete es.

Cydonia! – das Mädchen, das er geliebt hatte.

Bewusst stellte er das Verb in die Vergangenheitsform. Denn es stimmte. Nichts von seiner Leidenschaft blieb übrig, außer einer milden, staunenden Zuneigung! Abwesenheit und Zeit hatten die Heilung bewirkt. Zumindest *ein gebrochenes Herz wurde geheilt!* Und Fantine...? Bei dem Namen verspürte er plötzlich einen Anflug von Bedauern.

Wie seltsam waren das Leben und die Gefühle des Lebens! Obwohl ihr Bild zerstört wurde (er hatte es in jener schicksalhaften Nacht im Zorn getan), tauchte ihr Bild deutlich vor seinem geistigen Auge auf.

Von den beiden Frauen vermisste er sie am meisten – in der Flutwelle seiner Rückkehr. Ihre stärkere Persönlichkeit, die Kraft des Witzes und der Fantasie, die sich mit ihrer sorglosen Verachtung gegenüber Männern vermischte , ihr namenloser, absolut weiblicher Charme, hatten diese andere Ernüchterung überlebt.

Er legte Cydonias Porträt schnell zurück, als Bethune den Raum wieder betrat. Dann, im Bewusstsein, dass sein überstürztes Handeln den Augen seines Freundes nicht entgangen war, fragte er mit gleichgültiger Stimme:

„Haben Sie jemals etwas von den Cadells gehört ?"

"Ja Nein!" Bethune wandte sich furchtbar ratlos der Anrichte zu. Er hustete und machte dann einen Satz, um seine unwillkommene Nachricht zu überbringen.

„Habe ‚Jinks' neulich getroffen – erinnerst du dich an ‚Jinks' von Trinity? – bekam seinen Blauen für Rugger – Nun, er kennt Miss Cadell – das war."

"Was?" McTaggarts Stimme war scharf.

Bethune, der mit dem Siphon herumfummelte und seinem Freund den Rücken zuwandte, empfing plötzlich eine stechende und kalte Taufe mit Sodawasser.

„Oh, verdammt! – jetzt habe ich es verraten. Ja, das ist es – Sie ist verheiratet, wissen Sie. Ein Kerl namens Euan Flemming – ein Abgeordneter für … Gott weiß wo!"

„Nun – ich bin gesegnet!" McTaggart lachte; ein wenig säuerlich, um die Wahrheit zu sagen. Trotz der zuvor gezogenen Schlussfolgerung war er etwas verblüfft.

„Kopf hoch", wandte er sich an die breiten Schultern seines immer noch verstörten Freundes. „Du hast die Nachrichten mit Sodawasser gemischt, aber ich hätte es pur ausgehalten."

Bethune drehte sich um, sein Gesicht war rot. „Ich bin wahnsinnig froh – ich habe es vermasselt." Er begegnete McTaggarts amüsierten Augen und strahlte über sein ehrliches Gesicht.

„Das ist vorbei", sagte McTaggart – „vor langer Zeit. Wie wäre es mit dem Abendessen? – Ich gehe einfach waschen und bin bei dir – wenn du bereit bist."

„Das glaube ich ! – halb verhungert – ich war mit einem neuen Auto unten in Brooklands . Beeilen Sie sich!"

Er ließ sich auf einen Stuhl fallen, als McTaggart durch die Falttüren rief.

„Hast du Jill jetzt jemals gesehen? Es ist eine schlechte Sache mit ihrer Mutter."

„Ich war gestern dort – um mich zu erkundigen. Sie haben sie am Ende der Woche entlassen – aber seitdem ist sie furchtbar krank. Es war fast ein Kinderspiel …"

Es war ein Geräusch von plätscherndem Wasser zu hören; dann wieder McTaggarts Stimme:

„Ich bin auf jeden Fall froh, dass sie zu Hause ist. Was ist aus dem unbezahlbaren Stephen geworden?"

„ Fragen Sie mich nicht . Ich verbiete dem Kerl. Erinnern Sie sich an den alten Charlie Mason? Nun, er hat es endlich geschafft, bei Hensley und Benton, den großen Weinleuten, unterzukommen. Gestern Abend kam er vorbei, um mich zu sehen, voll von Ärger. Anscheinend hatte Somerfield ihn für einen Großauftrag für sich und mehrere seiner Freunde hereingelassen. Und jetzt sagen sie, dass sie nicht aufstehen können – es klingt wie eine ganz normale Pflanze! Furchtbar harte Worte gegen Charlie – die Firma hat nachgegeben ihm den Sack.

„Das sagst du nicht. Pech gehabt! Ich habe Stephen immer für einen falschen Mann gehalten. Wie geht es Jill selbst?"

Eine Pause.

„Oh – alles klar", aber Bethune runzelte die Stirn. „Ich bin bei allem sehr mutig. Ich schätze, es geht ihnen ziemlich schlecht. Es ist eine Sache unter uns, verstehst du. Aber sie hat das College jetzt für immer verlassen, und es kommt mir so vor, als ob sie den Großteil der Hausarbeit zu Hause übernommen hat. Sie behalten nur ein Diener."

"Schade!" kam von McTaggart und strich sich eifrig die Haare zurück. „Es ist tausendmal schade, dass ihre Mutter all ihre Zeit für die Arbeit im Wahlrecht aufwendet. Vielleicht denkt sie an ihre Familie. "

„Ich stimme voll und ganz zu", sagte Bethune, „Es tut mir leid für Jill. Und für den Jungen auch", fügte er etwas hastig hinzu. Sein blasses Gesicht war leicht gerötet. "Bereit?"

Er nahm seinen Hut, als sein Freund wieder auftauchte. „Es hat aufgehört zu regnen –" Er warf einen Blick zum Fenster. „Wir hatten eine furchtbar nasse Jahreszeit – nichts Vergleichbares seit der Flut. Ich hätte fast ein Motorboot gestartet – günstige Ausflüge in Piccadilly!"

Sie klapperten gemeinsam die Treppe hinunter und hinaus auf den glänzenden Bürgersteig.

„Wir sollten wohl besser einen Bus nehmen", sagte McTaggart – „wie lange dauert dieser Streik schon?"

„Etwa vierzehn Tage –" Bethune lachte. „Ich gehe davon aus, dass Sie froh sind, nach England zurückzukehren?"

Aber der andere antwortete ernst. „Nun – das *bin ich* . Es ist eine seltsame Sache –" Er schnupperte in der feuchten und rauchigen Luft und lächelte vor sich hin, seine Augen leuchteten. „Aber da ist etwas an London, wissen Sie …"

Er ließ den Satz unvollständig

KAPITEL XXI

Jill schlich auf Zehenspitzen die Treppe hinunter.

Im Esszimmer beugte sich Roddy über den Tisch, einen Skizzenblock und Farben vor sich. Er blickte auf, als seine Schwester mit einem besorgten, fragenden Blick erschien, der in seinem runden, jungenhaften Gesicht seltsam fehl am Platz schien.

"Also?"

„Sie schläft. Endlich!" Jill seufzte. „Lizzie sitzt im Zimmer, also habe ich mich zu dir geschlichen."

Sie warf sich in den Sessel und rollte die Füße unter sich zusammen, die Arme hinter dem Kopf verschränkt, dunkle Schatten um ihre Augen.

„Müde, altes Mädchen?" Roddys Stimme war zärtlich. Er sah, dass die langen Nächte der Wache ihre Spuren in dem frischen, jungen Gesicht hinterließen, das anfing, weiß und angespannt auszusehen.

„Nur ein bisschen –" Jill lächelte tapfer. „Aber ich denke, dass es ihr besser geht. Sie ist mehr wie sie selbst. Wenn sie nur einen Monat lang im Bett bleiben und es versuchen würde – werde richtig stark, bevor sie anfängt, an die Arbeit zu denken."

Roddy nickte und wandte sich seiner Aufgabe zu. In dem kahlen Raum herrschte Stille, unterbrochen vom Summen einer blauen Flasche, die um den Kronleuchter herumstolperte, und dem Geräusch von Wasser, das sich im Glas bewegte, während der Junge seine Pinsel wusch.

„Was machst du, Roddy?" fragte Jill träge.

„Oh – ein Schiff. Es ist *morsch* !" seine Stimme war voller Verzweiflung. „Ich kann das Meer nicht verstehen – es sieht dick und flach aus – wie ein blühendes Tischtuch! Ich glaube, ich werde es zerreißen ..." Er hielt düster inne und saugte an seinem Pinsel.

„Nein – nicht." Mit einer schnellen Bewegung stand Jill auf. Sie beugte sich über ihren Bruder und legte einen Arm um seine Schulter.

„Es ist wirklich gut. Wirklich, alter Junge – das Schiff meine ich. Obwohl das Meer völlig falsch ist", fügte sie ehrlich hinzu. „Aber es gibt etwas, das mir gefällt – ganz schrecklich –", ihre grauen Augen verengten sich kritisierend.

"Was?" Roddy hob ein wehmütiges Gesicht, mit der Sehnsucht nach Lob, die dem Künstler eigen ist und die nichts mit Eitelkeit zu tun hat, sondern mit dem tieferen Bedürfnis nach Ermutigung im langen, mühsamen Kampf der kreativen Arbeit.

„Es ist die Art und Weise, wie sich das Schiff vor dem Wind bewegt. Es ist irgendwie lebendig und man spürt den Kampf. Es wird nicht nur hinterhergejagt – es kämpft gegen die starke Flut – und das Schlagen der Wellen …"

" Natürlich ist es das." Er lächelte. „Um die Landzunge herum herrscht starker Wellengang. Die Zeichnung ist in Ordnung – nur die Farbe stimmt nicht. Ich *möchte unbedingt* Malunterricht!"

„Na ja, vielleicht schaffen wir es ja nach und nach – in den nächsten Sommerferien. Du möchtest doch gern Kunst studieren, nicht wahr, Roddy?"

"Ja." Die Stimme des Jungen war schroff. Er fühlte sich zu tief, um leicht sprechen zu können.

Jill sah besorgt aus. Längst hatte sie die geheime Hoffnung im Herzen des Schuljungen erraten. Aber sie wusste, dass es kein bezahlter Beruf war und woher sollte das Geld dafür kommen?

Ihre Mutter – eine typische Soldatenfrau – hegte eine merkwürdige Verachtung für die Künstlerklasse. Sie wollte, dass Roddy, wenn es die Mittel zuließen, mit der Idee einer zukünftigen indischen Armee nach Sandhurst ging.

Wie würde sie diesen neuen Aufbruch aufnehmen?

Hafens malen sahen?"

„Wer hat dich in dieser Mondnacht im Moor mit zur Abtei genommen? – Ja – warum?" Sie setzte sich und stützte ihre Ellenbogen auf den Tisch.

„Nun – er hat mir eine Menge beigebracht. Nicht gerade Malen, wissen Sie, aber meine Augen zu benutzen. Ich kann es nicht erklären! Werte von Licht und Schatten – wie das Meer, dessen Farbe nur eine Frage der Tiefe und Reflexion ist." … kein gefärbtes Wasser! Ich habe ihm endlich einige meiner Skizzen gezeigt und – Jill –" der Junge blickte wehmütig auf und kämpfte mit einer plötzlichen Schüchternheit – „sagte er … er dachte – nun, das würde ich hab es in mich gesteckt.

„ Das *weiß ich* ." Jill nickte. In ihren nachdenklichen Augen lag ein Ausdruck starker Entschlossenheit. „Und ich werde alles tun, was ich kann – das weißt du, Roddy."

„Du warst immer ein Ziegelstein", sagte der Junge.

Er starrte durch das offene Fenster nach vorn.

„Es gibt so viel zu lernen – und ich möchte anfangen – du *musst* jung anfangen. Ich erinnere mich, dass er eines Tages zu mir sagte – irgendwie habe ich es nie vergessen – ‚Ich male jetzt seit fünfzig Jahren – und Ich fange gerade erst an, meine Kunst zu meistern. Ich weiß, dass meine Hand eins mit meinem Gehirn ist und die lange Lehrzeit vorbei ist. Und jetzt‘ – er sah so furchtbar traurig aus – ‚sind nur noch ein paar Jahre übrig, und dann werde ich sterben – und es ist alles vorbei‘!“

„Aber er hatte große Freude am Kampf gehabt.“ Jill hatte eine Abscheu vor Morbidität. „Und er hatte sich durchgesetzt – das muss sich gut anfühlen!“ Eine warme Farbe errötete ihre Wange.

„Ja – aber es kam mir so furchtbar schwer vor, dass, genau wie das Leben lebenswert war, all diese Arbeit und dieses Wissen verschwinden mussten, zusammen mit allem anderen … ich nenne es faul!“

„Das glaube ich nicht“, sagte Jill. „Peter auch nicht“, fügte sie hinzu. „Darüber haben wir an dem Tag gesprochen, als wir nach Henley fuhren und auf der Messe Halt machten. Ich denke, dass jede wirkliche Anstrengung überlebt – irgendwie – irgendwo –, dass nichts verloren geht. Sonst wäre der Kampf – ganz zu schweigen vom Scheitern! – zu grausam … einfach pure Verschwendung! Denken Sie an all die Pioniere – Cecil Rhodes – Gordon – Scott? Ich kann nicht glauben, dass ihre Energie und ihr Heldentum nicht anhalten … Erinnern Sie sich an Moses und seinen Tod? Wie er nur auf das gelobte Land *blickte* . Es kam mir immer so unfair vor, bis ich eines Tages von der Verklärung auf dem Berg las – als Moses und Elia erschienen – (in ihren irdischen Formen, denken Sie daran! –) und da war er – *im* gelobten Land. Moses , ich meine – Jahrhunderte später. Er war dort angekommen, wissen Sie, *nach* dem Tod.“

„Das ist völlig in Ordnung“, sagte der Schüler, „so habe ich mir das nie vorgestellt.“

Die Rede blieb ihm im Gedächtnis haften. Jahre später, in seiner Stunde der Not – einer jener Stimmungen schwarzer Verzweiflung, die kreative Kunst einem Mann beschert, der sich einem hohen Ideal anstrebt – würde er Jills klare Augen vor sich sehen, das ovale Gesicht, leicht gerötet und erleuchtet von ein inneres Licht, das aus ihrer tapferen jungen Seele aufsteigen schien.

Sie blickte nun auf die Uhr. „Ich muss gehen, Roddy – da ist Mutters Suppe – und in einer halben Stunde trinken wir Tee. Unten in der Küche ist es einfacher.“

„In Ordnung. Ich mache etwas Toast. Ich mache das einfach fertig und komme. Hast du Sardellenpaste, altes Mädchen? Wenn ja, mache ich dir ein paar ‚Teufelskekse‘.“

"Ich fürchte nein." Jill lachte. Es klang nach heißer Unterhaltung für den schwülen Sommernachmittag. „Du könntest die Haustür im Auge behalten. Lizzie ist oben und näht bei Mutter."

„Ich werde antworten – keine Sorge."

Er legte einen Arm um das Mädchen und gab ihr plötzlich einen ausgelassenen Kuss. Jill antwortete eifrig. Roddy war nicht demonstrativ und sie wusste um den Wert der Liebkosung und sehnte sich nach ein wenig Liebe. Dann ging sie mit strahlendem Gesicht in die Tiefen des Kellers und suchte sich mit vorsichtigen Füßen und einem scharfen Blick nach schwarzen Käfern ihren Weg.

Roddy saß dort, wo sie ihn zurückgelassen hatte. Durch das Fenster sah er die verstreuten Bäume auf dem Primrose Hill und das Gras, das wegen der langen Regenzeit noch grün war . Eine schwere Bank aus Gewitterwolken, gesäumt von einem blassen kupferfarbenen Licht, hing schwebend vor dem Blau und der Junge war in einem Traum aus Farben versunken .

Plötzlich zuckte er zusammen. Ein wütender Ausdruck trat in seine Augen. Er stand hastig auf, verließ das Zimmer und durchquerte geräuschlos den Flur.

Vorsichtig öffnete er die Tür.

„Nicht klingeln!" Er überprüfte den Anrufer. „Was willst du? Mutter schläft." Er blickte Stephen trotzig an.

„Ich bin vorbeigekommen, um nach ihr zu fragen."

Somerfield ging kühl an dem Jungen vorbei, hängte seinen Hut auf den Ständer, rückte seine Krawatte im Glas zurecht und lächelte über sein träges Spiegelbild .

„Dann mach keinen Krach", flüsterte Roddy. „Ich nehme an, du kommst besser ins Esszimmer –" Er schloss die Tür leise hinter ihnen.

„Wie geht es Frau Uniacke ?"

Stephen schlenderte zum Sideboard, öffnete eine dort stehende Schachtel und nahm sich eine Zigarette.

Roddy beobachtete ihn finster.

„Möchten Sie sonst noch etwas?" er hat gefragt.

„Danke – ein kleiner Whiskey und Soda." Stephens Lächeln war unverschämt.

"Bedienen Sie sich." Roddy erkannte zu spät das Schlupfloch, das er angeboten hatte. „Mutter geht es ungefähr genauso. Der Arzt kam heute Morgen wieder."

"Was hat er gesagt?" Stephen füllte sein Glas und lehnte sich im Sessel zurück.

„Nichts Gutes – ihr Herz ist schwach und sie ist völlig nervös – schläft nicht. Natürlich kann sie noch keine feste Nahrung anfassen – diese Zwangsernährung hätte sie fast getötet." Der Junge zuckte zusammen, als er sprach.

„Es tut mir furchtbar leid", sagte Stephen. Ausnahmsweise klang in seiner hohen Stimme ein echter Gefühlsklang. „Ich möchte diese Regierung – *ausgelöscht sehen* ! – " er ballte die Hände.

„Nicht viel Gutes – es gäbe noch ein anderes." Roddy war praktisch veranlagt – „Sehen Sie, wenn Sie gehen und Gesetze brechen, müssen Sie dafür bezahlen – wer auch immer Sie sind! Es ist die Schuld der Wahlrechtsführer selbst – sie sind nur ‚Agitatoren' –" er hielt inne – „Ich" Ich würde mein Messer in *sie stecken* ! Es ist ihnen egal, *wer* leidet."

„Nun – du scheinst es ziemlich gelassen zu nehmen, wenn man bedenkt, dass deine Mutter das Opfer ist?"

Der Junge warf ihm einen wütenden Blick zu.

„Das wäre sie nicht – außer dir!"

Den Worten folgte stürmisches Schweigen.

Stephen bereitete sich gerade auf den Kampf vor, als Roddy plötzlich den Kopf hob, Bosheit in seinen haselnussbraunen Augen.

„Ach übrigens, das habe ich ganz vergessen. Heute war hier eine junge Frau, die nach Ihnen gefragt hat – furchtbar scharfsinnig. Über den Geschmack der Leute lässt sich nichts sagen!"

Stephen setzte sich erschrocken auf.

„Eine junge Frau? – welcher Name? Und warum um alles in der Welt kommt sie hierher?"

„Ich dachte, es wäre vielleicht dein Haus – (Eins zurück" – er lächelte vor sich hin.) „Sie wollte keinen Namen nennen – sagte, du wüsstest es –" der Schuljunge grinste. „Ein kleines Mädchen – ziemlich dick – mit einem zerzausten blonden Haarschopf."

Somerfields Gesicht wurde ein wenig blass.

(„Es ist Letty –" dachte er – „Oh! Verdammt!"), aber laut –

„Ich glaube, ich weiß es. Sie arbeitet für unseren Zweig der Liga.“

„Das ist in Ordnung, dann –“ Roddy war fröhlich – „Ich habe ihr ja deine neue Adresse gegeben. Ich habe sie mir aufgeschrieben, um sicherzugehen, und sie ist ziemlich fröhlich weggegangen.“

Stephen sah giftig aus.

„Ich wünschte, du würdest dich um deine eigenen Angelegenheiten kümmern und es mir überlassen, meine zu regeln.“

Der Schuljunge umarmte sich. Hier erhob sich sein Feind! Er war nicht so einfach, wie er aussah, und obwohl die ganze Tragödie von Lettys verzweifelter Jagd nach Stephen seinen jungen Augen völlig entgangen war, war er entzückt, dem Flirt, den er vermutete, einen Strich durch die Rechnung zu machen.

„Es tut mir leid, wenn ich etwas falsch gemacht habe –“ sein schelmisches Gesicht widerlegte die Worte – „aber du sagst, sie arbeitet für die Sache, hat sie also kein Recht, dich zu sehen?“

Stephen stand schweigend auf. Er dachte an Letty in seiner Unterkunft und an seine sorgfältig verwischten Spuren, seit er die in der Nähe von Primrose Hill verlassen hatte. Und nun hatte dieser störende Schuljunge die Arbeit von Wochen zunichte gemacht. Er konnte sich kaum zurückhalten.

"Ich bin weg." Er ging zur Tür.

„Warte einen Moment. Ich begleite dich draußen – ich möchte nicht, dass die Mater gestört wird.“

„Bitte sagen Sie ihr, dass ich angerufen habe.“

„Das werde ich – wenn es ihr wieder gut genug geht. Und sehen Sie, es ist kein gutes Schreiben – der Arzt lässt ihre Briefe nicht zu. Es sei denn, Sie möchten, dass Jill sie liest und ihr gelegentlich eine Nachricht gibt?“

Aber dieser freundliche Gedanke ging verloren. Stephen gewährte keine Antwort.

Roddy stand einen Moment da – die Tür wurde mit seinem Fuß zurückgehalten – und sah zu, wie sein Besucher wegging, sein Mantel war an seine Figur geklemmt, seine Stiefel waren neu und der neueste Hut trug ihn.

„Was für ein Mistkerl der Kerl ist! Die junge Frau tut mir ziemlich leid – aber was *sieht* sie in ihm?“ Er dachte darüber nach.

„Dumme Idioten, Mädchen“, sagte er. Er sprach das Urteil laut aus, mit der bewussten Überlegenheit eines Mannes im Werden.

„Warum, Roddy – du bist ein Zyniker geworden!“

Er drehte sich mit einem plötzlichen Freudenschrei um.

"Peter!"

McTaggarts lächelndes Gesicht, gebräunt und gutaussehend, begegnete seinem Blick.

„Darf ich reinkommen? – Ich habe gerade vorbeigerufen und gefragt, wie es Frau Uniacke geht.“

„ *Eher*! Mein Hut! – es ist wirklich schön, dich wiederzusehen“, tanzte er auf den Stufen. „Ich sage – wir müssen ruhig sein –“ (der Junge erinnerte sich) – „Mutter schläft.“

Sie schlichen durch den schmuddeligen Flur und in das Esszimmer dahinter. McTaggart blickte sich lächelnd an dem kahlen, vertrauten Ort um.

„Du bist gewachsen, Roddy. Wo ist Jill? Ich hoffe, sie kann mir eine Minute ersparen. Ich nehme an, sie ist damit beschäftigt, deine Mutter zu stillen ?“

"Ja." Roddys Lächeln verblasste – „Ich fürchte, sie wird fertig. Sie sitzt die ganze Nacht wach, wissen Sie. Die Mater kann nicht allein gelassen werden.“

„So schlimm ist das? Ich bin furchtbar traurig. Arme alte Jill! – und es ist hart für dich … Macht nichts – wir müssen sie aufmuntern. Sag ihr bitte, dass ich hier bin.“

"Ich werde jetzt gehen." Roddy hielt inne – „Schau her, Peter, ich werde nicht zugeben, dass du es bist – was für ein Spaß! Wäre das nicht eine Überraschung für sie?“ Er machte sich auf den Weg, seine Augen leuchteten vor Spaß.

Er fand Jill in der Küche, die Ärmel hochgekrempelt, ihr Gesicht gerötet, über das heiße Feuer gebeugt und geduldig Hammelfleischbrühe abschöpfend.

„Da müssen Sie einen Moment warten. Da hat jemand angerufen und möchte Sie sehen. Ich glaube, es ist geschäftlich,“ unterdrückte er ein Lachen.

„Störung“, sagte Jill, „ich kann jetzt nicht kommen.“

„Tut mir leid – aber ich bin nicht von Nutzen. Beeil dich, das ist ein braves Mädchen.“

Mit einem ungeduldigen Seufzer schob Jill die Suppe zur Seite des Herdes.

„Es kann nicht schaden, dort zu köcheln.“ Sie wischte sich die Hände an einem Tuch ab und folgte Roddy mit nackten runden Armen und einer

Schürze über ihrem Drillichrock die Treppe hinauf, ein Stirnrunzeln auf ihrem hübschen Gesicht.

Nach der Dunkelheit im Keller wurde sie für eine Sekunde vom Licht geblendet, als sie das Esszimmer betrat und dort einen großen Mann stehen sah.

„Na, Jill?"

Als sie Peters Stimme hörte, stieß sie einen traurigen, atemlosen Schrei aus. Sie blieb an der Stuhllehne hängen und schwankte ...

„Guter Gott! Ich habe dich erschreckt."

Sein Arm streckte sich aus und stützte sie. "Es tut mir sehr leid." Er spürte, wie sie sich versteifte. Denn Jill hatte sich erholt.

„Du hast mich erschreckt – Wie geht es dir, Peter?" Sie zwang sich zu einem zittrigen kleinen Lachen. „Mir geht es gut – es ist nichts ... wirklich." Sie zog sich zurück, ihr Gesicht war rot – „Es ist die heiße Küche. Ich bin ziemlich müde – aber schrecklich froh, dich wiederzusehen."

„Du siehst wirklich ein bisschen erschöpft aus." Seine blauen Augen musterten sie und spürten eine subtile Veränderung. Das war nicht seine Schulfreundin mit den kurzen Röcken und dem schwingenden Zopf.

Ihr Haar war in glänzenden Locken um ihren Kopf geschlungen, unter denen sich kleine Ranken hervorzogen, die sich dunkel von ihrer weißen Stirn abhoben.

Ihr Hals und ihre Arme, nackt und mit Grübchen versehen, waren sanft geschwungen, und der niedrige Busen, der sich mit ihrem schnellen Atem hob und senkte, hatte sein schmales, jungenhaftes Aussehen verloren.

Aber die grauen Augen waren dieselben, rein und furchtlos, wenn auch jetzt von schwachen violetten Kreisen überschattet, die ihre natürliche Größe verstärkten; und das hübsche, vom Feuer gerötete Gesicht hatte die klare Haut des Kindes, das er liebte, und den ziemlich großen und humorvollen Mund.

Ihr langer Rock, eng mit der schmalen Schürze verbunden, zeigte die Rundung ihrer schlanken Hüften und darunter sah er ihre hochgewölbten, geschmeidigen Füße.

Sie sah aus wie ein Vollblut, dachte er, mit einem plötzlichen Anflug von freundlichem Stolz, von der Haltung ihres wohlgeformten Kopfes bis zu den glatten, spitzen Fingerspitzen.

„Es ist *so* schön, dich wiederzusehen – ich bin unendlich froh." Er strahlte sie an.

„Auch ich –" sie lachte zurück – „wir dachten, du wärst wirklich endgültig gegangen. Und du hast in deinem Brief nie gesagt, dass du nach Hause kommst, kein Wort!"

„Ich wollte, dass es eine Überraschung ist."

"Es war!" Sie packte den Arm ihres Bruders. „Roddy – du kleiner Kerl!" – denn sie ahnte, welchen Anteil er an dem Trick hatte – „lauf einfach runter und stell den Wasserkocher auf – und dann trinken wir zusammen Tee. Hast du etwas dagegen, in der Küche ein Picknick zu machen?" – sie wandte sich an den Besucher: „Lizzie ist oben bei dem Kranken."

„Ich würde es lieben", erklärte McTaggart. „Ich habe dir so viel zu sagen. Aber zuerst einmal: Wie geht es deiner Mutter ?"

"Besser." Jill lächelte tapfer. „Aber es war *furchtbar* ! Armer Liebling – sie kam völlig ruiniert nach Hause –" Ihre Lippen zitterten, als sie sprach.

„Nun – du wirst es bald schaffen, meine Liebe – gute Pflege und vollkommene Ruhe." Peters Stimme war jetzt beruhigend; Er war innerlich schockiert über die Belastung, die er vermutete. „Und dann fahren wir mit ihr raus – ich habe bei Tommy Bethune ein Auto bestellt."

„ Oh! – ich bin so froh. Er ist *so* lieb! Du weißt gar nicht, wie gut er war. Er hat alles für Mutter arrangiert – sogar bis zum Krankenwagen."

Peters Gesicht war sehr ernst. Es sei alles schön und gut, sagte er sich, wenn er in den Zeitungen davon las, aber der Gedanke an Frau Uniacke – dieses zarte, gebrechliche kleine Geschöpf – in einem Gefängnis, zwangsernährt! Das brachte es mit aller Macht nach Hause. Und ein neuer Respekt erfasste den Mann. Was auch immer seine Ansichten zur Wahlrechtsfrage sein mochten, in seinem Herzen staunte er über den Mut, den diese Tausenden von Frauen an den Tag legten, die sich zusammengeschlossen hatten, um zu kämpfen oder zu sterben.

„Sie schläft jetzt", fuhr Jill fort, „das war das schlimmste Problem – das und ihr Herz, das sehr schwach ist. Und natürlich ist ihre Verdauung völlig zusammengebrochen – und sie hat furchtbar gelitten im Hals ... Nun ja , wir reden nicht mehr darüber. Komm runter und trink etwas Tee."

Mit angehaltenem Atem durchquerten sie den Flur, Jills Finger an ihren Lippen. Als sie die dunkle Treppe hinuntergingen, schob Peter eine Hand durch ihren Arm.

„Sei ruhig, Jill. Mach keinen Kopfball ... ‚Steil ist der Abstieg' ... Tee! Hier sind wir. Irgendwelche schwarzen Käfer?"

Jill zitterte unwillkürlich.

„Es ist feige – aber ich hasse sie, Peter! Manchmal, wenn ich nachts herunterkomme, ist der Boden einfach schwarz von ihnen. Ich würde Einbrecher viel lieber finden!"

McTaggarts Lachen beruhigte ihre Nerven. Er überprüfte sie im schmalen Flur und senkte die Stimme, während er einen Blick auf Roddy hinter sich warf, der in der Küche beschäftigt war.

„Schau her, Jill – jetzt bin ich zurück – ich hoffe, du wirst mich ausnutzen? Ich möchte Bethune nicht ausschließen –" er lächelte und beobachtete ihr nachdenkliches Gesicht – „aber er ist beschäftigt und Ich bin nicht – ich bin für jeden Gelegenheitsjob zu haben. Und ich möchte helfen – *schrecklich*. Wissen Sie, dafür bin ich nach Hause gekommen."

"Hast du?" Das Mädchen sah ihn an. Ihre Augen leuchteten in der Dunkelheit wie Sterne unter ihren schweren, geschwungenen Wimpern.

„ Ehre Ehre! Dein Brief hat es geschafft. Ich könnte es nicht ertragen, an dich in all diesen Schwierigkeiten ohne einen Mann zu denken. Obwohl ich wusste, dass du den Mut hättest, dich dem zu stellen. Es ist also ein Handel – zwischen uns ausgehandelt –, das bin ich." um eine Art praktischer ... Bruder zu sein?"

„Das ist es", sagte Jill ruhig. „Das werde ich nicht vergessen. Danke, Peter."

KAPITEL XXII

McTaggart ging gedankenverloren mit ernstem Gesichtsausdruck zum Bahnhof St. John's Wood.

Denn die Erinnerung an seine kleine Freundin mit den müden Augenringen verfolgte jeden Schritt der einsamen Straße, die von einem Baumgürtel beschattet wurde.

Er sah, dass Jill von der Pflege und der Angst erschöpft war und dass die langen Nächte der Wache auf Kosten ihrer Nerven erkauft wurden. Er ahnte außerdem die angespannten Ressourcen des schäbigen Hauses, das er verlassen hatte. Er hätte viel dafür gegeben, die Situation durch einen Scheck zu erleichtern!

Aber das war schlichtweg unmöglich. Er lächelte vor sich hin über die bloße Idee und schritt weiter, ohne auf die heftigen Donnerschläge zu achten, die niedergingen.

Endlich ergab sich ein Plan . Als er nach kurzem Zögern die U-Bahn erreichte, nahm er eine Fahrkarte nach Kensington und stieg kurz darauf mit zweimaligem Umsteigen an der Station High Street aus. Hier wandte er sich mit einem besorgten Blick auf die Uhr nach links und gelangte, indem er sich umdrehte, schließlich zu einem großen Wohnblock in einer ruhigen Straße.

Er studierte die Namensliste im Flur, betrat den Aufzug und wurde in den vierten Stock und zur Wohnung G getragen, wo er leicht nervös klingelte.

Miss Elizabeth Uniacke war „zu Hause". Er reichte dem Dienstmädchen seine Karte – eine gepflegte ältere Frau mit einer altmodischen Mütze und Schürze – und folgte ihr in einen kleinen Salon, der mit kleinen Tischen und Stühlen vollgestopft war und von einer großen schwarzen Katze besetzt war, die auf einem Kissen schlief ein grauer Papagei.

Die Tür schloss sich und er sah sich um. Frühviktorianische Möbel, helle Chintzstoffe, modernes Porzellan , Bilderrahmen, Rüschenkissen und eine Menge Arbeiten aus Benares.

Über dem drapierten Kaminsims ragte ein Kaminsims aus Rosenholz mit geschnitzten Kabinen hervor, in denen jeweils eine affektierte Statuette stand. Die mit Rosenbüscheln bedeckten Wände waren mit Tellern, Plüschklammern und amateurhaften Wasserfarben übersät , aber der Raum war luftig und makellos sauber und versprühte eine gewisse heimelige Behaglichkeit.

Der Papagei beäugte ihn böse, den grauen Kopf zur Seite geneigt, und die schwarze Katze gähnte ihm ins Gesicht, die rote Zunge gekräuselt, mit schläfriger Verachtung.

McTaggarts Nervosität nahm zu. Dann hörte er einen schnellen Schritt, die Tür öffnete sich und herein kam eine schlanke, aufrechte kleine Gestalt in einem blauen „Foulard"-Kleid.

Er nahm seinen Verstand zusammen und ging ihr entgegen. „Ich fürchte, du wirst dich nicht an mich erinnern – ich muss mich wirklich dafür entschuldigen, dass ich gekommen bin ..."

„Oh ja, das tue ich –" sie unterbrach ihn – „ *ganz* gut" – und streckte ihre Hand aus.

„Ich habe dich bei meiner Schwägerin getroffen – willst du dich nicht setzen?" Er befand sich auf dem mit Chintz bezogenen Sofa seiner Gastgeberin gegenüber.

Klare Augen, grau wie die von Jill, begegneten seinem Blick unter einem offensichtlich falschen Pony von bräunlicher Farbe, der sicher von einem Band aus schwarzem Samt gehalten wurde. Jenseits dieser Grenze schien ihr natürliches Haar, Pfeffer und Salz, mit Nachdruck die Ehrlichkeit der Täuschung und ihrer Absichten zu verkünden.

Ihre Nase war scharf, ihre Lippen eng, ihre Figur eckig und hager, aber er bemerkte, dass sie wunderschöne Hände hatte, an denen einige schöne alte Ringe glänzten.

„Ich habe dort übernachtet, als du eines Tages zu Mittag gegessen hast und mit den Kindern eine Autofahrt gemacht hast." Sie schien zu vermuten, dass er nervös war, und beruhigte ihn mit wohlerzogenem Fingerspitzengefühl.

„Es geht wirklich um Ihre Nichte, die ich angerufen habe – ich hoffe, Sie verzeihen die Störung." Er zögerte und fand es noch schwieriger, als er gedacht hatte.

„Frau Uniacke ist furchtbar krank – aber wissen Sie natürlich alles darüber?"

Ihr Lächeln verschwand sofort; sie richtete sich auf, sehr aufrecht. „Ich habe nicht das geringste Mitleid mit ihr." Ihre Stimme war kalt und bestimmt. „Ihr Verhalten ist unentschuldbar!"

McTaggart sah, wie das Land lag, und beschloss, diplomatisch vorzugehen.

„Ich stimme dir eher zu", sagte er, „mein Mitgefühl gilt ausschließlich Jill."

„Schändlich", fuhr die kleine Dame fort, „der Name meines Bruders wurde in den Staub gezerrt. Ich denke, Mary muss verrückt sein! – Und ich hoffe, dass diese Krankheit eine Lektion sein wird."

„Du hast sie nicht gesehen, nehme ich an?"

„Und das habe ich auch nicht vor!" Ihr Mund schnappte. „Es ist schon schlimm genug, an Edwards Frau in einem gemeinsamen Gefängnis zu denken."

„Ich verstehe, wie du dich fühlst", McTaggart nickte ernst – „aber das Schlimmste ist, dass es Jill umbringt."

Da zuckte die kleine alte Jungfer zusammen.

„Jill? Was hat das Kind damit zu tun?"

„Alles" – McTaggart runzelte die Stirn – „ihre Mutter pflegen, beim Kochen helfen und außerdem Nacht für Nacht aufsitzen. Sie kann nicht weitermachen – sie wird zwangsläufig zusammenbrechen – und niemand scheint sich im Geringsten darum zu kümmern." Er sah, wie sich auf dem schmalen Gesicht ein Anflug von Besorgnis breit machte. („Es ist alles in Ordnung", sagte er zu sich selbst, „sie liebt ihre Nichte.") Sein Mut wuchs. „Deshalb bin ich zu Ihnen gekommen. Jill tut mir so schrecklich leid – und Frau Uniacke ist nicht gut – ich dachte wirklich, Sie sollten es wissen."

„Das hast du ganz richtig gemacht. Ich hatte keine Ahnung." Ihre grauen Augen blitzten, während sie sprach. „Mary ist nicht geeignet, Kinder zu bekommen!"

Der Spott der Unverheirateten ertönte.

"Ich bin so erleichtert." McTaggart lächelte. „Ich hatte das Gefühl, dass es mich nichts angeht, und fragte mich, wie Sie mich empfangen würden. Aber jetzt – da Sie so nett sind – möchte ich einen bestimmten Vorschlag machen. Es scheint, als würden sie nichts von einer Krankenschwester hören –" der Junge Der Mann wurde ein wenig rot – „Natürlich – sie müssen eine Menge Ausgaben haben – Bildung und all das, und ich möchte helfen dürfen."

„Zufällig ist mir in letzter Zeit … ein ziemlich großes Vermögen geblieben, und ich weiß nicht, was ich mit dem Geld anfangen soll – das ist eine Tatsache, das versichere ich Ihnen …", fuhr er hastig fort – „und wenn Sie einverstanden sind Deshalb dachte ich, ich würde mich um eine gut ausgebildete Krankenschwester kümmern – für die Nachtarbeit –, um Jill abzulösen Verwenden Sie Ihren Namen. Jill muss davon nie erfahren. Ich nehme an, Sie werden es für eine schreckliche Frechheit halten", fügte er knabenhaft den Satz hinzu – „dass ein Fremder kommt und das vorschlägt –, aber ich kenne Jill mein ganzes Leben lang."

Es folgte eine peinliche Pause. Er konnte die scharfen grauen Augen auf sich spüren und blickte weg, sein Blick war auf einen Kelch aus böhmischem Glas mit der Aufschrift „ Grüss !" gerichtet. darauf in Gold eingraviert.

Über Miss Uniackes faltiges Gesicht begann sich ein grimmiges Lächeln zu stahlen.

„Hm ... ich verstehe. Du willst Philanthropie betreiben – auf Kosten meines Gewissens?"

Als McTaggart aufblickte, bemerkte sie ein Funkeln in ihren Augen.

„Genau – wir können es uns beide leisten! – Ich wusste irgendwie, dass du nett sein würdest."

"Hast du?" Sie kicherte, innerlich erfreut. „Sie scheinen vieles als selbstverständlich zu betrachten. Darf ich nach dem Grund fragen?"

„Nun – wenn du es wissen willst…", lächelte er. „Nein – besser nicht." Er überprüfte sich schelmisch und betrachtete ihr Gesicht.

„Jill, nehme ich an, oder vielleicht Roddy? – Ich habe diesem jungen Schlingel neulich einen Korb geschickt – ich gehe davon aus, dass er dich betrogen hat! Ich mache das nur, weil Mrs. Belsey zufälligerweise gerne kocht. Und ich nicht esse selbst Kuchen – damit es ihr gefällt – und ich hasse Verschwendung!"

„Nein. Roddy war äußerst diskret!" Er hielt inne, dann riskierte er es und lachte.

„Ich habe es an deinen schönen Händen erraten! Von Händen kann man so viel Charakter lernen –" fuhr er ruhig fort und genoss ihre empörte Überraschung. „Ich beurteile Menschen immer danach, und ich liege nie sehr falsch!"

„Du bist ein sehr unverschämter junger Mann!"

Das Lächeln, das sie nicht länger unterdrücken konnte, nahm den Worten ihren Biss: „Bevor ich nun auf Ihr ... Geschwätz antworte, möchte ich nachdenken."

McTaggart nickte. Er war mit seiner Mission sehr zufrieden und verspürte ein persönliches Interesse an dieser einzigartigen neuen Bekanntschaft mit ihrer scharfen Zunge und ihren freundlichen Augen.

Uniacke ein Bündel Wolle aus einem schwarzen Seidenbeutel und begann, laut nachdenkend, schnell zwischen den Maschen zu stricken.

„Drei, vier, fünf, links – die Frau ist ein absoluter Idiot – das hat Edward immer gesagt! – sieben, acht, lass eins. Aber da ist noch das Mädchen, das man in Betracht ziehen muss – zwölf, dreizehn, vierzehn, fünfzehn – schmutziges Haus, keine Verwaltung – neunzehn , zwanzig, eins stricken, wenden ...“

Im dunkler werdenden Raum herrschte Stille.

Dann ertönte hinter dem Sofa das überraschende Geräusch eines lauten Kusses.

McTaggart drehte sich verwundert um.

„ Hübsche Polly – gib uns einen Kuss!“ gefolgt von einem ernsten „A-Men“. Der Graupapagei klammerte sich kopfüber an seine schmale Sitzstange und stieß ein spöttisches Lachen aus. Fräulein Uniacke strickte weiter.

„Sieben, acht – starke Suppe – neun, pur – ein guter alter Portwein – lächerlich! Ein Kind in diesem Alter – zehn, elf – will Luft – lassen Sie eins fallen – und neun Stunden Schlaf. Schade, dass sie es aus dem Gefängnis entlassen haben – vierzehn, Fünfzehn, sechzehn, an der Reihe – Wenn es nach mir ginge, würde ich ihnen die Köpfe rasieren. Heilen Sie bald diesen Wahlrechts-Unsinn – Drei, vier –“

McTaggart verspürte das wilde Verlangen, laut zu lachen, als der Papagei vom Fenster aus ein heiseres und inbrünstiges „Verdammt!“ aussprach.

"Oh!" Miss Uniacke stand auf. „Du *böser* Vogel. Du sollst zu Bett gehen –“ Sie ergriff ein grünes Baumwolltuch und warf es flink über den Käfig. „Ich kann mir nicht *vorstellen* , wo er diese Worte lernt.“

Als McTaggart den schockierten Unterton in ihrer Stimme hörte, richtete er sein Gesicht auf.

„Ich gehe davon aus, dass er mit einer Frauenrechtlerin zusammengelebt hat, bevor er zu Ihnen kam“, schlug er vor – „und sobald sie das Fieber bekommen, hängt alles von ihrer Moral ab. Als nächstes wird er draußen Fenster einschlagen!“

Miss Uniacke kicherte grimmig.

„Nun –“ Sie legte ihr Strickzeug hin und faltete ihre schlanken weißen Hände. „Ich habe mich entschieden, Mr. McTaggart. Ich kann nicht zulassen, dass Jill leidet. Ich bin Ihnen für Ihr freundliches Angebot sehr dankbar, aber es gibt bei weitem einen besseren Weg. Ich werde gehen und mich selbst um Mary kümmern."

Sie sagte es mit triumphierender Miene.

„Es wird eine ausgezeichnete Gelegenheit sein, sie von diesem Wahlrechts-Unsinn zu befreien." Sie bemerkte McTaggarts alarmierten Blick. „Haben Sie keine Angst – ich bin eine erstklassige Krankenschwester – ich meine natürlich, wenn sie sich erholt. Was sie jetzt will, ist Ruhe und Schlaf – und gutes Essen. Haben Sie gesagt, dass sie keine Köchin hatten?"

„Das glaube ich nicht – ich verstehe, dass sie an dem Tag, als Frau Uniacke ins Gefängnis kam, wütend ging."

„Ich gebe ihr keine Vorwürfe." Das Seidenkleid raschelte. „Dann bleibt nur noch dieses schlampige Hausmädchen übrig, um Jill zu helfen?"

„ Das nehme ich an – es sei denn, Stephen lässt sich herab, die Stiefel zu schwärzen!"

"Ha!" Die kleine Dame schnaubte: „ *Er ist also* noch da, oder?"

McTaggart war sich eines Ausrutschers bewusst. Er wünschte, er hätte den Mann nicht erwähnt.

„Das kann ich nicht sagen. Ich weiß, dass er auf freiem Fuß ist. Ich glaube nicht, dass ihn die Gefängniskost reizt – er ist eher zierlich."

„Kein Freund von dir, wie ich sehe."

Miss Uniackes leuchtende Augen musterten ihn fast liebevoll. „Nun, er wird dieses Haus nicht betreten, solange ich dort bin", entschied sie säuerlich.

„Jetzt zum Geschäftlichen", fuhr sie nach einer Pause fort, „ich werde die Wohnung schließen, sobald ich kann. Das mache ich immer für die Sommermonate und es ist nur ein paar Wochen früher – und ich nehme meine beiden Dienstmädchen mit." Ich. Jedenfalls, bis ich das Haus in Ordnung bringen und eine Köchin für Mary finden kann. Maria ist eine gute Krankenschwester. Sie ist seit achtzehn Jahren bei mir und Mrs. Belsey versteht sich auf Suppen für Invaliden – sie ist eine ausgezeichnete Frau und eine strenge Abstinenzlerin . Das können Sie Beruhige dich – was Jill betrifft, meine ich." Sie lächelte, als McTaggart aufstand. „Kommen Sie zu uns, wann Sie möchten. Ich bin Ihnen sehr dankbar. Heutzutage trifft man nicht mehr oft auf junge Männer mit Verstand. Die Welt steht Kopf, mit schwachen Jungen und männlichen Frauen!"

McTaggart hielt ihre hübsche Hand in seiner über die orthodoxe Zeit hinaus.

„Vielleicht", fragte er, „kommst du ab und zu für eine Spritztour in meinem Auto vorbei?"

„Und die Anstandsdame meiner Nichte – was?"

Die Rede war nicht ohne Bosheit. Sie sah seinen leicht schuldbewussten Blick und lachte schallend.

„Ich verstehe – ich war selbst einmal jung, wissen Sie?"

„Tante Elizabeth – du bist ein Volltreffer!" Mit seinem bezaubernden Lächeln wagte er die Vertrautheit heraus.

„Na ja – bei aller Unverschämtheit!" Ihre dünnen Wangen erröteten ein wenig. „Wir werden sehen. Ich mache keine voreiligen Versprechungen. Ich werde versuchen, Mary am Freitag zu erreichen."

Ihr Gesicht verfinsterte sich plötzlich.

„Ich bin froh, dass der arme Edward jetzt weg ist. Das ist eine schlechte Sache für die Kinder."

McTaggart tat es unendlich leid. Er sah, dass sie es sich sehr zu Herzen nahm.

„Ich nehme an" – seine Stimme war sehr sanft – „es wäre dir egal ..." er zögerte – „heute Abend zum Essen mit mir zu kommen – wenn du nicht beschäftigt bist – hast du nichts Besseres? Ich bin nur gerecht." Zurück aus dem Ausland und finde so viele Freunde fern. Willst du nicht Mitleid mit meiner Einsamkeit haben?"

Die kleine Dame fühlte sich innerlich geschmeichelt, lachte aber über die Einladung hinweg.

„ Unsinn! – das ist sicher sehr nett ... aber eine alte Frau wie mich willst du doch nicht!"

„Das tue ich" – er lächelte sie an. "Sag du wirst?" Er sah, wie sie verstohlen auf die Uhr dahinter blickte. „Wir haben jede Menge Zeit – ich werde mich umziehen und zurückkommen, um dich abzuholen. Wie wäre es mit einem Theaterbesuch?"

Tante Elizabeth war versucht.

„Na ja ... dann – ein ruhiger Ort ohne Band. Zufälligerweise habe ich ein gutes Ohr für Musik und ich werde meine Verdauung nicht riskieren, indem ich mich auf Tangozeit schlucke! Und – Marie Tempest, zur Auswahl – es gibt keinen Unsinn darüber." ihr!"

Ihre Stimme war lebhaft. „Ich habe es satt, dass mir von der Bühne aus Predigten oder sogenannte ‚Komödien' vorgehalten werden – die nichts anderes als eine Ausrede für extravagante Kleidung sind. Ich möchte amüsiert sein, wissen Sie, und nicht nur von Farbe und Licht verblüfft sein, und Reihen gewöhnlicher, affektierter Mädchen, die für einen Ehemann werben."

Mit einer charakteristischen Geste strich sie den wilden braunen Pony zurecht.

„Als *ich* jung war, gingen wir ins Stück, um den Leuten wirklich zuzusehen, wie sie *schauspielerten* . Aber jetzt ist die Aufmerksamkeit aller auf die Inszenierung gerichtet! Eine Art Marionettenschau, in der die Darsteller als Hilfsmittel zu den Epigrammen zu gelten scheinen, die der Autor aussortiert hat. Du Hören Sie nicht, dass die Leute die Kunst des Schauspielers loben. Oh, nein. Es heißt: „Ist es nicht gut gemacht?" oder ‚Sind die Kleider nicht einfach *süß* ?""

McTaggart lachte herzlich.

„In dem, was Sie sagen, ist viel dran. Nun, ich werde in einer Stunde zurück sein. Ich bin so froh, dass Sie kommen können." Er ahnte, dass der Abend in Gesellschaft seiner neuen Freundin mit ihren scharfen Augen und ihrer bissigen Zunge ein uriges Erlebnis werden würde.

Die kleine alte Jungfer lächelte ihn an.

„Sie werden feststellen, dass ich bereit bin", antwortete sie, „und mich auf mein Leckerli freue."

Aber in ihrem Herzen sagte sie: „Ich glaube, der Junge mag Jill. Und Mary ist so ein völliger Idiot! Ich muss das selbst sehen. Ich weiß, Edward würde mir dafür danken. Er scheint ein netter, männlicher Kerl zu sein." .."

Der kleine McTaggart ahnte weder ihre Gedanken noch den Impuls, der sie zur Annahme veranlasste.

Als er den Raum verließ, hörte er den Papagei, verhüllt und mürrisch, wie er Korken zog!

KAPITEL XXIII

Ein Monat verging schnell. Fast jeden Tag hielt McTaggarts Auto vor dem Haus in der Nähe von Primrose Hill, und Jill und Roddy stiegen freudig ein, gelegentlich auch ein Vierter in Gestalt von Tante Elizabeth. Dann verließen sie London in der kühleren Landluft, ein Trio schwuler Entdecker, bewaffnet mit Karten und einem Picknickkorb .

Solche Kuchen! Denn Mrs. Belsey war Roddys Charme zum Opfer gefallen, seiner schmeichelnden Stimme und seinem fröhlichen Lachen und „Cookie – nur *ein* Marmeladen-Puff?"

Fräulein Uniacke hatte das, was sie gerne als „gebundene Pflicht" bezeichnete, in vollen Zügen genossen.

Vom Dachboden bis zum Keller war das muffige alte Haus buchstäblich auf den Kopf gestellt worden. Denn dem Kranken ging es überraschend schnell besser. Der Haushalt bewegte sich nicht mehr auf Zehenspitzen. Gutes Essen und Verantwortungsbewusstsein lasteten auf den Schultern der fähigen kleinen alten Jungfer; Ihre sorgfältige Pflege und ihr gesunder Menschenverstand hatten viel dazu beigetragen, die Heilung zu beschleunigen.

Mit ihren beiden hingebungsvollen, gut ausgebildeten Dienern und einer Putzfrau (verbotenes „Geschwätz!") hatte Tante Elizabeth jedes Loch und jede Ecke erkundet.

Die Episode mit der toten Maus (in einem stillgelegten Schrank unter der Treppe) war der Höhepunkt ihrer Kampagne gegen die Unordnung.

Jill war gerufen worden, um ihre Tante vorzufinden , die steif zwischen Finger und Daumen den Schwanz des Sittenbrechers hielt: selbst einem kleinen Nagetier nicht unähnlich, mit scharfer Nase und spitzem Kinn, eingerahmt von einem grau karierten Staubwedel.

Ihr brauner Pony war ehrlich gesagt schief, ihre grauen Augen hatten stählerne Spitzen.

„Sehen Sie sich *das an* ! – Ich habe große Lust, es direkt zu Ihrer Mutter zu bringen. Ich wundere mich, dass Sie nicht alle Typhus hatten! So etwas kommt von einem schmutzigen Haus!", spottete sie, „sie *sollte es wirklich* wissen." "

„Oh, Tante Elizabeth, *nicht* !" rief Jill. „Mutter hat Angst vor Mäusen."

„Hm…" Miss Uniacke schnaubte darüber – „und nennt sich eine militante Frauenrechtlerin! Ich schäme mich wirklich, dass die Diener das sehen. Nehmen Sie es weg und vergraben Sie es – und ich hoffe nur, dass es eine Lektion ist!"

Innerlich freute sie sich. Gehorsam nahm Jill die Leiche entgegen und ging in Richtung Garten. Unterwegs traf sie Roddy – der ihr sofort vorschlug, es zu häuten! – , aber das grausame Projekt wurde aufgegeben und stattdessen ein kleines Grab mit einem dekorativen Grabstein ausgehoben.

Sobald das Haus gründlich gereinigt war, widmete sich die Reformatorin der häuslichen Erziehung ihrer Nichte. Denn Frau Uniacke saß auf einem langen Stuhl in ihrem Zimmer und brauchte jetzt nur noch wenig Pflege.

Jeden Morgen nach dem Frühstück setzte Tante Elizabeth einen Hut aus geflochtenem Stroh auf, den sie mit einem Band unter dem spitzen Kinn festgebunden hatte, nicht unähnlich dem Hut, den ein vorsichtiges Pferd während einer Hitzewelle trug – so dachte Jill – und der nur zwei Löcher und ein Paar Ohren brauchte !

Sie und Jill gingen in den Garten, wo auf dem geschwungenen Weg unter einer Bergahorn ein Vorratstisch und Stühle aufgestellt waren.

Hier wurde die lange vernachlässigte Haushaltswäsche ausgebessert und die ältere Frau predigte; Sie nimmt für ihren Text die Dekadenz der Gegenwart im Vergleich zu der ihrer frühen Jugend.

„In *meinen* jungen Tagen" – sie begann mit einem Schniefen – „waren wir stolz auf unsere Häuser. Wir hatten keine Zeit für Unzufriedenheit und uns in Männerangelegenheiten einzumischen. Schau dir das an, verdammt ..." Sie hielt es hin. „Ich würde gerne einen *Mann* sehen, der das tut!"

Verachtung lag in ihrer schrillen Stimme. Sie fuhr sanfter fort:

Mutter trafen – deiner Großmutter, Jill, meine Liebe, aber du erinnerst dich nicht an sie –, meinen beiden Cousinen und meiner Schwester und einer Freundin , und wir hatten eine Nähbiene. Denkst du Klingt es langweilig? – Ich versichere Ihnen, das war es nicht! Wir wechselten uns beim Vorlesen ab – Wilkie Collins erschien in einer Wochenzeitschrift – sehr aufregend! Wir legten den Tag fest, an dem es erschien, und niemand durfte es tun Schau rein. Edward hat es immer aufgenommen. Er war immer so voller Spaß – und eines Nachmittags tat er so, als wäre es nicht gekommen. Wir waren so verärgert, und dann fand meine Cousine Jean es sorgfältig in einen Strumpf gesteckt, bereit zum Stopfen! Wie wir haben gelacht!" Sie sah lächelnd zu Jill auf. „Du bist deinem Vater sehr ähnlich , mein Lieber, seine Haare und Augen – und seine dunklen Brauen."

„Bin ich? – ich bin so froh." Das Mädchen unterdrückte einen plötzlichen Seufzer. „Du kannst dir nicht vorstellen, wie sehr wir ihn vermisst haben!" – ihre Stimme war leise – „es schien irgendwie … wie das Ende von allem."

Eine Zeit lang herrschte Stille zwischen ihnen, voller süßer und trauriger Erinnerungen. Dann rührte sich Tante Elizabeth, nahm ihre Brille ab, wischte sie aggressiv ab und sagte mit scharfer, geschäftsmäßiger Stimme:

„Jetzt – lass mich sehen." Sie streckte ihre Hand aus: „Algebra und Euklid und Griechisch, und sie kann kein Tischtuch säumen! Das ist die moderne Bildung ... Schauen Sie sich diese Zeile an – nennen Sie das klar? Mädchen, die dazu erzogen wurden, an nichts anderes zu denken als an Kleidung und Vergnügen – von Dienstmädchen verwöhnt! – Und sie verlieben sich (ein beredtes Schnüffeln) in einen jungen Narren, der nicht einmal einen Penny auf seinen Namen hat – in aller Eile heiraten – und dem Koch nicht einmal beibringen können, einen Milchpudding zuzubereiten!

„Dann schnappst du dir eines Tages die Zeitung und findest: ‚Was machen wir mit unseren Mädchen?'", höhnte sie, „und ‚Ist die Ehe wirklich ein Misserfolg?' – ‚Sollte Mutter Tango tanzen?' Ich habe keine Geduld mit den Frauen – leere Puppen oder sonst ungeschlechtlich!"

Sie biss mit scharfen Zähnen in ihre Baumwolle und fuhr mit ihrer Predigt fort.

„In *meinen* jungen Tagen" – Jill wagte zu lächeln – „schämten wir uns nicht für die Arbeit von Frauen – wir waren stolz darauf, meine Liebe. Na ja, deine Großmutter Uniacke lebte tief im Land, fünfzehn Meilen von einer Stadt entfernt und Auch keinen Bahnhof! Keine Geschäfte – keine Apotheke. Sie hatte einen eigenen Vorrat an Medikamenten und verteilte sie genauso gut wie jeder Arzt. Einmal in der Woche kamen die Dorfbewohner und erklärten ihnen ihre Beschwerden, und Mama verschrieb sie – in allen außer den meisten gefährliche Fälle. Sie war nämlich die Frau des Gutsbesitzers, und das wurde damals erwartet. Wir machten unsere eigene Butter und Käse – natürlich Brot – und selbstgebrautes Bier und pökelten auch unseren eigenen Speck. Überall hatte meine Mutter den Vorsitz. Sie war es Wie eine kleine Königin; in einem eigenen Königreich! Ich kann Ihnen sagen, ich hatte keine Zeit, über die Rechte der Frau zu diskutieren – das hielten wir in *meinen* jungen Tagen für selbstverständlich. Und wenn ein Mädchen nicht nähen konnte, galt das als Schande ! Sie musste sehr bald lernen – und Milcharbeit und einfache Küche."

Sie brach abrupt ab – mit einem scharfen Blick auf Jill.

„Jetzt – messen Sie es mit Ihrer Karte. Machen Sie den Saum nicht zu weit. Ich denke manchmal, dass Nähmaschinen eine Erfindung des Teufels waren! Gott wusste, als er der Frau die beruhigende Wirkung von Handarbeiten verschaffte Um ihr Gehirn mit Bildung zu füllen, musste sie sich eine Schürze anlegen! Nicht nur als Bedeckung, sondern auch, um ihre freien Hände zu beschäftigen. Meiner Meinung nach gibt es nichts Besseres als ein Beruhigungsmittel für die Nerven. Wenn Sie sich mit rätselhaften Fragen herumschlagen, Nehmen Sie ein wenig einfaches Nähen und Sie werden feststellen, dass der „Stich … Stich" seine eigene Ruhe bringt. Ohne Lärm und Klappern wie beim Arbeiten mit einer Maschine oder dieser anderen Abscheulichkeit – einer Schreibmaschine. Ich wäre am liebsten in einer Fabrik , und ich bin fest davon überzeugt, dass wir seit dem Aufkommen der Maschinen nie wieder so gesund waren.

„Es hat sogar die soziale Seite verändert. In *meiner* Jugend waren die Leute mit den Mitteln der Landadel und der Adel. Aber jetzt werden all die schönen alten Häuser an die reichen Fabrikanten verkauft" – sie seufzte mit echtem Kummer. „Überall gibt es statt guter Arbeit und Haltbarkeit billige Kleidung mit Spitzenbesatz. Und Frauen mit untätigen Händen, unzufrieden und neurotisch."

„Wenn jede Frau die Arbeit tun würde, die sie der Zofe ihrer Dame überlässt, und für gutes, altmodisches Essen und unverfälschtes Brot sorgen würde, sollten wir nicht überall von diesen Fällen von ‚Nervenzusammenbruch' hören. Es ist das unnatürliche Leben, das wir führen und das die Nacht verwandelt." Tag, essen ungesunde Kickshaws und vergiften uns mit manipulierten Weinen!"

„Aber glauben Sie nicht …" Jill bekam endlich ihre Chance, während Tante Elizabeth eine Atempause einlegte – „dass die gegenwärtige Bildung den Horizont der Frauen erweitert? Denken Sie an den schrecklichen Aberglauben – die enge moralische Sichtweise – die bigotten Glaubensbekenntnisse." der vergangenen Jahrhunderte. Als Mädchen von nichts als Gefühlen sprachen und ohnmächtig wurden und schrien …"

„Hm…", unterbrach Miss Uniacke . „Ich sehe keine große Verbesserung. Sie schreien jetzt auf öffentlichen Plattformen – statt in ihren eigenen Salons . *Meiner Meinung* nach ist das eine weniger anständige Form der Hysterie !"

Jill lachte laut.

„Trotzdem glaube ich, dass sie heutzutage mehr Selbstachtung haben. Sie rennen nicht hinter Männern her …"

„ *Nicht* wahr?" schnappte ihre Tante . „Lesen Sie einfach ein paar Fälle von Versprechensbruch und Scheidung! Das wird Ihnen zeigen, wie sehr die moderne Frau sich selbst respektiert!"

„In neun von zehn Fällen ist es Untätigkeit, die zur Sünde führt. Wenn sie ihre eigenen Babys betupfen würden, hätten sie weniger Zeit für solchen

Unfug. Aber Babys sind jetzt aus der Mode ...“ Die unerschrockene alte Jungfer warf einen Blick auf Jills ruhiges Gesicht und fuhr fort: „Wohlgemerkt, ich sage nicht, dass ich es für richtig halte, viele Kinder auf die Welt zu bringen, wenn man nicht die Mittel hat, sie zu unterstützen. Aber wenn man sich umschaut, wird man feststellen, dass es die Menschen sind, die das durchaus könnten.“ Wer sich dieser Pflicht im Allgemeinen entzieht, kann es sich leisten! Ein Baby ist ein Handicap, wissen Sie, in einem Leben voller Vergnügen . – Es bedeutet Selbstverleugnung – und außerdem schreckt die junge Generation vor jeder Form von Schmerz zurück!...

„Wenn du heiratest, Jill, meine Liebe“, ihre Gedanken wanderten zu McTaggart – „entscheide dich, Ehefrau und Mutter zu sein – und nicht eine gut gekleidete, müßige Puppe! Du wirst viel glücklicher sein – merk dir meine Worte – das ist es.“ was der Allmächtige für die Frauen geplant hat.“

„Ich werde nicht heiraten.“ Jills dunkler Kopf lag im Schatten über ihrer Arbeit.

sagen alle jungen Mädchen .“ Tante Elizabeth lächelte vor sich hin. „Und einige von uns bleiben dabei“, fügte sie mit einem Anflug grimmiger Ehrlichkeit hinzu.

"Da bist du ja!" rief Jill. Aber in dem Moment, als die Worte über ihre Lippen gekommen waren, bereute sie es. Denn das dünne alte Gesicht war ein wenig wehmütig. Sie ging schnell weiter.

„Ich wäre viel lieber wie du, bei all deiner Freiheit, Tante Elizabeth. Denn obwohl man von glücklichen Ehen *hört* “ – sie hielt inne – „sind sie doch ziemlich selten, nicht wahr? Und wenn überhaupt heiratet aus Liebe ... das ist es – oder *nichts* !“ Ihr Gesicht war ernst. „Wie kann man sagen, dass es von Dauer sein wird?“

Ausnahmsweise fand ihre Tante keine Antwort.

So vergingen die Vormittage in Arbeit und Streit, seltsam glücklich, gefolgt von langen Nachmittagen unter freiem Himmel mit McTaggart.

Mit sonnenverbrannten Wangen und gesunden Nerven sah Jill wie ein Musterbeispiel für Gesundheit aus.

Denn der Sommer hatte über den Regen gesiegt und eine lange Dürreperiode folgte.

London befreite sich schnell von seiner smarten Menschenmenge, und die Straßen und Parks schienen einen Atemzug der Erleichterung zu atmen, befreit vom täglichen Trubel. Nur wenige Menschen hielten sich in der Stadt auf, außer den Arbeitern und hier und da einem verstreuten Teil der Gesellschaft, der von einer vorübergehenden Not festgehalten wurde.

Zu den strahlenden Zugvögeln gehörte Lady Leason . McTaggart traf sie an einem Julimorgen, als sie zügig aus ihrer Schneiderei kam.

„Nun – das *ist* schön!" Er blieb stehen und schüttelte ihm die Hand. „Ich dachte, du und Dick wärst nach Cowes gegangen ?"

„Nein – ich bin eine einsame Witwe" – sie lächelte. „Ich fahre nächste Woche zu ihm nach Schottland. Ich habe ein paar Schießkleidung anprobiert" – sie zog ein Schnittmuster hervor – „Wie gefällt es dir?"

„Heidemischung – schönes Zeug", er fingerte anerkennend daran. „Es ist einfach eine Ewigkeit her, seit ich dich gesehen habe – ich bin erst seit kurzem zurück und wollte anrufen, habe aber gehört, dass du weg bist. Wirst du nächsten Sonntag zu Hause sein?"

„Was machst du heute Abend? Komm zum Essen – das wäre besser. Ich habe Bertram bei mir – meinen Cousin. Er ist für den Kirchenkongress bereit."

„Das würde ich gerne tun. Ist das der Bischof ?" und als sie nickte – „um acht Uhr?"

„Ja – wie immer. Wir unterhalten uns – nur mit uns selbst – das wird nett sein. Sie haben in dieser Saison nicht viel verpasst – alles wurde vom Regen verdorben. Ascot war wie die Flut und ich habe keinen einzigen Sieger hervorgebracht!" "

"Pech!" sagte McTaggart. Er begleitete sie in ein Taxi und stand einen Moment lang an der Tür gelehnt.

„Ich weiß nicht, was du zu essen bekommst" – die hübsche grauhaarige Frau lächelte – „die Hälfte der Bediensteten ist nach Schottland gegangen – Bertram und ich führen ein einfaches Leben!"

„Ich bin nicht wählerisch" – er lachte – „solange du mir kein Kaninchen gibst!"

Das war ein alter Witz zwischen ihnen. Einmal hatten sie in einem Landhaus übernachtet, dessen Gastgeberin für ihre Genügsamkeit bekannt war und in dem Kaninchen in besorgniserregendem Ausmaß auf der Speisekarte standen. Beginnend mit einer kalten Torte zum Frühstück, einem Curry (mit verdächtigen Knochen) erwies sich das warme Gericht zum Mittagessen und einer „Hühnercreme" zum Abendessen, in der McTaggart eine Chance gefunden hatte!

So erklärte er. Und seitdem wurde die Gastgeberin in Lady Leasons Bühnenbild privat „Bunny" genannt. McTaggart lächelte bei der Erinnerung.

Er wollte an diesem Nachmittag mit Jill und Roddy mit Miss Uniacke eine letzte Fahrt machen; denn am nächsten Morgen verließ sie ihre Schwägerin.

Mit der schnellen Erholungskraft, die viele nervöse Frauen besitzen, hatte die Kranke das Joch ihrer jüngsten Krankheit schnell abgeworfen.

Trotz Tante Elizabeths vielen Vorträgen wollte sie schon wieder zur Arbeit zurückkehren, aber allein die Tatsache, dass sie so viel erlebt hatte, hatte ihre lebhafte Fantasie beflügelt.

Sie war der Ansicht, dass ihre öffentliche Demonstration ihr endlich das Recht gegeben habe, sich nicht nur als Märtyrerin, sondern auch als würdige Verfechterin der Sache zu betrachten.

Doch hinter ihrem Wunsch nach aktiver Arbeit schlummerte der Gedanke an Stephens Freundschaft. Sie hatte unter der erzwungenen Entfremdung gelitten, war sich aber der Ursache durchaus bewusst.

Sie wusste, dass Fräulein Uniacke die Intimität nicht billigte, bildete sich aber auch ein, dass die kleine alte Jungfer kein Liebhaber des anderen Geschlechts war. Sie war ehrlich erstaunt über ihre Haltung gegenüber McTaggart. Es kam ihr nie in den Sinn, dass Jill das Bindeglied zwischen dem neugierigen Paar war. Sie konnte in dem Mädchen auch keinen Charme erkennen, der diese Vermutung rechtfertigen würde.

Obwohl sie ihre einzige Tochter liebte und insgeheim stolz auf ihren eigenen Nachwuchs war, wäre sie sehr überrascht gewesen, wenn ein Außenstehender darauf hingewiesen hätte, dass Jill sich zu Männern hingezogen fühlt.

Das Mädchen war so anders als sie selbst!

Es ist eine merkwürdige menschliche Eigenschaft, dass eine Mutter selten einen anderen Typus an ihrer Tochter schätzen kann. Und doch verleiht ein verborgenes Naturgesetz, das bei der Geburt der Kinder herrscht, einem Mädchen am häufigsten die Eigenschaften des Vaters. Jill war das Ebenbild von Colonel Uniacke . Roddy ähnelte mit seiner leuchtenden Farbe , den hohen Wangenknochen und seinem vogelähnlichen Blick viel mehr der Mutter, wenn auch in einer stärkeren Miniaturversion.

Aber Jill, groß, anmutig gebaut, war auch rundlich; mit großen grauen Augen und den wohlgeformten Händen und Füßen ihres Vaters. Ihr Mund war eine Spur zu groß für Schönheit, aber voller Charakter, frisch und geschwungen, mit tiefen Winkeln, die Humor ausstrahlen , und ihr Kinn hatte einen Hauch von Eigensinn.

Sie hatte das klare Urteilsvermögen, den Sinn für Proportionen und das Gleichgewicht ihres Vaters, seine starke Vitalität, sein warmes Herz und eine fast leidenschaftliche Liebe zur Gerechtigkeit. Ihr größter Stolperstein war Stolz.

Als kleines Kind hatte sie oft heimlich über einen Fehler geweint, sich aber geweigert, sich zu entschuldigen. Sie wurde einmal für eine Woche wegen einer unklugen rebellischen Rede „nach Coventry geschickt", aber am Ende der Strafe war das kleine Mädchen immer noch stur.

„Es tut mir leid, dass ich dich verletzt habe, Mutter – es *tut mir* leid" – die Tränen rollten herunter – „aber ich meinte jedes Wort, das ich sagte – und das tue ich immer noch – ich kann nicht anders!"

Oberst Uniacke wurde gerufen, veranlasst von seiner empörten Frau.

Er nahm Jill auf sein Knie.

„Na dann, Kind – raus damit!"

„Ich sagte" – ihre Arme legten sich um seinen Hals – „Ich hasste Miss Bellew einfach" ... (sie bezog sich auf die neue Gouvernante). „Sie ist eine perfekte Schleicherin und sie hat Roddy geschlagen – ich weiß, dass ich unartig bin", jammerte sie laut – „aber ich *hasse* sie – sie ist ein Biest! Und ich werde nicht ‚küssen und Freunde finden' – nicht um irgendjemandem zu gefallen !" ... "

„Also gut, das brauchst du nicht." Das Kind starrte mit großen Augen. „Aber solange sie die Autorität innehat, wirst du sie mit dem gebührenden Respekt behandeln. Wenn sie eine Feindin ist, bist du immer noch – mehr denn je in der Ehre – verpflichtet, ihr jede Höflichkeit zu erweisen. Und jetzt geh und küsse deine Mutter."

Jill rutschte hinunter, ihr Schluchzen unterdrückt. Das war eine neue Sichtweise. Ihr Vater beobachtete sie nachdenklich.

„Natürlich", sagte er, „ist es ziemlich hart für Miss Bellew, wenn man darüber nachdenkt. Sie wird dafür bezahlt, Sie zu unterrichten – es ist ihr Lebensunterhalt –, sie tut es nicht aus Vergnügen. Sie sind die Tochter des Hauses." Sie ist mein Gast..." Er zuckte mit den Schultern.

Jill drehte sich wortlos um und ging zurück ins Klassenzimmer.

Vom Gang draußen aus hörten ihre Eltern, wie sie die Angelegenheit erklärte.

„Miss Bellew" – sie stand da in ihrer zerknitterten Schürze, steif und verlassen, immer noch Tränen auf ihren Wangen. „Es tut mir leid, dass ich unhöflich zu dir war. Es tut mir leid, dass ich gesagt habe, dass du ein Biest bist. Aber du hast Roddy geschlagen – das hat Schluss gemacht – und ich mag dich nicht – das werde ich nie tun! Aber ich werde dich nicht anrufen." Nochmal Namen. Nein – ich *möchte* nicht geküsst werden ... aber ich werde ein braves Mädchen sein ... solange (schnief) ... du Vaters Gast bist."

Sie hat ihr Wort gehalten. Wochen später erklärte sie Oberst Uniacke den Waffenstillstand .

„Wir sind , ehrenhafte Feinde', wissen Sie – wie Coeur de Lion und Saladin."

Die Geschichte war zu einem Klassiker geworden, und eines Abends wiederholte Tante Elizabeth sie im stillen Garten dem sehr amüsierten McTaggart.

Ehrenkodex eines Mannes . Ich habe noch nie ein Mädchen wie sie getroffen ... es ist eine Figur unter tausend."

Tante Elizabeth blickte schlau auf – und bemerkte das Leuchten in den blauen Augen.

„Ich glaube, wir beide mögen Jill", sagte sie und ließ die Worte auf sich wirken. Dann fing sie energisch an, über Mrs. Uniackes Besserung zu sprechen und driftete dabei in ihre Lieblingsabneigung ab – das Frauenwahlrecht und militante Verhaltensweisen.

Doch ihr Fehlschuss hatte das Ziel verfehlt. Die rein brüderlichen Bedingungen, unter denen McTaggart seine Freundin kennenlernte , blieben noch unberührt von Gefühlen.

Er wusste kaum, wie sehr es ihn interessierte; zufrieden mit einem Gefühl der Freundschaft, das sich so völlig von all seinen anderen Auseinandersetzungen mit ihrem Geschlecht unterscheidet.

Er wusste, dass Jill ihn mochte. Er ahnte nicht einen Moment lang, dass ein tieferes Gefühl vorhanden war. Sie erfüllte den Wunsch, den er in seinem eigenen Mangel an häuslichem Leben so stark verspürt hatte. Es war gut zu wissen, dass er in einem Haus immer ein gern gesehener Gast war, ohne Angst vor Intrigen oder ermüdenden gesellschaftlichen Konventionen.

Denn während der langen Monate im Ausland waren ihm viele Fallen gestellt worden, und daraus entstand ein kluges Misstrauen gegenüber Mädchen, das nicht nur auf Eitelkeit beruhte.

Als er nun langsam durch die Straßen von Mayfair zu seinem Club schlenderte, wanderten seine Gedanken zurück zu Cydonia.

Er ging an der Tür der Cadells vorbei . Die Jalousien waren heruntergelassen, die Fensterläden repariert. Dem Gebot der Mode gehorchend hatten sie sich mit dem gesellschaftlichen Trend weiterentwickelt.

Aber ein Gefühl der Dankbarkeit überkam ihn. Er wusste genau, dass er einem Leben mit einer Frau entgangen war, die ihn gelangweilt hätte, gefesselt an die „offensichtliche Orthodoxie"!

Und er fragte sich...

Gab es eine Art der Liebe, die der Monotonie standhalten konnte? Konnte er sich jemals darauf verlassen, die „eine Frau" zu erkennen?

War sein „doppeltes Herz" die Ursache für die Unentschlossenheit, die ihn plagte? – diese schnellen Leidenschaften, die wie Stroh ausbrannten. Würde er jemals die heilige Flamme kennen lernen?

Und plötzlich kamen ihm die Worte des Zigeuners in den Sinn.

„Zwischen zwei Feuern sollt ihr brennen und brennen." ... Er verspürte einen Schauer des Aberglaubens.

Sie hatte seine „goldene Krone" vorhergesagt, das Vermögen „über Meer kommen" ... Was hatte sie später prophezeit? Er runzelte die Stirn und suchte in seiner Erinnerung.

Wie ein Kopf auf einer Münze, klar und erhoben, sah er wieder das dunkle Gesicht; Er hörte die seltsame, plappernde Stimme und spürte ihre warme Berührung an seiner Hand.

„Wenn das Licht verblasst ... bei der Wende ... da ist der Glücksmond und der Traum deines Lebens ...!"

Der „Traum seines Lebens"? Er schüttelte sich, als wollte er den unheimlichen Zauber brechen.

„Was für ein Unsinn das ist! Ich gehe davon aus, dass sie jedem Mann die gleiche Geschichte erzählt." Aber tief in seinem Herzen wusste er, dass er nicht ungerührt war. In den gewählten Worten lag Magie.

Der Traum seines Lebens...?

Mit wehmütigen Augen versuchte er vergeblich, den Schleier zu durchdringen, da er wusste, dass sich hinter einer Vision das süße – ungeahnte – Antlitz der Liebe verbarg.

KAPITEL XXIV

„Was halten Sie nun von meinem Dachgarten?"

Lady Leason wandte sich mit bewusst triumphierender Miene an McTaggart.

„Ist es nicht schön? – und ich habe es selbst geplant!" Sie war wie ein Kind mit einem neuen Spielzeug, ihr noch junges Gesicht eifrig und strahlend unter ihrem weichen grauen Haar.

„Ich finde es *perfekt* ", sagte McTaggart herzlich. Während er sprach, sah er sich um und betrachtete die grüngestreifte Markise, die Korbstühle, die bunten roten Kissen und die groben Binsenmatten unter seinen Füßen.

Denn das Bleidach des in den Garten hinausgebauten Rauchzimmers war mit Hilfe von grünem Gitterwerk und großen Kübeln voller Geranien und Gänseblümchen in eine Art Aufenthaltsraum verwandelt worden, geschützt durch das gestreifte Zelttuch .

„Ich züchte goldenen Hopfen in dieser Kiste am Rand, um ihn an den Stützen und entlang der Gitter zu flechten, und im Frühling werde ich unzählige Blumenzwiebeln haben und die schreckliche Bank dort unten in einen Steingarten verwandeln."

Sie deutete auf den verfärbten Grasfleck unter ihnen, wo eine schmuddelige Mauer ihr kleines Reich vervollständigte. Darüber konnte man einen Blick auf die Bäume im fernen Park und den Abendhimmel erhaschen, aus dem sich bereits ein Stern nach dem anderen hervorzustehlen begann.

„Setzen Sie sich – Sie beide" – sie wandte sich an ihre Gäste. „Und rede, während ich dir türkischen Kaffee mache. Hier sind ein paar Zigaretten – das sind Zigarren …"

Sie machten es sich in den Korbstühlen bequem und sahen zu, wie ihre Gastgeberin unter der hellen Kupferpfanne die Flamme andrehte und den Kaffee abgab, der die Luft mit seinem zarten und erfrischenden Duft erfüllte.

„Haben Sie Mrs. Fleming in letzter Zeit gesehen?" Der Bischof wandte sich an McTaggart. „Ich glaube, das letzte Mal, dass ich dich getroffen habe, war im Haus der Cadells ."

„Seit vielen Monaten nicht mehr", antwortete der andere. „Ich war im Ausland und bin herumgereist. Was für ein Mann ist Euan Fleming?"

Lady Leason blickte schnell auf.

„Pass auf, was du sagst, Bertram. Mach Peter nicht neidisch! Ich dachte", fügte sie schelmisch hinzu, „dass es sich um einen Fall handelte ... "

Über ihre fröhliche Geste ihm gegenüber lachte McTaggart.

„Nur eine leichte Wadenliebe! Aber ich habe mir immer vorgestellt, dass sie einen Titel heiraten würde."

„Nun", sagte der Bischof , „ich glaube eher, dass es am Ende dazu kommen wird. Ich *habe gehört* – aber das ist ganz unter uns –, dass er auf der nächsten Liste der Geburtstags- Ehrungen ganz unten steht ."

„In der Tat? Ein nützlicher Mann für die Partei?"

McTaggart sah, wie die markanten, kurzsichtigen Augen glitzerten.

„Vielleicht kaum als Redner. Aber er hat eine wertvolle Gabe – das Schweigen! Bei Gelegenheiten sehr notwendig."

Lady Leason lächelte subtil. „Und natürlich", fuhr der Bischof hastig fort, „sind die Cadells sehr wohlhabende Leute. Mit seinem Schwiegervater, der ihn finanziert, und einer schönen Frau hat er eine Chance, eines Tages Lord Fleming zu werden – ein mythischer Castle wie Lauras Freunde ... Ich habe den Namen vergessen.

„Meinst du ‚die Crumpets'?"

Die Gastgeberin lachte mit schelmischen Augen in ihren haselnussbraunen Augen.

„Peter – hast du es nicht gehört? – es ist zu urig! – Ich muss es dir sagen." Sie rührte den Kaffee noch einmal um und begann dann mit ihrer Geschichte.

„Ich weiß nicht, ob Sie jemals eine dunkle, aufgeregte kleine Frau getroffen haben, die Frau eines großen Ingenieurs namens Crumpe ? Sie kam immer zu meinen Partys, furchtbar overdressed und mit Perlen behangen wie eine Tecla-Werbung. Sie müssen sich sicherlich an sie erinnern „Nun, dieses Jahr wurde er zum Peer ernannt. Er hatte den Leuten irgendwo einen Park geschenkt und war ein großer Zeichner von Parteigeldern.

„Die kleine Mrs. Crumpe war in ihrer Pracht! Sie hat alle ihre alten Freunde aus dem Weg geräumt und eine strenge Linie um Belgravia und Mayfair gezogen. Und welchen Namen haben sie Ihrer Meinung nach angenommen? Wir haben sie immer ‚die Crumpets' genannt, Sie Weißt du – es schien ihnen zu passen. Er hatte so eine ‚butterige' Art! Und jetzt sind sie Lord und Lady Quinningborough von Castle Normantayne " – sie würgte.

Tränen der Freude standen ihr in den Augen, als sie sich immer noch lachend zu McTaggart beugte.

„Es klingt wie feudale Türme, ein Wassergraben und eine Zugbrücke. Aber das *ist es nicht* – das ist die pure Freude! Es ist anscheinend überhaupt kein Haus, sondern der Name eines winzigen Dorfes, in dem Crumpets Vater eine Farm besaß!" "

McTaggart brüllte, und die Barmherzigkeit des Bischofs war nicht immun gegen die Ansteckung ihrer Fröhlichkeit.

„Wirklich, es ist bemerkenswert, der moderne Titelwahn." Er nahm seine Brille ab und wischte sie ab, immer noch leicht geschüttelt vor Lachen.

Ehren bei der Landung in England aufzugeben .

(„Ein toller Arsch, den ich jetzt sehen sollte, wenn ich mich unter Freunden, die mich seit College-Tagen als Peter McTaggart kennen, als italienischer Marquis ausgibt" – er lächelte bei dem Gedanken.)

Sein größtes Problem hatte Mario gehabt, aber dessen Unkenntnis der englischen Sprache und das Wissen, dass es seine Entlassung bedeuten würde, wenn er redete, hatten ihn gehorsam, wenn auch mürrisch gemacht.

Die Angst vor einem Ausrutscher hatte McTaggart selbst davon abgehalten, ausführlich mit Jill über sein sienesisches Erbe zu reden. Sie wusste, dass er dort etwas Eigentum hatte, aber darüber hinaus nur sehr wenig. Bethune war der einzige Mann, der völlig im Geheimnis war. Zum Glück für McTaggart war es den Papieren entgangen, die zu dieser Zeit mit einer königlichen Hochzeit gefüllt waren. Die schottische Seite seines Charakters, vorsichtig und zurückhaltend, kam ihm zugute, und außerdem hatte er eine Abneigung gegen Snobismus , was heutzutage eher selten ist.

„Es scheint schade", sagte er jetzt, „dass Ehrungen so häufig sind – oder besser gesagt, so leicht zu verdienen sind. So viele großartige Männer haben sie in der Vergangenheit durch Heldentaten, gute Verwaltung und solide Arbeit gewonnen." im Interesse des Imperiums getan. Ich meine, *würdige Männer, ohne jede Frage von £, sd* .

„ Natürlich kennt man viele Menschen – auch liebe Menschen –, die sie in jeder Hinsicht verdienen – wie die Cheltenhams … Aber wenn ein Titel offen gesagt gekauft wird, scheint das die Würde dieser anderen und der kommenden Männer zu beeinträchtigen. Es sollte eine besondere Unterscheidung geben, um Geld zu meinen – wir sprechen zum Beispiel von ‚Law Lords‘ – warum nicht von Finance Lords? Und von Lords of Silence" – er lächelte – „wie Fleming. Nicht das ‚Goldene Vlies‘, sondern das , „Goldene Zunge"!

Lady Leason nickte anerkennend, gerade in den letzten Prozess des Kaffeezubereitens vertieft.

McTaggart wandte sich an den Bischof .

„Übrigens“, sagte er, „wo wir gerade vom Geld reden, wie geht es Ihrer Firma? Ich habe Schliffs Akte nachgeschlagen, so weit ich konnte, und – als ich Ihnen schrieb – war sie kaum beruhigend, obwohl es mir egal war.“ sage zu viel in meinem Brief.

„Ich habe das völlig verstanden“, seufzte der Bischof , „heutzutage geht das nicht mehr. Aber ich war *sehr* dankbar. Ich fürchte, die Sache wird immer schlimmer. Ich höre privat, dass sie darüber nachdenken, einen Anruf zu tätigen Aktien – fünf Schilling; trotz einer optimistischen Rede voller Versprechungen von Schliff auf der Hauptversammlung. Und – können Sie es glauben? – erst gestern traf ich einen alten Freund, den ich seit Jahren nicht mehr gesehen hatte –, der sich für diesen Kongress aus der … anmeldete Nördlich von England – und er hatte Aktien für *zwei Pfund das Stück gekauft*! Ja, das ist einfach berüchtigt! Natürlich hatte er sie Schliff selbst auf *seinen Rat* hin abgenommen , und jetzt werden sie an der Börse für neun und sechs Pence verkauft! "

„Ich kann es durchaus glauben.“ McTaggart lächelte. „Schließlich liegt es im Interesse des Unternehmens. Man muss irgendwie Geld aufbringen, um es zu retten – also werden die neuen Aktionäre den alten geopfert.“

„Peter ausrauben, um Paul zu bezahlen?“ schlug der Bischof vor. „Ich missbillige es aus tiefstem Herzen und habe meinen Freund gewarnt. Er wird Schliff heute Nachmittag sehen, und ich beneide ihn nicht. Er wird seinesgleichen finden.“

„Ich bezweifle es – er ist ziemlich dickhäutig! Dies ist nicht das erste seiner finanziellen Unternehmungen.“

„Worüber redet ihr beide?“ Lady Leason unterbrach sie. „Hier ist Ihr Kaffee.“ Sie reichte die zierlichen Tassen aus Eierschalenporzellan und filigranen Ständern. „Und jetzt, Peter“ – sie lehnte sich seufzend zurück – „möchte ich alles über dein Jahr in Italien hören.“

„Eher eine große Aufgabe! – Wo soll ich anfangen?“

"Am Anfang." Sie sah ihn neugierig an. „Erzählen Sie uns zuerst, warum Sie London verlassen haben?“

„Um mein gebrochenes Herz zu pflegen, natürlich. Du scheinst Cydonia zu vergessen.“

„Mein lieber Peter!“ – sie lachte zurück. „Das glaube ich nicht. Ich wusste, dass du nur flirtest. Sie ist natürlich hübsch, aber oh! so *langweilig* – und denk an Cadell! Was für ein Schwiegervater.“

Der Bischof runzelte die Stirn.

„Ich versichere Ihnen, dass es ausgezeichnete Leute sind, Laura. Ich habe größten Respekt vor Mrs. Cadell."

„Sie hat eine gute Köchin", sagte sein Cousin böse.

McTaggart warf sich in die darauffolgende Pause.

„Nun – ich bin die übliche Runde gegangen – Rom, Florenz, Siena" – er lachte – „und natürlich Venedig – und Neapel." Hier hielt er inne, überprüft durch eine offensichtlich komische Erinnerung, und lächelte vor sich hin.

"Raus mit der Sprache!" Lady Leason beobachtete sein hübsches Gesicht. „Ich spüre ein deutliches ‚Kribbeln' in meinen Daumen." Oh, Bertram wird nichts dagegen haben" – als sie sah, wie er den Bischof ansah – „Ich werde für ihn antworten – er ist nie schockiert!"

„Wirklich, Laura!" protestierte ihre Cousine.

„Mann von Welt – und auch ein Liebling." Sie warf ihm einen Blick echter Zuneigung zu.

Der Bischof blinzelte. „Nun, Mr. McTaggart?"

„Ich habe dort an ein Abenteuer gedacht", gab Peter zu, „nichts Besonderes ." moutarde ' ... aber vielleicht ... ich sollte es besser nicht tun.

" *Tun* ." Lady Leason zog die Liköre näher heran. „Ein alter Brandy könnte dir Mut machen?"

McTaggart war versucht. Er sah in seinem Kopf eine Möglichkeit, den Schwachpunkt der Geschichte zu verpacken.

„Nun – ich werde es riskieren!" Er leerte das Glas, schlug seine langen Beine übereinander und wandte sich seinem Publikum zu.

„Es geschah bei meinem ersten Besuch in Neapel – ich war mit einigen römischen Freunden, den Vivianis , auf einer Yacht . Die Gruppe bestand aus meinem Gastgeber und meiner Gastgeberin und einem Mann namens Bellanti , seiner Schwester und mir Zurück aus Sizilien, gegen neun Uhr. Ich erinnere mich, dass der Scirocco den ganzen Tag geblasen hatte – es war furchtbar heiß – wir waren alle ziemlich schlaff. Viviani rührte sich nicht, und die Gräfin wollte Bridge. Sie waren zu viert mit Bellanti , dachte ich Ich würde an Land gehen.

„Ich muss sagen, sie taten ihr Bestes, um mich davon abzubringen, und natürlich hatte ich unzählige Geschichten über das nächtliche Neapel gehört, aber ich dachte, das seien nur Reisegeschichten ! Wir lagen gut draußen in der Bucht." Es stinkt furchtbar direkt im Hafen . Aber ich ruderte mit vier

Leuten aus der Mannschaft hinein, die warten und mich zurückbringen sollten.

„Nun, ich wanderte umher, bis ich müde war. Die Stadt gefiel mir nicht besonders, und dann erinnerte ich mich plötzlich an die Adresse, die mir ein Freund von der Marine gegeben hatte – eine Art Tanzlokal – ähnlich dem ‚Bal Tabarin'. ' Du weisst."

„Bertram weiß es nicht", sagte Lady Leason ernst.

„Ja, das tue ich, meine Liebe", sagte der Bischof unerwartet. „ Warleighs jüngster Sohn erwähnte es eines Tages. Er erzählte mir, es sei eine Tanzakademie."

„Na ja ... so etwas in der Art" – McTaggart kicherte. „Jedenfalls bin ich dorthin gegangen. Aber es war nicht viel los. Nur ein kahler Saal, mit einer Menschenmenge von Männern und Frauen und der üblichen ‚Tarantella', von der ich die Nase voll hatte! Aber da war ein Mädchen, das ... tanzte wunderschön – hübsch wie Farbe – sehr dunkel, wissen Sie. Ich habe noch nie in meinem Leben solche Augen gesehen ..."

„Oh, Peter!" Lady Leason lachte: „Haben Sie auf diese Weise Ihr gebrochenes Herz geheilt?"

"Vielleicht." Sein Lächeln war rätselhaft. „Wir haben mehrmals zusammen getanzt – der Raum war so heiß wie ein Ofen und der Wein der schlechteste, den ich je getrunken habe. Als sie also vorschlug, sollten wir nach draußen gehen und eine Cousine von ihr aufsuchen , die irgendwo in der Nähe eine Bar hatte Anständige Drinks, wie ein Idiot, ich vergaß Vivianis Warnungen, sie holte ein Wrap und wir machten uns auf den Weg.

„Nun – es kam ihr etwas weiter vor, als sie dachte. Wir gingen durch viele enge Gassen, einige Stufen hinauf und in eine Gasse und kamen schließlich zu einer Art Taverne, wo einige Matrosen tranken und Karten spielten.

„Wir durchquerten den Raum und gingen einige Stufen hinauf, und ich begann zu zweifeln, als sie die Tür zu einem schmuddeligen, fast dunklen Raum öffnete, in dem ein flackernder Docht in einer Untertasse mit Öl brannte. ‚Ich hole den Wein, „sagte mein kleiner Freund – „und eine Lampe – setz dich." Sie verschwand – ich hörte, wie sich die Tür schloss, dann das Klicken eines Schlüssels, der von draußen im Schloss gedreht wurde.

„Ich sprang darauf zu, packte den Griff, und im nächsten Augenblick erlosch das Licht, und eine Männerstimme sagte auf Englisch:

„Hände hoch!"' ... Er warf einen Blick auf sein Publikum.

"Du lieber Himmel!" Lady Leason keuchte. Die runden, kurzsichtigen Augen des Bischofs traten noch stärker hervor, sein Mund war offen.

„Wie sehr unangenehm!" er beobachtete.

"Es *war*." McTaggarts Stimme war eindringlich. „Ich sah sofort, dass es eine Falle war. Niemand wusste, wo ich war, und ich hatte selbst nicht die leiseste Ahnung. Ich stand mit dem Rücken zur Tür da und versuchte, meinen Verstand zu behalten.

„Dann ertönte von der anderen Seite des Raumes eine zweite Stimme, ebenfalls die eines Mannes. Er sagte langsam auf Italienisch:

„„Wenn du dich nur einen Zentimeter bewegst, bist du ein toter Mann.' Es waren also zwei! – Das war die Sache. Ich vermutete, dass sie beide bewaffnet waren, und da war ich, im Abendkleid, ohne auch nur ein Taschenmesser!

„„Zieh deine Kleider aus, eins nach dem anderen', sagte die erste Stimme in gebrochenem Englisch, ‚und lege sie vor dir auf den Boden – zusammen mit deinem Geld und deiner Uhr.'

„Nun – ich habe es geschafft!" McTaggart runzelte die Stirn – die Erinnerung hatte immer noch Macht, ihn aufzurütteln. „Kein wirklich schöner Kampf – es war stockfinster und sie wussten, woran ich war."

„„Du kannst deine Stiefel behalten' – der Sprecher lachte – ‚und hier ist ein Papier' – er warf es rüber – ‚es ist eine warme Nacht – du wirst dich nicht erkälten!'

„Da kehrte die Hoffnung in mir zurück. Denn ich hatte nicht damit gerechnet, lebend herauszukommen. Nun ja – nach einer Minute flackerte ein Streichholz auf und wurde sofort ausgeblasen. Ich erhaschte einen flüchtigen Blick auf dunkle Gestalten rechts und links und dann fühlte ich … Hand greife meinen Arm.

„„Geradeaus' – Wir durchquerten den Raum, und das war das Schwierigste von allem! Ich wollte mich unbedingt auf den Rohling stürzen, aber die Chancen standen mehr als zwei zu eins. Also biss ich die Zähne zusammen und schwor mir – Er fühlte sich – na ja – *ziemlich* dumm! Er öffnete eine Tür – nicht die, an der wir gekommen waren – und sagte:

„ ‚Zehn Schritte – zählen Sie sie – nach unten – Sie finden den Griff auf Ihrer linken Seite. Gute Nacht, e buon riposo!' und ich hörte, wie ihre Schritte hinter mir zurückwichen. Nun ja – ich stolperte die verwinkelte Treppe hinunter, tastete herum, fand die Tür und war draußen in der Nacht – und dankte meinen Sternen für diese Flucht. Ich habe nicht viel Zeit verschwendet, das könnt ihr euch denken – aber überquerte den Hof im

Eiltempo, fand eine Gasse und rannte durch diese und auf eine leere Straße. Sie führte in eine breitere, und dort hielt glücklicherweise ein Taxi vorbei. Zum Glück war es dunkel und kein anderes Seele herum. Du hättest das Gesicht des Fahrers sehen sollen! Ich war in eine zerrissene Zeitung gekleidet und hatte ganz unten meine Lackschuhe und ein Paar violette Seidensocken.

Er blickte den Bischof schuldbewusst an und war erleichtert, sein breites Lächeln zu sehen und Lady Leasons fröhliches Lachen bei dem Bild zu hören.

„Ich stürmte wie ein Hase in das Taxi, ging in die Hocke, fand eine Decke – sie war offen, sehen Sie – die übliche ‚Vettura' – und bot dem Fahrer unermesslichen Reichtum an, damit er direkt zum Anlegesteg galoppieren konnte. Natürlich, sobald ich angekommen war Das Boot, die Crew bezahlte ihn und besorgte mir ein paar Kleidungsstücke – einen Mantel und eine Plane, und in diesem Kostüm erreichte ich die Yacht. Meine einzige Hoffnung bestand jetzt darin, zu meiner Kabine zu gelangen, bevor meine Freunde meine Notlage bemerkten. Zum Glück waren sie es Bridge spielen unter einer Markise auf dem Deck.

„Wir waren sehr ruhig und alles lief gut. Ich zog mich schnell an und gesellte mich wieder zu ihnen, nachdem ich mir das Schweigen der Crew erkauft hatte, die zufällig anständige Leute waren."

„Aber hast du es ihnen nicht gesagt?" Der Bischof starrte. „Ich wäre direkt zum britischen Konsul gegangen. Ein äußerst schändlicher Zustand!"

"Nicht ich!" McTaggart lachte. „Was hatte das für einen Sinn? Ich hatte zunächst keine Ahnung von der Adresse. Neapel ist wie ein Kaninchenbau – und außerdem hätten sie mich aus meinem Leben gejagt."

"Was für ein Abenteuer!" Seine Gastgeberin schauderte. Sie dachte einen Moment nach.

„Was ist aus dem Mädchen geworden? Du hast sie wohl nie wieder gesehen. Sie muss ein bezahlter Lockvogel gewesen sein?"

"Schaut so aus." McTaggart stimmte zu. Er zündete sich eine Zigarette an. „So habe ich mein gebrochenes Herz geheilt. Aber versprich mir, dass du es Mrs. Fleming nicht erzählen wirst!"

„Davon sollte ich nicht träumen", sagte der Bischof mit schockierter Stimme. Die anderen lachten.

Vivianis vorbeizukommen – ich sehe sie jetzt ganz versunken vor mir. Bellanti hatte „keine Trümpfe" verdoppelt. Ich glaube, das hat es gerettet – und die Geschichte davor bewahrt, ganz Rom zu verbreiten."

Sie unterhielten sich noch eine Weile, dann stand McTaggart auf.

„Es wird schon spät, fürchte ich.“ Er schüttelte Lady Leason die Hand . „Vielen Dank für einen schönen Abend“ – und wandte sich an den Bischof , der ihn festhielt.

„Ich fahre morgen zurück nach Oxton “, er blinzelte einen Moment und zögerte.

„Ich frage mich jetzt – ob Sie Lust hätten, ein ruhiges Wochenende mit uns zu verbringen? Kennen Sie diesen Teil des Landes überhaupt? Im Sommer ist es sehr angenehm.“

„Das ist furchtbar nett von dir“, sagte McTaggart. Er dachte schnell über seine Verpflichtungen nach – „Meinst du *dieses* Wochenende?“ er fragte: „Wenn ja, werde ich erfreut sein.“

„Dann ist das geklärt“ – der Bischof lächelte – „wir könnten morgen zusammen hinfahren – ich fahre um Viertel nach drei. Würde Ihnen das passen?“

"Herrlich."

Lady Leason beobachtete das Paar mit einem Funkeln in ihren haselnussbraunen Augen.

„Na ja – keine neapolitanischen Abenteuer.“ Sie drohte dem jüngeren Mann, der dort stand, verschmitzt mit dem Finger. Anscheinend ohne Grund wurde McTaggart leicht rot.

„Oh – ich habe ein neues Kapitel aufgeschlagen.“

Der Bischof strahlte seinen Cousin an.

„Es war nicht seine Schuld, Laura, meine Liebe.“

"Natürlich nicht." Sie erregte McTaggarts Blick. „Obwohl ich es nicht *ganz* verstehe ... Oh, egal!“ Sie lachte laut. „Aber demoralisieren Sie Bertram nicht.“

„Das konnte ich nicht“, sagte McTaggart lächelnd.

KAPITEL XXV

McTaggarts Wochenendbesuch verlängerte sich. Denn am Montag fuhr ihn der Bischof zum Mittagessen nach Rustall , Lord Warleighs schönem alten Tudor-Herrenhaus in der Nähe von Oxton . Hier fand er einen Freund aus College-Tagen wieder, Gilbert Crewkerne, einen Neffen des Hauses, und erhielt eine unerwartete Einladung, nach Rustall zu ziehen und an einem Cricketspiel teilzunehmen, das für den folgenden Samstag geplant war.

Die Territorials, die in der Nachbarschaft campierten, schickten eine Elf, um gegen die Hauspartei zu spielen. Leider hatte sich einer von Lord Warleighs Gästen den Knöchel verstaucht und Crewkerne sah in McTaggarts Besuch in Oxton den freundlichen Finger der Vorsehung.

Mario freute sich über die Änderung der Pläne und stimmte diesem wunderschönen Landhaus mit seinen großen Zimmern und dem schönen alten Park zu. Er war bestürzt über sein Londoner Quartier, das für den Rang seines jungen Herrn ein so dürftiges Umfeld darstellte, und der einzige Fehler im gegenwärtigen Plan war die Tatsache, dass McTaggart ihm ein striktes Verbot erteilte. Am liebsten hätte er laut das Geheimnis des ersteren Erbes verkündet, und es schmerzte ihn nicht wenig, als er feststellte, wie wenig McTaggart seinen Titel schätzte.

Es minderte auch sein eigenes Wichtigkeitsgefühl im Dienstbotensaal, wo jeder Mann seinen Rang entsprechend seinem Herrn einnahm. Er ärgerte sich über die distanzierte Schirmherrschaft des Butlers, aber seine Loyalität war ein Beweis gegen die starke Versuchung, die ihn bedrängte.

Eine zufällige Bemerkung von ihm offenbarte McTaggart diese Tatsache eines Abends, als er sich für das Abendessen anzog.

„Macht nichts, Mario. Für die Wintermonate fahren wir zurück nach Rom." Er sah, wie sich das olivfarbene Gesicht aufhellte, und verspürte plötzlich einen Anflug von Mitleid.

„Das würde dir gefallen, nicht wahr? Ich gehe davon aus, dass du dich in England einsam fühlst – obwohl du die Sprache schnell lernst. Hast du in letzter Zeit etwas von Lucia gehört?"

Er fügte die Frage mit einem Lächeln hinzu. Lucia war die Magd der Fürstin und lebte in einem schönen alten römischen Palast unweit seiner eigenen Wohnung.

„ Sissignore – ein Brief letzte Woche. Sie sind immer noch in Viareggio. Der Dichter wurde sehr krank und Don Cesare hat sich duelliert."

„ Niemals! – mit wem?“ McTaggart lachte. „Und warum?“

Mario breitete seine Hände aus. „Chi lo sa ? – Sie reden von einer Dame … es war mit dem jungen Grafen Guido Chigi .“

„Er fängt jung an“, entschied McTaggart. „Lucia muss alle Hände voll zu tun gehabt haben. Ich sollte mich nicht darum kümmern, den Dichter zu pflegen. Ich denke, er würde sie ziemlich beschäftigen!“

„Und das ist auch gut so“, sagte Mario klug. Er war mit dem Müßiggang seiner Verlobten während seiner Abwesenheit nicht einverstanden.

McTaggart lächelte über die Stimme seines Dieners. Er interessierte sich für seine Diener und gehörte nicht zu den modernen Herren, die einen guten Lohn als ihre einzige Pflicht gegenüber den Männern betrachten, die sie beschäftigen.

Ohne die Sache zu begründen, zeigte ihm sein schnelles Gespür, was die Ursache für einen Großteil der heutigen Probleme im häuslichen Dienst dieses Landes ist. Er erkannte, dass ein guter Diener die Freundlichkeit seines Herrn selten ausnutzen würde, wenn er ihn respektierte, und ohne sozialistisch zu sein, durchbrach er konventionelle Barrieren und erkannte die Tatsache, dass man mit Geld allein keine Treue kaufen kann.

Sein völliger Mangel an Snobismus zeigte ihm, dass eine stille Freundschaft mit einem Mann, dessen Abhängigkeit von sich selbst aus einem Zufall der Geburt entstand und dessen unaufdringliche, stetige Aufmerksamkeit einen der Luxusgüter des Lebens darstellte, keinen Verlust an Würde bedeuten konnte.

Möglicherweise hatte sein italienisches Blut etwas mit seinen Überzeugungen zu tun; denn in diesem alten Land gibt es mehr Freiheit im Verkehr zwischen Herrn und Mensch. Es lässt sich weniger von der Herrschaft des Reichtums beeinflussen.

In England ist derzeit ein neuer Typus schnell an die Macht gelangt, ohne dass sich der Status der von ihm beschäftigten Personen wesentlich verändert hätte. Daher Verwirrung. Denn vererbte Vorurteile verdeutlichen die Schwäche der neuen Würde von Männern und Frauen, die seit Jahrhunderten daran gewöhnt sind, gute Erziehung über Geld zu stellen.

Und es gibt keine Klasse auf der Welt, die so klug darin ist, die Kaste zu schätzen wie die Dienerklasse.

Obwohl man heutzutage endlose Klagen darüber hört, begegnet man immer wieder Fällen treuer und hingebungsvoller Dienste, in denen sanfte Leute mit geringen Mitteln, die von ihrem dürftigen Einkommen leben und denen es verwehrt ist, angemessene Löhne anzubieten, in ihren Dienern treue Freunde finden. Alte Traditionen sterben nur schwer aus, und obwohl Ländereien vergehen, Gutsherren durch Steuern ruiniert werden und Geld der einzige Gott zu sein scheint, verweilt im Herzen der Menschen doch eine tiefe Liebe zum alten Erbe.

Hätte McTaggart seinen Reichtum verloren oder wäre er wegen einer dürftigen Chance auf seinen Titel und sein italienisches Eigentum ausgeschlossen worden, hätte Mario offen gemurrt, wäre aber trotz des widrigen Schicksals geblieben und hätte seinen klugen Verstand genutzt, um einen Weg zu finden, seinem jungen Herrn zu dienen.

Mit tiefem Bedauern packte er jedoch dessen Kleidung zusammen und verließ Rustall , um sich dem Zug zuzuwenden, der sie zurück zu den Londoner Zimmern brachte.

Vor langer Zeit hatte er beschlossen, dass die Ehe die gegenwärtigen Schwierigkeiten lösen würde. Er konnte sich eine junge Marchesa nur in einer angemessenen Umgebung vorstellen.

McTaggart war sich der Gedanken seines Mannes nicht bewusst und wusste nicht, dass Mario selbst sich der allgemeinen Verschwörung gegen ihn angeschlossen hatte, und erreichte schließlich sein Zuhause.

Nach der grünen Landschaft war London stickig und staubweiß, und während sie durch verlassene Straßen fuhren , plante er bereits seine nächste Abreise. Lord Warleigh hatte ihn nach Schottland gebeten, um dort in der letzten Augustwoche zu fotografieren, und das passte gut zu seinen Plänen, ein paar Tage bei den Leasons zu verbringen . Er wusste, dass die Uniackes in Kürze für einen Monat in Worthing unterwegs waren , und McTaggart hatte eine verschwommene Vorstellung von einer Autofahrt in seinem neuen Auto an der Südküste, um die Lücke zu füllen, bevor er in den Norden aufbrechen sollte.

Er fragte sich, ob Bethune Lust hätte, sich ihm anzuschließen; Mit einem Anflug von Reue war er sich bewusst, dass er Letzteres in letzter Zeit vernachlässigt hatte, vertieft in seine eigene Freundschaft mit Jill.

Und wie als Antwort auf die Frage erwartete ihn Bethune.

Doch der erste Blick in das Gesicht seines Besuchers vertrieb alle unbedeutenden Gedanken.

Denn Ärger stand dort deutlich geschrieben.

„Das bist du, McTaggart?" Seine Stimme war knapp, ohne den üblichen herzhaften Klang.

„Ich möchte einen Moment mit Ihnen sprechen." Er schloss die Tür vorsichtig.

„Hallo – Bethune – du bist ein ziemlicher Fremder! Was ist los?" sagte McTaggart leichthin. Der Empfang gefiel ihm nicht ganz, da er eine seltsame Vorahnung verspürte. „Ist nichts falsch, hoffe ich?" er fügte hinzu.

„Alles. Ich habe schlechte Nachrichten. Wieder Ärger – bei den Uniackes – ich habe über eine Stunde auf dich gewartet."

„Nicht Jill?" sagte McTaggart schnell. Er starrte auf das veränderte Gesicht seines Freundes, dessen braune Augen tief im Schatten lagen und dessen kräftiger Kieferknochen deutlich hervortrat.

"Ja." Bethune holte sich einen Stuhl heran und setzte sich mit einer gewissen wohlüberlegten Überlegung einander gegenüber an den schmalen Esstisch.

„Es ist so. Ich werde es Ihnen schnell sagen. Es ist diese verdammte Wahlrechtssache und wieder Frau Uniacke – gerade als wir alles noch einmal überdacht haben! ... Es scheint, dass es morgen ein politisches Treffen in Wales geben wird – ein großes Mit Gewehren kundtun sie ihre Ansichten zur Home Rule – und die Suffragetten wollen Unheil anrichten. Die Anführer sind bereits da. Sie haben letzte Nacht ein Haus niedergebrannt – um sich bei den Eingeborenen beliebt zu machen! – und morgen wollen sie sich mit Gewalt versammeln und für Aufregung sorgen Das ganze Reden. Mrs. Uniacke wollte gehen – heimlich", sein Gesicht verfinsterte sich – „ohne Jill ein Wort zu sagen –, aber Roddy hat es aus Stephen herausgekriegt. Ich glaube, diese Frau ist wirklich verrückt! – Sie ist kaum aufgestanden, du Wissen Sie, und Jill war fast zu Tode besorgt – bettelte und flehte sie an, es aufzugeben.

„So einen verdammten Unsinn habe ich noch nie gehört!" Da brach McTaggart aus: „Sie sollte in eine Anstalt gebracht werden. Kein Wunder, dass Jill nie geschrieben hat ..."

Bethune warf ihm einen seltsamen Blick zu.

„Es wurde erst gestern herausgefunden. Aber das ist noch nicht das Schlimmste. Jill ist an ihrer Stelle gegangen."

„ *Was?* " McTaggart sprang auf.

„Setz dich", sagte Bethune grimmig. „Du hast noch ein paar Stunden Zeit." Er warf einen Blick auf die Uhr. „Ich bin heute Nachmittag dorthin gegangen, um mich nach Frau Uniacke zu erkundigen. Zum Glück habe ich das getan ! „Stimmen für Frauen" schreien – oder so einen höllischen Unsinn. Aber denken Sie an sie in diesem Mob – schon wild wegen des Feuers. Walisische Bergleute – wissen Sie, was das ist?"

„Guter Gott!" McTaggart sah fassungslos aus. „Und du meinst, ihre Mutter hat sie gehen lassen? – so ein Kind …"

„Sie ist kaum ein Kind." Bethune hob ihn scharf an. „Ich nehme an, sie dachte, es würde sie zwingen, beizutreten – selbst Suffragette zu werden. Jedenfalls ist es ein schmutziger Trick."

Er schob den offenen Stundenplan hinüber. „Um Mitternacht fährt ein Zug. Sie kommen rechtzeitig zum Frühstück in D—— an, müssen zwei Stunden warten, und fahren dann mit einer Nebenstrecke nach L——. Das Treffen ist ein paar Meilen entfernt. Es ist für Punkt zwölf Uhr angesetzt. Du kannst es *einfach* tun – das ist alles. Wirst du gehen?" Er starrte zu McTaggart hinüber, sein blasses Gesicht zuckte ein wenig.

„Natürlich! Warum? Was denkst du?" Er hielt einen Moment inne, um die Neuigkeiten zu verdauen, und blickte dann verwirrt zu Bethune auf, nachdem er einen kurzen Blick auf den Fahrplan geworfen hatte. „Ich wundere mich, dass Sie nicht selbst gegangen sind – folgen Sie ihr sofort mit dem Zug fünf. Vielleicht haben Sie sie vor dem Treffen angehalten. Warum um alles in der Welt haben Sie auf mich gewartet?"

Es trat eine merkwürdige kleine Stille ein. Dann erhob sich Bethune mit einer unruhigen Bewegung und ging zum offenen Fenster. Er zog die Jalousie hoch und starrte hinaus, mit dem Rücken zu McTaggart.

„Ich konnte nicht." Seine Stimme war heiser und angespannt. „Sie hätte mir nicht für mein Kommen gedankt."

„ Unsinn! – Jill ist nicht so. Außerdem – sie mag dich schrecklich – sie hat es mir schon oft gesagt, und die Art und Weise, wie du in diesem Gefängnisgeschäft geholfen hast."

Aber Bethune antwortete nicht.

Etwas an der Haltung des Mannes klang entmutigend, und McTaggart ließ – voller Ungeduld – verärgert sagen:

"Also?"

„Wenn du es wissen willst", sagte Bethune schließlich, „dann solltest du es wohl besser tun … jedenfalls! Ich habe Jill gebeten, mich zu heiraten – vor ein paar Tagen. Deshalb."

McTaggart war völlig erstaunt. Dann regte sich, ohne ersichtlichen Grund, Zorn: ein leichter Ekel, gemildert durch eine grimmige Belustigung.

„Du hast … Jill … gebeten, dich zu heiraten?"

"Warum nicht?" … Beim Klang seiner Stimme drehte sich der andere plötzlich um: „Was hat das mit *dir zu tun* ?"

Und schlagartig zerbrach die jahrelange Freundschaft – es gab Rivalen! Sie standen sich gegenüber, primitive Männer, bereit, für eine Frau zu kämpfen.

„Schau her – McTaggart" – Bethune kam dorthin zurück, wo erstere immer noch saß, die Ellenbogen auf dem Tisch, eine Hand umklammert mit dem „ABC" – „Es gibt keinen Grund, so zu reden! Ich habe fair gespielt. Bei Gott – ich." haben!"

Sein quadratisches Gesicht war voller Leidenschaft. Eine stetige Anhäufung von Zorn – der langsame und tödliche Zorn, der unter starker Kontrolle in einem Mann seines Typs lauert – stieg auf und sprengte alle Grenzen. „Du musst zuhören. Jetzt bin ich an der Reihe. Beim Himmel, ich war geduldig genug …"

"Mach weiter." McTaggart beobachtete ihn mit hartem Mund. Es war eine Herausforderung.

Bethunes stürmische Augen blitzten angesichts der leichten Verachtung in den Worten.

"Ich werde." Er stand da, sehr aufrecht, und eine merkwürdige Würde umgab ihn, die den Eindruck von Macht in der starken, massigen Gestalt noch verstärkte.

„Sie sind aus England weggegangen – ein verlobter Mann – so habe ich es verstanden – mit der Absicht, Miss Cadell zu heiraten." Sein Blick ließ McTaggart nie los.

„Nun – es geht mich nichts an, ob du es ernst meinst – du hast es ja *gesagt*. Aber du hast nie einen Gedanken an Jill – oder irgendeinen von uns Zurückgebliebenen – verschwendet. Bewahre monatelang ein paar Karten auf, um mir zu sagen, wohin ich sie weiterleiten soll Eure Briefe! Und ich hatte – irgendwie – die Angewohnheit, viele … die Uniackes zu sehen . Sie waren – alle – furchtbar nett. Und als dieser letzte Ärger kam – diese Suffrage-Sache mit der Mutter –, war es soweit „Mir, Jill, drehte sich um – und ich half ihr … na ja, so gut ich konnte. Ich war die meisten Abende dort oben, während Frau Uniacke im Gefängnis war" – er hielt einen Moment inne und fuhr heiser fort – „Ich dachte … Jill …" .. hat mir ein bisschen gefallen...

„Dann *sind Sie* aufgetaucht … und haben es übernommen … haben Fräulein Uniacke zur Hilfe geholt. Ja – das weiß ich alles – die alte Dame hat es mir selbst erzählt.

„Jill war deine Freundin vor meiner – und glaubst du nicht, dass ich das jemals vergessen habe!" Seine Stimme wurde drohend lauter. „Ich trat beiseite und gab dir deine Chance.

„Man kann nicht sagen, dass ich Sie in den letzten Wochen mit viel von meiner Gesellschaft belästigt habe ... (McTaggart rührte sich ungeduldig). Aber ich dachte, Sie meinten das direkte Spiel."

„Was zum Teufel meinst du damit?" Die blauen Augen des anderen strahlten – „Du solltest besser aufpassen, was du sagst..." Er fing sich wieder mit der Hand.

„Mach weiter... Es ist... interessant."

Bethune brauchte kein zweites Gebot. Gepeitscht von dem spöttischen Grinsen in McTaggarts Stimme, wandte er sich brutal gegen ihn.

„Das ist genau der Unterschied! Ich bin kein Mann der Gesellschaft, Gott sei Dank! Und ich verstehe die Sitten und Gebräuche der Gesellschaft nicht – und auch nicht die Lügen, die sie den ganzen Tag lang an den Tag legen. Aber ich *weiß* , was einer Frau gegenüber fair ist. Das könnte jeder Dummkopf Ich habe verstanden, was deine Rückkehr für Jill bedeutete ..."

Zu seiner Überraschung zuckte McTaggart zusammen. „Ich sah sofort, dass ich keine Chance hatte – nicht den Hauch einer Chance!" Er hielt den Atem an – „aber ich wollte – Jill glücklich sehen. Ich habe mich geirrt, weil ich *dich* nicht kannte ..." Er schlug mit der Faust auf den Tisch. „Ich dachte, du meinst es wirklich ernst. Ich hätte vielleicht aus der Vergangenheit gelernt" – seine Stimme war voller grimmiger Abscheu – „Ich *sollte* wissen, wie du mit Frauen umgehst! Und das ist einem Mädchen wie Jill gegenüber nicht fair – sie ist auch immer unterwegs Gut für dich – einen Mann wie dich zu *heiraten* , meine ich – geschweige denn bloßes Flirten. Warum – was glaubst du, hat sich die Tante gedacht? Während du den ganzen Tag herumhängst. Sie hat dir geradezu in die Hände gespielt – das hätte jeder Arsch sehen können Das!"

„Bist du *schon* fertig?" sagte McTaggart. „Denn wenn ja, muss ich eine Frage stellen."

Er sprach langsam, denn seine Wut erreichte, nachdem sie ein bestimmtes Stadium überschritten hatte, den Gefrierpunkt der Gefahr. Er hatte es jetzt erreicht.

Ihre Vorstellung von *meinem Verhalten* außer Acht lassen ", lächelte er grimmig – „oder den Grund, warum Sie sich entschieden haben, sich als Richter zu profilieren. Was ich aus Ihrer Rede nicht ganz erschließen kann, ist der Grund – wenn Sie sich so verdammt sicher wären." – eine leichte Röte stieg in sein Gesicht – „dass Jill ... na ja, mich mochte – du hast sie sofort gebeten, *dich zu heiraten* ? Das ist ein wenig verwirrend – deine Argumentation."

Bethune zog sich scharf zurück. Über sein weißes, wütendes Gesicht huschte ein Ausdruck von Schmerz und Ratlosigkeit. Er sah, dass McTaggarts flinker Verstand die erste offensichtliche Ausrede erkannt hatte, und dennoch wusste er aus tiefstem Herzen, dass seine Absichten rein waren.

„Das hatte ich nicht vor", platzte er heraus. „Aber ich fand sie weinend – und verlor den Kopf. Die Dienerin zeigte mir aus Versehen die Tür. Sie saß da in diesem Hinterzimmer, den Kopf in ihren Händen vergraben – und ich konnte es nicht ertragen – verdammt noch mal!" Bei der Erinnerung stiegen ihm unbewusst Tränen in die braunen Augen. „Du bist weggegangen, ohne ein Wort zu sagen – und – aus Liebe zu ihr … ich habe es verstanden.

„Ich wusste, sie dachte, sie hätte dich wieder verloren – dass du in dein Londoner Leben zurückgekehrt warst. Sie ist ziemlich mutig – aber schließlich ist sie nur ein Mädchen!" seine Stimme wurde sanfter. „Es muss dort herrlich einsam sein – eingesperrt mit dieser Suffragette-Mutter – und so" – die Farbe durchflutete sein Gesicht und kroch bis zu den Haarwurzeln – „Ich dachte, vielleicht – es könnte … ein bisschen trösten – das zu wissen." was ein Mann von ihr dachte.

Zwischen ihnen herrschte kurzes Schweigen.

„Und sie hat dich abgelehnt?" McTaggart, weiß und mit schmalen Lippen, unterdrückte einen kurzen Anflug von Scham, der seinen heimlichen Triumph beeinträchtigte.

Grausam fuhr er fort:

„Frauen wissen in der Regel, was sie wollen. Das kann man nehmen – aus *meiner* Erfahrung!"

Bethune zuckte angesichts des Stichs zusammen. Aber sein Zorn hatte nachgelassen. Jetzt fühlte er sich alt und müde und schämte sich seltsamerweise für seinen Freund.

„Ja", antwortete er leise. „Jill ist kein Mädchen, das man zweimal lieben kann." Und in diesem einfachen Satz zeigte er, wie tief sein Respekt für sie war.

Doch die unabsichtlich ausgesprochenen Worte schmerzten McTaggart zutiefst.

„Im Gegensatz zu mir!" sagte er mit einem höhnischen Grinsen.

Bethune ging zur Tür. Auf der Schwelle drehte er sich um und fuhr sich müde mit der Hand über die Stirn.

„Du gehst zu ihr?" Er deutete warnend mit dem Kopf auf die Uhr.

"Ja."

McTaggart drehte sich nie um, aber Bethune zögerte immer noch.

Er kämpfte hart gegen sich selbst – ein erbitterter Kampf verletzten Stolzes; das Bild von Jill in seinem Kopf, ihre grauen Augen feucht von Tränen.

Plötzlich drehte er sich um.

„Um Gottes willen, Peter", rief er – (der alte, vertraute Name entfiel, denn Gewohnheit lässt sich nur schwer ablegen) – „wenn sie dir etwas bedeutet – sag es ihr!"

Die Tür schlug hinter seinem Rücken zu. McTaggart saß wie zu Stein verwandelt da, die Ellenbogen auf den Tisch gestützt, und starrte ins Leere.

Seine blauen Augen waren hart und leuchtend; bitterer Groll war in seinem Herzen. Er konnte durch den Schleier des Zorns die klare Flamme des Opfers nicht erkennen. Denn Bethune hatte diese einsamen Höhen erreicht, wo menschliche Liebe auf göttliches trifft. Er hatte Jill sein größtes Geschenk gemacht – den freiwilligen Verzicht.

KAPITEL XXVI

Die Sonne schien hoch am Himmel, als McTaggart den Bahnhofshof zum Railway Inn der kleinen Stadt überquerte, die im Tal der zerklüfteten Hügel lag.

Die schmale Straße mit ihren dürftigen Geschäften, die nach links abbog, war leer von Leben. Keine Seele regte sich; Es könnte ein verlassenes Dorf gewesen sein.

Er ging zügig in die Bar, wo ein Mann in Hemdsärmeln auf einem Hocker hinter der Theke döste und beim Anblick eines Fremden plötzlich aufwachte.

„Sind Sie der Vermieter?" fragte McTaggart.

„Nein" – der Mann starrte ihn an – „er ist weg, zur Besprechung gegangen."

„Nun – ich möchte sofort einen Transporter. Wie ich sehe, haben Sie einen Pferdestall."

„Das geht nicht", sagte der Mann langsam, „es sind überhaupt keine Waggons mehr übrig."

McTaggart runzelte die Stirn. "Wo kann ich einen bekommen?"

„ Nirgendwo " – der andere lächelte säuerlich. Er schien die Notlage des Fremden zu genießen. „Alles ist an Cluar übergeben – sogar die Karren – du gehst am besten zu Fuß. Es sind nur ein oder zwei Meilen, was auch immer."

Er fiel erneut zurück, die Arme auf der Theke, mit der Miene, als würde er den Besucher abweisen.

McTaggart warf einen Blick auf die Uhr und stellte fest, dass es keine Zeit zu verlieren gab. Er beschloss, dem Rat des Barmanns zu folgen, musste aber noch aus Erfahrung die elastischen Eigenschaften einer Meile in Wales durch örtliche Messung ermitteln.

„Welches ist der nächste Weg?" fragte er und zog einen Schilling aus seiner Tasche.

Der Mann sprang auf, als würde ihn eine Feder bewegen. „Ich zeige es Ihnen, Sir" – sein Verhalten hatte sich verändert. „ Tatsächlich tut es mir leid, Sir, wir haben im Moment keine Kutsche, aber wenn Sie hier durchkommen, werden Sie eine Ecke über die Felder abschneiden ..." Er führte McTaggart einen schmutzigen Gang entlang Es roch nach Bier auf dem fettigen Kopfsteinpflaster, wo sie vor einem heruntergekommenen Gebäude standen, auf dem „Excellent Garage" stand.

Doch als sie den Stallhof überquerten, hörte McTaggart den Klang einer Hupe, drehte sich um und sah, wie ein mit Staub bedecktes Auto durch den Torbogen fuhr und pochend hinter ihnen anhielt.

„Morgen, David", rief der Chauffeur. Er sprang herunter. „Ich bin wegen des Benzins gekommen."

"Wessen Auto?" fragte McTaggart schnell.

„ Mr. Danke mein Herr." Er umklammerte die Münze. „Kommt, Charlie…" und schon ging es zum sichtlich ungeduldigen Chauffeur.

Ein plötzlicher Gedanke kam McTaggart. Als der Barmann im Haus verschwand, kehrte er in den Hof zurück und warf einen kurzen Blick auf das leistungsstarke Auto.

„Sehen Sie hier…", wandte er sich an den Fahrer. „Könnten Sie mich zum Treffen mitnehmen?" Er griff in seine Tasche und zog einen Souverän hervor: „Ich würde dafür sorgen, dass es sich für Sie lohnt."

Der Mann starrte ihn überrascht an.

„Kennen Sie Mr. Llewellyn, Sir?"

McTaggart lächelte.

„Ich fürchte, nicht. Aber ich muss sofort nach Cluar – und ich kann kein anderes Transportmittel finden." Er sah, wie der Chauffeur seine gierigen Augen auf seine Hand richtete und seine Stimme senkte:

jetzt dorthin bringen können ", fügte er hinzu, „warten Sie ein paar Minuten und bringen Sie mich zurück zum Bahnhof, es sind … fünf Pfund in Ihrer Tasche."

Der Mann keuchte leicht. McTaggart fuhr ruhig fort. „Ich muss eine bestimmte Botschaft überbringen" – (das schien im Moment die beste Ausrede zu sein) – „und dann den Londoner Zug nehmen (mit Jill" – sagte er zu sich selbst – „aber das kann später kommen.")

„Mr. Llewellyn ist in die Stadt gegangen" – dachte der Chauffeur laut – „Ich *muss* zuerst dieses Benzin holen …" Er warf einen nervösen Blick über die Schulter auf den Barmann, der wieder auftauchte und zwei Dosen unter dem niedrigen steinernen Torbogen hervorzog.

„Ich wage nicht , Sie hierher mitzunehmen, Sir", er bückte sich beim Sprechen und tat so, als würde er einen Reifen untersuchen , „aber wenn Sie über die Felder gehen würden, würde ich Sie an der Straßenkreuzung abholen."

„In Ordnung – das ist geklärt." McTaggart erhob erneut seine Stimme. „Ein schönes Auto – ich war mir nicht sicher, wer der Hersteller war. Danke. Guten Tag."

Er ging mit einem nachlässigen Nicken davon. Die Sonne strömte auf seinen Kopf, der von der langen Nachtreise schmerzte. Der steinige Weg fühlte sich für seine Füße heiß an, was sein Gefühl der Müdigkeit noch verstärkte.

Denn Schlaf war unmöglich gewesen. Bei jedem Pochen des schaukelnden Zuges schien er Bethunes Stimme zu hören und sich an vereinzelte, wütende Sätze zu erinnern.

„Ich dachte... du meintest... das gerade... Spiel!" Dies war einer der Refrains. Die Räder hatten die Worte im skandierten Takt eines griechischen Chors erklingen lassen. Nun? – das tat er – Bethune war verrückt! Er versuchte, den Gedanken beiseite zu schieben, dass ihm die Schuld gegeben werden könnte und dass Jill durch jede seiner Nachlässigkeiten gelitten haben könnte. Aber trotzdem ärgerte es mich.

„Sie ist nur ein Kind...", sagte er zu sich selbst. „Sie versteht. Bethune ist ein Arsch! ... Und was ‚Tante Elizabeth' betrifft ..."

Zurück kam es mit hämmernder Wucht:

„Ich dachte ... du meintest ... das gerade ... Spiel! ... ich dachte ... du meintest ..." Er fluchte laut.

Als die Morgendämmerung durch die Fenster hereinbrach und über die nebligen Hügel dämmerte, änderten sich die Worte plötzlich in diese:

„Jill ist – nicht das Mädchen – zum Lieben – zweimal."

Sie brachten einen neuen Schmerz hervor und der Mann bewegte sich unruhig.

Wenn Bethune schließlich recht hatte? Was dann...?

Er schreckte vor dem Gedanken zurück. Jill muss wegen ihm leiden! – Die kleine Jill ... das Kind, das er liebte ...

„Kaum ein Kind!" Bethune hatte gesagt. Die Räder fuhren weiter, gnadenlos.

„Jill ist – nicht das Mädchen – zum Lieben – zweimal ..."

McTaggart erinnerte sich plötzlich daran, wie sie bei seiner Rückkehr ausgesehen hatte, als Roddy seinen unschuldigen Streich gespielt hatte. Er konnte sehen, wie sie schwankte und sich am Stuhl festklammerte.

"Peter!" Er hörte wieder den seltsamen und emotionalen Ton in ihrer Stimme.

Und dann auf dem Jahrmarkt, vor zwei Jahren, ihr Gesicht, als er ihm sein kitschiges Geschenk – das Doppelherz – überreichte, und die Art, wie sie ihn verlassen hatte, als sie mit Bethune voran nach Hause fuhr.

War er blind gewesen? *Interessierte es* sie?

Wenn ja – sein Gesicht war weiß und ernst –, wäre es das einzig Anständige, sich aus ihrem Leben zu entfernen.

Und bei dem Gedanken blieb er entsetzt stehen, seine ganze Welt stand auf dem Kopf.

„Ich kann es nicht!" – die Worte brachen mit einem Klang echter Bestürzung aus ihm heraus und hallten in dem leeren Waggon wider, der ihn wie eine Gefängniszelle einsperrte. Eine Weile saß er da, den Kopf zwischen den Händen gesenkt, und verdunkelte das Licht, das jetzt rosig auf einem taufrischen Land lag und den neugeborenen Tag ankündigte.

Dann blickte er langsam auf, ein großes Staunen auf seinem Gesicht.

Die Sonnenstrahlen waren schwach neben der weißen Wahrheit, die auf ihn einströmte.

„Jill ... kleine Jill ...", flüsterte er ihren Namen und beschwor die grauen Augen unter ihren dunklen, geschwungenen Wimpern und den offenen Blick herauf, der seinen eigenen begegnete.

Jill mit ihrem Mut und ihrer Ausdauer, ihrem klugen Gehirn und ihrem Kinderherz. Für einen Moment hielt er sie in seinen Armen – er wollte ihr die Bedeutung der Liebe lehren ...

Dann – mit einem Seufzer – steckte er sie weg. Zum ersten Mal seit vielen Jahren stellte er das Glück eines anderen über sein eigenes. War es ihr gegenüber fair?

War er *geeignet* , Jill zu heiraten? Ein neugeborenes Gefühl der Unwürdigkeit verdrängte sein Verlangen.

Sein früheres Leben kam zum Vorschein, sein altes Misstrauen gegenüber sich selbst, das Geheimnis seines „Doppelherzens" ... seine leichte und vergnügungsliebende Natur.

Er dachte an Fantine und Cydonia, an viele hübsche Frauengesichter; von diesem letzten Jahr in Italien mit seiner unvorsichtigen Abfolge von Abenteuern.

Konnte er bis zum Ende treu bleiben?

"Ja!" schrie sein Herz. „Warte", sagte sein Gehirn.

Vernunft kämpfte mit Emotionen; er stand am Scheideweg seines Lebens.

Und die stärkere, sauberere Seite des Mannes erhob sich zur Verteidigung seiner Seele .

Er muss sich beweisen, sich selbst *kennen,* bevor Jill seine Frau werden kann.

Er legte dort und dort ein Gelübde ab, eine Bewährungszeit zu absolvieren. Aber das Warten auf Jill hat sich gelohnt.

Wenn es sie interessierte? ... Ein Zweifel durchzuckte ihn und er biss die Zähne zusammen, sein Gesicht blieb hartnäckig.

Er *würde* sie gewinnen – komme, was wolle! Seine Gedanken schossen schnell voran, er verspürte den leidenschaftlichen Nervenkitzel der Verfolgung.

Und dann tauchte im Vordergrund des Bildes die Gestalt seines Freundes auf, kantig, mit ehrlichen Augen – dieser andere Liebhaber von Jill.

Er schämte sich. Er dachte an Bethune mit einem plötzlichen neuen Verständnis; die tiefe Aufrichtigkeit des Mannes, die Bedeutung seiner letzten Worte ...

Hier war Liebe in ihrer höchsten Form, befreit von jeder bloßen Leidenschaft – eine Liebe, die auf Selbstlosigkeit basierte und deren einziges Ziel Jills Glück war.

Er sah einen harten Kampf vor sich, nicht nur mit seinem eigenen Wunsch, sondern auch mit der Einhaltung seines Gelübdes, wohlwissend, dass das Mädchen unter seinem Schweigen leiden könnte.

Dennoch erwachte ein paar Stunden später, als er die Felder überquerte, Ungeduld, eine nie gekannte Sehnsucht nach dem Anblick des Gesichts einer geliebten Frau. Und als er den letzten Steg hinaufstieg und an der Kreuzung der Straßen das leistungsstarke Auto vorfand, das ihn erwartete , begrüßte er den Chauffeur voller Freude.

„Da bist du ja!" – er kletterte hinauf und setzte sich neben den Fahrer – „lass sie los." Sie machten sich auf den Weg, der Staub in einer wirbelnden Wolke hinter ihnen.

Sie schlängelten sich zwischen hohen Felsen hindurch, die über die Straße hinausragten, durch ein karges Land – so schien es McTaggart – aus einsamen Hügeln und düsteren Tälern; überquerte eine Brücke aus bröckelnden Steinen über einem flachen und braunen Fluss, bog scharf wie ein Messer um eine Ecke und hörte das Rauschen des rauschens Wasser.

„Falls of Ghyll ", sagte der Chauffeur.

Weit über ihnen, aus den Felsen, die den saphirblauen Himmel zu durchdringen schienen, ergoss sich ein strahlend weißer Bach, umhüllt von Gischt, verzweifelt darauf bedacht, zu entkommen; Wie ein Sturmgeist sprang er herab, um den Fluss zu küssen, der unten mit einem plätschernden Ton purer Freude unter den goldenen Sonnenstrahlen lachte.

McTaggarts blaue Augen saugten es auf. Das Bild passte zu seiner eigenen Stimmung. Also würde er Jill mitreißen, getragen von der Flut seiner Liebe.

„Drüben auf dem Hügel, Sir", sagte der Chauffeur, „war dort das Feuer – Miss Morgans Haus – die Suffragetten, wieder da – ich nehme an, Sie haben es in den Zeitungen gesehen?"

„Ja – verwirren Sie sie!" sagte McTaggart.

Der Mann nickte und stimmte dem Gefühl zu.

„ Sie sagen, Sir, sie werden heute Unfug treiben – sie werden die Reden stören. Ich beneide sie nicht, wenn sie es tun !"

Der Unterton in seiner Stimme weckte McTaggarts Ängste.

„Ist hier viel los?"

„Es wird Mord geben", sagte der Mann grimmig. „Sie machen nicht viel Halt, wenn sie geweckt werden."

„Sind wir fast da?"

Der Chauffeur nickte. „In fünf Minuten. Gleich hinter der Anhöhe und hinunter ins Tal. Das Treffen findet auf dem Fußballplatz in Cluar selbst statt vorher, und dann vorbeilaufen, umdrehen und zurückkommen und am Fuße des Hügels auf dich warten, wenn das reicht?"

„Hört sich gut an – lassen Sie den Motor laufen. Ich werde nicht lange brauchen, wenn ich es verhindern kann." Er schluckte seine Angst herunter, als sie begannen, die Steigung hinaufzusteigen.

Auf und ab ... Dann, mit dem Gefühl von freiem Raum unter dem Dach des Himmels, breitete sich vor ihnen ein Panorama aus wie ein riesiges Meer aus Grün und Grau.

Die anschwellenden Kurven der mächtigen Erde, übersät mit Wäldern und geschwärzten Felsen, rollten in riesigen Wellen auf, die sich vor Hitze verschwommen am Himmel brachen.

Lila Berge, silberne Täler; Und oben, wie eine Pergamentrolle, die über eine endlose Länge über die Welt gezogen wurde und an der ein längst verstorbener Mönch in azurblauer und goldener Beleuchtung arbeitete, war der Schleier des Himmels prachtvoll gespannt und verbarg das Angesicht Gottes.

"Was für eine Aussicht!" McTaggart seufzte.

Unten im Tal sah er graue Dächer, die wie achtlos bergab geworfene Steine aussahen, winzige Felder und einen blauen Schimmer dort, wo der Fluss hinein- und herausglitt.

Jetzt schwebten sie wie ein Vogel über dem Dorf; Dann, als die steile und kurvenreiche Straße sie hinunterschwemmte, erhoben sich überall um sie herum die Hütten. Sie passierten eine Kirche, eine Schule, eine Brücke und verlangsamten die Geschwindigkeit.

„Hier sind wir. Es ist durch das Tor auf der rechten Seite, Sir“, der Chauffeur zeigte die Straße hinunter.

Sie konnten ein mit Menschen gefülltes Feld um einen Aufbau aus Holzbrettern sehen, und als der Motor aufhörte zu pochen, nahm McTaggart ein weiteres Geräusch wahr – einmal gehört, nie vergessen – das knurrende Geräusch einer wütenden Menge.

„Bis zum Unfug“, sagte der Chauffeur.

Aber McTaggart war draußen und rannte so schnell voran, wie seine langen Beine nur konnten, und eine kranke Angst im Herzen. Wo war Jill in diesem Aufruhr?

Er sprang durch eine gerissene Lücke in der Hecke und drängte sich entschlossen durch die lockere Gruppe der Menschenmenge, die sich um die hohe Plattform drängte. Überall um ihn herum schrien die Leute; Der Mob bewegte sich in kleinen Schüben, schwankte vorwärts und wurde vom sich bewegenden Zentrum der Unruhe zurückgedrängt.

Dann erhob sich über dem wütenden Summen ein Schrei, schrill vor Angst. McTaggart sah für einen Moment eine Gestalt, die sich über den Köpfen erhob. Ein junges Mädchen mit blutendem Gesicht, das Haar wehte im Wind, eine Schulter frei und weiß, wo das zerschlissene Kleid heruntergefallen war.

„Runter mit ihr!" „Geh ihr aus dem Weg!" „Zum Fluss …" Wilde Schreie auf unhöflichem Walisisch.

McTaggart fluchte laut. Er kämpfte sich seinen Weg vor, benutzte seine Fäuste und bahnte sich gnadenlos einen Weg.

Wieder erhaschte er einen Blick auf das Mädchen. Gott sei Dank! es war *nicht* Jill.

Als er innehielt, um zu Atem zu kommen, sprang eine alte Hexe mit bösem Gesicht auf das Opfer zu und klammerte sich an eine herabhängende Haarsträhne. Mit einem heiseren Lachen riss sie daran herum, die klauenartigen Finger mit ihrer Trophäe wedelten in der Luft, als erneut ein Schrei die Luft erklang und die Menge jubelte.

McTaggarts Blut gefror bei diesem Anblick. Für Männer war es schrecklich genug, ein Mädchen mit groben Händen anzufassen, aber eine Mitfrau, vielleicht eine Mutter? Er fühlte sich körperlich krank.

Für einen Moment, eingeklemmt und kraftlos, blitzte in seinem Gehirn ein anderes Bild auf: die Französische Revolution und die widerlichen Frauen der Halles , die sich um die Guillotine drängten, um ihre Hände in das Blut der Opfer zu tauchen. War es das, was die Rechte der Frau beinhalteten? — dieser Bürgerkrieg untereinander?

Und dann ertönte über dem wütenden Summen eine klare und mutige junge Stimme:

"Stimmen für Frauen!"

McTaggart stöhnte, Stolz und Qual im Herzen.

„Jill!" – schrie er mit aller Kraft – „Jill! wo bist du?"

Er spürte, wie sich die Reihen lockerten, als sich die Menge wieder diesem neuen Täter zuwandte.

"Stimmen für Frauen!"

Wieder klingelte es.

„Stimmen für…" Die Stimme verschluckte sich an dem Wort.

McTaggart wurde wahnsinnig kämpfend. Er war mittendrin, stürmte durch, gab und kassierte Schlag für Schlag. Männer und Frauen zerstreuten sich vor ihm.

„Jill! ... Jill!" Es war ein Kriegsschrei.

Hoch über ihnen auf dem Podium wedelte eine Marionette der Regierung wie eine aufgeregte Marionette mit den Armen und forderte mit schriller Stimme zu mehr „Mäßigung"!

Gerade als McTaggart an Jills Seite gelangte, packte ein stämmiger Bergarbeiter das Mädchen am zerbrechlichen Kragen ihrer Bluse. Der dünne Stoff riss ihr bis zur Taille herunter.

„Raus, geh, du —— ——!" Doch das letzte Schimpfwort drang unter McTaggarts geballter Faust in seine Kehle, und der Mann fiel fassungslos und blutend zurück.

„Jetzt – Jill – geh zurück – schnell! Halte meinen Mantel fest."

Er hörte ihr atemloses „ Peter! – *Du*!" als sie den gefährlichen Rückzug begannen.

Noch einmal schrie sie seinen Namen, und als er sich umdrehte, rettete er sie aus den Fängen zweier wütender Frauen und kämpfte sich wieder seinen Weg.

Auch einmal lachte er laut und trat über einen gefallenen Körper.

„Pass auf, Jill!" schrie er zurück und spürte, wie sie stolperte und seinen Mantel hinter sich herzog.

Also räumten sie endlich die Menge ab. Als er sie durch die Hecke schwang, traf ihn etwas Scharfes an der Stirn. Er spürte keinen Schmerz, sondern einen warmen, feuchten Strom, der herabfloss, und er wischte ihn ungeduldig aus seinen Augen.

Weitere Steine sausten um sie herum. Mit einem Arm unter Jills begann er zu rennen, aber sie schnappte nach Luft:

„Ich kann nicht... *Du* gehst!"

Er lachte, glücklich.

„So, dann..." Er bückte sich und nahm sie in die Arme. Ihr gelöstes Haar fiel um ihn herum, ihre verletzten Hände umfassten seinen Hals.

Dann hatte er das Gefühl, er hätte beginnen und den Kampf noch einmal durchkämpfen können. Er beschützte sie, so gut er konnte, und schritt auf das Auto zu.

Der Chauffeur mit dem bleichen Gesicht half ihr ein und sprang zu seinem Platz.

„Jetzt fahr wie die Hölle!" sagte McTaggart.

Der Mann brauchte kein zweites Gebot.

Sie schossen davon, vorbei an der Kirche, hinauf und hinauf in den Himmel.

McTaggart lehnte sich seufzend zurück, als die Rufe hinter ihnen verstummten. Jill war dort – in Sicherheit – neben ihm. Er dankte Gott dafür. Auch für einen guten Kampf, denn er blickte auf seine blutenden Knöchel.

„Na ja – Jill?" er drehte sich zu ihr um. „ Alles in Ordnung mit dir?"

Aber sie fuhr mit einem schrillen Schrei auf:

„Peter – dein *Gesicht* !... "

Ihre grauen Augen waren vor Angst weit aufgerissen. Sie schnappte kurz nach Luft, entspannte sich und fiel ohnmächtig zurück. Denn ihr tapferer Geist hatte sie schließlich im Stich gelassen. Der Anblick des Blutes, das immer noch aus der offenen Schnittwunde auf seiner verschmierten Wange herabtropfte, hatte die Belastung für ihre überanstrengten Nerven beendet. Die empörte Natur hatte ihr Recht eingefordert und im Interesse des beanspruchten Fleisches den Geist in Vergessenheit geraten lassen.

„Jill – was ist los?" McTaggart beugte sich erschrocken über ihr weißes Gesicht. Mechanisch wischte er sich ab, als er sich endlich seiner Verletzung bewusst wurde.

Der Chauffeur drehte bei dem Schrei den Kopf.

„Die Dame ist krank? Das wundert mich nicht! Ich gehe davon aus, dass sie nur ohnmächtig ist, Sir. Eine unangenehme Angelegenheit für jeden Mann, geschweige denn für eine Frau, Sir."

Er fühlte sich für die Rolle, die er gespielt hatte, selbst ein wenig wie ein Held, was er versprochen hatte.

„Ein anderer Kerl wäre weggefahren " – er hielt ein Selbstgespräch – „aber da ... ich konnte nicht!"

„Eine tiefe Sache? – Das ist er! – Nie ein Wort über ‚Ist Mädchen. Aber Lor' – , Er kann ‚Ist Fäuste ' verwenden eine Dame – nicht, dass ich mit dieser Wahlrechtssache einverstanden wäre", – er betätigte die Bremse – „eine Dame ist eine Dame, wenn alles gesagt ist."

Dann laut, als das Auto in Sichtweite des felsigen Tals schoss:

„Wir werden bald zu den Falls of Ghyll kommen . Etwas Wasser könnte sie wiederbeleben, Sir."

Währenddessen stützte McTaggart sie auf und legte einen Arm um ihre schlaffen Schultern. Noch nie war sie so lieb gewesen ... Er spürte, wie sich ein Kloß in seinem Hals bildete.

„Jill?" Er flüsterte den Appell, aber das Mädchen befand sich außerhalb der Reichweite seiner Stimme, weit weg in jenen dunklen Ländern, deren Grenzen kein Mensch kennt.

Zärtlich zog er die zerrissenen Falten ihrer Bluse zusammen, unter der ein weißer, mit einem schmalen Band durchzogener Unterrock zu sehen war.

Er empfand ritterliches Mitleid, als er die Unordnung ihres einfachen Kleides sah, und indem er die Nadel aus seiner Krawatte zog, versuchte er unbeholfen, sie zu reparieren.

Doch als er das tat, zuckte er zusammen, und eine neue Angst erfasste ihn.

Denn etwas Rotes schimmerte unter dem dünnen und zerschlissenen Stoff. Auf der hellen Haut sah es wie ein großer Blutstropfen aus!

Er biss die Zähne zusammen. Bewusst, aber mit unbewusster Ehrfurcht zog er die Spitzenrüsche herunter, wo das Band die Falten zusammenhielt.

Dann atmete er erleichtert auf. In seine blauen Augen kam das Licht der siegreichen Liebe; Unendliches Staunen erfüllte seine Seele mit Zärtlichkeit.

Denn da lag es, in der weichen Mulde zwischen den zarten Rundungen ihrer Brust, in rubinrotem Glas mit dem Knoten seines Liebhabers, seine „Verkleidung" – das kleine „Doppelherz"!

KAPITEL XXVII

Die Nacht war eng und schwül. Ein plötzliches Verlangen nach Luft trieb McTaggart in den verlassenen Park. Sein Gepäck war gepackt und früh am nächsten Tag wollte er in den Norden zu seiner Besuchsrunde dort aufbrechen.

Die Uniackes waren in Worthing und McTaggarts Gedanken wanderten instinktiv zu Jill, als er den Weg verließ und sich in einer leeren Reihe hinter der Achilles-Statue auf einen Stuhl setzte.

Der anfängliche Einsatz des Mädchens als militante Frauenrechtlerin hatte körperlich keine bleibenden Spuren hinterlassen. Aber mental war es ein deutlicher Wendepunkt in ihren Ansichten zu dem Thema, das ihr Zuhause beschäftigte.

Cluar gegangen und hatte mit Widerstand seitens des Gesetzes und möglicherweise grober Behandlung durch Männer gerechnet; Aber der Anblick von Mitfrauen, die jegliche Kontrolle verloren und sich gewaltsam gegen ihr eigenes Geschlecht wandten, und das völlige Fehlen dieses Korpsgeistes – ein so starkes Merkmal ihres College-Lebens – hatten sie bis ins Innerste verblüfft und empört.

Sie argumentierte folgendermaßen: Wenn eine Bewegung, deren Hauptanliegen die Förderung von Frauen war, nicht nur einen Bruch mit dem anderen Geschlecht, sondern auch einen Bürgerkrieg untereinander herbeiführen würde, wie wäre es dann mit einer Regierung, in der die rivalisierenden Fraktionen *jeweils* die Stimme hätten und in deren Stimme sie wären? Welches kämpfende Element verachtete die herrschenden Gesetze des Landes?

War Brandstiftung eine leichte Straftat? Oder ein durch Bomben riskiertes Attentat?

Dennoch herrschte Anarchie, da die Täter lediglich Frauen waren.

Das gegenwärtige Regierungssystem war zwar anfällig für verschiedene Missbräuche, aber zumindest war es eine Ordnungsregel, die die Gesetze, die es durchsetzen wollte, und die Sicherheit der Bürger aufrechterhielt.

Auf der langen Heimreise hatte Jill auf diese Weise mit McTaggart die Vor- und Nachteile des Frauenwahlrechts erörtert; und es erübrigt sich zu erwähnen, dass der Mann der Schlussfolgerung, zu der sie schließlich gelangte, zugestimmt hatte. Sie kehrte der „Sache" den Rücken.

Als er nun im Schatten saß, den die hohen Bäume über das Gras warfen, und das leise Rascheln der bereits fallenden Blätter über ihm hörte, lächelte er, als er ihr Gesicht mit den empörten großen grauen Augen heraufbeschwor.

Sie waren spät in der Nacht bei ihr zu Hause angekommen und McTaggart hatte zum ersten Mal gemerkt, dass Frau Uniacke sich sehr um ihr Kind kümmerte. Die Mutterinstinkte hatten den Vorrang vor ihrer Begeisterung für die Sache. Sie hatte laut geweint, als sie Jill mit ihren verletzten Armen und zerfetzten Kleidern gesehen hatte.

Auch bitterlich hatte sie Stephen dafür verantwortlich gemacht, dass er das Mädchen in der Stunde der Gefahr im Stich gelassen hatte.

Sie hatte ihre Tochter in seine Obhut gegeben, und die von McTaggart knapp erzählte Geschichte von ihrem Treffen mit dieser umsichtigen Person im Kaffeeraum des Commercial Hotels, wo sie in aller Ruhe ein ausgezeichnetes Mittagessen aß, hatte ihre echte Empörung hervorgerufen.

Denn Stephen war „erwischt" worden! Der Anblick von McTaggart, staubig, blutbefleckt, die Schnittwunde an seiner Stirn vom örtlichen Apotheker hastig verputzt, wie er Jill begleitete, immer noch weiß, verletzt und geschüttelt, ihr Kleid mit Bändern, ohne Hut, in der schmalen Tür stehen zerstörte die ruhige Selbstsicherheit dieses jungen Mannes.

McTaggart ignorierte ihn und seine hastigen, zusammenhangslosen Ausreden völlig und überredete Jill, etwas zu essen, holte ihr Gepäck ab und brachte sie schnell zum Bahnhof, ohne dem innerlich verängstigten Objekt seiner tiefen Verachtung ein Wort zu sagen.

Aus Jills schmerzhaftem Abenteuer in Wales hatte sich etwas Gutes ergeben; ein deutlicher Bruch zwischen ihrer Mutter und dem schwachen und skrupellosen jungen Mann.

In einem langen Brief an McTaggart hatte Jill die frohe Botschaft überbracht.

„Ist es nicht großartig?" – schrieb sie fröhlich. „Roddy ist außer sich vor Freude! Er hat ein Bild vom Heiligen Stephan gemalt, wie er von den Suffragetten gesteinigt wird; mit malvenfarbenen Socken und einer malvenfarbenen Krawatte – er sieht wirklich *genau aus* wie er! – und einer großen Flasche Champagner mit der Aufschrift „Mama ist das richtige Wort!" auf einem Banner.

„Ich hoffe wirklich, dass deinem Kopf alles in Ordnung ist? – dieser Schnitt, meine ich? Ich bin sehr fit und kann mir nicht vorstellen, warum ich zusammengebrochen bin. Du warst ein *Stein*, um zur Rettung zu fliegen! Wir sind am Donnerstag für eine Woche unterwegs Monat in Worthing. Kannst du nicht kommen und dich verabschieden? Ich möchte dir gebührend danken – und auch Roddy – also komm vorbei.

„Es ist schön, sich von Stephen befreit zu fühlen und Mutter für uns allein zu haben. Sie kommt heute in den Zoo und hat Roddy Malunterricht versprochen – denken Sie daran! Er ist so glücklich. Stephen lachte ihn immer aus und nannte ihn das ‚Kleinkind' Raphael' ... Ich würde *Stephen gerne* einige von Roddys cleveren Skizzen anfertigen sehen !... "

So lautete der einfache Brief. Voller Slang, aber für den Liebhaber eine unbezahlbare Perle der Komposition. Er erkannte ihr Wesen zwischen den Zeilen: ihr starkes, liebendes Herz, das jede Heuchelei verachtete, die Schwachen beschützte und eine süße Selbstlosigkeit ausstrahlte.

Dennoch blieb er fern, seinem geheimen Gelübde treu. Er schickte dem Mädchen ein Buch, nach dem sie sich sehnte, und eine große Schachtel Süßigkeiten für Roddy. Dann, als nachträglicher Einfall, fügte er noch ein hübsches kleines Malerkostüm hinzu. Er lächelte über seine eigene List, da er den Weg zu Jills Herz kannte. Und in seinem Kopf entstand der Plan – falls alles so verlaufen würde, wie er es erhofft hatte –, dafür zu sorgen, dass dieser sehr geliebte Bruder auf seine Kosten im Ausland studieren und die Kunstschulen in Rom besuchen sollte.

Jetzt, im trüben Licht des Parks , war er in einen Tagtraum von der Zukunft versunken. Seine Zigarette, die unbeachtet glimmte , versengte seine Finger und erschrocken kehrte er in seine Umgebung zurück.

Ein junges Paar ging Arm in Arm vorbei, und irgendwo hinter ihm erklang aus der Dunkelheit ein Flüstern und das Lachen eines Mädchens, das seine eigene einfache Geschichte erzählte.

Denn selbst in der verlassenen Stadt war die Sommernacht voller Liebe; wie ein randvoller Kelch, den die weise alte Hand der Natur der Jugend an die Lippen hält.

Die einsame Gestalt einer Frau tauchte unter dem langen weißen Bogen am Hyde Park Corner hervor und ging über die staubige Straße auf die Bäume zu.

McTaggart beobachtete sie geistesabwesend. Etwas an ihrem anmutigen Gang, der sicheren Haltung ihres Kopfes regte seine latenten Spekulationen an.

„Ich hätte nichts dagegen zu wetten, dass sie Französin ist." Er zündete sich eine weitere Zigarette an und dachte über die besondere Note nach, die die gallische Rasse auszeichnet.

Der Gegenstand seiner Untersuchung erreichte schließlich die leichte Anhöhe unter der Achillesstatue und hielt inne, geschüttelt von einem Hustenanfall.

McTaggarts Gesicht wurde plötzlich ernst, als er die schlanke, anmutige Gestalt beobachtete, die mit dem plötzlichen Krampf kämpfte.

"Arme Seele!" er sagte zu sich selbst. Denn er vermutete, dass die Geißel der Zivilisation, die Schwindsucht, sie zum Opfer gemacht hatte. Und plötzlich ließ ihm der Gedanke an den Tod in einer für ihn durch Liebe erneuerten Welt einen Schauer über den Rücken laufen. Eines Tages müssen er und Jill sich trennen ...

Die Frau fuhr sich mit dem Taschentuch über die Lippen, ließ den Schleier sinken und stieg müde den Hang hinauf. Am Rand des Grases angekommen, stieg sie mit einer geschickten Bewegung ihres Rocks über das niedrige Geländer und vermied den staubigen Kiesweg.

Als sie zu dem Stuhl kam, auf dem er saß, warf sie einen Seitenblick auf McTaggart, der sich bei ihrer Annäherung ein wenig versteifte, und ein Duft stieg ihr entgegen.

Zu seinem weiteren Ärger zögerte sie und spähte durch den Spitzenschleier, der ihre Gesichtszüge verdeckte, in sein Gesicht.

„ Pierrot! – Bist du es wirklich?“ Er war plötzlich auf den Beinen. Die Erinnerung an tote Tage stieg auf und verwirrte ihn.

„Fantine!“ Er starrte sie erstaunt an.

" Mais Oui !“ Sie streckte ihre Hand aus – „Du erinnerst dich nicht an mich? – Und ich –? Ma foi ! – Ich dachte, du wärst tot!“ ...

"Im Gegenteil!" er versuchte seine Gedanken zu sammeln. „Sehr leibhaftig, wie Sie sehen.“

Er erinnerte sich schnell daran, dass es keine Szene, keinen eindeutigen Bruch in ihrer Freundschaft gegeben hatte; nur sein Schweigen seit jener Nacht, als er ihrem Verrat auf den Grund gegangen war. Er fühlte sich jetzt ratlos und konnte keinen Vorwand finden, ihre Gesellschaft zu meiden.

„Ich bin seit zwei Jahren im Ausland“, erklärte er lahm. „Morgen fahre ich nach Schottland, um zu schießen. London ist scheußlich. Sogar mein Club ist mir gegenüber verschlossen!“

Fantine lächelte, dann seufzte sie.

„Glücklicher Pierrot!“ Sie ließ sich auf den nächstgelegenen Stuhl nieder und lud ihn mit einer Geste ein, sich auf den Stuhl daneben zu setzen. „Das wird dir gefallen – zu schießen, hein ?“ Wieder packte sie ein Hustenanfall.

Sie sah dünn aus, dachte McTaggart. Er konnte sein Herz nicht gegen sie verhärten, mit diesem Schatten des Todes, der wie eine Wolke über ihrem alten Glanz zu hängen schien.

„Wie hat die Welt dich behandelt?" Er sprach sanft. Es kam ihm wie eine aus einem früheren Leben herausgerissene Seite vor, diese unerwartete Begegnung mit ihr; Die ganze hasserfüllte Episode war eine überflogene und vergessene Geschichte.

„Die Welt, Mann Cher?" – sie zuckte mit den Schultern, „Warum, mon Dieu – wie es immer diejenigen behandelt, deren Glück sich gegen sie gewendet hat!" Sie lachte leicht und spöttisch.

"Es tut mir Leid." Er stoppte. „Möchten Sie es mir sagen?"

Sie warf ihm einen kurzen, dankbaren Blick zu. Dann warf sie mit einer Geste, die unbewusst von einem Anflug von Dramatik gefärbt war, ihren Schleier zurück.

McTaggart starrte verblüfft.

„Ah! ... siehst du?" Sie nickte mit dem Kopf. „Ich werde alt" – ihre Stimme zitterte – „und so müde ..." Die geschminkten Lippen verzogen sich zu einem Lächeln, das erbärmlicher war als alle Tränen in dem dünnen, aber immer noch pikanten Gesicht.

„Es ist das Leben, Mann Cher – dieses ... schwule Leben! Ich habe die Kerze in der Mitte abgebrannt. Nein! – Sie sagen ‚bei beiden Dochten'" – ihre Worte endeten mit einem Husten.

„Du hast eine schreckliche Erkältung, Fantine. Hältst du es für klug, hier zu sitzen?"

„Ja – die frische Luft tut mir gut – und sie kann mir nicht schaden ... jetzt, Pierrot. Es ist keine Erkältung – es ist meine Brust. Ich hatte im Frühling eine Lungenentzündung und die Regenzeit machte das Problem komplett." Sagt der Arzt Ich sollte in einem trockenen Klima leben – aber", lachte sie, „ich muss zuerst das Geld verdienen – und London ist der einfachste Ort."

Es herrschte Stille zwischen den beiden. McTaggart sah, dass ihr gepflegtes Kleid schäbig war und dass der Hut, den sie trug, seine Eleganz dem Schleier und der Art und Weise verdankte, wie er im richtigen Winkel angebracht war. Aber getreu ihrem alten Glauben waren ihre Stiefel und Handschuhe makellos, ihr dunkles Haar glänzend und gewellt und ihr Gesicht zart geschminkt.

Doch etwas war verschwunden: der Hauch von Jugend, der freudige, halb trotzige Charme. Dies war eine Frau mittleren Alters, deren Gesundheit angeschlagen war, die aber immer noch stolz war.

„ Vielleicht hast du mein Problem nicht erfahren? Nein?" – sie schaute zu ihm auf – „Die Wohnung wurde von der Polizei durchsucht. Ich musste eine hohe Geldstrafe zahlen. Es war nicht mein Eigentum, es zu behalten oder zu vermieten; es gehörte mir." ein gewisser ... Monsieur. Aber in meinem Namen, verstehen Sie ? Ich habe das ganze Risiko auf mich genommen. Und als es fehlschlug , verschwand er – pouf!" Sie warf spöttisch die Hände aus – „in die Luft, wie Sie sagen. Und ich blieb zurück ... dans le potage!"

„Es war keine Suppe, die man trinken konnte, Pierrot, wie Monsieur Augustes ‚Pot-au-feu' – und ... man isst, um zu leben – oder zumindest diejenigen, die es sich nicht leisten können, zu leben, um zu essen! Und ich Ich musste von vorne anfangen, mit einem sehr geringen Kapital – den Möbeln ... ein paar Juwelen ...“

Sie starrte launisch vor sich hin.

„Da kommt der Teufel ins Spiel, Pierrot – und verspottet alle Heiligen im Himmel! ... Nicht, dass ich ein Heiliger werden möchte" – sie warf ihm mit einem ihrer alten spöttischen Lächeln einen amüsierten Blick zu – „Dieu merci." ! Ich liebe das Leben – hübsche Kleider und eine gute Küche. Erinnerst du dich an unseren letzten gemeinsamen Abend? Die – Musik? ... ah!" Sie faltete die Hände und ein neugieriger Ausdruck trat in ihre Augen. „Ich bin froh", fügte sie leise hinzu, „dass nichts diese Erinnerung verdorben hat."

Sie ahnte kaum, dass der Mann neben ihr die volle Bedeutung der Worte verstand: dass sein letzter Groll damit verschwand, als er die Wahrheit erriet, die der Rede zugrunde lag.

Das Gesicht auf dem Foto erhob sich mit seinen bösen Augen und seinem rücksichtslosen Mund; dieser „gewisse ... Monsieur" namens „Gustave" – der verräterische Drahtzieher.

Arme kleine Frau! – In so schlechten Händen – auch verlassen in ihrer Stunde der Not ...

"Was hast du gemacht?" fragte er sanft. „Ich hatte keine Ahnung von all dieser Sorge. Es tut mir wirklich furchtbar leid, Fantine", er legte eine Hand auf ihre.

Sie schenkte ihm plötzlich ein strahlendes Lächeln.

„Derselbe Pierrot…“ ihre Stimme war zärtlich. Dann riss sie sich zusammen, ihre Finger leicht in seinen verschränkt, und eine schwache Farbe war in ihren dünnen Wangen zu erkennen.

„Erinnern Sie sich an Archie Thesiger ?“

"Ja." Er wusste, was kommen würde.

„Er hat mir seinen … Schutz angeboten.“ Fantines Augen waren rätselhaft. „Es schien … das Beste, was ich tun konnte. Ich war sehr glücklich – eine Zeit lang. Er hat sich eine kleine Wohnung in Brighton genommen und – Sie werden lachen!“ – sie lächelte selbst – „Ich habe einen häuslichen Geschmack – aber ja. “ !- und ausgezeichneter Manager. Ich habe Archie ganz zufrieden gestellt. Du denkst, weil ich meine Kleidung liebe, sollte ich in einer Küche hilflos sein? Da liegst du falsch. Eines Tages werde ich kommen und dir „ *so* ein Omelett machen“, sie hielt inne ! … Aber natürlich wusste ich, dass es nicht von Dauer sein konnte. Das ist der Nachteil von … ce métier. Er verliebte sich – in ein junges Mädchen. Il faut se ranger – ich verstand es. Und da war es! – in Fangen Sie noch einmal von vorne an. Das nächste Mal hatte ich nicht so viel Glück. Reich, ja. Aber ein „ Mauvais“. Thema .' Und dann erfahre ich, dass er verheiratet ist! Madame kommt … Dieu, quelle scène ! Sie scheint zu glauben, ich liebe sie, Reuben! Ja – ein Jude … *auch das* ! Aber ich sage ihr lächelnd ins Gesicht, dass es eine rein geschäftliche Angelegenheit mit mir war. Mein Glaube, es hat ihr nichts ausgemacht. Ich stimmte zu, dass es für eine Frau wie mich mit Köpfchen und Aussehen nicht geeignet war – diese Ménage –, dass Geld nicht alles ist! Er hat auch getrunken – und das wusste sie!“

Bei ihrem schelmischen Seitenblick lachte McTaggart grimmig und beschwor damit das ungleiche Duell zwischen diesem seltsamen, ungleichen Paar herauf.

„Dann gebe ich ihr einen guten Rat“ – Fantine genoss ihre Geschichte, die Augen aus Topas waren scharf und strahlend, die Lippen zu einem spöttischen Lächeln verzogen. „Ich sage: ‚Du bist eine gute Frau, mit Babys, Babys und einer Wäschepresse. Aber das ist nicht alles, was ein Mann will. Sprechen lernen … und gehen … ein Kleid! Heiraten – was Ist es? Eine legale Bindung. Aber eine kluge Frau muss *bezaubern* , um zu halten … Verstehen Sie , was ich meine? - Ich bin sehr froh. Ich könnte Ihnen … ja, viele Dinge beibringen. Aber mein Taxi wartet - Adieu, Madame !'" …

„Guter Gott! – Also bist du gegangen. Und dann?“

Fantine verzog das Gesicht.

„Ich wurde Gefährtin einer Dame. (Von Männern hatte ich nämlich genug!) Auch reich, Mais Eine Frau des Volkes ! Archie gab mir eine schriftliche Referenz. Sein Onkel ist ein Baronet und das war ihr völlig ausreichend. Dort habe ich gelernt , wie man einen Hund wäscht und Unterröcke für die Armen anfertigt. Nicht Flanell – verstehen Sie ? –, sondern Flanell – höchst gefährlich – aber gut genug für *Wohltätigkeitsorganisationen* ! (McTaggart kicherte und beobachtete sie.) Und was eine „echte Dame" konnte und was eine „echte Dame" nicht konnte!

„Es ist ein ... Sale- Metier! – meiner Meinung nach – kaum so moralisch wie das andere – so gemeinnützig" – sie runzelte die Stirn.

„Haben Sie jemals in den Vororten gelebt? – Nein? – Dann tun Sie es nicht, mein lieber Pierrot. Es geht darum, ... in ständiger Angst vor Klatsch zu leben und jeden Nachbarn im Auge zu behalten . Rufen und schmeicheln, spähen und schnüffeln und auswählen ihre Charaktere zu Bändern. Was für ein Leben!" sie zuckte mit den Schultern. „Eine meiner Pflichten bestand darin, meinem neuen Arbeitgeber ein wenig Französisch beizubringen. Das hat mich enorm amüsiert! Sie war dumm wie eine Gans – also habe ich sie" – Fantine lachte – „mit ein paar guten, scharfen Worten vollgestopft. Wenn sie nach Paris reist, Mo Dieu! – sie wird das Zimmermädchen überraschen! Unglücklicherweise", fuhr sie fort, „gab es einen Neffen." Ihr Husten hielt sie inne . „Très sportlich." Das ist schick in der Vorstadt – immer Gamaschen, Piqué-Krawatte und kein Pferd! Du kennst den Typ, hein , Pierrot?

„,Bertie' – so hieß der Junge – hatte Gefallen daran, mich zu bearmen! – Hat sich herabgelassen, es auszudrücken – hat sogar dabei geholfen, den Hund zu waschen. Das hat Spaß gemacht – er *wurde* tatsächlich nass! Sie lachte bei der Erinnerung. „Dann, eines Tages, vermutete Madame. Tatsächlich beschuldigte sie mich, den Wunsch zu haben, ihn zu heiraten!" Fantines Hände hoben sich entsetzt. „Moi, Fantine!"

McTaggart brüllte.

„Ich sagte, ich hätte keine Verwendung für ‚Bertie'. Es war nicht meine Schuld, wenn er sich um mich kümmerte! – Dass es mich fast „mal au coeur " machte, ihm beim Abendessen gegenüberzusitzen! Dass ich ihm oft eine Ohrfeige verpasste – und das stimmte ! – , aber sie wollte es nicht glauben. Sie sagte: „Man sieht, dass Sie keine Dame sind." Also antwortete ich, dass sie es nicht sagen könne. Unmöglich! Ich wusste es, Mann Lieber , sie hatte ihr Leben als Küchenmädchen begonnen und ihren Herrn durch einen Trick geheiratet, und ich fügte hinzu: „Ich bin durchaus bereit, irgendetwas über das Kochen zu lernen, aber über meine Herkunft kannst du nicht urteilen – ich gehe zu Gleichen, um zu entscheiden." ' Die Diener waren alle im Flur und Bertie so rot wie ein Truthahn – und sie lachten! Ich habe sie gehört. Dann packte ich meine Sachen und machte mich so schnell ich konnte davon, während die Nasen aller Nachbarn an den Fenstern klebten.

„Tugend schien kein Erfolg zu sein – sie verbirgt, wie Sie sehen, so viel Gemeinheit. Ich habe vergeblich versucht, Gustave zu finden" – (der Name rutschte unbewusst heraus) – „aber alle meine Briefe wurden zurückgeschickt – ‚nicht bekannt' im alten Adresse.

„Dann dachte ich an die Bühne. Refrain vielleicht ? – Ich singe ein wenig. Das begann und endete auch mit einem hohen Honorar für einen Agenten. An einem verschneiten Tag bekam ich eine Erkältung und wurde krank. Dann kamen die Arztrechnungen und das kleine Geld Ich hatte das Ersparte dahingeschmolzen – und so, sehen Sie ... hier bin ich!" Sie endete fröhlich: „Offen – wie soll man das sagen ? – für jede angenehme Anstellung!"

Sie blickte den Mann von der Seite an und bemerkte das Mitleid in seinem Gesicht.

„Dir würde nicht gefallen...?" Ihre Bedeutung war klar.

„Nein", sagte McTaggart sehr sanft.

„Tant pis ! Du hast dich einmal darum gekümmert..." Sie seufzte und hustete dann. „Ich kann leben", flüsterte sie, „von sehr wenig ... auch kochen ..."

"Nicht!" Er zitterte bei diesem Wort. „Es ist schrecklich! – zu denken, dass *du* ..." Er schluckte schwer und erinnerte sich an die hübsche Wohnung mit der Fantine von damals, stolz und brillant – und jetzt ... das!

„Ich werde heiraten", sagte er schnell, „zumindest hoffe ich es. Aber das ist kein Grund, warum ich einem alten Freund nicht helfen sollte."

Fantine richtete sich auf.

„Wenn ich mich entscheide zu *nehmen* –" ihre Stimme war scharf – „ *gebe ich* auch! Das ist ehrlich, denke ich. Ich habe nie um Almosen gebeten. Aber ... oh, mon Dieu!" Sie brach unter McTaggarts mitleiderregendem Blick zusammen. „Das Leben ist hart. C'est un sale métier! Und ich kann nicht untergehen – ich kann nicht ... ich kann nicht ..." Ein Schluchzen brach aus den bemalten Lippen – „nicht ... *das* !" "

Sie zeigte direkt auf die Lichter hinter dem silbernen Bogen, auf Piccadilly, breit und glatt.

McTaggart fühlte sich plötzlich demütigt. Einen Moment lang dachte er schmerzlich an das Leben dieser anderen Frauen, die für immer außerhalb des Jenseits standen und dem Verlangen des Mannes geopfert wurden ...

Dann sprach er.

„Schau her, Fantine. Ich denke, du bist eine großartige kleine Frau! Ich wäre stolz, deine Freundin zu sein. Was für ein Mut von dir!" —(er meinte es auch so). „Ich würde nicht im Traum daran denken, Sie zu beleidigen, indem ich – nun ja – finanzielle Hilfe ohne Gegenwert anbiete. Aber es gibt etwas, das Sie für mich tun können – wenn Sie so wollen? – und es ist nicht zu langweilig?"

Sie starrte ihn verwundert an. Ein schwacher Hoffnungsschimmer leuchtete in den tragischen Tiefen ihrer topasfarbenen Augen. Die geröteten Lippen öffneten sich ein wenig. „Eh bien?"

Er spürte die Anspannung in ihrer Stimme und eilte voller Mitgefühl weiter.

„Es ist so. Mir wurde eine Villa hinterlassen – ein kleiner Ort im Ausland in der Nähe des Meeres. Ich blieb ein paar Wochen dort, bevor ich zurückkam – und langweilte mich zu Tode! Ich möchte es nicht zum Schweigen bringen, und das habe ich auch." eine Abneigung dagegen, es zu vermieten. Es kam mir in den Sinn, jemanden zu finden , als eine Art Hausmeister." Er hielt inne und blickte auf das Gras zu seinen Füßen. „Es liegt in Italien, nicht weit von Spezzia – ein hübscher Ort mit schöner Luft und ziemlich fröhlich im Sommer –, aber in den Wintermonaten –" er lachte – „ungefähr so einsam wie der Pole. Das ist es also, womit ich es zu tun habe – jemanden zu finden, dem ich vertrauen kann, dass er dort lebt und für die Lüftung sorgt. Es gibt eine alte Frau, die Gelegenheitsarbeiten erledigt – ich vermute, sie könnte ein bisschen kochen – und ihren Sohn, der im Garten arbeitet, Fenster putzt und so –, aber das reicht nicht. Ich Ich möchte, dass jemand – aus einer anderen Klasse – ein Auge auf das Paar hat. Aber ich warne Sie – es ist furchtbar langweilig – aber gesund – die Luft weht über dem Schnee. Wenn Sie sich jetzt etwas erschöpft fühlen, würden Sie das gerne tun? Versuch es?" Er brach abrupt ab.

„Fantine, meine Liebe! Oh, du arme kleine Seele!... "

Sie schluchzte heftig, den Kopf in den Händen. Die Brise rauschte durch die Bäume, und in der Ferne erklang Welle um Welle der Lärm des Verkehrs, die Stimme Londons, nicht unähnlich dem Wellengang des Meeres.

Neben ihm, von der Flut angeschwemmt, dieses Wrack und Treibgut der Stürme des Lebens, ramponiert und zerbrochen, aber immer noch erleuchtet von der flackernden Lampe der menschlichen Seele.

„Fantine – fühl dich nicht verletzt, meine Liebe. Ich meine, was ich sage – es ist ein Geben und Nehmen – faires Spiel, ich gebe dir mein Wort."

Sie hob ein tränendes, verstörtes Gesicht.

„Du weißt es nicht … oh, mein Dieu! Hör zu –“

sie packte ihn am Arm. „Ich habe versucht, dich zu ruinieren“, rief sie, „an jenem letzten Abend – in der Wohnung!“

„ Unsinn! – das ist alles … Teil des Spiels –“ seine Stimme war rau vor purem Unbehagen. „Wenn du es getan hättest, hätte ich es verdient, Fantine – ein junger Arsch – das ist in Ordnung. Ich hätte *dich* ohne einen Gedanken ruiniert – auf andere Weise, aber es ist genauso schlimm. Es gibt keinen Penny, den wir zwischen uns wählen können. Außerdem *wusste ich* es – als ich dich in dieser Nacht verließ. Ich sah deinen Mann die Treppe hochkommen – und – danach – erriet ich die Wahrheit. Du wurdest dazu getrieben – es war nicht deine Schuld.“

Er hielt einen Moment inne, sein Gesicht war grimmig.

„Eine wirklich gute Lektion“, sagte er langsam, „sie hat mich gelehrt, … weniger dumm zu sein. Also lass dich davon nicht beunruhigen, aber hilf mir jetzt – mit dieser verdammten Villa!“

Das tiefe Mitleid mit ihr machte ihn schroff und er rannte ruckartig weiter.

„Das ist also geklärt. Ich möchte Ihre Antwort. Glaubst du, du könntest es aushalten? Es ist ziemlich langweilig – aber ohne Schoßhunde oder Flanellunterröcke! Könnte eine ‚echte Dame‘ Hausmeisterin werden?“

Sie nickte mit dem Kopf, unfähig zu sprechen, geschüttelt von einem Hustenanfall. Eine Kühle lag in der Luft. McTaggart stand auf.

„Komm mit – es wird langsam feucht. Wir gehen zurück in meine Zimmer – ich möchte das heute Abend in Ordnung bringen, da ich morgen früh nach Schottland fliege.“

Er streckte ihm mit jungenhaftem Lachen die Hand entgegen. „Wie in alten Zeiten, nicht wahr, Fantine?“ und half ihr auf die Beine, seine eigenen Augen leuchteten verdächtig.

Mit zitternden Fingern senkte sie ihren Schleier und schüttelte die Falten ihres schäbigen Kleides, während McTaggart immer noch weiterredete und ihr Zeit gab, sich zu erholen.

„Ich möchte, dass du so schnell wie möglich nach Viareggio reist. Es ist eine lange Reise – stört dich das?“

„Nein“ – sie lachte zitternd – „man geht durch Frankreich?“ Ihre Stimme war wehmütig.

„Ja – ich schreibe heute Abend an Cook's – besorge dir einen Liegeplatz. Möchtest du unterwegs eine Nacht in Paris bleiben? Das wäre klüger –" er erriet ihren Gedanken.

„Ich bin sehr froh, dass Ihnen die Idee gefällt – es ist wirklich ein Glück, dass ich Sie kennengelernt habe. Ich habe eine Wohnung in Siena, wissen Sie, und eine Wohnung in Rom, also werde ich wohl ab und zu vorbeischauen – unterbrechen Sie meine Reise, um es zu sehen." dass du dich benimmst.

Sie gingen den schmalen Grasstreifen entlang, der die Stuhlreihe säumte. Aber als sie auf den Weg kamen, warf Fantine einen Blick nach rechts, blieb stehen und schaute zu der riesigen Statue hinauf, deren Schild sich in den Himmel erhob.

„Nun – machen Sie eine neue Eroberung?"

"Ja und nein!" sie lachte leise. „Ich verabschiede mich von meinem Freund Achille – das ist nur eine Höflichkeit von mir, Pierrot."

Einen Moment lang stand sie mit erhobenem Blick da.

McTaggart erriet bemitleidenswert ihren Gedanken. Er sah, dass der für sie erfundene Beitrag nicht lange dauerte, während er ihr Gesicht beobachtete.

Und etwas von dem alten Glanz, der Erinnerung an die vergangenen Tage löste einen stechenden Schmerz in seinem Herzen aus. Er versuchte vergeblich, seine Angst zu verbergen.

Aber Fantine wusste es. Sie nickte mit dem Kopf.

„Für den Fall", murmelte sie, „ich nicht zurückkomme."

Dann fröhlich zur Statue.

„Au revoir, verehrter Monsieur!"

KAPITEL XXVIII

Ein Monat war auf den schnellen Flügeln des Sommers vergangen. Eine frische Luft in der Luft kündigte bereits den Damenherbst an; Mit ihrem regenbogenfarbenen Umhang, der Gold- und Rottöne hinter sich herzog und in dem die Diamanten glitzerten, die der erste Raureif übersät hatte, als sie vorbeiging.

In Worthing markierte der Strand den Wechsel der Jahreszeiten. Die Badezelte waren zusammengeklappt, die Liegestühle waren weg. Verliebte Paare liegen nicht mehr ausgestreckt auf den warmen Kieselsteinen, ihre Gesichter von Taschentüchern oder den Falten einer Comic-Zeitung verdeckt, in dem festen Glauben – wie der sprichwörtliche Strauß –, dass der Rest von ihnen (ineinander verschränkte Hände oder Arme um die Hüften geschlungen) blieb für die kritische Öffentlichkeit unsichtbar. Die motorisierten Char-à-bancs fuhren nicht mehr, bis auf eines, das immer noch auf der geraden weißen Straße fuhr, die nach Brighton führt, über die lange, von Löwen bewachte Brücke und an den kleinen Siedlungen mit dicht gedrängten Bungalows vorbei.

Auf der Rückbank dieses Transportmittels war an diesem besonderen sonnigen Tag eine einzelne Passagierin der scharfen Brise ausgesetzt, geschützt durch einen Motorschleier aus dunkelblauem Chiffon, der die Umrisse ihres Gesichts verdeckte. Der weite, einladende Meeresabschnitt mit seinen kräuselnden Wellen mit elfenbeinfarbenen Spitzen war für sie verloren, und der silberne Glanz der Möwen, die ins Wasser tauchten. Im blauen Himmelsbogen darüber wurden vom Ostwind blendend weiße Wolken getrieben, die sich zusammenballten, um die große goldene Sonne zu begrüßen.

Es war nicht nur der schwere Schleier, der ihr die Vision versperrte. Denn Frau Uniacke war in keiner Weise eine aufmerksame Frau. Schönheit wie Schönheit ließ sie unberührt oder erfüllte sie mit einem leichten Kummer. Es gab so viel „im Leben zu tun" – das war ihr anstrengendes tägliches Glaubensbekenntnis –, dass das Innehalten und Genießen der Gaben Gottes zu einer sündhaften Verschwendung der flüchtigen Momente wurde, die zur Arbeit bestimmt waren.

Ihre körperliche und geistige Unruhe verhinderte diesen angenehmen Zustand, in dem sich der Geist von materielleren Sorgen befreit, um das Bild der Natur aufzunehmen, völlig besänftigt durch einen Sinn für Farbe , Licht oder exquisite Proportionen.

Doch obwohl sie sich der Geburt einer neuen Jahreszeit auf der Erde nicht bewusst war, regte sich in den Tiefen des Herzens ihrer Frau ein ähnliches Erwachen. Denn das Ziel ihrer Reise war ein Treffen mit Stephen Somerfield; Ihre Gedanken waren von diesem jungen Mann erfüllt und schlossen alles andere aus.

Die zarte Röte auf ihrem vogelähnlichen Gesicht und die sanfte Erregung in ihren Augen verrieten die Gefühle, die in ihrem Inneren kämpften, selbstanklagend und doch triumphierend. Am Ende einer langen Zeit des Schweigens hatte Stephen einen klugen Brief geschrieben, in dem er seine Vernachlässigung Jills gegenüber und seine Hingabe an die Gnade der Mutter hinwies.

Er hatte dem Mädchen die Schuld in die Schuhe geschoben, indem er kurz über ihre Einstellung ihm gegenüber, ihre rebellische Missachtung seiner Wünsche und ihre schlichte Weigerung, seinen Rat zu befolgen, berichtete.

„Ich kann durchaus verstehen, wie Sie sich fühlen", schrieb er mit offensichtlicher Offenheit , „ich kann keine Entschuldigung für mein Verhalten finden. Aber Sie müssen sehen, wie schwierig es für mich war, mich einem so offensichtlich unwilligen Begleiter aufzuzwingen – einem, der außerdem die keine Skrupel gehabt hatte, ihre Abneigung mir gegenüber offen zu zeigen.

„Ich war dort in einer halboffiziellen Position. Ich hatte meine eigene Arbeit zu erledigen – zwar nicht militant, aber auf eine geringere Art und Weise wichtig. Bei meiner Ankunft am Abend zuvor fand ich eine Menge Korrespondenz – den Vorfall ..." das Feuer, Polizeiberichte usw. usw. – und wenn ich nicht Ihren starken Wunsch gekannt hätte, dass Jill meiner Obhut überlassen werden sollte, wäre ich überhaupt nicht zu dem Treffen gegangen, sondern hätte so gehandelt, wie ich es schließlich getan habe.

„Jetzt sehe ich ein, dass ich Unrecht hatte, wegzubleiben, aber – im Klartext – Jill war *so* unhöflich zu mir gewesen, dass mein Stolz schließlich in die Höhe geschossen ist.

„Ich wusste, dass sie mit einigen hervorragenden Frauen zusammen war, von denen zwei Ihre persönlichen Freundinnen waren, und natürlich hatte ich nicht die geringste Ahnung, dass es wahrscheinlich ernsthafte Probleme geben würde.

„Glauben Sie mir, liebe Frau Uniacke , ich bin mehr betrübt, als ich ausdrücken kann ..." Der Brief wurde persönlich, er befasste sich mit dem Bruch ihrer Freundschaft, flehte demütig um Vergebung und sehnte sich nach einem „letzten Interview" in Brighton, wo er wartete auf ihre Antwort.

Zum Glück für das Ziel des jungen Mannes war seine Entschuldigung genau zum richtigen Zeitpunkt gekommen, als er eines späten Abends am Ende einer stürmischen Familienszene in Worthing eintraf.

Frau Uniacke hatte Jill schwer getroffen. Denn Roddy hatte endlich den Mut aufgebracht, sich an seine Mutter zu wenden, um ihm den Beruf anzusprechen, den er anstrebte; auf sofortigen Widerstand stoßen, der durch Verachtung noch ärgerlicher wird. „Werde Künstler!" Die Witwe des Soldaten blickte in das aufgeregte Gesicht des Jungen. „Wer hat von so einem Unsinn gehört? Du gehst nach Sandhurst, wenn ich es mir leisten kann – das hatte dein Vater geplant."

Jill hatte sich ins Getümmel gestürzt und den jugendlichen Rebellen unterstützt, hatte die Beherrschung verloren und sich, angeregt durch ihre eigenen College-Traditionen, entschieden über die Freiheit geäußert, die der neuen Generation gebührt.

Frau Uniacke , deren Stärke nicht in der Argumentation lag, behauptete, dass Roddy ihr bis zu seiner Volljährigkeit unerschütterlichen Gehorsam schuldete.

Jill hatte tatsächlich darüber gelacht.

„Das kann man nicht erwarten – nicht bei einem so ernsten Thema wie seiner gesamten Zukunft. Er ist ein Mensch – genau wie Sie! – Warum kann er in dieser Angelegenheit keine Stimme haben? Er ist nicht für einen Soldaten geeignet – er ist ein … Künstler bis in die Fingerspitzen . Nun ja! – Sie können versuchen, ihn nach Sandhurst zu schicken, aber Sie können ihn nicht *dazu bringen,* seine Prüfungen zu bestehen!"

Roddy, weißlippig und zutiefst verletzt, hatte den Blick seiner Schwester auf sich gezogen und kicherte.

„Das ist eine gute Idee", sagte er. „Danke, Jill – ich werde es nicht vergessen."

Zu diesem Zeitpunkt hatte Frau Uniacke auf ihre letzte Ressource zurückgegriffen: Tränen; und mit dem Taschentuch vor den Augen hatte sie ihren Kindern befohlen, ins Bett zu gehen.

„Als ob wir noch Socken tragen würden!" Jill hatte rebellisch geflüstert, als sie die schmuddelige Treppe des winzigen möblierten Hauses am Meer hinaufstiegen. „Macht nichts, alter Junge – du *sollst kein* Soldat werden. Dafür werde ich sorgen. In ein paar Jahren werde ich mein Geld haben, das Vater mir hinterlassen hat. Das kann sie nicht anfassen! Ich glaube, Tante Elizabeth." würde helfen, wenn es zur Not käme …" Sie brach mit „Rat-tat" ab – unten ertönte das Klopfen des Postboten.

Sie beugte sich über das Geländer und rief dem Diener im Flur etwas zu.

„Irgendwas für mich, Ada?"

„Nein, Fräulein – eins für Ihre Mutter."

Ein Schatten fiel auf Jills Gesicht. Sie sehnte sich nach einem Brief von McTaggart, der jetzt bei den Leasons wohnte . Dann lächelte sie ihren Bruder an.

„Hoffen wir, dass es nicht von Stephen ist!"

ihn nicht zum Soldaten macht. Er würde den VC bekommen –" sagte der Junge. Darüber lachten beide laut.

Frau Uniacke hörte im Salon das Geräusch und verhärtete ihr Herz. Mit zitternden Fingern riss sie den Umschlag auf und las hastig den Inhalt.

Sie hatte sich in Jills Namen mit Stephen gestritten ... Die einfache Tatsache in ihrer gegenwärtigen Stimmung wurde dadurch verstärkt, dass sie ihr eigenes Glück für ihre Tochter opferte.

Als einsame Frau – so urteilte sie klagend – hatte sie die Verbindung zu ihrer treuesten Freundin durchtrennt ... Ihre Gedanken gingen turbulent weiter.

Einem plötzlichen, starken Impuls folgend, setzte sie sich hin und schrieb eine Antwort an den Mann, in der sie einem Interview zustimmte.

Am nächsten Morgen erhielt sie ein Telegramm, in dem sie gebeten wurde, zum Mittagessen in das kleine Hotel zu kommen, in dem er übernachtete. Die Missachtung der Meinung ihrer Kinder hatte sie zu einer sofortigen Akzeptanz bewogen, und hier war sie nun und stürzte sich in ein Abenteuer, ohne dass die Kinder es auch nur im geringsten ahnten.

Als Vorwand für die Reise hatte sie einen Einkaufstag in Brighton angeführt und ihr Gewissen mit dem Gedanken an mehrere Aufträge beruhigt, die sie vielleicht erledigen würde. Jill, immer noch in schwerer Schande, atmete innerlich erleichtert auf, ohne zu ahnen, dass der wahre Grund für den Ausflug der verhasste Stephen war.

Jetzt, während der schwere Char-à- banc über die staubige Straße rollte, war Frau Uniackes Gedanken auf das bevorstehende Interview gerichtet. Sie würde sich nicht eingestehen, wie viel der Mann in ihrem Leben bedeutete. Mit entschlossen verbundenen Augen nannte sie sich seine „Zweite Mutter".

Aber in Wahrheit hatte sich in letzter Zeit ein neues Gefühl in ihren Verkehr eingeschlichen, ein Hauch von Gefühl, das von Respekt verschleiert war und keine Spur von mütterlicher Liebe enthielt. Er beherrschte sie unter der lächelnden Maske eines Arbeitskollegen – eines willigen Sklaven! Und für diese zarte Dame mittleren Alters war eine Flut der Liebe im Altweibersommer angebrochen, die nicht verwirklicht wurde: eine Liebe, die trotz ihres bequemen Deckmantels der Freundschaft nicht weniger gefährlich war.

Denn die kleine Frau Uniacke , diese glühende Verfechterin der Frauenrechte, war selbst eine Sklavin – der Konvention. Sie wusste genau, was „richtig“ und „ihrer Würde“ angemessen war. Er war jung genug, um ihr Sohn zu sein. Das stellte die Vertrautheit mit ihrem einfachen Geist auf eine angemessene Grundlage. Sie konnte einen mütterlichen „Einfluss“ auf sein Leben ausüben.

Der Char-à- banc setzte sie gegenüber dem Aquarium ab. Sie brauchte nur ein paar Schritte, um die Old Steine hinaufzugehen, und fand das Hotel gegenüber der schmalen Seitenstraße, das mit „hervorragendem Meerblick“ wirbt.

Ein deutscher Kellner begrüßte sie und schlüpfte in seinen Frack.

„Ach ja! Bei uns , Madame. Mizter Zomerfield , wir warten ...“

Er öffnete eine schmuddelige Tür mit der Aufschrift „Privat“. Zum ersten Mal verspürte Frau Uniacke ein leichtes Gefühl der Verlegenheit – das Zurückschrecken, das ein Fremder kennt, wenn er in einem unbekannten Land landet.

Aber im nächsten Moment stand sie in einem kleinen Wohnzimmer, ordentlich eingerichtet, mit einem Esstisch voller Blumen, der für zwei Personen gedeckt war. Sie war alleine.

Als sich die Tür schloss , wandte sie sich dem Glas zu und warf mit einem erleichterten Seufzer ihren Schleier zurück.

Im grauen Licht, das durch das etwas stark vorgehängte Fenster fiel, wirkte ihr Gesicht überraschend jugendlich. Die zarte Farbe ihrer Wangen, die strahlenden Augen und das weiche Haar wurden von den fließenden Chiffonfalten umrahmt; Ihre immer noch schlanke Figur wirkte fast mädchenhaft in dem Mantel und Rock aus marineblauem Serge, der sich über einer weißen Seidenbluse mit schmaler Krawatte aus malvenfarbenem Band öffnete.

Und für einen Moment war sie erschrocken. Was machte sie an diesem Ort? Sie verdrängte die leisen Bedenken, da sie sich ihrer Absurdität bewusst war. Viele Male hatten sie und Stephen zusammen in Hotels übernachtet und sich ihrer Wahlrechtsarbeit verschrieben, ohne sich auch nur im Geringsten unsicher zu fühlen.

Doch das hier war anders...

Ihre Farbe nahm zu, als sie sich fragte, warum? Dann hörte sie seine Schritte im Flur und wandte sich schnell vom Glas ab.

Stephen, schlank und elegant, in seinen grauen Flanellhemden, stand mit ausgestreckter Hand vor ihr, ein einladendes Licht in den langen, bewimperten grünen Augen.

" Hase Sie?" Er umklammerte ihre Finger, die trotz ihres Willens leicht zitterten, und blickte auf das hübsche, gerötete Gesicht hinunter.

„Das ist nett von Ihnen, liebe Dame" – seine Stimme war leise und sentimental. „Mehr als ich verdiene, wissen Sie."

Vorsichtig schloss er die Tür, während sie etwas als Antwort murmelte, und trat wieder an ihre Seite.

„Ich habe dich noch nie so gut aussehen sehen! Es ist einfach zu … schön, dich hier zu haben – und ich werde dich um einen weiteren Gefallen bitten –" er warf ihr einen flehenden Blick zu – „Nur um unseren … zu verschieben." Geschäftsgespräche – und Mittagessen zuerst – ohne ein Wort über die ganze schmerzhafte Cluar- Affäre. *Seien* Sie freundlich und sagen Sie es zu? Ich weiß, dass du furchtbar verärgert bist – aber vergessen wir es für eine Weile."

Innerlich war Frau Uniacke erleichtert über die Verschiebung des von ihr vorbereiteten Vortrags.

Dennoch – da war ihre „Würde". Daran muss sie um jeden Preis festhalten.

„Ich würde es lieber zuerst besprechen. Das war mein Ziel, hierher zu kommen, wie ich in meinem Brief geschrieben habe, Stephen."

„Ah – seien Sie nicht hart zu mir", unterbrach er sie schnell, als er sah, wie sie schwankte. „Ich habe so eine schlimme Zeit durchgemacht." Er seufzte aufrichtig und war sich einer neuen Finanzkrise bewusst. Mit der Frau vor ihm zu streiten war das Letzte, was er sich wünschte. Er schuldete ihr nun eine beträchtliche Summe Geld, weit mehr, als er zurückzahlen konnte. Als Freunde könnte dieser Zustand der Verschuldung endlos weiterdriften, aber wenn es zu einem echten Bruch käme? Er schreckte vor dem Gedanken an eine Einigung zurück.

Viel besser, sagte er sich, wäre es, tiefer einzutauchen und sie zu seiner Frau zu machen. Und warum nicht? Es würde für ihn ein Zuhause und eine sichere Zukunft bedeuten. Er konnte sein eigenes Leben wie bisher führen, mit ein wenig Rücksicht auf den „äußeren Schein". Allein die Tatsache, dass zwischen ihnen Jahre lagen, sollte sie dazu bringen, sich den Fehlern ihrer Jugend hinzugeben.

Dies ging ihm im Hinterkopf, als er mit flehender Stimme fortfuhr: „Und ich bin nicht *allein* schuld … also gewähren Sie mir diesen letzten Gefallen ." Er warf einen Seitenblick auf den Tisch und sein Gesicht hellte sich auf. In seinem Eiskübel stand eine große Flasche, deren Hals mit Goldfolie umwickelt war. Das würde helfen!

„Nun – es ist ein Schnäppchen?" – er lächelte sie an – „bis nach dem Mittagessen gibt es nichts wirklich zu sagen – es wird wie in alten Zeiten sein! – Und dann – du sollst mich ausschimpfen, so viel du willst!"

Frau Uniacke gab nach, sich des vertrauten Charmes bewusst. Stephen war innerlich amüsiert, klingelte und sie setzten sich.

Das Essen war mit besonderer Sorgfalt bestellt worden. Nur wenige Frauen, die es gewohnt sind, täglich zu Hause den Geschmack ihrer Männer zu studieren, bevor sie ihre eigenen Gerichte auswählen, können der subtilen Anziehungskraft eines Menüs widerstehen, das von einem Mitglied des anderen Geschlechts bestellt wird und in dem jedes Gericht ein selbstloses Bemühen zeigt, den Eingeladenen zufrieden zu stellen Gast.

Frau Uniacke aß Hummer und knackigen Salat (den sie liebte) – Auerhuhn (zu Hause aus Gründen der Extravaganz streng verboten) und gestand fröhlich ihre Gier, als ihr ein Schokoladensoufflé serviert wurde, gefolgt von Treibhauspfirsichen und einer duftenden Tasse Kaffee . Sogar ihre Lieblings- „Marrons Glacés " zierten den schmalen Mittagstisch und die Luft war süß vom Duft von Rosen in ihrer letzten Pracht der zweiten Blüte.

„Was für ein Bankett! Mein lieber Junge – ich fürchte, du hast dich für mich ruiniert. Aber ich habe es wirklich so genossen!" (Der Champagner hatte seine Wirkung getan. Wie bei allen Frauen, die unter Nervosität leiden, zeigte der Alkohol sofort seine Wirkung, worauf jedoch eine fast ebenso schnelle und tränenreiche Reaktion folgte.)

Stephen wusste das und beschloss, seine Boote unverzüglich zu verbrennen.

„Nichts ist gut genug für dich!" Er verließ seinen Platz und reichte ihr lächelnd eine Zigarette.

Aber sie lachte es weg, ihre Augen leuchteten.

„Ich rauche nie – das weißt du, Stephen."

„Versuchen Sie es mit einem. Ich denke, Sie würden noch hübscher aussehen…", überprüfte er sich. „Tut mir leid – das ist mir entfallen! – Ich habe vergessen, dass du Komplimente immer gehasst hast."

„Du vergisst, dass ich eine alte Frau bin!" Sie fing den Satz zur Selbstverteidigung auf . „Alt genug, um deine Mutter zu sein."

„ *Du* ...?" – er beugte sich über sie – „Ich ... manchmal ... wünschte ich fast, du wärst es!"

„Stephen!" – sie zog sich erschrocken zurück. „So darfst du nicht reden!" Aber sie verspürte ein merkwürdiges Jubelgefühl, einen plötzlichen Anflug von Angst und Stolz. Denn oh! Die Jugend zu halten ist süß und traurig zu verlieren; und eine Frau klammert sich noch lange Jahre an die Täuschung, nachdem graue Haare auftauchen.

„Nun – das tue ich. Du bist zu ... süß! Weißt du nicht, was es für mich bedeutet? Hast du es noch nie *erraten* ?" Er brach ab, seine Augen weiteten sich.

Frau Uniacke schreckte zurück.

„Nicht – das darfst du nicht. Stephen! – du bist verrückt!" ... Denn der Mann kniete neben ihr; Ihre Hände waren gefangen, sie konnte seine glatten und jungen Lippen spüren, die sich darauf drückten.

„Ich kann nicht anders ! – Du weißt es *jetzt* . Natürlich schickst du mich aus deinem Leben. Aber dieses eine Mal muss ich dir sagen – ich liebe dich so!" – die Worte waren heraus.

Und tatsächlich lag in der Erklärung ein Funke Wahrheit. Die Szene dieser Liebenden, die er sorgfältig einstudiert hatte, versetzte ihn in Erstaunen über die Stärke seines eigenen Verlangens. Er stand am Rande der Leidenschaft. Denn die Gewohnheit spielt seltsame Streiche, und der tägliche Verkehr der Jahre war ungesehen erblüht. Das war die Frucht.

Alles Gute in Somerfield kam der liebenden Frau zugute, die für ihn die Rolle der Mutter gespielt hatte, ein einsamer Mann durch seine eigene Torheit. Und all das war so niedrig, dass er die Chance nutzte, die das Leben noch bot: ein Zuhause, die zärtliche Fürsorge einer Frau inmitten des finanziellen Ruins.

Er hatte auf die letzte Kartenausteilung gesetzt. Das teure Mittagessen, das Privatzimmer, der Wein, die Blumen ... seine eigene Jugend ... niedergeworfen mit der Hand eines Spielers.

Aber für die Frau, die dort saß, bot sich kein solch schmutziges Bild. Sie war verloren in einer Pracht, die sie blendete – diesem wunderbaren neuen Geschenk der Liebe!

Tränen schossen ihr in die Augen über den gesenkten Kopf, der an ihre Hände gedrückt war – das dichte, blonde Haar mit seinem jugendlichen Glanz, die geschmeidigen Schultern, die vor Kraft atmeten. Konnte sie es wagen, ihren Traum zu leben? Denn endlich wusste sie, dass sie Stephen liebte; dass dieser Indian Summer des Lebens ihr gehören könnte, ein rasches Abstoßen des Alters.

Sie muss sich den einsamen Jahren nicht mehr stellen.

Jill würde heiraten. Roddy zieht los, um seinen Kampf mit der Welt zu führen – um ihre gehegten Hoffnungen zu enttäuschen. Was blieb ihr übrig? Die Tränen liefen herunter.

„Stephen…"

Er blickte sie an, verwirrt von seinen eigenen Gefühlen.

„Ich weiß –" eine plötzliche Verzweiflung erfasste ihn. "Ihre Kinder?" Er beobachtete sie deprimiert und versuchte, ihre Gedanken zu definieren. Dann, als über einem stillen Teich eine schelmische Brise eine Antwortwelle aussendet, sah er, wie eine Welle des Grolls über ihr angespanntes und zartes Gesicht strich.

„Jill!" Der Name kam ihr über die Lippen. Der alte Groll gegen das Kind, das ihr entwachsen war, sich Ansichten über das Leben entwickelte, die von den Maßstäben der Mutter abwichen und daran festhielten, stark, rebellisch, erhob sich und überflutete sie mit einem schmerzhaften Gefühl der Hilflosigkeit.

Sie erkannte nicht, dass ihre Wahlrechtsarbeit die Arbeit in ihrem Zuhause beeinträchtigt hatte und dass ihre eigene unfreiwillige Vernachlässigung ihrer Kinder ihren Einfluss geschwächt hatte.

„Ich sollte nicht nach *Jills fragen* Rat! – Was kümmert sie jemals um meinen? Sie wird ihren eigenen Weg gehen – bis zum Ende! – Und ich auch." – Ihre Stimme klang mit einem neuen herrischen Ton. Stephen sah, dass er den Sieg davongetragen hatte.

„Mary!" – er umarmte sie. „Das wirst du...? *Ist es dir* ... egal?"

Triumph flammte in seinem Gesicht auf, aber die zärtliche Frau sah nur Liebe.

„Warte –" Sie zog sich zurück, wieder schüchtern. „Ich muss zuerst nachdenken. Es ist zu ernst. So kann ich dir nicht antworten…" Doch der Mann hielt sie noch fester.

„Du kannst – du *sollst* !" Er kannte seine Macht – „Ich will dich. Du wirst von hier nicht weggehen – außer als meine versprochene Frau! Entweder das – oder auf Wiedersehen." Er spürte, wie sie bei diesem Wort zitterte. „Ich kann es nicht mehr ertragen – dieses Freundschaftsspiel – das ist nicht fair! Sag, dass du mich liebst – sag es, Mary?“ Es folgte eine verzweifelte kleine Pause.

Frau Uniacke spürte, wie sich der Raum vor ihren Augen drehte. Im Nebel sah sie das Gesicht ihres Geliebten, hörte die leidenschaftliche, flehende Stimme ...

Und das Gefühl eines Traums kehrte zu ihr zurück – ein Traum, der zu süß war, um ihn aufzugeben. Sie durfte nicht – *konnte* nicht wieder aufwachen!

Mit einem unterdrückten Schrei küsste sie Stephen.

KAPITEL XXIX

Als McTaggart die Leasons verließ , unterbrach er seine lange Heimreise mit einem einwöchigen Aufenthalt in North Berwick bei einem golfsüchtigen Studienfreund.

Von dort aus zog er nach Rugby und besuchte seine alte Schule mit der etwas wehmütigen Freude, die darin liegt, sich die Tage seiner Kindheit heraufzubeschwören.

Aber er war sich stets der Anziehungskraft bewusst, die ihn in den Süden zog. Jeder unbedachte, freundliche Brief von Jill steigerte sein Verlangen, sie zu sehen. In Schottland hatte er Cydonia durch einen schelmischen Trick von Lady Leason kennengelernt . Aber seine alte Leidenschaft war tot. Er konnte keinen anhaltenden Charme an ihr entdecken.

Die Heirat hatte ihre gesamte Einstellung verändert. Denn damit schien auch der Ehrgeiz erblüht zu sein, eine späte, aber sehr kräftige Pflanze, die ihre Natur in sich aufnahm. Sie war ernster, gelassener und hatte diesen festen, verheirateten Look, der einen bestimmten Typ von Blondine auszeichnet, selbst in ihrer Statuenhaftigkeit als Mädchen.

Sie kommandierte ihren kleinen Mann mit königlicher Ruhe umher und empfing ihre zahlreichen Gäste, unter denen sich die Geistlichen reichlich verteilten, hochmütig. McTaggart fand sie schwerfällig und langweilig und lehnte ihre dringende Einladung zu einer Party am Wochenende mit einem Lächeln ab, da er erkannte, dass er das allein der Veränderung seines Schicksals zu verdanken hatte.

Im Hintergrund des historischen Schlosses, das die Flemmings für den Sommer übernommen hatten, schwebte Mrs. Cadell unruhig; Sie überwachte die häuslichen Angelegenheiten mit einem strengen Blick auf ihren Mann, wenn er von Zeit zu Zeit auftauchte und den Gästen eine gesellschaftliche Herausforderung darstellte.

Euan Flemming erinnerte McTaggart an das weiße Kaninchen in Alice im Wunderland.

Mit seinem nervösen Auftreten und seiner gepflegten Kleidung schien er in ständiger Angst zu leben, die nützlichen politischen Requisiten zu beleidigen, die Cydonia in seinem Namen gesammelt hatte.

„Euan", sagte sie eines Tages zu ihrer Mutter, „redet immer mit den falschen Leuten. Also habe ich jetzt ein Zeichen erfunden, das er versteht, und wenn ich es benutze, geht er zu einem anderen Gast über. Das ist wirklich sehr ermüdend von ihm! „Auf der Party, die ich für den Premierminister gab, war er über eine Stunde lang nicht zu sehen, und ich fand ihn in der Bibliothek, wie er einem kämpfenden Autor seine Bücher zeigte und über eine neue Bindungsmethode diskutierte!"

Als er Cydonia mit Jill auf der Mittagsparty verglich, zu der Lady Leason die Flemmings während seines Besuchs eingeladen hatte , wunderte sich McTaggart nicht wenig über diese Liebesbeziehung seiner Jugend.

Sogar während des anschließenden Abendessens im Schloss ließ Cydonia ihn in all der Pracht ihrer Umgebung geschickt amüsiert und gleichgültig zurück.

Er sagte sich, dass dies erneut ein Beweis für die tiefe Liebe zu Jill war.

Weder Fantine noch Mrs. Flemming konnten seinen gleichmäßigen Puls steigern.

In North Berwick erwartete ihn eine neue Versuchung in der Schwester seines Gastgebers, einem der schönsten Mädchen, die er seit vielen Jahren gesehen hatte.

Doch obwohl sich den beiden täglich Gelegenheiten zum Flirten boten, profitierte McTaggart nicht davon. Sie trennten sich in fester, aber einfacher Freundschaft.

Sicherlich kannte er endlich sein Herz ? – sein vagabundierendes Doppelherz! Keine andere Frau könnte Seite an Seite mit seiner kleinen Jill darin regieren.

Er liebte sie. Und er hatte Angst – eine neue Erfahrung für McTaggart! Er begann zu befürchten, dass die sonnigen Wochen am Meer einen gefährlichen Rivalen bereithalten könnten; Aufschub beweisen sein Verderben.

Jill selbst, jung und impulsiv, könnte eines so verspäteten Werbens überdrüssig sein; und er durchsuchte ängstlich ihre Briefe und versuchte vergeblich, ein Zeichen dafür zu finden, dass das Herz des Mädchens tatsächlich ihm gehörte.

Denn sie korrespondierten regelmäßig. Aber die einfachen, fast jungenhaften Briefe klangen nur von Freundlichkeit, zeigten kein Verlangen nach seiner Rückkehr.

Als er in einer hastigen Zeile erfuhr, dass Bethune mit seinem Motor wieder am Tatort aufgetaucht war und das Mädchen auf eine Spritztour mitgenommen hatte, zerstreute das seine letzten verbliebenen Skrupel. An einem schönen Tag Ende September reiste er nach London, entschlossen, seiner „Bewährung" ein Ende zu setzen, Jill aufzusuchen und sein Schicksal zu erfahren.

Auf dem Weg von St. Pancras besuchte er den Club wegen der Aussicht auf einen Brief, und plötzlich überfiel ihn die Erinnerung an die dort gefundene andere Nachricht, die ihn nach Italien rief. Es hatte den gesamten Verlauf seines Lebens verändert.

Er erinnerte sich an seine Ankunft in Siena; sein Interview mit seiner neuen Tante und seine ersten leisen Zweifel an einer Heirat mit Cydonia.

Noch einmal stand er in seiner Fantasie auf der langen, mit Bildern gesäumten Galerie – den Gesichtern seiner Vorfahren, die beim Gedanken an Cadell die Stirn zu runzeln schienen!

Eine plötzliche Welle des Jubels durchfuhr sein Herz, als er daran dachte, dass Jill ihren Platz in dieser edlen Menge einnahm. Sicherlich würden sie sie willkommen heißen? Jill mit ihrer offenen Einfachheit – dem wahrsten Zeichen guter Abstammung – mit ihrem klaren, stolzen jungen Gesicht, ihrem klugen Verstand und ihrem großen Mut.

Als er den Stapel Briefe, den ihm der Club-Portier überreicht hatte, umblätterte, waren seine Gedanken besorgt. Ja – hier war es! Segne das Kind! Er eilte zurück zu seinem wartenden Taxi mit dem Gefühl, dass kein profaner Blick auf sein Gesicht blicken durfte, während er ihren Brief las.

Doch bei den ersten Zeilen runzelte er die Stirn und stieß einen Ausruf des Ekels aus, denn ihm war bewusst, dass hier große Schwierigkeiten drohten und dass das Mädchen, das er liebte, der Verzweiflung gegenüberstand.

„Verdammter Kerl!"

Er konnte die erstaunliche Nachricht kaum glauben. Er biss sich auf die Lippe. Frau Uniacke hatte Stephen geheiratet! Warum – es war unglaublich!

Heimlich – bei einem Standesamt – in Brighton – am Tag zuvor. Kein Wunder, dass Jill dem „Parasiten" immer so großes Misstrauen entgegengebracht hatte!

Frau Uniacke – und Stephen...

Dies war das Ende der langen „platonischen" Freundschaft zwischen dem neugierigen Paar, das „mütterliche Interesse" der Frau! – McTaggart spottete mit hartem Gesicht.

„Ich weiß nicht, was ich mit Roddy machen soll." Jill schrieb aus tiefstem Herzen. „Ich habe ihn noch nie so zerstückelt gesehen. Oh, Peter –

ist das nicht *schrecklich* ? Sie sind in die Flitterwochen gegangen – für vierzehn Tage, wie Mutter schreibt – und dann kommt Stephen zurück – um bei uns zu *leben ... in Vaters* Platz!"

McTaggart konnte seinen Zorn kaum zurückhalten.

„Was für ein Idiot die Frau sein muss! Auch ein schmutziger Trick – diese Geheimhaltung – mit ihren eigenen Kindern. Oh – verdammt der Mann. Er hat sein Nest gefiedert – darauf kannst du wetten! Nun –" er las den Brief durch – „das." regelt es – meine Angelegenheit! Jill wird keinen Tag mit Stephen als Stiefvater zusammenleben. Ich werde dafür sorgen ! – Beeilen Sie sich!" Er rief den Fahrer an und fuhr fort, seine Pläne zu schmieden. „Ich werde heute Abend nach Worthing gehen . Diese armen Kinder – ganz allein! ... Ich nenne es einen äußerst grausamen Trick – ihnen plötzlich ihre Ehe aufzuzwingen."

Als Mario sein Zimmer erreichte, war er schon da und beschäftigte sich mit dem Auspacken.

McTaggart überprüfte ihn.

„Schau her – lass das alles und wirf ein paar Sachen in eine Tasche. Genug für die Nacht – ich fahre in einer weiteren Stunde nach Worthing ."

„ Schwester ." Der schnelle Blick des Mannes fiel auf den Brief, den McTaggart immer noch in der Hand hielt, und er lächelte vor sich hin. Er kannte die Schrift inzwischen gut und wusste, welchen eifrigen Ausdruck sie auf das Gesicht seines jungen Meisters zauberte.

Hier war „ l'amore ..." – (Poststempel Worthing !) Je früher die Ehe zustande kam, desto besser. Das war der private Gedanke des Kammerdieners. Er hasste diese schmuddeligen, engen Räume und sehnte sich nach einer besseren Einrichtung. Aber laut fragte er lediglich, ob McTaggart seine Dienste benötigen würde.

„Nein – ich telegrafiere, wenn ich dich brauche, Mario. Beeil dich jetzt – und zieh den Anzug an, den der Schneider dir geschickt hat, bevor wir gegangen sind. Den blauen Serge – und ein paar anständige Hemden. Ich habe jetzt keine Zeit, mich umzuziehen."

Er nahm das ABC zur Hand, studierte es und sein Gesicht klärte sich.

„Sie müssen mich um 19.40 Uhr in Victoria abholen – an der Brighton-Linie. Besorgen Sie mir einen Rückflug in der ersten Klasse – hier ist etwas Geld. Ich gehe essen. Verstehen Sie? Und kommen Sie nicht zu spät."

„Der Signore kann auf mich zählen." Marios schwarze Augen blitzten. Er genoss diese Liebesbeziehung.

„Und das Glück sei mit dir – ein langes Leben – und viele Kinder!"
„Fügte er leise hinzu, als sich die Tür mit einem Knall schloss. Dann faltete
er mit seinen schnellen, vorsichtigen Händen eine hellgraue Krawatte, die
ihm gefiel – sie sah aus wie eine Braut! – und dachte liebevoll an Lucia ...

McTaggart schob ein eiliges Essen in Victoria zu sich, ein Auge auf die
Uhr gerichtet. Als er am Bücherstand vorbeikam, holte er sich einen *Globus*
und fand seinen Mann im vorderen Teil des langen Zuges, kühl und gelassen,
auf dem Sitz mit seinem Koffer.

„Wechsel in Brighton", sagte der Wachmann. „Sie müssen zwanzig
Minuten warten. Vielen Dank, Sir – es gibt keinen Halt." Er wedelte mit den
Armen – sie waren weg.

In der Kutsche befand sich ein weiterer Mann. McTaggart warf ihm
einen sorglosen Blick zu, als sie aus dem dunklen Bahnhof strömten und sich
in seiner Ecke zurücklehnten.

Der Fremde öffnete neben sich eine schmale Tasche und suchte nach
einer Mütze. McTaggart beobachtete ihn unbewusst und sah, dass auf dem
verstreuten Inhalt ein Stethoskop lag.

„Ein Arzt", entschied er, als sein Begleiter aufstand, seinen Zylinder
vorsichtig auf das Gestell legte und sich dann an McTaggart wandte.

„Macht es Ihnen etwas aus, das Fenster herunterzulassen?" er hat
gefragt.

„Überhaupt nicht – das wäre mir lieber. Heute Abend ist es knapp."

Der Fremde nickte.

„Im Allgemeinen finde ich es so in der Stadt – nach Brighton, wo ich
wohne."

McTaggart atmete erleichtert auf, als die Luft frei zirkulierte. Sein
Gesicht war vom eiligen Essen gerötet, seine blauen Augen leuchteten vor
Aufregung.

„Das gehe ich davon aus." Er schlug seine Zeitung auf, war nicht in
der Stimmung für ein Gespräch und überflog die Nachrichten nachlässig,
sein Geist war teilweise abwesend.

Doch plötzlich kam unbewusst ein Ausruf über seine Lippen. Er
beugte sich vor, so dass das Licht voll auf das Laken vor ihm fiel .

Denn ein Absatz hatte seine Aufmerksamkeit erregt.

„ *Tragisches Schicksal eines Harley Street Doctors* ." Die Überschrift war in
Bleischrift geschrieben. Er las es erstaunt durch.

Es könnte nicht sein...? Ja, war es! Der Spezialist, den er vor vier Jahren wegen seines Herzens konsultiert hatte. Der große Mann war verrückt! Das Papier tanzte vor seinen Augen ...

Er beruhigte es und las weiter. Die tragische Szene wurde vollständig wiedergegeben, als seine eilig herbeigerufenen Mitbrüder ihn in eine Anstalt gebracht hatten und ihr Misstrauen schon seit einiger Zeit geweckt war.

Eine Reihe schwerwiegender Fehler, „seltsamer und exzentrischer Diagnosen" hatten zum endgültigen Verlust der Selbstbeherrschung geführt.

Sie hatten ihn umgeben von seinen Blumen gefunden, das Zimmer voller frischer Pflanzen, wie er wie ein kleines Kind spielte und auf dem Boden einen Garten plante.

Dahinter, im schmuddeligen Speisesaal, warteten und wunderten sich die Patienten. Das schreckliche Pathos der Affäre schockierte McTaggart beim Lesen.

Aber die Erinnerung an die Worte des Arztes und an seinen eigenen seltsamen Fall wachte auf und verdrängte alle anderen Gedanken, während eine seltsame Überzeugung in ihm wuchs.

Sein „Doppelherz"...? War es möglich, dass dies einer der „schwerwiegenden Fehler" war? – eine fantastische Theorie, die aus diesem kranken, bereits versagenden Gehirn entstand.

Er fühlte sich plötzlich überwältigt. Müde von seiner früheren Reise, mit den schlechten Nachrichten über Jill und der Hektik der letzten Stunde, war diese neue Aufregung der Höhepunkt. Die Farbe verschwand aus seinen Wangen. Er lehnte sich zurück und schloss die Augen, ohne zu bemerken, dass der Fremde ihm gegenüber ihn mit ernster Aufmerksamkeit beobachtete.

Durch seinen scharfen Ausruf geweckt, wurde das berufliche Interesse des Arztes durch die plötzliche Blässe geweckt, die der fieberhaften Röte im Gesicht des jungen Mannes folgte. Er hatte den Glanz seiner Augen und die angespannte Erregung, die ihn umgab, die aufmerksame Fürsorge seines Dieners und nun diesen plötzlichen Ausdruck der Erschöpfung bemerkt.

Eine Welle der Telepathie muss McTaggart vor seiner genauen Prüfung gewarnt haben. Er stand auf und blickte auf, feuernd mit augenblicklicher Entschlossenheit.

"Sind Sie ein Arzt?" fragte er unvermittelt.

Er war so von seinen Gedanken mitgerissen, dass ihm die Seltsamkeit der plötzlichen Frage im Moment gar nicht in den Sinn kam.

Der andere zeigte keinerlei Anzeichen von Überraschung. "Ja." Er kam schnell näher.

„Fühlst du dich schäbig?" Seine Stimme war beruhigend.

„Mein Gott, nein!" McTaggart lachte leicht beschämt und sammelte seinen Verstand. „Sie müssen mir verzeihen – Tatsache ist, dass ich gerade eine erstaunliche Neuigkeit gelesen habe, die mich verblüfft hat – in dieser Zeitung – vielleicht haben Sie sie gesehen?"——

Er reichte ihm den *Globus* und markierte mit leicht zitterndem Finger den berühmten Absatz.

„Über den Spezialisten? Ja – das ist es", als der Arzt seine Aufmerksamkeit darauf richtete. „Es ist eine seltsame Sache – ich habe den Mann vor ein paar Jahren wegen meines Herzens konsultiert. Ich frage mich jetzt, ob sein Urteil falsch war?"

Das Gesicht des Arztes wurde noch ernster. Er vermutete, dass der junge Mann vor ihm unter der Angst aller Herzpatienten gelitten hatte und nun diese weitere Angst mit einem Gefühl des Schocks hinzukam.

„Sie sagen dort", fuhr McTaggart fort, „dass sein Gehirn seit einigen Jahren versagt hat – dass er Fehler gemacht hat – sehen Sie die Zeile – , *seltsame und exzentrische Diagnosen* ' – ich frage mich … macht es Ihnen etwas aus, wenn ich es Ihnen sage? ?"

Er zögerte, aber der andere antwortete: „Bitte tun Sie es" – wohl wissend, dass die Belastung durch ein Selbstvertrauen gemildert werden könnte.

„Er sagte, ich hätte ein Doppelherz." McTaggart lachte nervös, als er das ungläubige Gesicht des Arztes sah, das schnell wieder ausdruckslos wurde. „ Er sagte, mein Kreislauf sei gut – dass es meine Gesundheit nicht im Geringsten beeinträchtigte. Aber da war es – ein Doppelherz – ein separates Organ auf beiden Seiten! Es klingt verrückt – das gebe ich zu. Aber ich habe nie geträumt Er könnte sich irren – ein Mann mit einem Ruf wie dem seinen!"

"Natürlich." Der Arzt nickte. „Ich glaube, dass es aktenkundige Fälle gibt. Aber ich habe noch nie jemanden getroffen, der damit in Berührung gekommen wäre – weder beruflich noch anderweitig. Es ist ziemlich einzigartig. "

"NEIN?" McTaggart lächelte zurück, erneut erleichtert durch die Worte. „Ich habe mich nicht groß darum gekümmert. Es bestehe keine Gefahr, sagte er. Aber es war ... ich kann es nicht genau erklären – eine Art ständiges Unbehagen für mich."

„Das kann ich durchaus verstehen", sagte der andere und seine Stimme war voller Mitgefühl. Er hatte bei Krankenwagenvorträgen gesehen, wie starke Männer beim Anblick von Diagrammen, die die Gefahren erklärten, die das Herz bedrohten, in Ohnmacht fielen.

Er kannte die Angst, die jeder Schwäche dieses Organs zugrunde lag, und er verspürte auch ein merkwürdiges Interesse an dem lebendigen Fall vor seinen Augen.

McTaggart gefiel das Gesicht seines neuen Freundes und die ruhige Höflichkeit des Mannes. Der erste Impuls, der ihn dazu bewegt hatte, sich einem Fremden anzuvertrauen, drängte ihn erneut.

„Sehen Sie mal –" seine Stimme klang schroff vor lauter Nervosität. „Ich werde einen seltsamen Vorschlag machen – ich hoffe, Sie werden dadurch nicht beleidigt? Tatsache ist – gerade jetzt –, dass es ziemlich wichtig ist, dass ich weiß, wo ich stehe – und der Sache auf den Grund gehen! Ich will zu heiraten –" seine Farbe stieg unter der Bronze seiner Haut, aber er fuhr beharrlich fort: „Ich möchte zunächst einmal ganz sicher sein. Dass ich gesund bin, wissen Sie – und all das ... ich' Ich gehe heute Abend hinunter, um sie zu sehen ..."

Die Augen des Arztes begannen zu funkeln, als McTaggart jungenhaft lachte; dann antwortete er ihm ernst.

„Da hast du völlig Recht – ich wünschte, mehr Männer würden diese Sicht der Ehe vertreten! Das ist die vernünftige, die *einzige* , die der Rasse etwas Gutes tun wird."

Ganz unbewusst hatte McTaggart ihn mit seinem Hobby, der Eugenik, begonnen. Er fühlte sich zu dem jungen Mann mit seiner offenen Sprache und seinem hübschen Gesicht hingezogen.

„Ich möchte Sie jetzt, wenn Sie so freundlich wären", beharrte McTaggart, „um mein Herz zu untersuchen. Wir sind allein – es ist ein Nonstop-Zug – so privat wie in jedem Sprechzimmer. Aber natürlich weiß ich es." Es ist eine seltsame Bitte ...", stammelte er ein wenig und suchte nach Worten – „unprofessionell vielleicht ..." Er brach ab und fand es unmöglich, ein Honorar in der Art und Weise vorzuschlagen, wie er es sich gewünscht hatte.

„Sicherlich", sagte sein neuer Freund, „wenn du es wirklich willst. Das Einzige, was dagegen spricht, ist der Lärm des Zuges. Ich hätte lieber warten sollen, bis wir Brighton erreicht haben. Wir werden in Kürze dort ankommen, und dann, wenn du möchtest." Komm mit mir nach Hause , ich könnte eine gründliche Untersuchung machen.

„Ich fürchte, das ist unmöglich“, sagte McTaggart. „Ich fahre direkt nach Worthing . Da wäre keine Zeit…“ Sein Gesicht hatte sich gesenkt, und als der Arzt es sah, fasste er eine Entscheidung.

„Sehr gut – wir machen es jetzt. Zum Glück habe ich mein Stethoskop dabei –“ Er öffnete seine Tasche, während er sprach. „Ich war in der Stadt, um einen Patienten zu sehen.“

McTaggart stand auf und zog seinen Mantel und dann seine Weste aus.

„Es ist furchtbar nett von dir – ich bin wirklich unendlich dankbar ...“, fuhr er mit dem Ausziehen fort.

Aber der Arzt war fast ebenso daran interessiert wie er selbst, diesen seltsamen Fall zu untersuchen. Er sagte es – taktvoll –, um seinen neuen Patienten zu beruhigen.

In wenigen Minuten war es vorbei.

„Ich kann nichts Falsches an dir finden. Dein Herz scheint mir vollkommen gesund zu sein. Der Schlag ist im Moment ein wenig schnell, wahrscheinlich aus Aufregung – aber gleichmäßig und stark. Es sollte dich bequem in deine Neunziger bringen!“

Während er sprach, lächelte er und streckte seine Hand aus.

„Ich gratuliere dir – klang wie ein Stein!“

McTaggart rang es in sprachloser Dankbarkeit. Dann kämpfte er sich in seine Kleidung.

„Nun – ich bin froh, dass dieser Albtraum vorbei ist! Mein Doppelherz – mein Gott!“ Sein Lachen verbarg mehr, als der Arzt vermutete – diese langen Jahre der Unentschlossenheit, der Schwäche in den Händen von Frauen ...

Was für ein Idiot war er gewesen! Er sah jetzt, wie oft er sich in der Vergangenheit mit seiner körperlichen Besonderheit entschuldigt hatte, weil es ihm einfach an Kontrolle mangelte.

Sie unterhielten sich eine Weile. Dann zog McTaggart, ziemlich rot, seine Handtasche hervor, aber der Arzt hielt ihn mit einer Geste zurück.

„Nein – ich will nichts davon hören! Es war mir eine Freude – ehrlich gesagt. Wenn Sie sich mir gegenüber verpflichtet fühlen, könnten Sie mich vielleicht zu Ihrer Hochzeit einladen.“

„Das werde ich. Aber ich wünschte ... Sehen Sie, Sir – es muss ein Krankenhaus in Brighton geben, an dem Sie interessiert sind. Vielleicht würden Sie ihm ... dieses – von mir geben?“

Sein neuer Freund lachte.

„Na ja ... alles klar –" die Münzen wechselten den Besitzer. „Du bist sowieso ein Verlierer, weißt du. Du hast gerade ein zusätzliches Herz losgeworden."

"Gott sei Dank!" McTaggart lachte: „Ich finde eins völlig ausreichend." Seine Gedanken schweiften ab zu Jill, und sein Gesichtsausdruck wurde weicher, als er sprach.

Der Arzt erriet die Richtung seiner Gedanken und hob das heruntergefallene Papier auf.

„Kannst du mir das für ein paar Minuten leihen?" Er ließ sich hinter den Falten nieder, ein Lächeln auf seinem eher strengen Gesicht, als der Liebhaber aus dem Fenster blickte.

Sie waren an der malerischen Steinbrücke angekommen, die das Tal unterhalb der Downs überspannte, und bereits war die Luft scharf und süß mit dem ersten Hauch des Meeres dahinter.

Über der sanften Kurve der Hügel schien klar eine Mondsichel. Die stille Erde lag darunter, getaucht in silbernes Licht ...

Und plötzlich regte sich im Herzen des jungen Mannes eine Erinnerung, erfüllt von zärtlichen Träumen des Mädchens, das er liebte – das Echo längst vergessener Worte.

„Du stehst unter der schweren Wolke ... der Wolke einer Lüge ... aber es klärt ... es klärt ..."

McTaggart zuckte bei diesem Gedanken zusammen. Warum – beim Himmel! sie hatte recht gehabt. Sein „Doppelherz"?

Es *war* eine Lüge. Er versuchte, sich an die Rede des Zigeuners zu erinnern, das Ende der seltsamen Prophezeiung. Was hatte sie über den Mond gesagt? und die Flut...? Er starrte in die Nacht hinaus, und langsam kehrte sie zu ihm zurück, mit dem Klirren von Armreifen, dem Lärm des Jahrmarkts.

„Zwischen zwei Feuern wirst du brennen und brennen – und dann ... das Licht verblasst ... mit der Wende ... da ist der Glücksmond und der Traum deines Lebens ...!"

Der Traum seines Lebens? – Das meinte Jill!

*   *   *   *   *

In Worthing fand er ein einzelnes Taxi mit einem älteren, geschwätzigen Fahrer. Er setzte sich seitlich auf die Kiste, um auf lokale

Besonderheiten hinzuweisen; Er hatte die Zügel locker in der Hand und warf McTaggart Bemerkungen zu.

„Alles in der Stadt!" Er schwenkte seine Peitsche, einen abgenutzten Stumpf ohne Peitsche, auf das imposante Bauwerk zu. „Der Bilderpalast ! – ‚Alt, mein Mädchen!' Die uralte Stute zwischen den Pfeilern reagierte kokett auf den Ruf, war sich des subtilen Kompliments bewusst und warf ihren ehrwürdigen Kopf zurück.

Sturm umgeschwemmt wurde – eine kriminelle Angelegenheit. Hat den Konzern unendlich gekostet – das hier ist die Promenade ..."

McTaggart erwachte aus seinem Traum von Jill und blickte auf die weite Wasserfläche.

Der Strand, weiß unter dem Mond, fiel in den glatten Sand ab, taubengrau und von niedrigen, schwarzen Felsen unterbrochen, wo silberne Teiche lagen, gesäumt von Seegras und smaragdgrünen Queller.

Es kroch wie eine endlose Schriftrolle hinaus, bis es die dunkle Linie des Meeres berührte und von einer einzigen Welle mit Wellenkamm getroffen wurde, die lautlos darauf brach.

„Die Flut ist heute Nacht sehr niedrig?" Endlich sprach McTaggart mit dem Fahrer.

„Ja, Sir –" der Mann folgte seinem Blick. „Es liegt jetzt direkt an der Abzweigung. Woodford Road, glaube ich, haben Sie gesagt?"

„Ja. Es gibt keine Nummer – es heißt ‚Rose Mount'!"

„Richtig, Sir – ich kenne das Haus ." Sie bogen abrupt vom Meer ab, eine schmale Straße in der Altstadt hinauf, kamen an einer Terrasse vorbei und kamen zu einem offenen Tor, das eine geschwungene Gasse zwischen ordentlich geschnittenen Euonymus-Hecken zeigte, die voller Staub waren.

Das Taxi fuhr vor, und der Mann stieg aus.

„Ein Obstgartenplatz ", sagte er, „mit Gepäck. Dort oben gibt es zwei Cottages – ‚Sea-view' und ‚Rose Mount'." Der, den Sie wollen, ist der letzte, auf der rechten Seite. Soll ich Ihre Tasche tragen, Sir? Die Orse bewegt sich nicht."

„Nein – ich bleibe nicht hier", erklärte McTaggart hastig, „ich gehe nur rein, um ein paar Freunde zu sehen. Ich möchte, dass du wartest – vielleicht einige Zeit ..." Während er sprach, blickte er die Straße hinauf und sah, dass a Am Ende der leeren Straße stand ein kleines Wirtshaus.

„Du gehst besser etwas trinken. Aber behalte meinen Koffer im Auge." Er reichte dem lächelnden Fahrer einen Schilling.

„Richtig, Sir – vielen Dank. Ich werde hier sein."

Er nahm die Münze, steckte sie ein und blickte in den Himmel.

„Ich verdiene mein Geld", erklärte er. „Ein Neumond, Sir – das bringt Glück."

„Das hoffe ich", sagte McTaggart. Er fühlte sich jetzt seltsam nervös, als er den staubigen Weg entlangging, auf dessen beiden Seiten eine gestutzte Hecke stand.

Eine grüne Tür endete mit einem klaffenden Spalt, durch den er spähte und einen sonnenvertrockneten kleinen Garten sah, in dem noch ein paar Kapuzinerkressen in einem mit Herzmuschelschalen gesäumten Beet lagen.

Er öffnete den Riegel und ging hinein.

Vor ihm lag ein Häuschen mit einer weit geöffneten französischen Fenstertür auf dem Rasenstück, malerisch wirkte es durch das magische Licht des Mondes. Über der Veranda hing die letzte weiße Septemberrose, bereits verwelkt, aber ein triumphales Zeugnis dafür, dass die kleine Behausung ihren Namen verdient hatte.

Jemand sang. Die klare junge Stimme erreichte McTaggart, wo er stand, und ein plötzlicher Blutschwall in seinem Herzen bezeugte, dass es Jill war.

Wie er sie liebte! Der bloße Klang ihrer Stimme brachte ihn zu seinem geheimen Zuhause und er schlich sich auf Zehenspitzen über das Gras näher an das Haus heran.

> „Mein brauner Junge versteckt sich,
> denn er hat ein Pferd gestohlen, so heißt es. Die Männer des
> Landkreises reiten hinter ihm her. Mein Junge verspottet sie,
> sicher an meiner Seite ..."

Die gesetzlosen Worte des alten Volksliedes zauberten ein Lächeln auf seine Lippen. Die wunderschönen Akkorde des ungarischen Komponisten kräuselten sich sanft unter Jills Berührung und wieder erklang ihre Stimme, erfüllt vom jugendlichen Stolz des Verses:

> „Mein brauner Junge ist mächtig und stark.
> Neun bewaffnete Sheriffs können ihn nicht lange festhalten!
> Aber als meine Stimme, so sanft, dass er sie hört, senkt sich
> sein stolzer Kopf, vor Tränen gesenkt ..."

Jetzt stand er im Schatten der Mauer. Durch das offene Fenster konnte er das Mädchen sehen, ihr klares Profil und die schlanken, sich bewegenden Hände. Er wagte es noch nicht, in sie einzudringen – er lehnte sich zurück und hielt den Atem an.

> „Dann flüstere ich leise und leise
> : ‚Gib mir deine Liebe, bevor du gehst … Hübsch bin ich,
> treu bin ich. Nur eigensinnig, eigensinnig bin ich …!‘“

Ein Hauch von Trotz klang in ihren Worten mit, typisch für ihre unabhängige Natur.

Es löste in McTaggart ein jugendliches Pochen aus. Hier lag keine leichte Eroberung vor ihm. Süß wäre die Meisterschaft, sie in seinen Armen zu halten – diese junge Rebellin, endlich gezähmt ...

„Jill!“ Er trat aus den Schatten hervor, groß und eifrig, im klaren weißen Licht.

Er sah, wie Staunen und schnelle Freude über ihr Gesicht huschten, als sie sich umdrehte; dann ein neugieriger Blick der Unterdrückung.

„Hallo, Peter!“ sie antwortete ihm kühl. „Was für eine Überraschung! – Bist du vom Mond gefallen?“

KAPITEL XXX

„Ich habe deinen Brief in meinem Club gefunden", erklärte McTaggart, „auf dem Heimweg. Also dachte ich, ich laufe einfach mal runter und schaue, wie es dir und Roddy geht."

Er vermied eine direktere Anspielung auf Mrs. Uniackes krönende Torheit, obwohl er am liebsten sein Mitgefühl zum Ausdruck bringen würde. Er kannte Jills Stolz aus alter Zeit.

„Roddy ist draußen", sagte das Mädchen, „er ist mit einem Schulfreund ins Theater gegangen. Er wollte nicht , aber ich sagte ihm, er müsse! „– Sie lächelte tapfer – „Ist es, Peter? Es ist jetzt *vorbei* . Das ist das Schlimmste an der Ehe – es ist für immer." Sie unterdrückte einen Seufzer.

Als seine Augen das hübsche Gesicht genossen, kam McTaggart zu dem Schluss, dass es vielleicht auch „das Beste davon" war! Aber laut antwortete er schnell und war froh, dass sie selbst das Eis gebrochen hatte.

„Es tut mir *furchtbar* leid. Ich kann Ihnen nicht sagen, was ich von der ganzen Angelegenheit halte. Es ist … die Grenze!" sein Gesicht war zornig. „Ich hätte Stephen gerne für einen kleinen … aktiven Streit für mich allein. Handschuhe aus – verstehst du?"

"Eher!" Ihr Gesicht erwärmte sich bei dem Gedanken. „Aber es ist seltsam, dass du das sagst. Ich habe einmal geträumt, dass ich euch beide ein Duell liefern sah. Ich glaube, ich habe euch an jenem Tag im Auto erzählt, wie ich vor dem Ende aufwachte und nicht wusste, welche Seite gewonnen hatte."

McTaggart lächelte etwas grimmig.

„Es wird passieren. Im wirklichen Leben", beobachtete er das Mädchen. „Aber ich kann nicht gewinnen, Jill, ohne deine Hilfe – das ist sicher!"

Sie blickte auf, überrascht über seine Worte.

„ Natürlich helfe ich – wenn ich kann. Aber was meinst du? Hast du wirklich etwas gegen Stephen?" Ein Schatten fiel auf ihr eifriges Gesicht, als sie in einem Anflug von Zuversicht weiterging.

„Es ist so schrecklich, Peter, daran zu denken, dass er, rechtlich gesehen, unser Stiefvater ist. Für mich ist das in Ordnung, weil ich erwachsen bin und mithalten kann – aber da ist noch der arme alte Roddy! Er ist nur ein Junge – das ist so wo Stephen die Anziehungskraft hat. Und gerade jetzt

–" Sie brach ab – „Ich glaube nicht, dass ich es Ihnen gesagt habe – in meinen Briefen meine ich –, aber es gab einen donnernden Krach zu Hause.

„Roddy hat seiner Mutter erzählt, dass er Künstler werden möchte, und sie ist einfach nur wütend! Sie hat fest daran festgehalten, dass er in die Armee geht. Sie sieht nicht, dass es ohne private Mittel furchtbar hart für jeden Mann ist. Das wäre es natürlich , der Indian Service, und ich kann es nicht ertragen, daran zu denken, dass Roddy für den Rest seines Lebens ins Ausland geht. Denn es kommt praktisch darauf an. Außerdem hasst er die ganze Idee. Er ist nicht für einen Soldaten geeignet. Ich schon sicher, wenn Vater am Leben wäre , würde er mir zustimmen. Ich *weiß* , dass er es tun würde!"

Sie lehnte sich auf dem Notenhocker zurück und verschränkte die Hände um die Knie. Das Mondlicht fiel voll auf ihr Gesicht und zeigte die Schatten unter ihren Augen und die Spuren des jüngsten Leidens.

McTaggart sehnte sich danach, sie in seine Arme zu nehmen und sie wie ein Kind zu trösten.

Noch nie, dachte er, hatte sie so süß ausgesehen! Für ihn war ihr ausgeblichenes blaues Kleid, das mit einem schmalen Band aus schwarzem Samt um die schmale Taille gebunden war und an ihrem Hals aufgeschnitten war, so dass auch die abgerundeten Arme zu sehen waren, die bis zum Ellbogen frei waren – so offensichtlich schäbig, das hübscheste Kleid überhaupt die Welt.

In ihrem vergessenen dunklen Haar lag eine einzelne blasse Kapuzinerkresse, die sie zuvor im Garten gesammelt hatte, und sie leuchtete zwischen den zerzausten Locken wie ein Stern im Schatten einer Wolke.

„Roddy *ist* ein Künstler – jetzt." Jill fuhr trotzig fort, ohne sich der Bewunderung in McTaggarts blauen Augen bewusst zu sein. „Und ich verstehe nicht, warum sein ganzes Leben ruiniert werden sollte – nur um Mutter zu gefallen! Ich habe es ihr gesagt. Und ich habe auch versucht, ihr zu zeigen, dass Jungen heutzutage ihren eigenen Beruf wählen dürfen. Das ist prähistorisch zu sagen." dass sie „ *es am besten weiß* ", bis er einundzwanzig ist – er ist ein Mensch, wie sie selbst – und er hat nur ein Leben zu leben!

„Angenommen, Oma hätte zu Mutter gesagt: ‚Mein liebes Kind, du *musst* eine aktive Anti-Suffragette sein – das ist mein Wunsch. *Ich* weiß es am besten – ich bin älter als du', glaubst du, sie hätte es ertragen? Eher Nicht! Aber natürlich wird Stephen ihren Teil übernehmen – es sei denn –" sie lachte, ein plötzlicher Schalk brach durch die Ernsthaftigkeit ihres jungen Gesichts – „er findet Sandhurst zu teuer! Das könnte es retten – glücklicher Gedanke! Das werde ich." Finden Sie genau heraus, was es kostet, und sprechen Sie mit Stephen – das tun Sie auch, wann immer Sie ihn sehen, nicht wahr, Peter?"

„Ich werde alles tun, was die Sterblichen verlangen!"

Etwas in seiner ernsten Stimme erschreckte Jill. Sie warf einen scharfen Blick durch die Schatten, die die Ecken des Raumes füllten, in seine Richtung.

„Dann ist das geklärt", sagte sie kühl. „Ich denke, vielleicht zünde ich die Lampe an. Es wird schon fast dunkel hier drin."

Aber er überprüfte sie.

„ Tu es nicht! – Der Mond ist so schön. Es wäre eine Schande, ihn auszublenden."

In dem niedrigen Sessel, auf dem er halb verborgen und mit dem Rücken zum Licht saß, hatte er das Gefühl, einen gewissen Vorteil gegenüber dem Mädchen zu haben, das vor dem Fenster stand. Er konnte sie nach Herzenslust beobachten und in diese furchtlosen Augen mit ihren langen, geschwungenen Wimpern blicken.

„Ich habe einen eigenen Plan, Jill. Ich bin hergekommen, um ihn zu besprechen." Er rückte seinen Stuhl ein wenig näher zu ihren Füßen – leicht gekreuzt, die schlanken Knöchel sichtbar unter dem geschrumpften Waschkleid.

„Ich denke, wir können aus Stephen etwas herausholen – wenn wir zusammenarbeiten, du und ich."

"Wie?" Sie beobachtete ihn zweifelnd. Wieder spürte er diesen Anflug von Unterdrückung, als ob sie auf der Hut wäre.

„Ich erzähle dir zuerst von Roddy – einem Plan, den ich für seine Zukunft habe. Ihn sofort Stephen wegzunehmen – ihn zu entführen!" Er lachte sie aus – „und geben Sie ihm eine gründliche Ausbildung im Ausland. Ich dachte an die Kunstschulen in Rom. Lassen Sie ihn von Anfang an die besten Meister haben. Wenn es ihm gefällt, ist er in der richtigen Atmosphäre. Für mich ist es ein wunderbarer Ort." Denken Sie daran, Rom ... Es ist natürlich nicht wie eine öffentliche Schule. Früher dachte ich immer, dass ... *alles ! Aber jetzt, wo ich mich ein* bisschen umgesehen habe, glaube ich, dass es nichts halb so Schönes gibt wie Reisen ein Engländer – wir sind bei weitem zu abgeschottet!

„Er ist wahnsinnig schlau – diese Skizzen seiner Show, er hat Talent – wenn nicht sogar Genie. Ich glaube ehrlich gesagt – wenn die Chance dazu besteht, dass er sich eines Tages einen Namen machen wird."

" *Tust* du?" Sie strahlte aus ganzem Herzen den Lautsprecher an, wieder selbstvergessend. „Ich denke, es klingt *auch* herrlich! – Wenn nur –" sie seufzte – „es möglich wäre. Aber Mutter würde nie davon hören. Außerdem, wenn sie es täte, wären wir nicht reich. Überlegen Sie, was es bedeutet, Peter. Allein die Reisen von hier nach Italien und zurück in den Ferien würden ein perfektes kleines Vermögen kosten – ganz zu schweigen von seinen anderen Ausgaben."

„Er muss überhaupt nicht nach England zurückkehren – wenn er erst einmal dort ist", sagte McTaggart schnell – „das heißt, nicht, wenn Sie dem *gesamten* Plan zustimmen." Seine Stimme veränderte sich. Eine flehende Notiz schlich sich hinein , seine Augen beobachteten sie besorgt.

„Er könnte kommen – über die Feiertage ... zu *uns* !"

Es entstand eine Pause, still, aber voll.

„Jill – kleine Jill – verstehst du nicht? Weißt du nicht, was ich *will* – was ich sagen will?"

Von dem niedrigen Stuhl aus, auf dem er saß, streckte er die Hand aus und versuchte, die um ihre Knie geschlungenen Hände zu ergreifen. Aber mit einer schnellen Bewegung zog sie sie weg, den Kopf hoch und das Gesicht stolz.

„Auf *uns* !... ", wiederholte sie langsam seine Worte. „Bittest du mich, dich zu *heiraten* , Peter?"

Die Worte waren ruckartig. Ihre grauen Augen waren immer noch auf den Garten vor ihnen gerichtet, als wagte sie es nicht, ihn anzusehen.

„Ja", sagte er einfach – „Ich liebe dich, Jill."

Aber sie saß da wie eine versteinerte Jungfrau, unberührt, ohne Reaktion.

Die kalte Hand der Angst kroch um sein Herz, als er ihr Gesicht beobachtete.

Würde sie ihn ablehnen? Könnte es – schließlich – Bethune sein!

„Jill –" seine Stimme war sehr leise – „Wirst du mir nicht antworten?" Er beugte sich näher – „Ist es dir egal?"

Sie bewegte sich unruhig unter seinen Augen, ihren Blick abgewandt. Dann sprach sie.

„Warum solltest du denken... dass ich mich um dich gekümmert habe?" Unbewusst wanderte ihre Hand zu ihrem Hals und tastete nach der Kette, die unter der Spitze ihres Kragens verborgen hing. und als McTaggart die Geste bemerkte, erriet sie ihren geheimen Gedanken.

Licht strömte herein und zerstreute seine Ängste. Diese Szene bei Cluar ... das „Doppelherz!" das lag auf ihrer mädchenhaften Brust.

"Ich tu nicht!" er holte sie schnell ein. „Ich wünschte nur zum Himmel, ich hätte es getan. Du hast nie das geringste Zeichen gegeben – ich kenne mich selbst ... aber nicht *du* ."

Er sah, wie ihr Gesicht bei seinen Worten klar wurde. Sie warf ihm einen verstohlenen Seitenblick zu, und die langen Wimpern zitterten und fielen herab und warfen einen Schatten auf ihre Wange.

Dann hob sie mit einem leicht boshaften Lächeln wieder den Kopf.

„Ich verstehe es noch nicht, Peter. Ich habe immer gedacht, wir wären nur Freunde! Erinnerst du dich nicht, als du aus dem Ausland nach Hause zurückgekehrt bist, nur diesen Sommer – du hast gesagt, du wolltest, dass ich das Gefühl habe, dass du ... nun ja – ein bist ‚älterer Bruder'." (McTaggart zuckte bei der Erinnerung zusammen. Es stimmte: Das waren seine Worte.) „Und jetzt – Sie kommen darauf zurück. Ist es nicht eher schade, dass Sie dadurch alles ruinieren? neue Idee?"

„Für mich ist das keine neue Idee!" Seine Stimme war heiß und leicht empört. „Ich habe dich schon seit Ewigkeiten geliebt..." Sie drehte sich mit einer plötzlichen Geste zu ihm um, die den Rest seiner leidenschaftlichen Rede unterbrach.

„Warum erzählst du mir das dann heute Abend – zum ersten Mal? Warum nicht vorher?" Sie war auf den Beinen und blickte ihn an, ihr Gesicht war trotzig, ihre Augen leuchteten.

„Ich weiß. Du brauchst mir nicht zu antworten. Es liegt an Stephen und meiner Mutter – dort! Du denkst, dass ich zu Hause ein schlechtes Leben führen werde – und es tut dir *leid* – das ist alles! Wenn es dich die ganze Zeit über interessiert *hättest* Nichts hält dich davon ab, es mir zu sagen. Und ich entscheide mich nicht", sie stampfte mit dem Fuß, getragen von einem Anflug von Stolz, „aus Mitleid zu heiraten! Ich kann mein eigenes Leben für mich selbst gestalten. Das habe ich." Ich habe Roddy ... und jede Menge Freunde. Ich vermute mal, dass du das sehr nett findest ..."

Aber McTaggart war am Ende seiner Geduld. „Wie kannst du *es wagen*, mir das zu sagen?" Er packte sie fest an den Schultern, seine blauen Augen voller Wut. "Schau mich an!" er zwang ihren Blick. „Nun – wissen Sie nicht, dass ich es ernst meine?"

Er spürte, wie sie unter seiner Berührung steif war, aber die Wärme ihres jungen Körpers, der durch das dünne Sommerkleid, das sie trug, hindurchstrahlte, ließ sein Blut in Wallung kommen, und er sprach mit einem bedrohlichen Bruch in seiner Stimme weiter.

„Ich sehe, was es ist! – Ich habe es zu spät aufgegeben. Ich hätte schon vor Wochen sprechen sollen! Aber ich habe es getan, Jill – um *deinetwillen* ...“

"Hat was gemacht?" Sie biss sich auf die Lippe und kämpfte gegen die Anziehungskraft seiner Jugend und ihre eigene Leidenschaft, die ihm antwortete.

„Ich habe den Mund gehalten“, sagte Peter grimmig.

Seine Hände lösten sich von ihr. Er drehte sich um und starrte aus dem Fenster.

„Irgendein anderer Kerl, nehme ich an?“ Er wandte sich an den vom Mond erleuchteten Teil des Gartens.

"NEIN." Ziemlich schnell setzte sich Jill. Sie spürte, wie ihre Glieder unter ihr zitterten.

Zutiefst verärgert über diese plötzliche Schwäche fuhr sie mit vorsichtiger Stimme fort.

„Lass uns nicht darüber streiten, Peter. Es ist ... nur ein Fehler. Vergessen wir es.“

Darauf ließ er sich keine Antwort herab, da er immer noch am Fenster schwieg.

Sie konnte sein Profil vor dem Himmel sehen – die wohlerinnerte Form seines Kopfes auf seinen breiten Schultern; Seine Hände waren fest hinter seinem Rücken verschränkt.

"Peter?" Gegen ihren Willen ertönte ein leiser Appell.

McTaggart drehte sich um, zögerte, dann warf er sich ihr gegenüber auf seinen alten Platz.

„Ich werde dir ... alles erzählen. Es ist keine sehr schöne Geschichte – in Teilen, wissen Sie. Es ist einfach das Leben – das Leben eines Mannes.“ Seine Stimme war hart.

Jill rührte sich unruhig. Sie nickte mit dem Kopf und verschränkte ihre Hände in ihrer alten Haltung wieder um ihre Knie, als würde es sie irgendwie dazu bringen, zuzuhören.

Also begann er. Ganz am Anfang; mit seinem Interview in der Harley Street und dem Geheimnis seines „Doppelherzens“.

Jills graue Augen weiteten sich vor Staunen.

Aber er machte ohne Pause weiter. Er erzählte ihr von Fantine und Cydonia; von seiner kurzen Auseinandersetzung mit Letzterem und seiner anschließenden Ernüchterung.

Aus einem bestimmten Grund ließ er sowohl Zeit als auch Ort aus, vermied die Erwähnung seines Erbes und erklärte lediglich, dass er im Stich gelassen worden sei.

Hätte er Jills Gesicht beobachtet und gesehen, wie ihre Empörung zunahm und die klare Haut mit Farbe überflutete , wäre seine Geschichte vielleicht gekürzt worden.

Aber er starrte immer noch aus dem Fenster, weit entfernt von den geheimen Gedanken des Mädchens. („Wie konnte diese Kreatur es wagen, ihn umzuwerfen! Ein alberner, hirnloser ...", würgte Jill.)

Für ihn war es nun ein schwierigerer Teil: das Jahr der leichten Abenteuer im Ausland. Aber er kämpfte sich rücksichtslos durch und verletzte sich und sie. Dies bedrohte Jills Ideale und zerrte ihn aus seinem geheimen Schrein. Peter, nicht mehr ihr kindisches Idol, sondern ein Mann aus unedlerem Metall.

Noch immer saß sie regungslos da, ziemlich bleich, die Lippen zusammengepresst. Sie erwies ihm in ihrem Herzen die Gerechtigkeit, ihn für seine Ehrlichkeit zu respektieren. Aber es machte schon damals einen Unterschied; obwohl es später den Grund bestärkte, warum er sich aus Liebe zu ihr für eine Probezeit zum Schweigen verpflichtet hatte.

Cluar geholt hatte, aus ihrer Gesellschaft zurückgezogen hatte . Und ihre heimliche Angst wurde endgültig besiegt. Die Angst, die ihren stolzen Geist verfolgt hatte, dass während ihrer kurzen Bewusstlosigkeit die Unordnung ihres zerrissenen Kleides das kleine „Doppelherz" verraten hatte! Dieses Geschenk von ihm, nachlässig angeboten und leichthin angenommen, das Tag für Tag und Nacht für Nacht auf dem treuen, lebendigen Herzen darunter gelegen hatte ...

So kam er schließlich zum Ende; sein seltsames Erlebnis im Zug und das Urteil des Arztes; der zweite, der seinen schattenhaften Rivalen gestürzt hatte. Dieses Schreckgespenst war endgültig tot. Jill atmete erleichtert auf. Es war wie eine Seite aus einem Märchenbuch, der Fluch, den eine bösartige Hexe gelegt hatte.

„ Ich habe also überhaupt kein Doppelherz..." McTaggart lächelte müde, „nicht einmal eines, das ich mein Eigen nennen kann. Es gehört jetzt dir – was davon übrig ist!"

Er warf einen verstohlenen Blick auf das Mädchen vor ihm. Ihr Gesicht war blass; Ihre noch immer gefalteten Hände deuteten darauf hin, dass sie sich mit großer Anstrengung kühl und distanziert hielt.

„Das scheint so schwer zu sein", sagte Jill. „Wir geben … *alles* für den Mann, den wir lieben – und er gibt uns … ‚was noch übrig ist'."

McTaggart war beeindruckt von der Wahrheit dieser Worte. "Nicht!" In seiner Stimme lag echter Schmerz. „Es tut furchtbar weh", hielt er inne. „Wenn du nur Männer verstehen würdest", fuhr er kläglich fort, „wenn du es wüsstest …! Wir sind Kerle, die ich besitzen werde. Jung und alt – aber bis jemand *wirklich* verliebt ist, scheint es keine große Rolle zu spielen." Es ist einfach... na ja, ganz normales Leben. Und Jill –" seine Augen flehten jetzt – „Ich denke, die ganze Zeit warst *du es wirklich* – obwohl ich es zuerst nicht erraten habe!"

„Ich bin immer zu dir zurückgekehrt – zu deinem lieben Kindergesicht – diesen grauen Augen …" Er hielt inne, gequält von der Angst vor den Jahren, die ohne sie vor ihm lagen.

Jills dunkle Wimpern waren jetzt gesenkt. Vergeblich versuchte er, ihren Gedanken nachzugehen und ein schwaches Zeichen der Hoffnung zu entdecken.

„Ich bin immer zurückgekommen", sagte er erneut, „das werde ich auch immer tun. Diesmal ist es *Liebe* . Es ist die Frau, zu der ein Mann zurückkehrt, wissen Sie, die sein Herz in ihren Händen hält. Diese anderen … Affären waren bloße Sache." Leidenschaft. Ich sehe es jetzt – jetzt ist es zu spät! Was für ein Idiot ich gewesen bin...!" Sein Kopf sank für einen Moment auf seine geballten Fäuste.

Dann hob er es und sah Jill an, ein neues Leuchten in den blauen Augen.

jetzt tun könnte, Jill, wenn ich dachte, es wäre besser für dich, direkt aus deinem Leben zu verschwinden. Aber das tue ich nicht. Ich *weiß* , ich." würde dich glücklich machen!"

Er sah, wie ein Köcher über ihr Gesicht lief, und beugte sich atemlos zu ihr.

„ *Ist es* dir egal? Sag es mir, Jill. Könntest du nicht lernen, dich zu kümmern … ein bisschen?"

Langsam hob das Mädchen den Blick. Er sah, dass sie tränennass waren.

„Ich habe dich mein ganzes Leben lang geliebt", sagte sie.

Ein Schrei brach aus ihm hervor. Er ließ sich mit ausgestreckten Armen vor ihr auf die Knie nieder.

„Jill! ... Mein Schatz! Was meinst du?"

In das schöne Kindergesicht kam eine Zärtlichkeit, die er nie gekannt hatte – der wahr gewordene Traum ... der „Traum seines Lebens".

„Ich nehme an – ich muss dich heiraten", sagte Jill.

KAPITEL XXXI

Miss Elizabeth Uniacke wirkte aggressiv.

Mit kritischen grauen Augen stand sie vor dem Spiegel und betrachtete die Wirkung ihres neu angefertigten Kleides.

Neben ihr kniete eine stämmige Schneiderin und wartete in stummer Spannung, den Mund voller Nadeln. Ihre Haltung war von tiefer Bewunderung geprägt, aber in ihrem Herzen zitterte sie, als sie das Urteil voraussah.

„Zu eng an den Knöcheln", sagte Tante Elizabeth.

Zwischen den Nadeln meckerte Mrs. Crouch ihre Bestürzung. Sie versicherte „ Meddam ", es sei die neueste Mode: Eine Änderung um eine „Haarbreite" würde „den Schnitt ruinieren" bedeuten!

„Ich kann nicht anders –" Fräulein Uniacke runzelte die Stirn – „Ich habe es Ihnen schon einmal gesagt – ich lasse mich nicht wie ein Geflügel fesseln. Es ist mir egal, welche Angst andere Frauen vor sich haben! Ich habe meine eigene." Stil, und ich werde dabei bleiben.

Sie legte ihre hübschen Hände auf beide Seiten ihrer Taille, fest umschlossen von einem breiten Petersham- Gürtel, und mit einer kleinen Bewegung ihres kantigen Körpers schien sie wie ein Krokus auf seinem Stiel in die Höhe zu schießen.

Mrs. Crouch schluckte einen schweren Seufzer herunter – eine etwas schwierige und prekäre Leistung!

Zwischen ihren Lippen sprossen immer noch Nadeln hervor, und mit einer tragischen Geste hob sie die Schere auf. Langsam öffnete sie die beiden Seitennähte.

"Das ist besser!" Miss Uniacke machte eine unerwartete Bewegung, gefolgt von einem bedrohlichen, zerreißenden Geräusch.

"Ha!" sie weinte triumphierend. „Sehen Sie selbst! – Ich kann keinen Schritt gehen. Das ist lächerlich!"

Mrs. Crouch seufzte.

„Wir *könnten* ...", schlug sie vor, „eine Seite offen lassen. Mit – vielleicht – einem Knopf?"

„Und zeig meine Beine!" Als die Schneiderin den Zorn in der Stimme ihrer Kundin hörte, hauchte sie hastig:

„Oh, Meddam ! – Tatsächlich, Meddam , ich hatte nicht die Absicht – ich wollte eine Falte vorschlagen ... darunter ...“

"Gar nicht!" Die wütende Dame schnappte. „Du hast viele Wendungen. Lass es raus. Das ist besser ... Jetzt steck es fest ... Da!— “ Wieder trat sie einen Schritt vor. „Ich kann endlich umziehen. Ich weiß sicher nicht, worauf wir hinaus wollen! Du wirst mich als nächstes bitten, meine Haare blau zu färben! In *meinen* jungen Tagen ...“

Ein leises Klopfen an der Tür unterbrach den Strom ihrer Erinnerungen.

„Kommen Sie herein! – Was ist?“ Sie drehte sich unzufrieden um.

„Bitte, Mama.“ Das Stubenmädchen stand da, hager und adrett.

„Es ist Mr. McTaggart, der Sie sehen möchte.“

„Mach die Tür zu! – Was meinst du denn, Maria? Du weißt, dass ich verlobt bin. Sag ihm, dass ich raus bin.“

Aber die ältere Dienerin blieb standhaft. „Er ist bitte im Wohnzimmer, Mama. Ich habe ihm gesagt, dass du beschäftigt bist – aber er sagte, er könne warten.“ Sie warf einen offenkundig neugierigen Blick auf das Kleid ihrer Herrin. Das neue Herbstkleid war ein „Ereignis“ in diesem ruhigen Haushalt.

"In der Tat." Tante Elizabeths Stimme war bissig. „Na ja, dann *kann er* warten! Du hast nicht das Recht, ihn reinzulassen, Maria. Du nimmst zu viel auf dich.“

„Es tut mir leid, Mama. Aber auf der Karte im Flur stand , h‘ *In* , nicht , h‘ *Out* , also ‚wie sollte ich das sagen?‘“ Sie warf mit einem Ausdruck verletzter Unschuld den Kopf zurück.

„Das reicht.“ Miss Uniackes Blick war unwiderstehlich angezogen zum Spiegel zurückgewandert.

Es *war auf jeden Fall* schick ... Die Farbe stand ihr.

„Vielleicht sollte ich besser hingehen und es hinter mich bringen“, sagte sie. „Ob diese Stifte halten?“ Sie wandte sich an die kniende Gestalt.

„Ich werde dafür sorgen, Meddam .“ Frau Crouch lächelte. Sie kam „tageweise“ zur Arbeit und hatte keine Abneigung gegen die Zeit des Müßiggangs, die sie aus diesem Anlass mit sich brachte.

Aber Tante Elizabeth erriet ihren geheimen Gedanken. „Sie können Ihren Tee jetzt trinken, statt später. Das spart Zeit.“ Mrs. Crouch seufzte.

„Ja, Meddam ." Sie trieb eine Stecknadel in die Höhe mit dem liebenswürdigen Wunsch, dass Fräulein Uniacke , wenn sie sich setzte, eine Erinnerung an diese Tatsache wagen sollte!

Das bewusstlose Opfer raschelte durch den Flur. Sie entschied, dass das der beste Taft war. Es hatte eine unverwechselbare und aristokratische Note. Ihr Temperament wurde durch das sanfte Frou-Frou besänftigt.

McTaggart stand da und unterhielt sich mit dem Papagei, der nach der Art dieser eigensinnigen Vögel seine Annäherungsversuche mit steinernem Schweigen aufnahm und von Zeit zu Zeit seinen Schnabel auf der Stange schärfte.

"Wie geht es dir?" Ihr Gast drehte sich schnell zu Miss Uniacke um Stimme, sein Gesicht eifrig. „Das ist gut von dir! Ich habe gehört, dass du verlobt bist und war bereit, stundenlang zu warten! Polly weigerte sich, Mitleid mit mir zu haben", fügte er hinzu, als sie sich die Hand schüttelten.

"Dummkopf!" sagte der Papagei explosionsartig, als McTaggart sich umdrehte.

Tante Elizabeth, die befürchtete, dass noch Schlimmeres passieren könnte, hob die Filzdecke auf und löschte den Vogel wirkungsvoll aus.

„Er wird so ermüdend", erklärte sie. „Willst du nicht hier sitzen?" und setzte sich gerade auf das Sofa, ihrem Besucher gegenüber, als sie mit einem erschrockenen, schmerzerfüllten Gesichtsausdruck aufstand.

"Dummkopf!" kam mit gedämpften Akzenten aus dem Käfig. "Hahaha!"

„Eine Stecknadel!" sagte Tante Elizabeth und ließ sich behutsam wieder nieder. „Tatsache ist, dass mir gerade ein neues Kleid angezogen wurde, als du ankamst. Ich wollte dich nicht warten lassen, also bin ich so gekommen, wie ich war – mit Nadeln und allem!"

„Es ist sehr hübsch", sagte McTaggart, „steht dir auch. So eine lustige Farbe ."

"Das denkst du?" Die kleine alte Dame freute sich und eine leichte Röte wärmte ihr Gesicht.

„Ich nehme an", sagte McTaggart, als die Pause länger wurde und er das Gefühl hatte, dass sie darauf wartete, den Gegenstand seines Besuchs zu erfahren; „Ich nehme an, Sie haben von … Frau Uniacke gehört ?"

In dem Moment, als die Worte über seine Lippen gekommen waren, wusste er, dass er einen taktlosen Anfang gemacht hatte.

Denn seine Gastgeberin sträubte sich sichtlich.

„Wenn Sie angerufen haben, um für Mary zu flehen", sagte sie und ihre Stimme war kurz, „sollte ich Ihnen besser sagen, dass ich mich dieser Angelegenheit nicht entledige! Ich bin mit ihnen fertig – der ganzen Familie!"

„Jill?" ...

„Ja –" sie holte ihn ein. „Jill *und* Roddy – das hätten sie vielleicht erraten. Sie hätten mich schon vor langer Zeit warnen sollen! Es ist ihre eigene Schuld – und ich habe mit ihnen Schluss gemacht."

"Ach nein!" McTaggarts blaue Augen waren beredt. „Das *meinst* du nicht so? Du könntest es nicht einfach jetzt, wo sie dich so wollen." Er sah, wie ein leichtes Zittern über ihr Gesicht lief. „Und *ich* brauche dich – all deine Hilfe! Ohne sie kommen wir nicht weiter, weißt du – Jill und ich ...."

Sie zuckte zusammen, als sie die Namen zusammenfügte.

„Ich verstehe nicht", sagte sie trocken.

„ Nein? – ich fürchte, ich erkläre mich ziemlich schlecht. Ich dachte, du würdest es erraten ... Tatsache ist, Tante Elizabeth", er lächelte sie liebevoll an, „ich hoffe, du lässt mich werden." , weißt du, eines Tages ein *richtiger* Neffe von dir.

Die kleine alte Dame schnappte nach Luft. "Ich *wusste* es!" sie weinte triumphierend. „Du und Jill? – Ha!" Sie lachte. „Eine alte Frau wie mich kann man nicht täuschen!"

„Ich will nicht!" McTaggart sprang auf und streckte seine Hand aus, um ihre zu berühren. Sein Gesicht strahlte so vor Glück, dass ihr altes Herz bei dem Anblick weicher wurde.

„Aber ich muss zuerst *deine* Erlaubnis einholen. Es ist mir völlig egal, was ihre Mutter sagt! – Sie hat sich aus der Angelegenheit herausgestellt. Ist weggegangen und hat diese beiden Kinder zurückgelassen ...", er hielt sich zurück, seine Stimme war empört. „Aber du bist doch die Schwester ihres Vaters – seine Lieblingsschwester . Und wir denken beide, dass du das gleiche Recht hast wie jeder andere ... sie wegzugeben."

Er blieb abrupt stehen.

„Sie weggeben? *Jill* , meinst du?" Sie starrte ihn offensichtlich erstaunt an. „Wovon redest du, junger Mann? Du wirst sie *morgen nicht heiraten* ?"

„Nein", änderte er, „morgen Woche."

Er lachte über ihren erschrockenen Ausruf und fuhr fort, immer noch ihre Hand haltend – unbewusst ihm überlassen – mit subtiler Überredung in seiner Stimme.

„Ich möchte nicht, dass du sie – genau genommen – ‚verratest‘. Auf jeden Fall! – “ er lachte wieder – „aber du *musst einfach* zur Hochzeit kommen. Wir haben beide unser Herz darauf gelegt.“

„Ich habe in meinem ganzen Leben noch nie so einen völligen Unsinn gehört!“ sie protestierte energisch – „und glaube nicht, dass ich es zulassen werde!“ Aber als sie sein entschlossenes Gesicht betrachtete, lobte sie innerlich seinen Geist.

„Von all den lächerlichen Vorstellungen…“, schimpfte sie; aber McTaggart vermutete, dass sie schwankte.

„ Sagen Sie mir zunächst einmal, dass Sie sich darüber freuen? Glauben Sie *etwa* , dass ich Jill glücklich machen werde?“

„Nun –“ sie machte eine Pause – „Ich gebe zu, dass Sie es *versuchen werden* ! Sie ist ziemlich schwierig – diese junge Frau.“

Ihre grauen Augen begannen zu funkeln. Jill, dachte sie, hatte ihren Meister gefunden.

„Ja – ich bin froh. Auch wenn ich es nicht hören werde ...“

Er wehrte den Protest kühn ab. Bevor sie seine Absicht erkennen konnte, hatte er sich gebeugt und ihre verblasste Wange geküsst.

„Danke, Tante Elizabeth. Am Dienstagwoche werde ich noch einen nehmen – in der Sakristei!“

Er lachte fröhlich.

"Nun, ich nie...!" Miss Uniacke schnappte nach Luft. Diesmal war ihre scharfe Zunge zum Schweigen gebracht. Ihr Gesicht war gerötet und hilflos glättete sie den krummen braunen Pony.

„Jetzt –“ McTaggart setzte sich ungebeten an ihre Seite ... „Ich denke, wir sollten über Geschäfte reden und ein paar Pläne ausarbeiten. Ich habe die Lizenz – das ist in Ordnung. Und heute Abend bin ich es.“ Ich gehe nach Oxton . Der Bischof ist mein Freund, wissen Sie, und ich möchte, dass er kommt und uns heiratet. Mrs. Uniackes Flitterwochen – ich meine Mrs. Somerfield – –“ Ihre Schwägerin zuckte leicht zusammen und er fuhr hastig fort „Nun, sie kommt erst am Mittwoch nach Worthing zurück . Wenn du es also schaffst, runterzulaufen und bei Jill zu bleiben, bis wir verheiratet sind ... Verstehst du meine Idee?“ sein Gesicht wurde rot – „Es würde jedem dummen Gerede ein Ende setzen, wissen Sie. Aber vielleicht könnten Sie zuerst zu den Anwälten gehen und die Vergleiche regeln? Ich möchte das in Ordnung bringen; um Jills willen, verstehen Sie?“

Fräulein Uniacke holte ihn scharf ein. „Ich hoffe, Sie glauben nicht, dass meine Nichte etwas Eigenes hat?" Absichtlich verschwieg sie ihm die Kenntnis der bescheidenen Summe, die ihr Vater dem Mädchen hinterlassen hatte .

„Meine liebe Tante Elizabeth!" McTaggart sah verblüfft aus. „Ich meinte natürlich *mein* Geld. Ich erzähle dir besser alles darüber."

Er machte sich sofort daran, sie über sein Erbe aufzuklären.

Miss Uniackes graue Augen weiteten sich langsam vor Erstaunen.

„Sie wollen damit sagen", sagte sie schließlich, „dass Jill eine Marquise wird?"

„Na, das ist eingeworfen!" McTaggart lachte: „Wird sie nicht ein hübsches Mädchen sein? Ich denke, sie wird Siena einfach lieben – und Rom auch – es ist ein toller Ort! Du musst kommen und bei uns bleiben. Oh, ich habe es vergessen – Roddy. " Er setzte seine Pläne für Letzteres fort, sein hübsches Gesicht strahlte vor Freude. Fräulein Uniacke ahnte in jedem Wort, wie sehr er die Schwester des Jungen liebte.

„Es ist wie ein Märchen!" Sie sagte.

„Es ist ein Märchen –" seine Stimme wurde jetzt mit einem Anflug von Ehrfurcht gesenkt.

„Alle wahre Liebe ist das, denke ich. Sie liegt außerhalb dieser alltäglichen Welt. Etwas, das zu fein ist, um gemessen zu werden – wie eine wunderschöne Vision, die man in einem Traum sieht …"

Er schaute schüchtern zu seiner Zuhörerin auf und entdeckte in ihrem abgenutzten und ernsten Gesicht einen Ausdruck der Sehnsucht, seltsam erbärmlich, aber voller echter Anteilnahme. Für einen Moment trafen sich ihre nachdenklichen Blicke – die Alten, Traurigen, die das Leben kennen, und die der Jugend, strahlend vor Hoffnung: Sie trafen sich und staunten auf der anderen Seite des Golfs.

Dann brach McTaggart das Schweigen.

„Ich möchte nicht, dass Jill es noch erfährt. Über mein Erbe, meine ich. Ich möchte, dass es eine große Überraschung ist! – bei unserer Ankunft in Siena. Sie weiß, dass ich dort ein Grundstück habe – ich glaube, sie denkt, dass es so ist." nur ein Bauernhof! – aber ich habe es immer ziemlich geheim gehalten. Es ist so –" Er zappelte unter dem Blick ihrer klugen grauen Augen auf der Suche nach Worten.

„Obwohl meine Mutter Italienerin war, habe ich mich immer als Engländerin *gefühlt* . Tief in meinem Inneren wäre ich wirklich lieber

Engländerin, jeden Tag. Aber andererseits gebe ich auch eine gewisse Verantwortung zu. Meine Mutter war es." abscheulich behandelt" – ein harter Blick erschien auf seinem Gesicht – „nur weil sie meinen Vater geheiratet hat! Sie haben sie praktisch abgelenkt."

„Jetzt bin ich durch einen seltsamen Zufall in all das geraten, was meine Mutter verloren hat. Und ich glaube, es liegt nun an mir, zu zeigen, dass sie Recht hatte. Sie hat aus Liebe geheiratet, und ich auch. Eine englische Ehefrau." ... meine kleine Jill! Aber wir müssen das halbe Jahr in Italien leben – sowohl Maramonte als auch McTaggart sein – nicht für uns selbst, sondern weil ich glaube, dass *sie* es sich gewünscht hätte."

Seine Augen blickten seltsam in die Ferne . Dann schien er in die Gegenwart zurückzukehren.

„Trotzdem hatte ich irgendwie das Gefühl, dass ein ausländischer Titel hier nicht genügen würde – eher snobistisch ..." Er lachte mit einem Anflug von Nervosität.

"Ganz recht." Fräulein Uniacke nickte. Sie mochte den Mann immer mehr. Aber trotz ihrer nachlässigen Haltung gegenüber dem Geheimnis, das er mit ihr teilte, erwärmte sich ihr altes Herz bei dem Gedanken an diese großartige Partie für das Mädchen, das sie liebte.

„Du wirst es ihr nicht sagen? Du wirst es geheim halten!"

„Natürlich – es ist deine Angelegenheit, nicht meine."

Sie lächelte die Härte aus ihren Worten.

„Trotzdem", fuhr sie fort, „denke ich, dass du es ihrer Mutter sagen solltest. Ich selbst bin mit Mary nicht einverstanden – ich finde ihr Verhalten gegenüber ihren Kindern einfach schockierend –" sie runzelte erneut die Stirn – „die Geheimhaltung – und Diese plötzliche Heirat! Trotzdem hat sie Jill auf die Welt gebracht – es ist *ihre* Tochter, nicht meine. Es zahlt es ihr mit ihrer eigenen Münze zurück ... aber ich *weiß*, ich sollte dieser Torheit ein Ende setzen!"

„Aber das wirst du nicht?" Seine Stimme war sehr ernst. „Sehen Sie, Fräulein Uniacke . Sie hat nie einen Gedanken an Jill verschwendet – und in letzter Zeit auch nicht an Roddy auf ihre Kosten! Denn schließlich ist es das Geld von Colonel Uniacke , das sie für die nächste Generation treuhänderisch verwaltet. Es bedeutet für sie eine grausame Zeit unter der Fuchtel dieses Verbrechers Stephen. Mit einem dürftigen Einkommen, ohne ihr Geld Rechte und überschattet von diesem Wahlrechts-Unsinn.

„Denken Sie an Jill, die mit Stephen zusammenlebt ? – und Roddy – ein Schuljunge, in *seinen* Händen ...!

„Stattdessen bin ich hier – zum Glück ein reicher Mann; ich bin in der Lage, dem Jungen eine Chance zu geben, und Jill … so ziemlich alles, was sie will!"

„Ich möchte dir nur ein paar Perlen zeigen, die ich für sie in der römischen Bank habe" – er warf den Kopf zurück und lachte knabenhaft mit einem Hauch von Triumph – „Sie würden Stephen das Wasser im Mund zusammenlaufen lassen – verdammt, der Kerl. " !- Wie bitte!"

Aber Fräulein Uniacke lächelte grimmig; vergisst den zuhörenden Papagei.

Ermutigt fing McTaggart wieder von vorne an.

„Ich kann es nicht ertragen, einen Tag lang an Jill mit diesem Mann im Haus zu denken. Deshalb tue ich das nur, um sie wegzuholen, bevor er zurückkommt. Können Sie sich nicht vorstellen, was sie dadurch retten wird? Das Bitterkeit, ihn dort zu sehen, wie er an der Stelle ihres Vaters herrschte, in dem alten Zuhause, in dem er lebte ..."

"Stoppen!" Miss Uniacke ergriff seinen Arm – „Ich kann es nicht ertragen! – Das ist nicht fair. Edward..." Sie verschluckte sich an dem Namen.

McTaggart nahm ihre Hände in seine.

„Sag es mir jetzt ehrlich" – seine blauen Augen waren scharf und besorgt, als er in ihr bewegtes Gesicht blickte. „Glaubst du, wenn dein Bruder am Leben wäre, würde er mir Jill geben?"

Es entstand eine Pause. Es kam ihnen beiden so vor, als schwebte irgendwo in der Nähe ein Schatten, der sie mit einer Liebe beobachtete, die das Grab überdauert hatte.

Dann sprach endlich Fräulein Uniacke .

„Ja", antwortete sie feierlich, „das glaube ich. Und ich auch."

KAPITEL XXXII

„Winke, Peter – oh, *winke* ! Armer kleiner Roddy!... "

Jill beugte sich über die Reling des Dampfers und beobachtete, wie sich der Pier langsam zurückzog und in der Ferne eine winzige Gestalt mit erhobenem Arm am Himmel zu sehen war. Dann, als es zu einem schwarzen Fleck anwuchs und in der Ferne verschwand, drehte sie sich abrupt um, Tränen in den Augen.

„Ich kann es nicht *ertragen*, ihn zu verlassen!" Sie weinte.

„Es dauert nicht mehr lange", sagte McTaggart sanft. Er fuhr mit der Hand durch den Arm des Mädchens. „Wird es nach einer Weile nicht lustig sein, ihn in Rom bei uns zu haben?"

"Ja." Jill schluckte schwer. „Glauben Sie, wir schaffen das? – Ich bin ziemlich zweifelhaft."

„Das bin ich nicht", sagte McTaggart energisch. „Ich kenne Stephen. Er ist ‚nicht stolz'! Die Wirtschaftslage wird ihn sicher reizen. Und Tante Elizabeth hat geschworen, ihr zu helfen. Sie ist ein Vollidiot, diese alte Dame! Ach übrigens, das soll ich dir geben."

Er überreichte seiner Frau einen Umschlag, der an sie gerichtet und sorgfältig verschlossen war.

„Sie sagte, du sollst es nicht verlieren, Jill." Dann lachte er plötzlich.

„Raten Sie mal, was ihre letzten Worte an mich waren?"

"Kippen." Jill begann zu lächeln, ein eher schwacher kleiner Versuch, während sie mit ihren Gedanken immer noch bei Roddy war.

„Ich dachte, sie würde mir ein schreckliches Geheimnis aus deiner Vergangenheit verraten. Sie führte mich mit geheimnisvoller Miene auf dem Pier zur Seite und flüsterte …

„‚Ich habe ein paar Galoschen in die Reisetasche gesteckt – ein neues Paar. Ich kenne Jill. Sie wird aus reiner Eitelkeit in diesen dünnen Schuhen herumlaufen – sich erkälten – und ich bin sicher, dass du *dazu* nicht geeignet bist stille sie. Ein Paar Babys!' Hier schnaubte sie. „Pass auf sie auf, junger Mann." Das war ihr Abschiedssegen!"

Jill lachte. „Genau wie sie! Ich frage mich, was sie hier geschrieben hat."

„Komm mit in die Hütte und lies es in Ruhe. Ach ja, übrigens – mein Diener ist da – Mario. Du musst etwas Nettes zu ihm sagen. Er ist verrückt vor Aufregung. Er ist die letzten drei Jahre bei mir gewesen – schrecklich

Anständiger Kerl, wissen Sie. Er versteht ganz gut Englisch – spricht es ein wenig. Hier sind wir ..."

Er führte sie in die Deckskajüte, wo Mario gerade ein paar Teppiche abschnürte. Er stand groß und eifrig auf, als das junge Paar die Schwelle überschritt.

„Das ist meine Frau, Mario."

Der stolze Ton in der Stimme seines Meisters ist unverkennbar! Die dunklen Augen leuchteten, die weißen Zähne strahlten zu einem Lächeln, als Jill ihn eher schüchtern begrüßte.

Mario hatte seine Rede vorbereitet.

„Meine Glückwünsche an sie. Und an ihn. Gesegnet sei der Tag! Langes Leben und Glück – und viele Kinder", schloss er.

Die Farbe flammte in ihren Wangen auf.

„ Grazie tante ", antwortete sie...

Marios Hände hoben sich überrascht, voller Freude und Bewunderung. Aber McTaggart unterbrach den Italienischfluss, der der Geste folgte.

„Basta! Basta!" – er vertrieb ihn. „Du kannst zurückkommen, wenn wir uns dem Land nähern."

Mario schloss vorsichtig die Tür. Er lächelte entzückt vor sich hin.

„ Ahi! – l'amore ..." Er küsste seine Fingerspitzen zum Himmel darüber. Dann blickte er auf die Wellen hinunter.

„Du bleibst ruhig!" sagte er zu ihnen.

Währenddessen schaute sich Jill in der Kabine mit neugierigen Augen um.

„Ist es nicht gemütlich? Ich bin *so* aufgeregt! Weißt du, ich bin noch nie gereist. Oh! – *Peter* ..."

Denn McTaggart hatte sie eifrig in seinen Armen aufgefangen. „Nimm den Schleier ab – um Himmels willen! ... Ah! ... Dafür sterbe ich einfach!"

Jill entkam ihm atemlos, mit geröteten Wangen und leuchtenden Augen.

„Peter – du Rohling!" Sie rückte ihren Hut zurecht.

„Das ist schön, das zu sagen" – er lachte zurück – „deinem Herrn und Meister."

„Das bist du nicht!" Sie spottete und neckte ihn. „Ich habe nie ‚gehorchen‘ gesagt, wissen Sie."

„Kein Wunder, dass der Bischof so ernst aussah. Wir müssen noch einmal heiraten …" Er brach ab, die Hand am Kragen, und wackelte mit dem Hals. „Verdammt, der Junge! Ich habe den ganzen Reis im Rücken."

„Guter alter Roddy – ich habe ihn dabei gesehen! Im Auto, als er über die Downs kam. Nein … nein!" sie stampfte mit dem Fuß… „Sei jetzt ruhig, ich möchte lesen."

Sie riss den von Tante Elizabeth angewiesenen Umschlag auf. Es hielt einen weiteren, fest verschlossenen Brief und einen Brief in der spitzen Hand.

„Meine liebe Jill", so hieß es, „ich habe Peter gebeten, dir das zu geben, und ich hoffe nur, dass du es nicht mit deiner üblichen Nachlässigkeit verlierst. Ich sage es dir besser sofort, da ist Geld dabei – in Fünf-Pfund-Noten. Ich verstehe, dass auch in Italien englische Noten respektiert werden.

Eines Tages hätten Sie es sowieso gehabt. Auch der Scheck, den ich bei Cook's – in Rom – auf Ihr dortiges Konto überwiesen habe.

„Vielleicht ist dein Mann genau das, was du denkst. Die Zeit allein wird es beweisen – (‚Oh, Peter – ist sie nicht reizend?‘ – Jill kicherte vor Freude.) Aber ich denke nicht gern an dich in einem fremden Land, ohne Kredit. Auch für eine Frau ist es erniedrigend, für jeden Penny zu ihrem Mann zu gehen. Außerdem ist Ihre Aussteuer, obwohl ich alles getan habe, was ich konnte, eine völlige Farce. Sie sollten von allem zwölf haben. Und *gekennzeichnet*, Don Das darfst du nicht vergessen! …"

„Nicht zwölf Ehemänner, hoffen wir!" McTaggart beugte sich über ihre Schulter, während sie nebeneinander auf der schmalen Koje in der schwach beleuchteten Kabine saßen und den Brief lasen.

„Wie soll ich ‚markiert‘ werden, Jill? Ich hoffe, das bedeutet nicht, dass es heiße Eisen sind?"

"So was!" Jill kniff ihn. „Sei jetzt still – hör zu, Peter. Ist sie nicht eine alte *Liebe*?

„Sie werden Banknoten über fünfzig Pfund finden. Geben Sie nicht alles auf einmal für ein Geschenk für Ihren wertlosen Ehemann aus! … Und verwöhnen Sie *ihn nicht*. Halten Sie von Anfang an standhaft. Ich kenne Männer!" "

„Oh! Tante Elizabeth!" McTaggart schaukelte vor Freude. „Das ist kaum respektabel, oder, Jill? Ich fürchte, sie hatte eine schockierende ‚Vergangenheit‘."

„Jedenfalls ist ihr Geschenk in Ordnung!" sagte Jill ordentlich und faltete den Brief zusammen. „Sie ist gut" – ihr Gesicht wurde ernst. „Glaubst du, ich sollte es wirklich annehmen?"

„Das musst du. Sie wäre furchtbar verletzt."

Er nickte Jill weise mit dem Kopf zu. „Eines Tages werden wir es wieder gutmachen – ihr eine tolle Zeit schenken und ... oh, sage ich?" Er bewegte sich ein wenig, um das Gesicht seiner Frau zu sehen.

„Ich muss etwas gestehen, Jill. Etwas, das ich getan habe, bevor ich gegangen bin. Versprich mir, dass du mir nicht böse sein wirst?"

„Das habe ich auch", sagte Jill schnell. „Ich habe es ganz vergessen ... Lass es uns hinter uns bringen. Du zuerst." Geistesabwesend reichte sie das Bündel Geldscheine weiter.

McTaggart lächelte.

„Nein – sie gehören dir. Du musst sie vor dem ‚wertlosen Ehemann' beschützen."

„Ich wage es nicht . Ich werde sie verlieren", erklärte sie. „Nimm sie doch, Peter, mein Lieber."

"In Ordnung." Mit heimlichem Vergnügen steckte er sie in seine Handtasche.

„Es geht um deine Mutter", fuhr er fort. Jill zuckte zusammen. „Letzte Nacht habe ich mich so geärgert gefühlt – ich nehme an, Sie halten mich für einen gründlichen Abtrünnigen –, aber ich konnte nicht schlafen, als ich daran dachte. Sie war so furchtbar nett zu mir. Und schließlich stand ich auf und schrieb einen Brief „ein nettes" – er warf Jill einen nervösen Blick zu, aber sie nickte nur. „Ich habe versucht, ihr zu zeigen, warum wir das getan haben. Und dann ... fügte ich hinzu" – er brach ab – „Ich hoffe, du wirst nicht böse sein, Jill, ich hätte es dir sagen sollen – ich habe es zuerst besprochen. Aber Ich bin rausgegangen und habe es gepostet – spontan. Nach Worthing , wissen Sie. Sie wird es finden, wenn sie morgen zurückkommt ..."

„ *Was* hast du hinzugefügt?" Jill war ungeduldig. „Mach weiter." Sie schüttelte seinen Arm.

„Nun. Ich sagte...", begann er ein wenig zu stottern. „Ich habe gesagt, dass ich hoffe, dass sie bei uns bleibt – unser erster Besucher, wissen Sie. *Seien Sie nicht* böse ..."

Doch Jills Antwort zerstreute schnell die Zweifel des Mannes. Denn sie schlang ihre Arme um seinen Hals und küsste ihn mit strahlendem Gesicht.

„Ich auch! Ich meine, ich habe gestern selbst an Mutter geschrieben. Ist das nicht lustig? Ich habe es Roddy gegeben, damit er es ihr gibt, sobald sie morgen nach Hause kommt! Das ist mein Geheimnis" – sie zog sich zurück, ihr Blick nachdenklich – „Sehen Sie, ich hatte das Gefühl ... es war ziemlich gemein – ich war so glücklich – sie außen vor zu lassen. Verstehen Sie?"

"Ebenfalls." McTaggart nickte. „Ich bin froh, dass du es getan hast. Es wird den Weg zu besseren Beziehungen ebnen, auf Wiedersehen. Sie muss zu uns kommen, wann immer sie kann."

Es entstand eine kleine Pause zwischen ihnen. Jills Gedanken hatten sich wieder ihrem alten Leben und ihrem Bruder zugewandt. Ihre grauen Augen wurden wehmütig.

McTaggart hat das gesehen. Er stand auf.

„Schau her, Jill – komm raus. Wir machen eine Runde auf dem Deck. Das wird dir guttun, bevor der Zug kommt."

„In Ordnung. Wo ist mein Ulster?"

"Hier." McTaggart streckte die Hand aus, hängte einen hellgrauen Mantel neben seinem eigenen aus und reichte ihn mit einem schelmischen Lächeln seiner Frau.

"Das ist nicht meins." Jill starrte.

„Ja, das ist es. Probieren Sie es aus."

„ *Peter!* " Jill strich liebevoll mit der Hand über das reiche Fell, den wunderschönen Kragen aus Chinchilla und das üppige Futter – warm und weich.

„Es ist ein kleines Geschenk. Ich habe es anfertigen lassen. Tante Elizabeth hat die Maße besorgt. Gefällt es dir?"

Jills Gesicht antwortete ihm. Sie konnte vor lauter Verwunderung nicht sprechen.

„Wirklich meins?" sagte sie schließlich. „Ich habe noch nie so ein schönes Fell gesehen! Oh, Peter! Wie extravagant. Du darfst mich nicht so verwöhnen…"

„Ich erwarte eine Bezahlung – in gewisser Weise!" Er nahm es – (mit Interesse.) „Jetzt zieh es an. Na gut! Du siehst aus wie ein kleiner Teddybär."

Er öffnete die Tür und das helle Licht fiel herein und blendete sie. Blauer Himmel und blaues Meer und ein frischer, salziger und scharfer Wind.

Weit hinter ihnen lag die Küste, die breiten Wellen, die an die französische Küste rollten, und das neue Leben, dem sie mit der Zuversicht der Jugend entgegentraten.

„Das erste Mal", sagte McTaggart, „dass ich wirklich wusste, wie hübsch du bist, du hattest eine kleine graue Pelzmütze auf. Deshalb habe ich Chinchilla für dich ausgewählt."

„Aber das war Rabbit!" Jill lachte. „Ich hatte noch nie *gute* Kleidung. Bis zu meiner Aussteuer", sagte sie stolz und warf einen Blick auf ihr schlichtes Kleid.

McTaggart lächelte in seinem Herzen, als Jill, dem Gedankengang folgend, etwas ernst damit fortfuhr, sich zum Thema Sparsamkeit zu äußern.

„Ich werde dich nicht viel kosten. Ich kann viele Dinge selbst herstellen. Und ich gehe davon aus, dass es an einem Ort wie Siena keine Rolle spielt, was man trägt. Oh, erzähl mir bitte etwas über dein Haus? – oder doch? eine Wohnung?"

„Nicht ganz. Ich hoffe, Sie werden nicht enttäuscht sein. Es ist eher ein freudloser Ort."

„Es ist mir egal, ob es eine Scheune ist!" Der Wind hatte eine helle Farbe in ihre Wangen gebracht, als sie Arm in Arm auf und ab gingen, und sie lachte laut. „Mir ist alles egal! Ich bin einfach zu froh, am Leben zu sein. Ich bin furchtbar stark – ich kann kochen lernen ..." McTaggart umarmte sich vor Freude.

„Oh, ich hoffe, dass es nicht dazu kommt. Mario könnte Einwände erheben."

Jill blieb plötzlich stehen, überwältigt von einem neuen Gedanken.

„Ich sage, Peter – was ist er? Genau, meine ich. Ist er ... Ihr Kammerdiener?"

„Ja – wissen Sie – dort drüben – die Löhne sind eine Kleinigkeit. Und er ist in jeder Hinsicht praktisch."

„Ich verstehe. Würde er die Fenster putzen?"

„Messer und Stiefel?... ", würgte McTaggart. „Das wage ich zu behaupten – wenn Sie ihn fragen würden."

„Hm…" Jill sah ein wenig zweifelnd aus. Der Pelzmantel hatte sie zum Nachdenken gebracht. Sie darf nicht zulassen, dass Peter sich selbst ruiniert – nicht einmal während ihrer Flitterwochen.

In ihrem praktischen Verstand beschloss sie, nichts mehr zu sagen, bis sie Siena erreichten, und dann die Leitung des Hauses zu übernehmen und dabei die Staatskasse sorgfältig im Auge zu behalten.

Aber all diese Gedanken wurden durch die Neuheit ihrer Ankunft an der französischen Küste, die fremde Sprache, den Trubel und die Hektik des Zolls beiseite gewischt.

Dann kam das Abendessen im Zug, mit seltsamem Wein, seltsamen Gerichten und ihrem „Puppenhaus"-Zimmer für die Nacht. Sie genoss das Unerwartete.

Langsam fegte die Dunkelheit herab und verlöschte die schlafende Erde, während sie glücklich und müde Seite an Seite im warmen Coup dahinschaukelten.

„Zeit zum Schlafen…", sagte McTaggart schließlich. „Ich lasse dich nicht die ganze Nacht plaudern, alte Dame. Es ist kurz vor elf Uhr!"

„Ich bin kein bisschen müde", sagte Jill.

Etwas in ihrem schnellen Blick erweckte McTaggarts Ritterlichkeit – ein kindischer Anflug von Hilflosigkeit.

„Schau her…", er beugte sich näher und flüsterte ihr sanft ins Ohr. Für einen Moment klammerte sich Jill an ihn, ihr Gesicht vor seinen Augen verborgen.

„Du hast eine lange Reise vor dir", fuhr er mit nachlässiger Stimme fort. „Also leg dich einfach hin und schlafe. Ich gehe noch ein letztes Mal nach draußen. Zieh den Schirm über die Lampe, wenn du bereit bist. Ich werde das Licht nicht wollen. Ich werde so still sein wie eine Maus." Wir sagen hier und *jetzt gute Nacht* .

„Peter…du *bist* ein Schatz!" Das Flüstern erreichte kaum seine Ohren. Er hielt sie einen Moment lang fest, küsste sie schnell und stand auf.

„Fröhliche Träume! Und nehmen Sie sich Zeit. Ich werde erst in einer Stunde nachgeben." Er öffnete die Tür und ging hinaus, sein Gesicht war ziemlich bleich und gesetzt. „Noch ein Test…", sagte er zu sich selbst. „Hör auf damit! Sie ist so ein Kind! Das ist das richtige Spiel." Und bei diesen Worten dachte er instinktiv an Bethune. „Ich bin froh, dass ich es mit ihm geschafft habe."

Denn die beiden Männer hatten sich von ihren Freunden getrennt. Vielleicht würde Jill in den kommenden Jahren nicht mehr zwischen ihnen stehen.

McTaggart hoffte so inbrünstig. Er ging den Korridor auf und ab; beständige Aktion, die seine Nerven beruhigte, rauchte geistesabwesend, Zigarette nach Zigarette.

Die Sterne kamen am Himmel auf, und er dachte noch einmal an jene andere Nacht, als er vor drei Jahren dastand und sie beobachtete und über sein „doppeltes Herz" nachdachte.

Was für ein blinder Narr er gewesen war! Er erkannte, wie gut dieser Vorwand dazu gedient hatte, die Torheiten zu verbergen, die den heißen Trieben der Jugend entspringen. Sein „Doppelherz"...! Er lächelte grimmig, als ihm langsam die Wahrheit dämmerte: die Doppelnatur aller Menschen: der tägliche Kampf zwischen menschlicher Schwäche und spiritueller Stärke.

Die Nachtluft wehte herein, scharf mit frühherbstlichem Frost, kühlte seine Stirn und brachte Frieden, die stille Stille, die die Natur liebt.

Und schließlich blieb er vor seiner Tür stehen, öffnete sie Zentimeter für Zentimeter und schlich sich hindurch, wobei er einen kurzen Blick auf die untere Koje warf. Jill hat geschlafen!

Im schwachen Licht der abgeschirmten Lampe konnte er die dunkle Wolke ihres Haares, ihr kindliches Profil, rein und süß, und die langen Wimpern auf ihrer Wange sehen.

Einen Moment lang stand er da und blickte sie an, eine große Sehnsucht in seinem Herzen.

„Nur ... um sie zu küssen!" sagte er zu sich selbst und wandte sich dann streng ab.

Und mit der Aktion, die ihm völlig unbekannt war, brach er die heimtückische Gewohnheit der Jahre ab; Die Unentschlossenheit der Kindheit verwandelte sich in die feste Kontrolle des Mannes.

Der Zug schaukelte weiter....

In seiner Koje oben schaute McTaggart ruhelos zu, bis die Morgendämmerung durch die Jalousien drang, blasse Strahlen aus Primellicht.

Er musste sich nur nach vorne beugen und ihren Namen rufen, um zu sehen, wie sich die grauen Augen weit öffneten, voller Liebe – der Liebe einer Frau! Aber er kämpfte sich Stunde für Stunde durch. Und als die Sonne über den Rand der langen, frostweißen Ebenen glitt, drehte er sich lächelnd auf seinem Kissen um und wurde in die Arme des Schlafes geborgen.

KAPITEL XXXIII

McTaggart warf einen Blick auf seine Uhr.

„Noch zehn Minuten. Bist du sehr müde?"

"Kein Bisschen." Jill wandte sich mit strahlendem Gesicht vom Fenster im Flur ab, wo sie stand, und blickte hinaus. „Es ist alles so schön. Schauen Sie sich diesen Hügel an, der sich wie ein Tannenzapfen gegen den Himmel erhebt. Und *ist er nicht* blau! Ich habe noch nie eine solche Färbung gesehen . Diese silbernen Bäume! – Oliven, hast du gesagt, dass sie das sind? Lust, Oliven zu sehen wachsen! – und auch Orangen und Zitronen. Es klingt wie das Spiel, das wir in unserer Kindergartenzeit gespielt haben."

Mit leiser Stimme, süß wie eine Drossel:

> „Orangen und Zitronen
> sagten die Glocken von St. Clemens ,
> ich schulde dir vier Farthings, sagten die Glocken von St.
> Martin…"

Jill sang fröhlich.

„Zu den Reimen kann ich nicht viel sagen." McTaggart lächelte.

Aber das Mädchen hatte sich wieder dem Fenster zugewandt. "Es ist wunderschön." Sie ließ eine Hand durch seinen Arm gleiten. „Solange ich lebe, werde ich diese Weinreben mit ihren frühherbstlichen Farbtönen nie vergessen – blutrot; und die kleinen Städte, die wie Räuberburgen auf den Hügeln thronen … Peter! – was ist das?" Sie brach aufgeregt ab und zeigte darauf.

McTaggart folgte der Linie ihrer Hand.

„Siena, glaube ich – ich bin mir nicht sicher. Weißt du, es war dunkel, als ich hier ankam. Warum, Jill! – Was ist los?"

Denn das Gesicht des Mädchens hatte sich plötzlich verändert. Angst und Staunen waren dort geschrieben. Sie konnte ihren Blick nicht abwenden, als auf dem steilen Hügel im Süden eine Ansammlung schlanker Türme elfenbeinweiß in den Himmel ragte.

"Mein Traum!" sie schnappte nach Luft. Die Hand an seinem Arm umklammerte ihn. „Das kann nicht sein! … Ja, das *ist* es. Die ‚Traumstadt',
von der ich dir erzählt habe. *Peter*! der Rest … und eine kleine Mütze …"

Die Sprache versagte ihr. Sie beugte sich atemlos hinaus.

Eine Erinnerung kehrte zu McTaggart zurück. „Bei Gott! – der ‚Torre del Mangia ‘. Ist das wirklich dein alter Traum, Jill? Und du hast gesagt, es fühlte sich an, als würde man nach Hause kommen!" Er war fast so bewegt wie sie.

Jill zog sich mit geblendeten Augen zurück. Ihr vom Wind zerzaustes Haar umrahmte ihr aufgeregtes, ehrfürchtiges Gesicht.

„Ist es nicht wunderbar!" rief sie – „meine Traumstadt … meine ganz eigene! Glaubst du, wir haben schon einmal dort gelebt, Peter? Du und ich – in einem anderen Leben?"

„Das hoffe ich. Aber es kann sowieso nicht halb so gut sein!"

Er zog sie sanft durch die Tür ihres Coupés. „Da kommt ein Tunnel. Wir sind fast da. Setz dich einen Moment. Ich rolle die Teppiche zusammen. Du solltest besser deinen Mantel anziehen, fertig."

„Ich werde es nicht wollen. Es ist so heiß." Mechanisch rückte sie ihren Hut zurecht, ihre grauen Augen immer noch vor Staunen weit aufgerissen. Sie erblickte sich selbst im Glas. „Ich bin unordentlich! Wäre es nicht schön, ein Bad zu nehmen und sich wieder sauber zu fühlen?"

Ein „ Toob " – Peter lächelte vor sich hin, als der Zug in die Dunkelheit fuhr. Er griff nach seinem Hut, der auf dem Haken hing.

„Na dann! – wir kommen raus. Gib mir schnell einen Kuss! – Da ist ein Schatz."

Plötzlich wieder blendendes Licht; das Knirschen der Bremsen; der Ton eines Horns. Dann eine tiefe Stimme, die deutlich schreit:

„Siena ... Si-e- na !" Der Zug hatte angehalten.

Mario kam angerannt. McTaggart brachte Jill eilig hinaus und in ein Taxi. Absichtlich habe er „vergessen", die Kutsche zu bestellen.

Sie schlängelten sich die staubige Straße hinauf, die in der Morgensonne strahlend weiß war, und durch die große, stirnrunzelnde Mauer, die die Stadt wie ein Gürtel umschließt.

Jill war zu aufgeregt, um zu reden, ihr Blick huschte nach rechts und links, während sich die hohen Häuser mit der Bedrohung ihrer alten Stärke um sie schlossen.

McTaggart zeigte ihr den Grauen Wolf auf seiner Säule, der die fabelhaften Zwillinge säugte.

„Romulus und Remus!" Sie keuchte, mit einem Griff in die Alte Geschichte.

„Das ist es! Der Sohn von Remus gründete den Ort – so heißt es in der Legende – ‚ Senius ‘. Er gab der Stadt seinen Namen – daher ‚Siena‘.“

Entlang der ehemaligen „Strada Romana“, vorbei am Palezzo Tolomei , klapperten sie unter dem Knall der Peitsche.

„Sehen Sie diese Löwen?“ er berührte ihren Arm. "Dreizehntes Jahrhundert." Sie starrte: „Das ist die ‚ Balzana ‘, das Schild der Kommune, schwarz und weiß. Ich sage dir warum. Als Senius bei seiner Ankunft hier seinen Göttern Opfer darbrachte, stieg vom Altar der Diana reiner weißer Rauch auf , und von dem von Apollo ein dichtes schwarzes – und seitdem ist es auf den Schildern der Stadt zu sehen. Lässt einen nachdenklich werden, nicht wahr? Vor all den Jahrhunderten.“

"Es ist wunderbar!"

Sie gingen weiter, durch schattige Straßen, über ihnen der tiefblaue Himmel, der von zinnenbewehrten Mauern durchzogen und von Türmen durchbrochen war, dunkel vor Alter.

Dann, mit einem abschließenden „ Ee ... ah!“ Sie verließen den Kutscher mit einem letzten Peitschenhieb und bogen durch den finsteren Bogen des Palastes in den weitläufigen Hof ab.

Hier hatte die Sonne ihren Weg gefunden und tauchte eine Seite in goldenes Licht. Der Brunnen sprang in einer blendenden Wolke; die zarte Marmortreppe schlängelte sich wie eine Fee hinauf zur Galerie; und um sie herum war der Flügelschlag ...

„ *Schau* dir die Tauben an!“ – rief Jill. "Wo sind wir?"

Die Kutsche blieb stehen. Er half ihr beim Abstieg und trieb sie weiter die silbrig glänzenden Stufen hinauf.

„Peter! Was ist das?“ fragte Jill. Aber McTaggart lächelte nur vor sich hin.

„Komm mit“ – er ergriff ihren Arm – „hier entlang ...“ Schmale Lichtstrahlen durch die verdrehten Säulen bildeten einen Pfad, wie gestreifter Satin unter ihren Füßen.

Dunkle Türen wurden weit aufgerissen, und sie standen in der düsteren, mit Wandteppichen versehenen Halle, der neugierige Sonnenschein folgte ihnen und spielte zwischen den Kristallglanzern .

Benommen sah Jill, wie Diener vor ihr standen und sich verneigten, und hörte, wie ein Summen respektvoller Begrüßungen auf- und abklang, als McTaggart sie immer weiter durch einen von Statuen gesäumten Korridor und in einen endlos langen Raum mit einer bemalten und polierten Decke trug Boden.

"Jetzt!" sagte Peter. Er lachte laut und warf eine Herausforderung an die Wände, wo auf allen Seiten Gesichter blickten und sie mit feuchten Augen musterten.

„Hier sind wir, Jill – zu Hause." Während er sprach, schloss er die Türen.

"Heim?" Jill starrte ihn an. „Peter – ich verstehe *nicht* ."

Ein Anflug von Wut lag in ihrer Stimme, als sie in seine lachenden Augen blickte.

„Es ist der Maramonte- Palast" – rief er – „ Meins! – und jetzt auch deins, mein Liebling. Wo meine Mutter lebte ... Und all diese" – er wedelte mit der Hand – „sind mein Volk."

Jill stockte plötzlich der Atem.

„Willst du sagen" – ihre Stimme war angespannt – „Du *lebst?* "hier? – dass es ... das Haus ist?"

„Ja..." er nahm sie in seine Arme. „Bist du nicht zufrieden? – Es ist meine ‚Überraschung!'"

Doch sie stieß ihn nervös weg. Mit großen Augen blickte sie sich um. Dann, immer noch schweigend, überquerte sie den Boden und blickte aus dem nächsten Fenster.

Er folgte ihr, ein wenig ängstlich. Sicherlich konnte sie nicht verärgert sein?

„Verzeih mir, Jill ... ich hätte denken sollen ..."

Doch plötzlich veränderte sich ihr Gesicht.

„Der Turm" – flüsterte sie – „der Turm meines Traums ... Peter, sag mir – es *ist* wahr? Er wird nicht verschwinden ... verschwinden ..." Sie klammerte sich an ihn wie ein verängstigtes Kind.

„Nein – ich schwöre es." Eine schnelle Reue erfasste ihn, als er sah, wie die Tränen in die Augen stiegen, die er liebte. „ Jill! – weine nicht – um Himmels willen. Ich wollte, dass es so eine schöne Überraschung wird! – Na ja, mein Schatz ..."

Sie vergrub ihr Gesicht in seinem Mantel und kämpfte um Kontrolle.

„Das ist es!" – sie schluchzte – „es ist *zu* schön! Was für ein Baby ich bin...!" Sie löste sich – „Es ist ... die *Schönheit* – kannst du das nicht verstehen?" Sie wischte sich trotzig die Augen.

"Aber wer bist *du* ?" Sie fügte langsam hinzu: „Ich verstehe noch nicht, warum es dir gehört."

„Ich bin der Marquis Maramonte ", sagte er, „und Sie sind meine sehr liebe Lehnsherrin."

Einen Moment lang starrte sie ihn verblüfft an. Dann, wie ein sonnenbeschienener Aprilschauer, stahl sich Gelächter in ihre Augen, in denen noch immer ihre Tränen glänzten.

Sie klatschte in die Hände. Sie tanzte vor Freude.

„Oh! Was für ein großartiger Verkauf für Stephen!"

McTaggart fing ihre ausgestreckten Hände auf und lachte laut.

„Nicht wahr?" Erleichterung über ihren Stimmungswechsel, Freude über die Art und Weise, wie sie ihre neuen Ehren annahm : Ihre schlichte kindliche Furchtlosigkeit ließ ihn über seine Braut frohlocken.

„Er muss jetzt vor Ihnen einen ‚ Kotau ' machen, alte Dame. Das wird ihm nicht gefallen – Meister Stephen! Ende des Geldes!"

„Er wird es nicht bekommen", rief Jill fröhlich. „Er kann zuerst kommen und meine Fenster einschlagen." Sie wusste kaum, was sie sagte, denn die Reaktion, die Aufregung dieses großen Abenteuers hatte eingesetzt.

„Er würde es schwer finden...", sagte McTaggart grimmig. „Dieser Ort hat so manche Belagerung überstanden. Sie hatten eine spielerische Art, Esel mit Katapulten hineinzuschleudern!"

„ Nun " – Jill kicherte – „warum nicht Stephen?" Dann wurde ihr Gesicht wieder nachdenklich. „Es ist wunderbar!... " Sie warf einen Blick auf die langen Wände, an denen Bilder hingen. Männer in Rüstungen , halb verborgen unter prächtigen Umhängen; rotgewandete Prälaten; Hofschönheiten, stolz lächelnd; strenges Alter, rücksichtslose Jugend!

„Diese haben Geschichte geschrieben", sagte Jill und hielt inne, ernüchtert von dem Gedanken ...

" *Deine* Leute." Sie blickte ihren Mann an, voller ehrlichem Stolz auf ihn.

"Ja." McTaggart lächelte zurück. „Hervorragende Kerle, einige von ihnen. Das ist der Held von Montaperti , Giordano Maramonte . Und dieser leichtfertig aussehende Junge stürmte durch und brach die Standarte – die großen weißen Lilien von Florenz – vom berühmten „Carroccio" ab.

„Ich glaube nicht, dass einer von ihnen seine Ehre auf unsere Weise erlangt hat – auf die moderne Art im alten England – ein fettes Abonnement von ‚Secret Funds'! Sie waren trotzdem ziemlich schlechte Leute …"

„Das bezweifle ich nicht", lachte Jill, in ihrem spöttischen Blick lag Schalk. „Vielleicht hatten sie alle ‚Doppelherzen' – das scheint zu viel Ärger zu führen! Schauen Sie sich diese schönen Perlen dort an – an der Dame im Satinkleid – und den einzelnen Tropfen auf ihrer Stirn! Sie könnten es aufheben – es sieht so echt aus."

„ So sollst du. Wir haben es noch. Sicher in meiner römischen Bank – für *dich*! – Und alle möglichen anderen Juwelen – ein Smaragdring, der einem Papst gehörte. Du wirst eine kleine Königin sein! – haben alles Sterbliche, was du willst. Und du bist es wert, du liebstes Kind. Du bist die schönste Frau der Welt!"

"Stille!" sie lächelte – „Ich möchte nachdenken…"

Aber McTaggart hatte eine neue Idee.

Geistesabwesend ließ sie sich von ihm zu zwei großen vergoldeten Stühlen führen, die auf einem Podest unter einem Baldachin standen .

„Setz dich hin", befahl er.

Sie ließ sich mühelos nieder, ihre schlanke Gestalt verschwand zwischen den großen geschnitzten Armen, unter dem Schild der Maramonte . Er trat zurück, um sie anzusehen, während sie nachdenklich fortfuhr:

„Wir sind also reich, Peter? – sehr reich."

„Ja", er nickte ernst. „Was rätseln Sie jetzt?"

„Ich habe an Roddy gedacht", gestand sie, „an alles, was das für ihn bedeuten könnte."

„Er soll Ihr Hofmaler sein, meine Königin" – McTaggart ließ sie nie aus den Augen – „Wird er Italien nicht lieben? Und Tante Elizabeth? – Sie weiß es! – Ich habe ihr die ganze Geschichte erzählt, Jill. Sie war ein Stein, den man behalten sollte." das Geheimnis."

Dann bestieg er ungeduldig das Podest , während sie noch weiterträumte.

„Ich sage, Jill. Du hast mir nie gedankt! Das ist mein Hochzeitsgeschenk, verstehst du?"

Jill zuckte zusammen. Impulsiv öffnete sie ihre Arme.

„Oh, Peter! – vergib mir." Aber er rutschte ihr zu Füßen.

Einen Moment lang kniete er da, die Arme um sie geschlungen, sein Gesicht an ihre Knie gedrückt.

Sie konnte durch ihr Kleid, seine brennenden Wangen, die Welle der Sehnsucht spüren, die ihn erfasste ... Dann hob er langsam seinen Kopf. Seine Augen, blau wie der Himmel dahinter, saugten sich satt. Er flüsterte ihren Namen.

„Jill ... meine liebe kleine Frau!"

DAS ENDE

www.ingramcontent.com/pod-product-compliance
Lightning Source LLC
Chambersburg PA
CBHW021338150726
47989CB00005B/2032